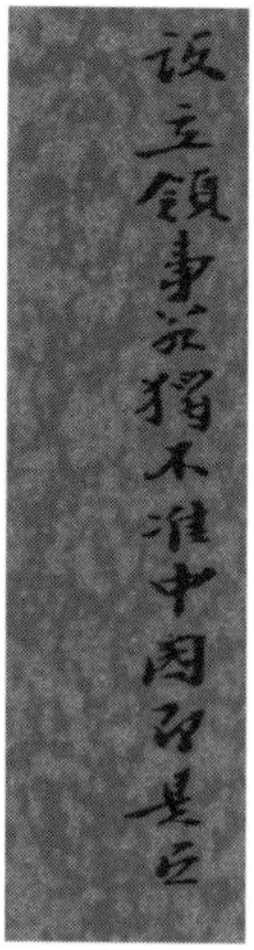

近代中国の在外領事とアジア

青山治世【著】
Harutoshi Aoyama

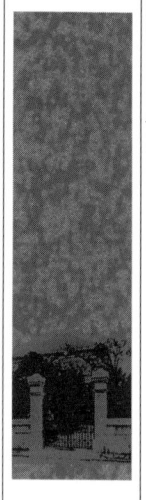

名古屋大学出版会

近代中国の在外領事とアジア　目　次

凡例

一、引用文中の「……」は省略部分を指す。特に断らない限り、〔 〕内は引用者による注記を、［ ］内は原語を指す。

二、漢字は一部を除き、史料引用も含めて新字に改めた。日本語史料の引用にあたっては、歴史的仮名遣いはそのまま引用したが、変体仮名は現行の仮名に改めた。漢文史料の読み下しや日本語史料の引用にあたっては、適宜句読点を付した。

三、年号・日付は、本文では原則としてすべて西暦を用い、必要な場合のみ中国暦を使用し（ ）内に西暦を併記した。漢籍史料の書誌については、原則として中国暦を用い、適宜西暦を併記した。

四、清末時期の中国の政権・国名については、本文においては「清」あるいは「清朝」を用いた。引用文では、原語を尊重し、国名として「中国」を使用しているものはそのまま表記した。清末の在外公使の名称については、清朝官制における正式名称は「出使欽差大臣」であり、たとえば駐英公使は「出使英国大臣」と呼称されたが、本文では一律に「駐英公使」などと表記した。

五、本文ならびに註や図表などに挙げる文献名は略称とし、詳しい書誌情報については巻末の文献目録に一括して掲載した。

序章　領事制度と近代中国

はじめに

一九世紀中葉以降、東アジア世界は、政治・軍事・経済などのあらゆる方面において西洋諸国の進出を受けるようになった。それは東アジアの「近代西洋世界への包摂」として表現される。政治・軍事的には、まず中国においては、アヘン戦争（一八四〇～四二年）・アロー戦争（第二次アヘン戦争、一八五六～六〇年）を経て、西洋の存在を無視しては清朝が政権を維持することはおろか、中国の独立を保持することさえ困難になりつつあった。日本においては、黒船や隣国中国におけるアヘン戦争などに象徴される有形・無形の「外圧」を契機に、明治維新と呼ばれる統治体制の変革を招いた。経済的には、蒸気船の増加、スエズ運河の開通（一八六九年）、世界的規模での電信ネットワークの形成、植民地銀行の進出などに象徴される西洋における「交通・通信革命」により、東南アジアも含めた東アジア貿易のインフラストラクチャーは、時間的にも空間的にも大きく変化し、また、西洋諸国との条約締結によって開かれた各港市間を結ぶいわゆる「開港場ネットワーク」が形成されたことにより、東アジア諸国の各国内市場は国際市場と連結し、国外勢力の動向が国内の社会情勢にも強い影響を及ぼすようになった。(1)

こうした変動期にあった一九世紀において中国を統治していたのは、満洲人による征服王朝でありながら伝統的な中華王朝の正統な継承者をも自任していた清朝であった。一九世紀中期から後半にかけて、清朝は、もはやその存在を無視し得なくなっていた西洋諸国との関係を、伝統的な中華世界における支配観や領域観を維持したまま構築しようとする一方、台湾・新疆などにおける辺疆統治を再編し、朝鮮への属国支配を強化するといった「近代」的再編（領域的再編）を行うことによって、中華帝国の動揺を収めようとした。(2)

その一方、近代国際法（万国公法）や外務省・公使・領事などの外政機構を含めた近代西洋の外交システムも、曲折を経ながら徐々に導入が図られていった。こうした中国の対外関係の変化は、近代西洋の国際体系への包摂過程としての「近代化」あるいは「西洋化」の側面が強調される一方、(3)一九八〇年代以降になると、そうした制度的な変化を、中国の論理や文脈に即して理解しようとする研究が現れる。(4)一九世紀半ばから後半にかけて見られたこうした過渡的な状況は、「朝貢と条約の並存」として表現されることもある。(5)

「近代化」「西洋化」と中国の「文脈」のいずれに重点を置いたとしても、一九世紀前半から二〇世紀前半の百年余りの間に、中国の対外関係のあり方が劇的に変容したこと自体を否定することはできない。こうした変容の過程において対外関係の直接的な担い手として設置されていったのが、総理各国事務衙門（以下、総理衙門と略称）をはじめとする清朝の外政機関であった。近代西洋の外政機構は、主に本国の外務省と在外公館（公使館・領事館）に大別されるが、アロー戦争の終結後、清朝も約一五年をかけてそれらに相当する機構を整えていく。本書は、そのうち在外領事の設置とその運用に注目するものである。清末の在外領事については、総理衙門や在外公使の設置過程に対する研究に比して、その設置過程を清朝の対外関係の変容の中から解明しようとする研究はこれまでほとんど見られなかった。しかし、在外華人の保護や通商・貿易など、対外関係においてヒトやモノと直接関わる業務を担う在外領事の問題は、近代中国が抱えていた様々な矛盾や混乱がストレートに現れやすく、「近代」に際会した中国の過渡的な諸現象をさぐる恰好の研究対象でもある。

一　領事制度とその中国への伝播

近代中国の在外領事を扱うに当たり、領事制度の沿革についてまず簡単に触れておきたい(6)。現在の領事制度に直接つながるものは十字軍時代に遡り、ベネチアなどのイタリアの商業都市は、宗教・風俗・習慣・法律などを異にする中近東の地中海沿岸において通商・交易を行う際に発生する種々の交渉事や紛争を解決するため、その居留地に商人たちの互選による「領事」を設置した。「領事」は、居留地において行政官・裁判官・商館長といった広範な権限と高い地位を有する存在であり、時には政治的に重要な問題について任国政府と交渉する権限も有していた。イタリア諸都市の「領事」制度は、その後フランスやスペインの諸都市（マルセイユ・バルセロナ）、そしてハンザ同盟の諸都市といった他のヨーロッパ商業都市にも拡がっていった。

近代的な領事制度が確立したのは、一六～一八世紀にかけてのことである。近代主権国家の成立に伴い、領事がそれまで有していた広範な権限は制限されていった。それは、常駐外交使節制度の発達と領土主権の確立に伴い、ヨーロッパ国家間において領事裁判権が否定されていったことによるものであった（領事裁判権の行使は、次第に領土主権の侵害と認識されるようになっていた）。こうして一時的に領事の存在意義や地位は低下したが、産業革命以降の国際貿易の伸長により、再び領事の重要性が増すことになる。特に一九世紀後半は、「交通・通信革命」とアジア諸国の「開国」によってアジア貿易が著しく伸長し、それに伴いアジアでは西洋諸国による領事の設置が急増した。

もともと領事という役職は、通商上における自国の利益保護を目的として設けられるものであり、政府を代表して外交交渉などを行う機関ではなかった。しかし、欧米諸国（後には日本も加わる）が、一九世紀半ばから二〇世紀前半にかけてアジア諸国に派遣した領事は、時に外交交渉に絡む政治的な役割をも担った。それには主に二つの要因がある。中国を例とすれば、まず、アロー戦争時に締結された天津条約（一八五八年）によって欧米諸国の公使が清朝に駐在するようになる以前においては、アヘン戦争後に派遣されていた清朝駐在の領事が、本国政府を代表して外交交渉を担ったからである。その後、公使が北京に常駐するようになってからも、欧米諸国の在華領事は、通商や一般的な邦人保護以外の役割を担い続けた。それは周知のごとく、当時、欧米諸国がアジア諸国において租界を設置し、領事裁判権を有していたことに起因するものであり、欧米諸国の領事は中国内において自国民（あるいは租界内の中国人）に対して「行政官」のごとく振る舞った。[7] 清朝の官員や民間人が最初に目の当たりにした「領事」は、当時欧米諸国間において相互に設置されていた〝通常〟の領事とは、当初から異質のものだったのである。[8] こうした清朝側の領事像は、その後の清朝内の在外領事の派遣論議にも大きな影響を与えることになる。

これまでの歴史研究や歴史教育においては、中国をはじめとするアジア諸国が、西洋列強の軍事的圧力によって強要された「不平等条約」により、自国内における西洋側の領事裁判権を承認させられた結果、多大な被害と不利益を被ってきたことが強調され、日本の条約改正を先頭に、それが徐々に〝解消〟されていくという歴史が描かれてきた。近代アジア史の全景から見れば、そうした事実はむろん否定できないし、それを無理に相対化する必要もあるまい。ただ、東アジアの「近代」はそれほど単純なものではなかった。日本がそうであったように、西洋の諸制度を導入し、いわゆる富国強兵の道を進んだアジア国家が、今度はアジアの周辺国に対し、西洋諸国が有していたのと同様の「不平等条約」を〝強要〟するようになったからである。これは何も日本のみに見られた現象ではない。清朝も西洋の諸制度を導入する過程で、西洋諸国が自国や他のアジア諸国に課していた「不平等」な外交・通商システムを、周辺の国々との間において可能な限り築こうとする志向性を持ち合わせていたのである。それは一八八〇年代から九〇年代前半の朝鮮との関係において部分的に実現していた。

そもそも清末の中国では、領事という役職はいかに理解されていたのか。これについては、すでに箱田恵子による論考がある。箱田のまとめに従えば、「清朝にとって、領事とは、貿易を求めて来華してくる西洋諸国が、貿易を許可されたかわりに、自国商人の商業活動を監督するもので……自国民の保護者であると同時に、その活動を管理するべき存在でもあった。在華西洋領事の有する領事裁判権や軍艦停泊権も、その管理者としての性格に因るものとして説明された」という。つまり、「清朝の『領事観』には『保護者』としてだけでなく、『管理者』の性格が強く意識されていた」のである。(9)

清朝における西洋の外交関係や近代国際法に対する知識の伝播に最も重要な役割を果たしたのは、一八六四年にマーティン（William A. Martin 漢名は丁韙良）によって翻訳刊行された『万国公法』であろう。(10)同書は中国のみならず、翌六五年には日本にも伝わって好評を博し、中国からの送本が需要に追いつかなかったため、江戸の開成所で翻刻され、それが全国の藩校・郷校において教科書・参考書として広く読まれるなど、日本の西洋国際法知識の習得にも大きな役割を果たしたことは周知のとおりである。(11)

しかし、領事に関する記述だけ見れば、このマーティンの翻訳にかかる『万国公法』において、領事について直接言及がある箇所は、第三巻「論諸国平時往来之権」第一章「論通使之権」の第二二節「領事権利」のみである。(12)しかもその内容は、領事の地位について簡単な説明があるだけで、当時の清朝官僚が西洋諸国間における領事のあり方について十分に理解できるものではなく、清朝政府内において、在華西洋領事の地位や職掌が、そのまま清朝官僚の領事像となっていたのも無理からぬことであった。

それが変化し始めるのは、一八七〇年代半ばに清朝政府が在外公使の派遣を決定して以降のことである。総理衙門直属の外国語学校であった同文館は、在外公館の開設を前にして、西洋の国際法や外交に関する書籍・ガイドブックなどを翻訳・刊行し、在外公使とその随員として派遣される官僚や国内の対外事務に関わる官僚たちに読ませていた(13)。この時刊行された西洋外交に関するガイドブックの一つに、ドイツの国際法学者マルテンス（Charles de Martens）が著した *Le guide diplomatique : précis des droits et des fonctions des agents diplomatiques et consulaires*（初版は一八二二年、漢訳本の底本はドイツのライプチヒで一八六六年に刊行された仏文版(14)）を翻訳した『星軺指掌』（同文館、光緒二〔一八七六〕年）があり、同時期に翻訳・刊行されたその他の国際法関係の書籍に比べ、領事に関する記載が豊富であった(15)。ここでは、そのうち領事の職責に関する部分（第三巻「論領事官」第一二章「論領事官之責任」第二節「論領事官之職守」）を、漢語の原文の表現もわかるように書き下しで引用する。

> 領事の職守は、航海通商事務を稽査し、本国人民の安居楽業を保護し、代わりて約契・字拠を辦じ、代わりて地方官に向かい冤抑を伸訴し、本国人民の為に争訟等の事を調処するに係わる。（此れ専ら領事の西洋各国に駐箚せるを指して言うものなり。回回《イスラーム》地方以及《およ》び海外の較《や》や遠き諸国に駐箚せる領事に至りては、其の権較や大にして、並びに辦事大臣〔公使〕を兼任する者有り。是れ以て概して之を論ずる能わず(16)。）

つまり、領事の職責は、航海通商に関する事務を処理するとともに、自国民の身体と職業を保護し、彼らに代わって契約書や証文などの手続きを行い、また事件に巻き込まれた際には、彼らに代わって現地の地方官に対してその無実を訴え、自国民のために訴訟などを調停することである、と説明されている。それに続いて割注がほどこされ（丸括弧内）、以上のような領事の職責は西洋諸国間における領事のそれを指して言ったものであり、イスラーム教の地域やアジアなど海外の遠方の諸国に駐在する領事は、その有する権限はやや大きく、在外公使を兼任する者さえあり、これを西洋諸国間の領事と同様に説明することはできない、と付記している。

『星軺指掌』が翻訳刊行されたのは一八七六年のことであり、初代駐英公使としてヨーロッパに赴任した郭嵩燾も、赴任前に翻訳作業の責任者だったマーティンから同書を見せられていたし[17]、その後任の曾紀沢も赴任前やヨーロッパ渡航時に同書を読んでいた[18]。西洋の領事制度に関するこれほどまとまった情報が、漢文訳されて清朝の官界（少なくとも対外事務に関わった官僚たち）に紹介されたのは初めてのことであり、曾紀沢などはあまりの詳細さに〝流し読み〟したほどである[19]。そうした領事に関する豊富な知識が紹介されたことが、清朝政府の在外領事の設置に対する政策決定にいかほどの影響を与えたかは判然としない。そのため、『万国公法』と『星軺指掌』との間の領事に関する情報量の多寡や論述の粗密のみを比較して、『星軺指掌』による「新知識が、基本的には清朝政府に受容かつ採用され」、それが直接的に一八七八年以降のシンガポール・日本・キューバなどにおける領事館の設置や在外領事の派遣へとつながり、「後の清朝政府による海外華僑の保護や海外商務の発展に対して非常に重要な作用をもたらした[20]」と即断することはできない。少なくともここで言えるのは、在外公使の派遣が始まった一八七〇年代半ば頃までに、西洋諸国間で相互に派遣されていた領事の地位や職責、およびイスラーム教国や東方諸国に駐在する西洋領事が、西洋諸国間において互派されていた領事よりも大きな権限を有するものであることなどが、手近なハンドブックによって、清朝政府内において確認できる状態になっていたということである。領事制度に関する知識の増加を在外領事の設置・拡大と結びつけて理解するためには、その間の清朝政府内における領事設置をめぐる議論や外国政府との交渉過程をつぶさに検証する作業が不可欠である。

本書の前半部分では、清朝政府内における領事設置論の変遷過程を主な検討課題とするが、折に触れて西洋諸国との領事設置をめぐる外交交渉についても検討していくつもりである。ここではその前提として、一九世紀末期の国家間における領事関係の設定について基本的な事柄を押さえておきたい。まず、領事関係の設定については、現在の国際法の著作によれば、次のようにまとめられる[21]。

①〈相互の同意〉領事関係の開設は相互の同意により行われ、領事機関の具体的な設置、その所在地・種類・領事管轄区域、さらに附属機関（副領事・領事官など）の開設は、接受国の同意を要する。

②〈領事官の任免〉領事機関の長は、派遣国の委任状が外交上その他の適当な経路を通じて送付され、接受国から認可状（exequatur）と称する承認を与えられてその任務を開始し、外交使節団の長の場合の信任状とその提出とは、要件・手続きが異なる。

以上の点は、一九世紀末の国際法と違いはない。続いて、領事設置の国際慣行については、本書が扱う時期に近い一九世紀末～二〇世紀前半の国際法の内容を反映していると思われる日本と中国における国際法の著作によれば、次のようにまとめられる。

①独立国が公使を派遣する場合は条約による規定を必要としないが、領事の接受は原則として条約による規定が必要となる。[22]

②商業上の互恵主義に基づき、通商条約・領事条約では、第三国が領事を設置している場所には自国も領事を設置することができることを相互に承認するのが、通例である。[23]

本書が扱う一九世紀後半に清朝内で漢訳された西洋の国際法や外交に関する文献（『万国公法』『星軺指掌』『公法便覧』など）には、右のような記述は見られない。しかし、これらの漢訳文献は一九世紀に欧米諸国において執筆・出版（初版）されたものであり、その内容は一九世紀前半までの伝統的国際法を反映している部分が多く、一九世紀後半から二〇世紀初頭の時期の国際法あるいは国際慣行とは食い違う部分もかなりある。一九世紀前半から二〇世紀にかけては、国際慣習法より二国間条約による合意を優位とする伝統的国際法から、国際慣習法の無差別的適用を基本とする現代国際法へと次第に移行していた時期でもあった。[24]

右に挙げたような領事関係の設定に関する国際慣行上の通例は、最恵国待遇を相互に認め合うようになった二〇世紀以降の現象とも言えるが、本書においてたびたび言及するように、一八七〇年代半ばの在外領事の設置開始以降、清朝は、A国に領事の設置を許可している地に、B国が領事の設置を求めた場合、これを許可するのが「国際公例」であると主張して、東南アジアを中心とした植民地に清朝領事を設置することを認めるよう西洋側に強く求めていく。これに対しイギリス・スペイン・オランダなどは、清朝との間に清朝側の領事の設置を規定した条約がないことを理由に、その要求を拒否し続けた[25]。こうした西洋側と清朝側の主張の齟齬は、一九世紀後半という国際法の過渡期に見られた現象とも言えようが、一方で、当時の清朝がいまだ国際法の適用を完全に受けられる対象として、西洋諸国から認められていなかったことが、その前提としてあったことも踏まえておくべきであろう[26]。

清朝の在外領事と当時の国際法との関係については興味深い問答がある。それは、日清戦争後の一八九六年一月五日に、戦争勃発によって破棄された日清修好条規に代わる新たな通商航海条約を締結するため、北京で行われた日清交渉時のことである。この時、日本の駐清公使林董は、国家元首（皇帝）ではなく在外公使によって任命される清朝領事のあり方（よって皇帝による委任状も発給されない）は「各国ノ慣例」と異なり、本来であれば「領事ノ資格ヲ有セサルモノ」であるとして、「各国普通ノ式」に改めるよう清朝側全権の李鴻章に求めた。これに対し李鴻章は、「各国各自ノ服制アルカ如ク、制度モ亦各其趣ヲ異ニス」るもので、改める必要はないと反論し、議論は平行線のまま終わっている[27]。李鴻章はこの時、任命方法を改める必要がない根拠として、領事の設置を条約で規定しさえすれば問題はないと述べているが、これは、本書で見るとおり、一九世紀後半に行われた清朝と西洋諸国との領事設置交渉において、条約規定の有無が繰り返し争点となったことを踏まえての発言であろう。

日本と清朝はともに、一八七〇年代になって西洋の制度を模倣する形で在外領事の設置を開始した[28]（清朝側については表序-1を参照）。しかし、その採り入れ方が異なっていたことは、自らの領事制度と「各国ノ慣例」との違いを「服制」の違いになぞらえた李鴻章の発言からもうかがえる。これに対し林は、「清国ニ於テ一種特別ノ慣例

表序-1　清朝在外領事設置年表

1878	シンガポール〔イギリス〕(→ 1891～総領事)
〃	横浜（→ 1895 総領事)・神戸兼大阪・長崎〔日本〕
1879	キューバ〔スペイン〕(総領事) ＊ 1902 独立後は公使館
〃	マタンサス〔スペイン〕(→ 1894 廃止) ＊～1884 在キューバ総領事が兼務
1880	サンフランシスコ〔アメリカ〕(総領事)
1881	ホノルル〔ハワイ〕(→ 1883 廃止) ＊ 1879～商董
1883	ニューヨーク〔アメリカ〕
1884	カヤオ〔ペルー〕
1886	箱館兼新潟・夷港〔日本〕(→ 1897 廃止)
1893	ペナン〔イギリス〕(副領事→ 1911～領事)
1897	漢城兼龍山・元山〔韓国〕(総領事) ＊ 1896～総商董
〃	仁川兼木浦・群山〔韓国〕
〃	ウラジオストク〔ロシア〕(商務委員→ 1909～総領事)
1898	マニラ〔アメリカ〕(総領事)
〃	ホノルル〔アメリカ〕(正領事 1・副領事 2 → 1903 副領事廃止)
1899	甑南浦兼平壌〔韓国〕(副領事)
〃	釜山兼馬山浦〔韓国〕
1902	元山〔韓国〕(副領事)
〃	ボストン〔アメリカ〕(副領事)
1904	南アフリカ〔イギリス〕(総領事)
〃	メキシコ（総領事)
〃	ナポリ〔イタリア〕(名誉領事　＊イタリア人)
1905	モザンビーク〔ポルトガル〕(名誉領事　＊ドイツ人)
1906	ポートランド兼シアトル〔アメリカ〕(代理領事)
1908	オーストラリア〔イギリス〕(総領事　＊メルボルン駐在)
〃	ニュージーランド〔イギリス〕
〃	ボルドー〔フランス〕(名誉領事　＊フランス人)
〃	シアトル〔アメリカ〕(代理領事)
〃	ノルウェー（名誉領事　＊ノルウェー人　～1909)
1909	カナダ〔イギリス〕(総領事)
〃	バンクーバー〔イギリス〕
〃	ラングーン〔イギリス〕
〃	シドニー・ブリスベン・パース〔イギリス〕(すべて副領事)
〃	サモア〔ドイツ〕
〃	オーストリア（名誉領事　＊オーストリア人)
1910	パナマ（総領事)
〃	マルセイユ〔フランス〕(名誉領事　＊フランス人)
1911	ジェノバ〔イタリア〕(名誉領事　＊イタリア人)
〃	新義州〔韓国〕
〃	ジャワ〔オランダ〕(総領事　＊バタビア駐在)
〃	バンドン・スラバヤ〔オランダ〕

出所)『清季中外使領年表』を基にしたが，一部修正した。
注 1)〔　〕内は領有国・宗主国を指す。
　2) 総領事・副領事・名誉領事などの記載のないものはすべて正領事である。
　3) 朝鮮駐在以外の商務委員も掲載した。朝鮮駐在の商務委員については，表 7-1（211 頁）を参照。

ヲ主張スル間ハ、到底各国ト同様ノ待遇ヲ受ル事ヲ期スヘカラサルナリ」と答えている。これは、欧米諸国との治外法権撤廃交渉をすでに成功させていた日本側の余裕や優越感の表れであると同時に、清朝がそうした「国際慣例」とは異なる行動を採り続けることへの〝苛立ち〟でもあったに違いない。ただ、こうした日本と中国との間の認識の相違は、決してア・プリオリに存在した現象ではなく、一九世紀後半という時代を比較的長いスパンで捉えた時、場面に応じて認識の共有と相違を繰り返していた姿を見ることもできる。本書では、領事裁判権に焦点をあて、日中間における認識の〝交錯〟と〝分岐〟の諸相についても確認していくことにしたい（第6章・第10章）。

二　華人保護と領事裁判

（1）華人保護の始まりと領事制度の導入

一九世紀後半から二〇世紀初頭の時期、つまり中国が王朝国家から近代国家へと変容しようとしていた過渡期において、その中央政府あるいは地方政府が、海外に渡航・在住していた華人たちをどのように捉え、彼らといかなる関係を築いていたか、あるいは築こうとしていたかについては、華僑華人に関する膨大な研究蓄積があるにもかかわらず、実際には明らかになっていないことが多い。なかでも、清朝政府が近代化政策に着手し（いわゆる洋務運動）、日清戦争・義和団戦争を経て、それが本格化（いわゆる清末（光緒）新政）していく時期に清朝政府が行った、あるいは行おうとした在外華人政策に関する政治外交史的な実証研究は、その他の華僑華人史研究に比べて極端に立ち後れている。それは、これまでの華僑華人史研究が、渡航先・居住先における華僑たちの迫害状況や商業的活躍、あるいは辛亥革命や抗日戦争への貢献などを明らかにすることを中心課題とし、「売国・腐敗」の清朝政府が行った華僑政策の実態をつぶさに検証しようとする研究がほとんど現れなかったためである。しかし、華僑華人たちの迫害状況や商業的活躍、ひいては辛亥革命や抗日戦争への貢献などを解明するためには、彼らとその祖国・出身地を統治する中国の中央政府・地方政府との関係のあり方を無視することはできない。そして、その解明には、著名人に限らない華僑華人たちの個人レベルでの中国政府との関係のあり方に関する研究を、実証的に積み重ね、分析・総合していく作業が不可欠となる。

では、中国政府と華僑華人との関係をつぶさに検証するには、いかなる手法を採ればよいのか。それにはまず、本国政府と海外に居住する個人とを媒介する機関に注目しなければならない。近代西洋社会において本国政府と在外邦人とをつなぐ行政上・外交上の公的機関は領事館であり、中国においても一八六〇年代後半からその制度的導入が検討され始め、一八七〇年代末以降、華僑華人が多く渡航・居住する海外都市から領事館の設置が始まる。[29]

清末の在外領事問題についての研究は、大きく分けて、①華僑史・華僑政策史研究、②外交史研究、③思想史研究、④在外領事問題に関わった清末官僚の人物研究、の四つの分野で扱われてきたが、筆者がこの課題に取り組み始めた一九九〇年代末頃までは、近代中国の領事制度とその運用実態について実証的に検討した研究はほとんど存在しなかった。

第二次世界大戦以前には、日本では成田節男、中国では劉継宣・東世澂の華僑史研究[30]が在外領事の設置問題について若干触れており、戦後では、顔清湟（Yen Ching-hwang）・荘国土・余定邦・袁丁らが行った華僑政策史研究[31]が、この問題を比較的詳細に扱っている。在外領事問題についての専論としては、陳育崧や許雲樵の南洋領事に関する研究[32]があるほか、李慶平の学位論文は、二〇世紀後半において清末の領事設置問題について総合的に研究した唯一の専論であり[33]、黄剛は、米中間における在外公館の設置過程を概観する中で、アメリカにおける中国領事の設置についても言及している。[34]これらのうち、特に顔清湟と袁丁の研究は、清朝政府内における議論や政策決定過程を詳細に跡づけた実証的な研究であり、本書もその成果を踏まえたものである。また、在外領事の運用実態については、林孝勝と黄漢青が、それぞれイギリスの植民地省史料（CO）や日本の外務省記録・『横浜市史』などを駆使して、領事と現地当局との折衝も含めた検討を行っている。[35]そのほか、陳体強や王立誠が行った中国の近代外交制度に関する研究の中でも、在外領事の設置と運用について概説的な説明がなされており、[36]張之洞や薛福成など在外領事問題に関わった清末官僚の人物研究の中でも、領事設置問題に対する彼らの事蹟が扱われている。[37]

しかし、これらの研究を含むこれまでの近代中国の領事研究は、通史的に概観したものがほとんどである上、通史としても、重要な時期の、重要な政策決定の過程がいくつもなおざりにされている。また、既存の研究では、政策立案者らの在外華人観、あるいは対外観や国際法観などを無視し、単にその政策が「積極的」であったか「消極的」であったかを問うような、一面的・単線的な分析にとどまるものがほとんどであった。そこで筆者は、近代中国、特に清末期における清朝政府の在外領事制度の導入過程を、政策立案者である清末官僚の言説からいま一度解き直し、それを当時の政治過程・対外交渉過程の中に位置づけ直すことから再検討することにした。その結果、清末の領事制度の導入過程において、領事の派遣が実際に始まった一八七〇年代末から日清戦争前後の時期までの検討が不足し、ただ不足しているだけでなく、この時期が清末の領事設置政策、ひいては在外華人政策全体において重要な転換期となっていたことに注目するようになった。

また、「華僑」の誕生以来、一貫して在外華人の最大の居住地域でありながら、一八九〇年代初頭まで在シンガポール領事館のみしか設置されていなかった、いわゆる南洋地域（東南アジア・オセアニアに相当）における中国領事館の増設問題については、その変遷過程を詳しく跡づけた研究がほとんど存在していない。なかでも、南洋領事の増設過程において重要な役割を果たしたと思われる一八八六〜八八年に実施された清朝政府による南洋華人調査に関する専論は、史料紹介と若干の解説を加えたもの[38]を除き皆無であった。

しかし、こうした研究状況は一九九〇年代末から変化を見せ、清末の領事制度に対する実証的な研究が国内外において現れ始める。なかでも際立った成果は、ともに二〇〇二年に発表された、箱田恵子の論考と蔡佩蓉の著作である。[39] 箱田は、領事派遣が始まるまでの時期を中心に、清朝政府内における領事派遣をめぐる議論を検討し、当時の清朝官僚の多くが、領事を設置した場合、在外華人を管理できなければ彼らに保護も与えないという領事観を有していたことなどを明らかにした。蔡は、在シンガポール領事の設置過程から運用実態までを時系列的に追いつつ、その特徴と意義を明らかにしている。そのほか、園田節子は、南北アメリカ在住華人の保護問題との関係から当時論じられた官・民における領事設置論の展開について、一八七〇年代後半～九〇年代前半を対象に考察し、[40] 張暁威は、南洋華商から初代在ペナン副領事となった張弼士（振勲）や謝栄光の事蹟を通して、在ペナン領事の設置から現地華人社会における役割について検討している。[41] ただ、これらの研究は、時期や考察対象を限定しており、清末領事制度の総合的な研究にはまだ多くの余地が残されている上、それぞれの時期における年次的な政策決定過程の把握やその特徴についても、いまだまとまった成果は示されていないのが現状である。[42]

以上は、華僑政策史や外交史を中心とした清末の在外領事制度に関する研究状況である。こうしたいわば〝オーソドックス〟な研究以外に、当時の領事設置を含む華僑政策を、清末の国家観・外交観の変容過程と関連させて論じた研究も存在する。佐藤慎一は、近代中国における「万国公法」観の変遷について扱った論考の中で、薛福成の「万国公法」に依拠した領事設置活動は、領事設置や華僑保護といった「当面の具体的利益」を得るよりも、「むしろ、中国側が万国公法を援用するという事実そのものが相手国の中国認識を変え、長期的に見て不平等条約の改正に貢献することが期待されてい」たと指摘している。[43] 茂木敏夫は、一八七〇年代～八〇年代の清朝の華僑政策を、清朝の辺疆統治の再編が領域を離れてヒトにも適用された、中華世界の「近代」的再編の一環をなすものと位置づけ、清朝の華僑政策の〝転換〟は、徳治・教化の理念に基づいて在外華人に積極的に関与し、彼らを把握しようとするものだったと指摘した上で、領事設置による華人保護の開始は、すでに実質的な機能を失いつつあった「朝貢」による在外華人掌握の代替措置であったと論じている(44)。つまり、清末における領事派遣を含む在外華人への保護活動の開始は、王朝国家としての徳治や教化の理念が強調された点においては、「自国民」保護という西洋近代の制度や理念を完全に受容したものとは言えなかったというのである。

これらの研究は、前節で述べた「朝貢と条約の並存」や、二〇世紀末に日本の学界を中心に論じられた「国際法(万国公法)の受容と適用」といった議論(45)の中で深められたものだが、筆者もそれらの議論を通して、南洋を中国の藩属地として捉える清朝官僚の伝統的な南洋観や、在外華人の保護と管理を国内統治の延長として捉える属人的な統治観を、在外領事の設置問題と関連させる分析視角を得ることになった。

清末官僚が、南洋を藩属地として捉えたり、南洋華人に対して属人的な支配(徴税など)を行おうとすることは、重大な外交問題を引き起こすことになる。なぜなら、一九世紀末の南洋地域は、シャムを除きほとんどが西洋諸国の植民地や保護領となっており、清朝政府が領事を派遣し南洋華人に対して属人的な支配を行おうとすることは、西洋諸国の領域主権の概念と衝突するものだったからである。ここに、これまでの華僑政策史とは異なる分析方法の必要性が生じる。具体的には、清朝・西洋双方の外交史料や現地当局の記録、新聞などを検討することによって、清朝側の政府や官僚、あるいは知識人層が、この問題をいかに認識しかつ解決しようとしたのか、西洋諸国側は清朝側の主張や行動に対しいかに反応し対処したのか、そして、両者は実際にいかなる交渉を行ったのか、を実証的に解明していく外交史的手法による研究分析である。こうした手法を採った研究は、前述した時期や地域を限定した林孝勝や箱田恵子による研究を除いてほとんどなく、領事設置に絡む諸問題を清末の対外関係全体の中に位置づけようとする分析視角が、本書の特徴の一つとなろう。

在外領事制度の導入をめぐる清朝の官僚や知識人たちの言論や活動に対する評価は、その導入に対して積極的であれば肯定的な評価が与えられ、消極的であれば否定的な評価が与えられてきた。これは、清末以降の中国の歴史における革命運動などに対する在外華人の貢献を背景に、在外華人の存在が本国側から重視されるようになり、領事設置などによる在外華人の保護が〝当然行われるべき〟施策として、中国国内の研究者や海外の華人研究者らによって意識されてきたためであろう。在外領事制度の導入をめぐる清朝官僚や知識人たちの言説や取り組みについても、既存の研究においては、その活動や主張の規模や程度の「積極性」のみを捉えて評価するものが多く、「積極的」な領事拡大策を打ち出した郭嵩燾、張之洞、薛福成らが均しく評価されてきた。むろん中国が「近代国家」「国民国家」へと変貌しようとする過程において、国外に渡航・居住する華人を「自国民」として包摂し、保護を行っていくことは、「近代化」の一つの方向性として、清末の当時においても、現代からの視点で評価する場合においても、否定されるべきものではない。ただ、その彼らの主張には、論者による差異や時代的な変遷があり、それらを個別に押さえた上で、彼らの言説の妥当性を歴史過程の中で評価していくことが必要と思われる。

たとえば、溝口雄三は、開明的な知識人として評価の高い初代駐英公使の郭嵩燾について、鉄道導入などの議論をめぐる副使劉錫鴻との見解の相違を例として、西洋の諸制度や物質文明の導入に対する郭の認識の「楽観性」を指摘している(46)。領事制度の導入をめぐる議論も、単にその導入に積極的であったか消極的であったかによる評価だけでなく、彼らの言説の同時代的な文脈や歴史的な意義を、それぞれ個別に検討していくことが求められよう。本書では、そうした点に特に留意しながら、清末に見られた領事設置論や領事裁判権をめぐる言説・交渉について考察していくことにしたい(47)。

(2) 近代中国と領事裁判

在外邦人に対する属人的な支配権の最たるものが司法管轄権であり、領事裁判権はその典型であった。領事裁判とは、一般的に、領事が国外において自国民を裁判すること、その際本国法によって裁判が行われることを主な要件としている。歴史的には、前述したとおり、十字軍時代のイタリア商業都市が、宗教・風俗・習慣・法律などの異なる中近東の地中海沿岸において領事裁判を行ったことに起源を有し、その後、オスマン帝国やペルシアにおいて実施されるようになった西洋諸国による領事裁判制度が、中国・シャム（タイ）・日本・朝鮮（韓国）などにも拡大していった。

中国・日本・韓国などのアジア諸国における歴史研究や歴史教育において、領事裁判制度は、アジア諸国が西洋諸国と締結した「不平等条約」の規定に基づくもので、そのような規定が設けられた背景には、西洋列強による軍事的な圧力ばかりでなく、アジア側の西洋国際法に対する無知もあったとされ、自国内における西洋側の領事裁判権を承認したことにより、多大な被害と不利益を被ってきたとされる。そして、アジアにおける領事裁判制度は、日本の条約改正を先頭に、徐々に撤廃されていったという歴史が描かれてきた。(48)

中国の場合、条約によって外国側の領事裁判権が初めて容認されたのは、アヘン戦争後の南京条約の翌年（一八四三年）にイギリスとの間で締結された五口通商章程においてであり、その後アメリカやフランスとの条約においても、同様の規定が設けられていった。領事裁判権を清朝側が受け容れたことについて、フランケ（Otto Franke）は、清朝は「英国の強圧」に屈して領事裁判権を認めたわけではなく、清朝側が領事裁判権の創設に反対しなかったのは、「野蛮人は野蛮人官吏により統治せしめることが、面倒を避けるに最も好都合な方法であると考へた」からであったと、蔣廷黻の所論も引用しながら説明している。(49)

そもそもアジアでは、属人的な裁判管轄は〝普遍的〟に見られたものであったとする見解がある。飯島明子は「前近代のタイ国家は、原理的には人的結合に基づく人間の支配を基礎とし、領土（territory）を基礎とする支配は行っていなかった……当時のタイ国家にとって、属人主義的な裁判管轄（personal jurisdiction）を意味する領事裁判権はむしろ自然であった」と述べている。[50]

しかし、中国では、近代以前から無条件に属人的な裁判管轄が認められていたわけではなかった。近代以前における中国の外国人（異種族）裁判については、桑原隲蔵や仁井田陞らがすでに基礎的な研究を行っている。[51] 唐宋代の中国では、泉州・広州などの沿海都市に「蕃坊」とよばれる一種の外国人居留地が設けられ、その代表者たる「蕃長」が居留外国人に対して裁判を行っていた。ただ、蕃長が処断できる案件は軽微な犯罪に限られ、重罪となる案件はあくまで中国側の官憲が裁判を行い、その管轄の決定は中国側が行っていたという。また、宋代以後も、同類間では属人主義を基本とし、異類間では属地主義に基づいた裁判が行われ、清代になると、同類・異類を問わず、原則的には属地主義に従って裁判が行われたという。アヘン戦争以前の西洋人関係の裁判（特に殺傷事件）については、三浦徹明による詳細な研究があり、清朝は属地的な裁判管轄権を決して譲歩・放棄していたわけではなかったことが明らかにされている。[52]

このように、近代中国における領事裁判の問題は、近代以前の属人主義や属地主義との関係からも説かれるべきものであるが、[53] その一方で、アヘン戦争以後の西洋の進出という新たな事態が中国にもたらしたものも見逃すことはできない。その一つが、領事という役職を清朝側がいかに捉えたかという問題である。南京条約によって領事（南京条約では「領事・管事等官」と表記）の常駐が認められ、その後の追加条約によって領事裁判が容認されて以降、清朝の開港場では自国民に対する裁判権を有する西洋領事が次々と設置されていった。こうした在華西洋領事の存在によって、裁判権などの広範な権限を行使する役職が「領事」であるという領事像が、一八七〇年前後までの清朝内では一般的であった。[54] そのため、一八七〇年代後半以降、清朝が在外領事の設置を開始すると、清朝が派遣する領事にいかなる権限を持たせるかが、清朝政府内や対外交渉の場において問題となったのである。

本書第II部で見るとおり、中国は近代の一時期、日本・朝鮮・ベトナムなどの東アジア各地において領事裁判権を行使（あるいは行使しようと）していたが、中国の在外機関による在外華人に対する裁判権行使の実態を明らかにするためには、それを始めた清朝政府の領事裁判権に対する認識とその変化を、年次的に把握しておかなければならない[55]。その際、主な考察対象となるのが次の四つの時期であろう。

①双務的な領事裁判権を規定する清露北京条約（一八六〇年）の締結前後。

②双務的な領事裁判権を規定する日清修好条規（一八七一年）の締結前後。

③清朝官民における領事裁判権に対する認識が変化していった一八七〇年代〜八〇年代初頭。この時期、領事裁判権は西洋諸国がアジアにおいてのみ行使する特異な権利（「額外権利」[56]）であり、清朝側に不利益をもたらすものとして撤廃すべきとの認識が、対外交渉を担う官僚を中心に現れ始める[57]。

④朝鮮・ベトナムをめぐる宗属問題が激化した一八八〇年代。清朝が「属国」と見なす朝鮮・ベトナムにおいては、清朝が在住華人に対する裁判権を行使すべきであると主張し、朝鮮では実際に行使された。ベトナムについては、清仏戦争後の対仏交渉の際に主張されたが、実際には行使されなかった。

これらの時期の清朝側の領事裁判権に対する認識を把握するためには、清朝側のみならず、条約・交渉の相手国や領事（または商務委員）の接受国となった日本・朝鮮・ロシアなどを含む東アジア地域における属人主義・属地主義との関係を踏まえて、再検討することが欠かせない。本書では、第Ⅱ部において上記のうち主に②〜④の時期について考察していく。

三　南洋・南洋華人と清朝

中国最初の在外領事は、初代駐英公使の郭嵩燾の建議を経て一八七八年に設置された在シンガポール領事であり、郭嵩燾は当初これを「南洋総領事」として積極的に活用することを企図していた（第1章第一節）。本書の第Ⅰ部で繰り返し登場する領事拡大論議は、主にこの「南洋」地域を対象としたものであったが、そもそも「南洋」とは清朝中国にとってどのような存在だったのか。「南洋」という名称および地理概念は、地域や時代によってその範囲や捉え方が大きく異なっているが、本書でいう「南洋」とは、中国の南方に広がる東南アジアからオセアニアにかけての海域とそこに点在する陸地を中国側が伝統的に総称したものを指す。(58)

清朝の南洋に対する見方について茂木敏夫は、「『南洋』は、そもそもは中国を中心とする伝統的な中華世界の一部、『藩属』であった」と指摘し、一八八四年に鄭観応が東南アジアを歴訪したことに関連して、「彼〔鄭観応〕は、中国が咸豊・同治以来、痩せた貧しい西北辺境の回復に力を注いで、物産も豊かな『南洋藩属』が侵略されるのを放置してきたことを『籌辺之失策』と断じ、もはや『藩属』の喪失という現状は挽回できなくなってしまったと嘆いていた」ことを紹介している。(59) また、山本信人は、「中国が交易・朝貢・移民を介して、東南アジア地域を『南洋』として認識し始めたのは、十八世紀の清朝期であった。十九世紀半ば頃から、東南アジアの華人は『南洋』を一つの空間として認識し始めた」と述べている。(60)

在外常駐使節が派遣される一八七〇年代半ば以前の清朝知識人の南洋観を代表するものに、呉曾英の「論今南洋各島国」がある。(61)「中・西の関鍵は全て南洋に在り」との書き出しで始まるこの論説は、南洋が西洋諸国の植民地と化している現状を縷々述べた後、南洋に住む中国商民の中から傑出した人物が現れれば、彼を領事に任命して、地理の調査や海路の測量のほか、西洋人の動向探査なども行わせ、中国の備えとするべきことを提起している。さらに、単なる華僑排出地という以上に、南洋と中国との結節点として、広東が重要な位置を占めていたことは、両広総督張之洞が「広東は遠く南洋を控す」と述べていたとおりである。[62] こうした南洋観が、清末における南洋駐在領事の設置計画の背景にあることを、十分に認識しておく必要がある。

次に、「南洋華僑（華人）」と呼ばれた東南アジア（清末ではオセアニアも含む）華人[63]と、本国中国との関係について簡単に整理しておきたい。

世界各地に居住していた華人は、西洋諸国の植民地のプランテーションや鉱山などにおいて、「苦力」「華工」として劣悪な労働環境に置かれ、植民地当局によって「華商」が不当な税金を課せられるなど、差別的な待遇を受けていた。彼らの多くは不本意ながら母国を〝棄てた〟民であり、その多くが「反清復明」を紐帯とする秘密結社に所属していた。[64] その上、本国中国が人口過剰による貧窮や列強の進出によって衰勢にあったため、一九世紀半ば頃まで彼らが清朝政府に対して保護を求めることはほとんどなかった。[65]

しかし、一八六〇年代に始まる自強（洋務）政策による清朝の〝再興〟は、一部の在外華人に清朝が自らの保護を求めるに足る、頼るべき存在になったと思わせた。世界各地の華人居住地に立ち寄った清朝の官員（郭嵩燾・曾紀沢・陳蘭彬ら）は、現地の華人組織の代表らから手厚い歓迎を受けるとともに、清朝政府による保護の実施を強く求められた。[66] さらに一八八〇年代後半になると、北洋艦隊が完成間近であると知った一部の在外華人は、あと一〇年、二〇年もすれば清朝は欧米列強に伍す存在になると期待を寄せていた。[67]

こうした南洋華人の本国に対する〝期待〟は、本国への各種の寄付や投資となって現れたが、それはその見返りとしての保護を期待する意味もあった。[68] その際、保護の方法として彼らが求めたのが、清朝による領事の設置と軍艦の巡航であった。また、一部の富裕な華人は清朝の官位を買い求めることによって自らの声望を高めようとした。[69]

在外華人は、彼らの同郷組織である「会館」「公所」のリーダーを代表として、清朝政府に領事を設置するよう請願を繰り返した。こうした請願を受けて清朝政府の一部の官僚は、南洋地域における清朝領事の増設を進めることになる(70)。

しかし、本論で述べるように、南洋地域における清朝領事の設置・拡大は、一八七八年に在シンガポール領事館が開設されて以降、九〇年代初頭に至るまで進展することはなかった(前掲表序-1参照)。その要因について荘国土は、西洋諸国側による抵抗以外に、清朝側の認識や体制にも問題があったと指摘し、その主な理由として次の三点を挙げている(71)。

①領事設置の意義に対する認識が不足していたこと。
②領事設置への推進力が不足し、時機を失したこと。
③在外使節の配置を誤ったこと(多くの在外公使が数カ国の公使を兼任し、時機に応じた迅速な交渉が行えなかった)と、外交権が分散し領事設置問題について多くの機関が関与したため、責任を持ってこの問題を専門的に処理する者がいなかったこと。

こうした清朝側の問題点に対する整理に誤りはないように見える。しかし、③は領事設置問題に限った話ではないので措くとしても、①や②については、ではなぜそうした認識の不足が生じたのか、なにゆえ領事設置への推進力が不足し時機を失することになったのか、という具体的な考察はいまだ行われていない。

そもそも当時の南洋は、最大の華人人口を抱えながら(表序-2参照)、シャムを除くほとんどの地域が、欧米諸国の植民地や保護領となっており、そこへ清朝が領事を派遣することには様々な困難が伴った。箱田恵子はそうした状況について、「領事の派遣を通じて海外に清朝の影響力を積極的に及ぼすという政策は、華人社会のもっとも発達していた南洋がすでに西洋各国の植民地になっていたり、あるいは支配権の確立が行われようとしているなか

表序-2　南洋華人の人口

① シンガポール

西 暦	人 数
1819	30
1821	1, 150
1823	3, 317
1829	7, 575
1830	6, 555
1833	8, 517
1834	10, 767
1836	13, 749
1840	17, 704
1849	24, 790
1850	27, 988
1860	50, 043
1871	54, 572
1881	86, 766
1891	121, 908
1901	164, 681

② ペナン

西 暦	人 数
1788	1, 000
1794	3, 000
1803	5, 500
1812	7, 558
1818	7, 858
1820	8, 595
1830	8, 693
1833	11, 010
1842	9, 715
1851	24, 188
1860	36, 222
1871	36, 561
1881	67, 354
1891	86, 988
1901	97, 471

③ マラッカ

西 暦	人 数
1817	1, 006
1825	3, 828
1827	4, 510
1829	4, 797
1834	4, 143
1842	6, 882
1852	10, 608
1860	10, 039
1871	13, 482
1881	19, 741
1891	18, 160
1901	19, 464

④ インドネシア

西 暦	人 数
1860	221, 438
1880	343, 793
1885	381, 751
1890	461, 089
1895	469, 524
1900	537, 316
1905	563, 449
1920	809, 039
1930	1, 233, 214

⑤ オーストラリア

西 暦	人 数
1855～56	27, 272
1860～61	38, 348
1870～71	28, 631
1880～81	38, 533
1890～91	35, 821
1900～01	29, 627

出所）①～③：林遠輝・張応龍『新加坡馬来西亜華僑史』239～240 頁（明らかな年数の誤記は改めた）。④：李学民・黄昆章『印尼華僑史（古代至 1949 年）』221 頁。⑤：黄昆章『澳大利亜華僑華人史』28 頁。

では、当然これらの国々との複雑な外交問題を引き起こす」ものであり、「領事の権限が国際法ではなく、二国間の条約によって規定される以上、『不平等条約』によって在華西洋領事が有する権限に倣おうとしても、自らはそのような条約的根拠を有しない清朝には不可能であった。この点、条約によって領事の互派やその権限が規定されている日本やキューバ、ペルー等とは、事情を異にする」と的確に指摘している。[72] 本書は、以上のような清朝時代の中国にとっての南洋の特殊性を十分考慮しながら、論を進めていきたい。

おわりに——本書の目的と構成

本書は、領事制度の中国への導入過程と運用実態の分析を通して、近代中国が西洋伝来の外交・行政制度を導入する際に見られた特質と問題点を、中国の「近代」的変容過程やアジアの周辺国・地域との関係を軸に明らかにしようとするものである。その目的へのアプローチとして本書が注目するのが、①華人保護問題を契機とした南洋地域（主に東南アジア）における清朝領事の拡大論議と、②東アジア諸地域において清朝が行った（あるいは行おうとした）領事裁判の二点である。本書はこの①と②をそれぞれ第Ⅰ部と第Ⅱ部に配して構成する。各章の主な内容は以下のとおりである。

第Ⅰ部「華人保護論の展開と在外領事拡大論議」では、華人保護論の広がりによって清朝において在外領事制度が曲折を経ながらも定着する一方で、清朝側・外国側の双方において在外領事の拡大が中国の内地開放問題とリンクして把握されたため、その後の在外領事の拡大は容易に進展しなかった過程を跡づける。第1章では、領事派遣が開始された一八七〇年代後半から八〇年代前半までの清朝政府内の領事設置論を考察し、八〇年代前半に清朝内の領事論に変化が生じたことを指摘する。第2章では、在外領事拡大論議を活発化させる契機となった南洋華人調査（一八八六〜八八年）が、清仏戦争後の海軍拡張論議の中から提起された背景を、当時の国際関係や清朝の国内政治の動向から明らかにするとともに、調査委員の派遣交渉に際し、南洋華人の帰属をめぐって清朝と西洋諸国との間に摩擦が生じていたことを指摘する。第3章では、南洋華人調査の具体的な内容を分析し、この調査によって在外華人保護の必要性と有益性を示すまとまった情報が初めて清朝政府にもたらされたことを確認する。第4章では、南洋華人調査を受けて清朝政府内で起こった在外領事の拡大をめぐる論争について考察し、張之洞（両広総督）と総理衙門（北京）との論争を経て提出された薛福成（駐英公使）の上奏によって、在外領事の拡大を正面から否定する議論がそれ以降は見られなくなることを指摘する。第5章では、薛福成が自らの主張に沿って推進した在外領事の拡大が、中国の内地開放や英露対立への対応をめぐる認識の違いから、本国の総理衙門の掣肘を受け容易に進展しない中で、日清戦争とその敗北という事態を迎え、在外領事を拡大していくための国内的な余裕と対外的な力量という条件をともに失っていった経緯を論ずる。

第II部「中国の在外領事裁判と東アジア」では、清末期の中国が日本と朝鮮において実際に領事裁判権を行使し、またベトナムにおいても行使しようとした過程と実態を、条約（または章程）上の規定の成立過程や実際の裁判事例を検討することによって明らかにする。第6章では、日清修好条規（一八七一年）において双務的な領事裁判規定が設けられた経緯を、双方の領事裁判権に対する認識の相違と具体的な交渉過程を跡づけることによって確認する。第7章では、朝鮮において清朝の商務委員や領事が裁判権を行使する根拠となった商民水陸貿易章程（一八八二年）と清韓通商条約（一八九九年）のそれぞれの裁判規定の成立過程を検討し、宗属関係を根拠に清朝優位の片務的な裁判規定が設けられた一八八二年の章程から、日清戦争後に成立した清韓間の対等関係を根拠に双務的な領事裁判規定が設けられた一八九九年の条約への変化が、いかにして生じたのかを跡づける。第8章では、日本と朝鮮において清朝がそれぞれ実施した領事裁判について、その実態と特徴を検討する。第9章では、清仏戦争後に行われた在ベトナム領事の設置をめぐる清仏間の交渉を検討し、清朝側は「ベトナムに対するフランスの保護権は認めたが、ベトナムは依然として中国の属邦である」という論法によって、ベトナムに設置する清朝領事に領事裁判権を与えるようフランス側に要求していた事実とその意味を明らかにする。第10章では、修好条規によって双務的な領事裁判の実施を一旦は許容し合った日清両国が、まもなく領事裁判権に対して異なる認識や対応を採るようになり、日本の「条約改正」の動きに影響されながらも、日清戦争後も清朝は大韓帝国との間に双務的な領事裁判を規定する条約を結ぶなど、領事裁判権をめぐる清朝と日本のそれぞれの認識と対応が、一九世紀後半の数十年にわたって〝交錯〟と〝分岐〟を繰り返していた姿を描き出す。

東アジアにおける領事制度や領事裁判をめぐる問題は、これまで〈日本―欧米〉や〈中国―欧米・日本〉といった枠組みで考えられることがほとんどであった[73]。「不平等条約」研究においても、〈平等―不平等〉のあり方や〈片務性―双務性〉の意味について、当時の文脈も踏まえた十分な考察が行われてきたとは言いがたい。領事裁判権を相互承認する条項が設けられた日清修好条規や清韓通商条約についても、規定が双務的であれば「平等条約」と見なし、それ以上の考察はほとんど行われてこなかった[74]。清朝領事の設置・拡大や清朝が海外で行った領事裁判の意味と役割について当時の文脈に即して考察することは、東アジアの国際関係や法の支配の「近代化」と呼ばれる過程の実相にも迫るものと考えられる。本書は、条約規定上の〈平等―不平等〉を問うことが主だった中国大陸を中心としたこれまでの「不平等条約」研究の枠組みを離れ、近代西洋が東アジアに〝持ち込んだ〟領事制度や領事裁判というシステムが、東アジア諸国間における相互作用や西洋諸国との摩擦を経ながら、いかにして定着していったのか、領事裁判というシステムを東アジアの各国がいかに受け止め、いかなる相剋を経て、最終的に「治外法権撤廃」へと収斂していったのか、というアプローチで描き直していく。

さらに、近代中国の在外領事問題は、朝鮮・ベトナムなどの属国支配の問題や国際法の受容・適用の問題とも関連していたことから、本書における考察は、近代中国における属国支配のあり方や近代国際法体系への編入過程における複線的・相互作用的な様相を、人身支配の法的構造の面から探ることにもつながるものと考えられる。近年盛んな東アジア諸国の領事裁判研究の成果(75)もくみ取りながら、近代中国の在外領事や在外領事裁判の実態をアジアという広がりをもって整理・分析することで、近代東アジア史における領事裁判や「不平等条約」認識、さらには外交・行政制度の「近代化」の過程についても再考してみることにしたい。

第Ⅰ部　華人保護論の展開と在外領事拡大論議

第1章　在外領事像の模索
――領事派遣開始前後の設置論

はじめに

清朝の対外交渉制度の本格的な変化は、王都北京を攻略されたアロー戦争（一八五六～六〇年）を直接的な契機とする。総理衙門が一八六一年に設置されたのがその最も大きな変化であり、その下には貿易・関税などを管理する総税務司や人材養成を行う同文館（一八六二年開設）が置かれた。アロー戦争はまた、中国の対外的なヒトやモノの移動をも促進し、戦後、対外貿易額が増大するとともに、条約によって開港された沿岸・沿江の諸都市に渡来して商業や布教活動に従事する欧米人の数も急増した。他方、中国から海外に渡航する華人の数もアロー戦争後に急激に増加する。それ以前の一八四〇年代から、東南アジアや中南米におけるプランテーション農業や鉱山経営、アメリカにおける金鉱採掘や鉄道建設などによる華人労働者に対する需要の拡大や、中国東南沿岸地域における人口過剰とそれに伴う経済的困窮による出国圧力の増大などにより、華人の出国はかつてない規模で増加していたが、アロー戦争の結果結ばれた清英北京条約（一八六〇年）第五条により、それまで法律上禁止されていた華人の海外渡航が、事実上「合法化」されたことは、在外華人のさらなる増加を招いた。

それまで清朝はいわゆる「棄民」政策を採り、海外に渡航した華人に対しては、管理も保護も行っていなかった。しかし、太平天国の乱も終息した一八六〇年代後半以降、清朝政府内では海外に渡航した華人の経済力や技術力に注目し、彼らを保護することによってその力量を清朝本国のために活用しようとする議論が少しずつ現れてくる[1]。一八七〇年代に入ると、キューバやペルーの華人労働者（華工）に対する保護問題や日本の台湾出兵（一八七四年）を契機に、在外領事の派遣は現実の政策課題として清朝政府内において本格的に議論されるようになり[2]、一八七六年以降の在外公使の派遣開始に伴い、在外領事の派遣・設置も徐々に進められていく[3]。

しかし、清朝の在外領事の設置・拡大は、決してスムーズに進んだわけではない。その最大の原因は、外国側、特に中国が「南洋」と呼んだ地域のほとんどを領有・統治していた西洋の植民地宗主国が、清朝領事の受け入れに難色を示したことであった。しかしその一方で、清朝内にも在外領事の拡大を懸念する声が存在し、そうした声は清朝が在外領事を増設していく上で、大きなブレーキとなった。

清末の在外領事設置問題を議論するには大きく分けて二つの論点があり、それをめぐり領事の設置が有用であるか否かの議論が繰り返された。その一つが経費に関する問題であり、もう一つが職権に関する問題であった。そうした対立は、単なる積極論と消極論の対立というだけでなく、当時の清朝の官僚間における在外華人や国際関係、あるいは国際法などに対する認識・知識の差異がその背景には存在していた。日清戦争以前に活躍した清朝の著名な外政官僚である薛福成の論説「中国の公法外に在るの害を論ず[4]」を見てもわかるとおり、清朝にとっての在外領事設置問題は、まさに「洋務」期の対外関係の機微を象徴する重要な外交課題であったのである[5]。

清末における領事設置論の展開については、日本においてすでに箱田恵子が、一八六〇年代〜七〇年代、つまり在外領事の派遣が開始される以前を中心に、外交史研究の視点から論じている[6]。また、園田節子は、南北アメリカ在住華人の保護問題との関係から論じられた官・民における領事設置論の展開について、一八七〇年代後半〜九〇年代前半を対象に考察している。(7) そこで本章では、在外領事の派遣が実際に始まって以降、清朝内において在外領事の設置に対する認識がいかに変化し、それがどのように領事設置をめぐる政策議論に反映していったかを、日清戦争以前の清朝官僚の言説、特に清朝領事の設置がなかなか進まなかった南洋地域における領事設置に関わる議論を中心に考察することにしたい。

一　在外領事の派遣開始と領事論の変化

(1) 郭嵩燾の領事設置建議

清朝政府内において在外領事の派遣について初めて本格的な議論がなされたのは、一八七五年のことである。これは前年の日本による台湾出兵をきっかけにして起こったいわゆる海防論議の中から出てきたものであり、その主なものは、福建巡撫王凱泰、南洋大臣(両江総督)李宗羲、北洋大臣(直隷総督)李鴻章らによる提言であった。そして翌七六年に派遣された初代駐英公使郭嵩燾により在シンガポール領事の設置が建議され、本国の総理衙門の基本的な同意とイギリス政府の許可を経て、七八年に正式に開設される。

まず、郭嵩燾による建議からイギリス政府との交渉を経て在シンガポール領事が設置されるまでの過程を振り返り、その上で、郭嵩燾の領事設置論の内容を見ることとしよう。

在外公使(出使大臣)の職責や在外公館スタッフの構成などを規定した「出使章程」が制定されたことを受け、一八七六年一〇月三一日に郭嵩燾は、自らの所轄となるイギリス領の各都市(シンガポール・バングラデシュ・ペナン・セイロンなど)に清朝領事を設置し、領事には駐英公使館の参賛(書記官)や文案(記録官)を充てるよう奏請する。[8] その後、総理衙門は駐英公使館のスタッフを決定した一一月二日の上奏の中で、領事設置についても郭嵩燾の方針に同意する姿勢を示した。[9] 翌七七年一月、ロンドンに到着した郭嵩燾は、早速在シンガポール領事の設置についてイギリス政府と交渉を行った。一八六八年に結ばれたオールコック協定が不成立に終わって以来、イギリスとの間に領事関係の設定について規定した条約がいまだ結ばれていなかったため、イギリス領における領事の設置にあたっては個別に交渉する必要があったのである。二月二四日、郭嵩燾はイギリス外務大臣のダービー（15th Earl of Derby）に対し、シンガポール華人の有力者であった胡璇沢（胡亜基 Hoo Ah Kay）を清朝の在シンガポール領事とすることを打診する。[10] その後、七月二三日になりダービーは、清朝が胡璇沢を在シンガポール領事とすることには同意するが、同領事は常設とはせず、以後欠員が生じた時も直ちに後任を選定できない暫定的な領事として承認すると、郭嵩燾に通告してきた。[11]

これを受け郭嵩燾は、八月九日に在シンガポール領事の設置と同領事に胡璇沢を任命することを本国に奏請し、合わせて同領事を「南洋総領事」と位置づけ、イギリス領にとどまらず南洋全域を管轄させることを提案する。[12] この郭嵩燾の上奏は総理衙門の審議に附され、総理衙門は一〇月三一日に在シンガポール領事の設置と胡璇沢の任命については同意するが、同領事を「南洋総領事」とすることについては反対する上奏を提出し、裁可される。[13] その後、翌七八年三月に中国初の在外領事館として在シンガポール領事館が正式に開設される。[14] ただその翌月、ダービーに代わり外務大臣に就任してまもないソールズベリー（3rd Marquess Salisbury）は、在シンガポール領事以外のイギリス領内における清朝領事の設置は以後認めないことを郭嵩燾に通告してきた。[15] その理由は、清朝は外国人に対していまだ十分に内地通行と内地通商を認めておらず、その清朝が外国の方式を援用して領事を派遣し、イギリス領各地に駐在させることは同意できないというものであった。その後、在シンガポール領事の設置はイギリス政府によって正式に承認され、認可状も発給されたが、[16] その他のイギリス領における清朝領事の設置は制限されたままとなり、こうした状況が改善されるのは十数年後の薛福成の登場を待たねばならなかった（第5章第一節を参照）。

次に、清朝初の在外領事である在シンガポール領事の設置へとつながった郭嵩燾の上奏を通して、彼の領事設置論の特徴を確認しておきたい。この郭嵩燾の上奏は、既存の研究においてすでに何度も取り上げられてきたが、それらの研究では、①通商を国づくりの根幹としている西洋諸国においては、領事の設置が重視されていること、②中国はこうした西洋諸国とは異なるため、民間人の請願を聞き入れて領事を設置するとはいえ、そのために経費を多く支出する必要はないこと、③よって、現地の富商である胡璇沢を領事に任命すれば、領事館の開設経費を支給するだけで、給与等の経費は支出しなくてもすむこと、などの郭嵩燾の言説が注目されてきた[17]。

また日本では、安井三吉がこの郭嵩燾の上奏文で述べられている在外領事の設置目的に注目し、すでに部分的に訳出・紹介している[18]。郭嵩燾が述べる領事の設置目的は、「商民の保護」と「統制・監督」であり、これらは特に目新しいものではない。しかし、二点目の「統制・監督」が可能である理由として、アメリカやイギリスは在住華人に対する措置に若干の差異はあるものの、ともに統治下の華人を優遇しており、清朝領事の在外華人に対する統制や監督は別段難しいことではない、と述べている点は特徴的である。こうした見方は、建議にあたりできるだけマイナス要因を小さく見せようとしたことによるものかもしれないが、いささか楽観的にすぎたといわざるを得ない。なぜなら、特にイギリスは、一八八二年以降、海峡植民地当局が清朝領事による船牌（船舶証明書）の交付やその発行料の徴収、あるいは在住華人に対する寄付金の募集などについて繰り返し抗議し、清朝領事の活動をできるだけ制限しようとするようになるからである[19]。こうした具体的な問題点が顕在化するのは、一八八〇年代に入って以降のことであるが、それ以前においても、すでに在外領事の職権に限界を感じ、その増設に対して慎重な意見が現れるようになる。

（2）曾紀沢の領事不拡大論

一八七九年一月、郭嵩燾の後任の駐英公使としてロンドンに着任した曾紀沢は、同年七月四日付の総理衙門宛ての書簡の中で、フランス領となっていたベトナム南部のサイゴンに領事を派遣することを建議する。[20]これは、郭嵩燾が帰国途中に立ち寄ったサイゴンで、現地の華人から領事設置の要望を受け、[21]帰国後まもなく総理衙門に在サイゴン領事の設置を建議したことを受けた動きであろうが、[22]曾紀沢の領事設置論は、郭嵩燾とは打って変わった慎重なものとなっていた。それは、西洋諸国による反対への懸念というよりも、領事の職能について彼が極めて抑制的な見解を有していたことによる。彼はサイゴンでは人頭税が大変重く、在住華人たちが圧迫を受けていることを紹介した上で、「そうした状況は断じて中国の一領事によって挽回できるようなものではない。またその地はすでにフランスの直轄地となっており、中国の公使や領事が軽々しく文句をつけてその徴税や政務に干渉する道理はない」と指摘している。

しかし曾紀沢は、それでもサイゴンに領事を設置することには三つの「微益」があると訴える。それらを簡単にまとめると次の三点になる。

①領事を派遣することで、西洋諸国に対して清朝が在外華人問題に関心を持っていることを示すことができる。
②徴税以外のことは小さな事柄であり、領事一人を駐在させれば、華人商人を様々な不利益から保護することができる。
③領事に現地の情況を直接見聞させ、公使や本国に常に報告させれば、フランス側は華人を差別的に扱うことを少しは憚るようになる。

曾紀沢は、在サイゴン領事の設置を提言する一方で、在シンガポール領事の機能拡充にも着手し、胡璇沢の死去（一八八〇年）後、代理のままとなっていた在シンガポール領事に、駐英公使館の翻訳（通訳官）であった左秉隆を任命し派遣する（一八八一年）。このように、シンガポールやサイゴンにおける領事の設置や機能拡大には積極的であった曾紀沢も、領事館の大規模な増設には反対する姿勢を示していた。

一八七九年八月二九日付の総理衙門宛ての書簡において、イギリス領モーリシャス在住の華人商人から領事設置の請願があったことを伝えた曾紀沢は、

もしあちこちすべてに領事を増設すれば、経費をまかなうことが難しくなるばかりか、無用な摩擦をも引き起こすことになる〔経費難籌、無事生擾〕。イギリスの植民地では、すべて立派な官吏や有能な軍人がいて統制しているので、我が中国の領事は政務に干与することはできず、〔その領事が〕気の荒い者であれば争論を引き起こし、軟弱無能の者であれば〔外国から〕軽蔑されるきっかけを招くことになり、損をするだけで益はないので、やめたほうがよい。

と述べ、モーリシャスにおける領事の設置に反対する意見を伝え、在外領事の増設そのものにも慎重な姿勢を示した。またそれに続いて、バタビア（現在のジャカルタ）にも領事を増設してほしいと上申してきた温宗彦（一八七九年に輪船招商局から派遣されシンガポール分局を開設）に対しても、上記と同様の返事をしておいたと述べた上で、バタビアなどは「重要でない地域の孤島〔にある街〕であり、要衝の地にあるうえ居留する華人が十数万人、数十万人もいるシンガポールやサイゴンなどとは、状況が異なる」として、オランダ領東インド植民地における領事の増設についても、反対する姿勢を示している(23)。

のちに曾紀沢は、李鴻章にもモーリシャスにおける領事設置の件について書簡を送っているが、そこでは、先に総理衙門に伝えたような明確な反対意見は述べていない。だが、最後に「〔モーリシャスの〕ポート・ルイスの華人はシンガポールやオーストラリアの十分の一にも満たない」と述べ、同地への領事設置についてはやはり消極的な

姿勢を示していた。[24]

（3）李鴻章の領事設置論

これに応えて李鴻章が曾紀沢に送った返書が残されている。[25]この書簡の中で李鴻章は、かつて在シンガポール領事を設置するために清朝側（特に郭嵩燾）が気力を費やしたことや、すでに要求しているオーストラリアにおける領事設置についてもいまだ実現していないことを挙げるとともに、西洋諸国の在華領事が有する（領事裁判権などの）権限は国際法を超越したものであり、清朝がこれを援用しようとしても効果は見込めず、かえって摩擦と混乱をもたらすだけであるとの見方を示していた。また同時に、中国は将来自強して条約を改正し、西洋領事のこの過大な権限を撤廃することを目指すべきであるとの考えも示していた。その上で、領事館をむやみに増設することは、「損をするだけで益はない」とする曾紀沢の見解にも賛意を示していた。[26]

その後一八八〇年代に入ると、李鴻章の領事設置に対する認識はより厳しいものとなっており、それには設置から三年近くが過ぎた在シンガポール領事の効果があまり上がっていないことが影響していた。一八八一年一月に李鴻章が王闓運（成都尊経書院山長）に送った書簡の中にそうした考えが示されている。[27]関係する部分を引用しよう。

南洋各島にことごとく領事を設置する件については、昨今洋務を語る者の多くが、この論を唱えている。私も以前シンガポールに領事を設置することを郭嵩燾に勧めたが、この事業はあまり成果が上がっていないようだ。思うに、西洋の国は行政権が領域内に均質に行きわたっているので、植民地であろうとも、どこの国の公使や領事であっても、少しもその権限〔行政権や管轄権〕を分け与えてもらうことはできない。〔その上〕我が国の福建人や広東人の中で長くそれらの植民地に居住している者も、その統制に慣れ、あえて反抗しようとはしなくなっている。

李鴻章がここで問題視したのは、南洋に派遣する領事に領事裁判権を持たせるかのような意見であり、領事派遣の効果については、在シンガポール領事の設置を進めていた時期よりは過大視していないものの、領事の設置そのものに反対だったわけではなかった。

この書簡が書かれた前年（一八八〇年）、総理衙門、李鴻章、駐アメリカ・スペイン・ペルー公使の陳蘭彬らは、協力してフィリピンにおける領事設置とそのための調査員の派遣を検討していた[28]。李鴻章は、一八八〇年代初頭から在マニラ領事の設置に取り組み、八六年に両広総督張之洞が南洋領事増設計画を提起して以降も（第4章第一節を参照）、在マニラ総領事の設置については積極的に推進する姿勢を示していた[29]。李鴻章が在マニラ領事の設置に関心を示した理由について、ウィックバーグは、輪船招商局がマニラと中国沿海との間で貨物輸送を開始し、その事業を拡大させるのに領事を活用しようとしたこと、フィリピン在住華人を含む多くの在外華人からの本国の飢饉や海防への寄付を期待していたこと、を挙げている[30]。

しかし、一八八六年のフランスとの越南辺界通商章程の交渉時には、八五年の天津条約の規定に基づいてベトナム北部の主要都市における領事の設置を推進する一方で、大規模な増設には財政難を理由に消極的な姿勢を示し、「[同条約] 第二条において先にハノイ・ハイフォンの二カ所に領事を設置して、その他の各都市はその後随時協議のうえ派遣すると明記させたのは、[領事派遣の] 主導権を清朝側が握るためである[31]」と述べている。ここからもわかるように、李鴻章は決して財政面や西洋諸国との摩擦を回避するためだけに、領事の増設に慎重であったわけではなく、清朝にとって有益となる領事の派遣を、限られた財源の中で効果的に行おうとしていたのである。

二　在シンガポール領事左秉隆の提言——領事官による領事増設論

若干時間を前に戻し、一八八二年頃に現れた領事増設論について確認しておきたい。その領事増設論とは、駐英公使曾紀沢によって抜擢され、官僚として初の在シンガポール領事となった左秉隆によるそれである。ここで、左秉隆の議論を取り上げるのは、管見の限り、それが具体的な理論と方法を備えた初めての領事増設論であったからである。

一八八二年初め、福建省出身の広西候補知府であった李勉がバタビア在住の華人たちの要望を受け、オランダ領への領事設置を求める陳情書を両江総督左宗棠に提出した。これを受けて左宗棠は、この李勉の陳情書を総理衙門と曾紀沢に送り、曾紀沢に対しては在シンガポール領事の左秉隆からも意見を徴するよう促している(32)。意見を求められた左秉隆は、一八八二年一〇月二七日付の報告書において、清朝が領事を設置する際の問題点を整理した上で、バタビアのみならずオランダ領東インド全域に領事を増設すべきであるとする提言を行い、その具体的な増設案を提示した(33)。

まず左秉隆は、バタビアやそこに居住する華人の状況について比較的詳しく説明し、バタビアの重要性とそこに居住する華人を保護する必要性を説いている。これは、三年前に曾紀沢が総理衙門に示した、同地やそこに住む華人を軽視する見解を否定するものであったが、この報告書を受け取った曾紀沢がその認識をいかほど改めたのかは定かではない。

続いて左秉隆は、東インド駐在領事を設置するにあたっては、次の三つの障害が想定されるとした。

①すでにオランダの市民権を得ている華人が西欧化することを制御することの困難さ

②「瑪腰」(Majoor) 等のオランダ当局に任命されている華人役人の抵抗
③オランダ当局の抵抗

このような障害はあるものの、領事として適切な人材を得ることができれば、①や②については解決できると左秉隆は断言する。また③については、「もっとも心配するには及ばない」とし、「各国公例」では「もしある国の領事の駐在を断れば、他国に(領事の駐在を)許可することはできず、これによって不公平を回避している。今オランダはすでにイギリス・フランス・アメリカ・ドイツなどの国にバタビアに領事を設置することを許可しているので、もし中国のみ許可されなければ、これは公例に違反することになる」と述べて、駐オランダ公使[34]にオランダ政府と交渉させることを提起している。国際公例を使って領事設置について西洋側に圧力をかける方法は、すでに郭嵩燾が在シンガポール領事の設置を要求する際に用い、その後の在外公使たちも繰り返し西洋側との交渉時に主張したものだが、清朝側の内地開放が進んでいないことなどを理由に、清朝には国際公例は適用できないと、拒否され続ける。その点、左秉隆の見方はいささか楽観的にすぎたと言わざるを得ない。

左秉隆は、このように現地の状況や外国側の抵抗は解決可能なものであり、領事設置問題で考えるべきことは「ただ国や民に有益であるか否か」ということだけで、領事の設置には三つの利点があり、初めは困難は多いものの、後の利益を考えて「やらなければならないこと」だと訴えた。左秉隆がそこで挙げた三つの利点とは、①華人が関係する裁判の際に、領事が申し立てや現地当局との話し合いをすることができ、また領事の存在が現地で華人を虐待する者たちへの抑止力となる、②領事を設置し華人たちと常時連絡をとれば、現地の風俗に染まってしまっている彼らを清朝に帰服させることができる、③領事を多く設置しそれぞれの国の情勢を確実に報告させれば、彼らは国の耳目となる、ことであった。

いずれも過去の領事設置論の中で言われてきたことだが、特に①については、それまでの領事論にはなかった詳細な説明を加えている。その部分を引用しよう。

私が申し上げたいことは、領事を設置することによる利益は、各国の領事が有する権利を調べると差異があるようで、領事を設置することによる利益も、またそれぞれ異なっている。上位にあるのが単独裁判〔独断〕の権利を有するもので、その利益は最も大きい。中位にあるのが混合裁判〔会審〕の権利を有するもので、利益はその次に大きなものである。下位にあるのが〔裁判に際して〕申し立てや話し合い〔調和〕をする権利を有するもので、その利益は最も軽いものである。今バタビアに領事を設置しようとすれば、上位と中位に当たる利益を得ることはできないであろうが、〔下位の権利しか有さない領事を設置した場合でも〕その利益は〔その中で〕最も軽いとはいえ、実際には本当に軽いとは言えないものがある。外国に居住する華人は、その種類はみな貧しくて労働者となった者たちであり、その地域に入ればその地の管轄を受け、すぐに〔その地の官吏や人々に〕好きなように扱われている。彼らがあえてほしいままに虐待する理由は、証人となる者がいないためである。もし領事を設置すれば、彼らは証人となる者がいることを恐れて、少しは挙動を慎むようになるだろう。そしてこれらの困窮する人々がひそかに受ける恩恵は、少なくはないはずである。

ここで左秉隆は、通常領事が在外邦人の裁判に関与する際の権限について、上中下の三段階に分けて説明し、そのうち上と中、つまり単独の領事裁判権や混合裁判を行う権利を有する領事を設置することはできないが、申し立てや現地当局との話し合いを行うことができるだけでも、清朝が領事を設置することの意義は小さくないと主張している。こうした左秉隆の主張は、前節で取り上げた曾紀沢の三つの「微益」と共通する見解ではあったが、下位の権限しか行使することができなくとも、それを「微益」とはせず、その権限は「実際には本当に軽いとは言えない」と、領事設置の意義をより積極的に説明している点が特徴的であり、一八九〇年代初頭の薛福成の議論へとつながるものであった。

左秉隆の報告書は、以上のような領事設置の意義を十分に説いた上で、具体的な領事増設案の提起を行っている。それは次の五点である。

①オランダ領東インド植民地には、四つの大きな島と一〇の主要都市があり、「今領事を設置しようとすれば、全面的に処理すべきで、一カ所のみを顧みるべきではなく、……各都市に均しく領事を設置すべきである」。

②経費問題は、現地の商人を領事に任命すれば解決できる。日本や西洋諸国では、フランス以外は、商人を領事に任命している例が多く、清朝も胡璇沢を在シンガポール領事に任命した前例がある。

③官員の領事を一人置いて商人領事を統轄させれば、商人に領事を務めさせる弊害もカバーできる。

④バタビアに総領事を設置し、各都市に領事を務めうる優秀な商人がいるかを調査し、推挙させる。

⑤各都市の領事の統轄方法としては、「総領事に責任を負わせ毎年各都市を巡視する際に、一隻の軍艦に乗せて兵隊の訓練を行い、また〔清朝の〕名声と威厳を盛んにさせる。そうすれば一挙両得である」。

左秉隆の領事増設論に対しては、その後、清朝が商人領事を設置すれば、西洋側が在華領事に商人を充てることを清朝側も認めざるを得なくなるなどの異論が出たものの、全般的には清朝政府の外政官僚の間では良好な評価を得たようで、左秉隆の提言にもあったとおり、駐オランダ公使李鳳苞より東インド植民地駐在の清朝領事の設置についてオランダ外務省に照会が出される。これに対しオランダ側は、領事設置には特別条約が必要であると回答し、李鳳苞は総理衙門に対して領事設置交渉は容易ではないことを伝えると[35]、李鳳苞も総理衙門もオランダ側とそれ以上交渉することを取りやめてしまう[36]。そのため、左秉隆の提言が清朝の在外領事の増設・拡大へと直接結びつくことはなかった。しかし、このような具体的な領事増設案が提起されたのは、記録が残っている限りでは、清朝政府内では初めてのことであり、内容的にも清仏戦争後に現れる張之洞や薛福成の増設案（第4章を参照）を先取りしたものがあった。直接的なつながりは確認できないものの、その方法の類似性から見て、左秉隆の提言が後の張之洞、薛福成らの領事増設案の下敷きとなっていた可能性も否定できない。前述した左秉隆が挙げた領事設置の三つの利点については、顔清湟がすでに取り上げており、それぞれ、①道徳的理由（清朝は海外の臣民を保護する道徳的義務がある）、②文化的理由（領事の存在は海外臣民の中国人アイデンティティを保持する助けとなる）、③政治的理由（政府の代理人として政府に有利な海外情報を領事に収集させる）、と整理・分析している。[37]

こうした具体的な理論と方法を備えた領事増設論は、当時唯一の南洋駐在の清朝領事であった在シンガポール領事に、清朝の官僚として初めて就任し、長期にわたって現地の情況を実地に観察することのできた左秉隆の登場を待たなければ、現れなかったかもしれない。そうした意味においても、一八八〇年代初頭における清朝の領事設置論の変化は明らかなものであった。

おわりに

本章では、一八七〇年代後半の在外領事の設置開始前後から八〇年代前半における清朝の外政官僚らによる領事設置論とその推移について考察し、設置開始から数年を経ずして、領事をむやみに増設すれば「経費をまかなうことが難しくなるばかりか、無用な摩擦をも引き起こすことになり」、シンガポールでは領事を設置しても当初期待したほどの成果が上がっていないとの認識が清朝政府の官僚間で抱かれるようになる一方で、一八八二年には、現場を熟知していた在シンガポール領事の左秉隆によって、その後の張之洞や薛福成らの領事増設論のさきがけとなる提言を行っていたことを確認した。

一九世紀半ば以降、対外関係上の問題が百出する状況下において、清朝自身も、以前から存在した問題や新たに生起してきた問題を含め、在外華人に関わる問題を次第に自国の〝問題〟として意識するようになる。領事制度もそうした問題を処理する必要から導入が図られた。導入の初期においては、清朝朝野における領事の性格に対する見解は一定しておらず、それが時には、政府内における論議や外国との交渉の際に混乱をきたす要因ともなった。清朝が派遣した領事の実際の職務も時代とともに変化し、その所管をめぐっても外政機関と地方行政機関との間を超越する事態が時おり見られた。

一八七〇年代半ばから八〇年代半ばに行われた在外領事の設置実施や設置計画のほとんどに、北洋大臣李鴻章が直接的あるいは間接的に関与していた。設置目的や運用方法から見ても、当時の在外領事の設置は、李鴻章らが行ったその他の洋務事業と同様、清朝の自強を図るための一手段として捉えられていた。その点、華人保護の進捗状況との関連に大きな関心が寄せられてきたこれまでの華僑政策史研究から見た清末の在外領事に対する見方とは別の側面が存在することは、もっと注意されてよいであろう。

李鴻章の領事設置への取り組みは、一八七〇年代半ばの在外公使の派遣開始前後の時期が最も積極的であった。しかし、在シンガポール領事が設置されて数年を経ずして、清朝政府内では在外領事の設置の困難さが実感されるようになり、李鴻章自身もフィリピンにおける領事設置にはこだわり続けたものの、設置開始当初のような積極性はなくなっていく。その推移は本章において見たとおりである。

李鴻章の領事設置政策が〝後退〟した一八八〇年代後半以降、その間隙を縫うようにして領事増設計画を立案したのが、新興の地方大官であった両広総督張之洞である。張之洞の計画は、いわば李鴻章のお株を奪うものであったが、在マニラ領事などを設置する意志は持続していた李鴻章は、(38) 張之洞の増設計画に対し真っ向から反対することも憚られ、「沈黙」(39) を通さざるを得なかった。その後、一八九〇年代に入ると、李鴻章のサブ・リーダーの一人であった薛福成が、大規模な領事増設論を建議するが、この時も李鴻章は静観していた。このように一八八〇年代後半から九〇年代前半にかけて、李鴻章と入れ替わるように、新興の地方大官やサブ・リーダーたちが領事設置問題の先頭に立ち、李鴻章が表立って主張し得なかった増設論を展開していくのも、次の時代への胎動を示す一つの指標なのかもしれない(40)。

第2章　南洋華人調査の背景と西洋諸国との摩擦

はじめに

一八八六年三月三〇日、張之洞（両広総督）と張蔭桓（駐アメリカ・スペイン・ペルー公使）[1]は共同で上奏文を清廷に提出した。それは、南洋地域に在住する華人を保護するため、それらの地域に複数の領事・副領事を設置することと、その予備調査のために清朝から官員を派遣することとを提言したものであった。同年八月末、この張之洞の提案に沿って王栄和と余瓗を代表とする調査委員が派遣された。[2]これが本章と次章で扱う南洋華人調査である。この調査は二回にわたって実施され、第一次派遣（一八八六年八月～八七年八月）では、スペイン領フィリピン、イギリス領の海峡植民地・ビルマ・オーストラリア、オランダ領東インド（現在のインドネシア）の主要都市を、第二次派遣（一八八七年一一月～八八年三月）では、イギリス領北ボルネオ（サバ）、シャム、フランス領ベトナム沿海の主要都市をそれぞれ視察した。東南アジア・オーストラリアの主要都市を巡回してほぼ南洋全域の華人の実態を調査したこの南洋調査は、南洋華人の置かれた状況を明らかにしたばかりでなく、外国当局に不満を抱く南洋華人に清朝政府が保護を加えれば、彼らが清朝に従順となってその〝資金源〟の一つとなり、しかもそのような華人が数カ所のみではなく南洋全域に存在していることを、初めて清朝の多くの官僚に認識させた。南洋調査の実施によって、こうした南洋華人に対する認識が清朝の官僚に共有されるようになったことは、のちに薛福成らの積極的な活動を受けて清朝がその在外華人政策を転換させる前提となるものであった。この南洋調査の実施は、洋務期における在外華人保護の展開とそれに伴う在外領事の設置という清末中国における在外華人政策の転換に深く関連する事象として位置づけられるものである。

本章と次章では、南洋華人調査の背景から、その受け入れをめぐる西洋諸国との交渉、調査の具体的な内容を正確に跡づけることにより、この南洋華人調査が清朝の在外華人政策の転換に与えた影響とその外交史上の意義を明らかにしたい。また同時に、清朝が南洋地域に在外領事を大規模に設置しようとした際に見られた問題点を指摘し、当時の清朝官僚の抱いていた在外華人観や南洋観をも踏まえて、清朝による南洋領事設置の初期段階における特質を明らかにしていきたい(3)。

まず本章では、一八八五年の清仏戦争敗戦直後の清朝における海軍再編をめぐる一連の動きの中から南洋華人調査の実施が提議され、それが南洋領事の増設論議へとつながっていった過程について考察する。またその背景として、当時の清朝政府内には、在外領事と軍艦の海外巡航を連動させた「砲艦外交」への志向性が一部に存在していたことを先に指摘しておきたい。積極的に在外華人を保護しようとする清朝政府の官僚の中には、洋務政策の成果として創建された近代的海軍の軍艦を海外の華人居住地に巡航させることによって、在外華人の保護を図ろうとする者がいた(4)。在外華人を保護しようとする清朝官僚の多くは、領事設置による保護活動と軍艦派遣による保護活動を一体不可分のものとして捉える傾向があった。それは、西洋諸国が中国の諸港において領事と軍艦を駆使した「砲艦外交」を行っていたのを彼らがしばしば目の当たりにしていた結果でもあった。こうした背景が、本章で見るような張之洞による「護商」艦隊の創設計画へとつながっていくのである。

一　調査実施の背景

（1）張之洞の両広総督就任と清仏戦争における在外華人の活用

清代の中国では在外華人問題の処理については、彼らの出身地であった広東省や福建省を管轄する総督・巡撫（両広総督や閩浙総督ら）が大きな発言力を有していた。清仏戦争中の一八八四年に、その両広総督に就任したのが張之洞であった(5)。対仏主戦派であった張之洞は、華人居住地が南洋全域に拡がっていることに注目し、対仏戦略に在外華人を直接、間接に活用することを企図した。

直接的な手段として張之洞が実施したのが、中国沿海に居住する漁民や「工商人」およびサイゴン、シンガポール、ペナン等に居住する華人に対し、あらゆる方法を使ってフランス軍を攪乱するよう呼びかけることであった(6)。この在外華人に対する張之洞の諭示が出されたのは一八八四年九月九日、すなわち彼が両広総督に就任してまもない頃のことであった。この諭示に従って華人がフランス軍に対する破壊活動を実際に行ったという事実は確認できないが、イギリスの海峡植民地総督からイギリス駐清公使パークス（Sir Harry Smith Parkes）に伝えられたところによれば、この張之洞の諭示はシンガポールではかなり流布していたという(7)。シンガポールの海峡植民地総督から報告を受けたパークスは総理衙門に対して、このような諭示は公法（国際法）に反するものであるとする抗議を行った(8)。パークスの抗議を受けた総理衙門は同月二六日、諭示の真偽について張之洞に照会する電報を打った(9)。翌二七日、これに対して張之洞は督辦粤防軍務大臣の彭玉麟(10)と連名で、諭示を発したことは間違いないが、シンガポール等に官員を派遣して諭示を宣布することはしておらず、イギリスの管轄権を侵害したことにはならないと総理衙門に返電した(11)。しかし、翌二八日には駐英公使曾紀沢からの電報が総理衙門に届き、広東の官憲がシンガポールやペナン島の華人に対しフランス船を破壊しフランス人を毒殺せよとの指示を出すことはイギリスの管轄権を侵害するものであるとの抗議をイギリス外務省から受けたことを知らせ、張之洞らを問責して「一度発した命令は二度と戻らない」ことを厳重に注意する上諭を発すべきであると伝えてきた。[12]朝廷はこれに応え、翌二九日、シンガポールやペナン島は中国領ではない上、(在外華人も含めた)「我が中華の人民」が心を結集すれば、あえて「秘計詭謀」を用いることはないし、海外の華人が「軍事」に関与すれば間違いを起こすかもしれないとして、在外華人にフランスに対する破壊工作を命ずる諭示を出すことを戒める上諭が発せられた。[13]

また、在外華人を対仏戦に活用する間接的手段として、在外華人に清仏戦争の戦費の一部を寄付させることがなされた。[14]

地理的にも血縁的にも在外華人と密接な関わりを持つ広東省を管轄する両広総督となった張之洞は、こうしておのずから在外華人に関心を寄せるようになり、[15]彼らを清朝中国のために積極的に活用しようとするようになった。こうした傾向は清仏戦争後に、一段と強まることになる。

(2)清朝の海軍再編と張之洞の「護商」艦隊創設計画

清仏戦争は一八八五年六月九日、清朝がフランスのベトナム保護権を承認する天津条約が締結されたことによって終結した。清仏戦争中から清朝では海軍力の増強が急務とされていたが、[16]陸戦では勝ちながら海戦では大敗を喫した清仏戦争から教訓をくみ取って、朝廷は同月二一日、李鴻章・左宗棠[18]・彭玉麟・穆図善・曾国荃[19]・張之洞・楊昌濬に対し海軍増強策について諮問する上諭を発した。[20]清仏戦争では終始主戦論を展開していた両広総督張之洞は、この諮問に応えて七月七日に海防策や「浅水兵船」の広東での試造などについて上奏した。[21]海防策では、①人材の確保、②軍艦の製造、③石炭・鉄鉱等の資源の開発を提議したが、この上奏は朝廷において保留されることになった。「浅水兵船」の試造については、四隻を先に試造して様子を見た上で再度上奏するようにとの諭旨が出された。これに従って広東では、広元・広亨・広利・広貞の四隻の「浅水兵船」が建造されている[22]（一八八六年完成）。

このように、清仏戦争後、清朝政府では海軍力の増強について種々の議論がなされたが、その裏面には軍事力に依拠して自らの政治的地位を強化しようとした各大官間の権力闘争があった。最初に上諭に応えて上奏し、自らが管轄する南洋水師の拡張を主張した曾国荃は、結果的に西太后（慈禧太后）の激怒を招き、その主張は却下された。左宗棠は海軍の統一を強く望みながらも病に斃れた。張之洞が提出した海防策も保留とされ、「浅水兵船」四隻の試造など沿岸警備のための比較的小規模な海防強化策のみが認められるにとどまった。その結果、北京の近くにあって何度も西太后や醇親王と会談を持つことのできた李鴻章の意向に沿って[23]、北洋海軍の増強が優先して行われることになるが、その一方で総理海軍事務衙門（以下、海軍衙門）の設立によって李鴻章による海防経費独占にも終止符が打たれることになった[24]。

以上のような経過を経て、まさに海軍衙門の設立が決定された前日（一八八五年一〇月一一日）に張之洞によって上奏されたのが「護商」艦隊創設の構想であった[25]。そしてその翌日には張之洞は北洋・南洋・閩洋・粤洋の四水師の創設を求めた「籌議大治水師事宜摺」を上奏している[26]。この上奏において張之洞は「大治水師」の建設経費を「洋薬税釐」（輸入アヘンに課す関税と釐金）で賄うとしたため[27]、これに対する諭旨では、各国が「洋薬税釐」を一律に承諾するかどうかはわからないとし、また、西太后の「懿旨」によって北洋海軍の優先整備がすでに決定され、張之洞の海防意見は設立された海軍衙門に検討させるとされたため[28]、張之洞の「大治水師」創建の上奏は事実上棄却されたにも等しいものとなった。この張之洞の建議が受け入れられなかった背景には、前述した海軍の中央一元化の流れに逆行して、張之洞が四水師はあくまで各地の総督・巡撫が管轄すべきであると主張したことがあったのであろう。

こうした清仏戦争後の海軍再編論議の中で登場したのが、先述した張之洞による「護商」艦隊創設構想であった。これは端的にいえば、海外に居住する華人商人を保護するための軍艦（「護商兵船」[29]）を、その保護の対象となる華人からの寄付によって購入または建造し維持しようというものであった。[30]

張之洞はまず、海外には多くの華人が散在し、彼らは外国人から迫害されているために清朝が保護措置を執るよう求めていることを強調した上で、海外の華人から資金を集めて華人商人を保護するための軍艦（「護商兵船」）を購入あるいは建造し、その維持費も海外の各都市の華人から寄付を集めて賄うことを提案している。その具体的な内容は次のようである。

①大商人が大金を寄付すること以外に、仮に華人が一人二元を寄付すれば、百数十万両を得ることができ、巡洋艦を五、六隻建造することができる。
②艦船が完成した後は、それらを南洋の各都市に分派し、広く各地を巡回させて商人を保護する。
③もし艦船の数が足りず、一都市に一隻を常駐させることができなければ、各都市ごとに一年のうち数カ月ずつ駐留させて、時に応じて往来させ、有事の時には各都市の艦船を招集して助け合わせる。
④これらの艦船の維持費は、各都市の華人からの寄付によって徴収する。
⑤「護商」艦隊は、「外洋海軍統領」を別に設けてこれを統轄させ、これらの各都市が広東の沿海に比較的近いことを考慮して、広東省の指揮下に帰属させる。
⑥中国沿海で有事が起こった際は、帰国させて援助させる。

このうち、⑤の、創設する「護商」艦隊を広東省の指揮下に置くという提案は、同時期に北京を中心に進められていた海軍の中央一元化の動きへの抵抗ともいえ、また、南洋華人に関する事務は広東の当局が管轄すること、あるいは管轄したいという意志を示したものともいえよう。

上奏の後半部分では、海外の華人が中国文化を強く保持していることを述べ、彼らに清朝から官爵を賞与したり、皇帝直筆の「御書」や「扁額」を与えたりすれば、華人が一層清朝の威令になびき、富裕な華人商人からの寄付も増えるであろうと述べている。これは伝統的な中国文化を活用することによって在外華人を本国に貢献させようとしたものであった。[31]

また、この上奏において張之洞は、駐アメリカ・スペイン・ペルー公使として渡米する予定の張蔭桓は多くの在外華人と同じ広東省出身であり海外事情にも詳しいとして、張蔭桓に海外の情況を調査させるとともに、彼に清廉で有能な官員を選ばせて各都市に派遣し、現地の領事や華人の有力者と共に華人に対して「護商」艦隊創設のための寄付を勧めさせるよう提案している。官員を派遣して「護商」艦隊創設のための寄付を勧めさせることを、渡米した張蔭桓は実際には行っていないようだが、駐在先や赴任の途上で立ち寄った地（日本、アメリカ、欧州、ペルー。帰路ではシンガポール、サイゴン）では、それぞれの地の華人の情況についてその「出使日記」の中に記している。[32]

以上のように、この「護商」艦隊創設の奏請は、その後の南洋華人調査の直接的な出発点となるものであった。張之洞のこの一八八五年一〇月一一日の奏請を受けた朝廷は一一月一七日に、「これは慎重に処置すべきである。出使大臣〔在外公使〕として渡米する張蔭桓が広東に到着した後に張之洞と協議して再び上奏せよ」との論旨を張蔭桓に対して発した。[33] この論旨に従って張蔭桓が広東で張之洞と協議した結果出されたのが、南洋華人調査の実施を提案した張之洞と張蔭桓の共同上奏（一八八六年三月三〇日）であった。

ところで、軍艦を派遣して在外邦人を保護することは、アヘン戦争以降西洋諸国が中国においてすでに行っていたことであり、[34] 本国に住む中国人も在外華人もその有効性はある程度認識していたであろう。張之洞もそれを十分に認識した上で、在外華人商人からの寄付による「護商」艦隊の創設を構想したものと考えられる。しかし、在外華人商人からの寄付によって南洋華人の保護をも担う海軍を創設しようとする構想は、張之洞が初めて提起したものではなかった。一八八二年、駐日公使黎庶昌の参賛だった姚文棟が、シンガポールに欽差大臣を特設して南洋の各領事を統轄し、領事駐在地に軍艦を駐留させて華人を保護し、その経費は現地華人から出させることを黎庶昌に提案したことがあった[35]。この姚文棟の提案を張之洞が知っていたかはわからないが、こうした華人の寄付による「護商」艦隊創設という構想が張之洞の独創ではなく、当時の清朝官員の一部に共有された認識の中から出されたものであったと言うことができよう。

この張之洞の「護商」艦隊構想は、諭旨によって張之洞と張蔭桓が協議した上で再度上奏することとなり、その結果、翌年三月に両者による共同上奏が行われた。しかし、そこでは「護商」艦隊の創設についてはあまり強調されず、領事設置による華人保護の推進が主題となっていた。ただ、「護商」艦隊創設の意志がまったくなくなったわけではなく、この共同上奏においても、軍艦派遣による華人保護は領事による保護と一体のものとしてその必要性が説かれている[36]。また、南洋華人調査の第一次派遣終了後の一八八七年一二月八日に張之洞が南洋地域への大規模な領事拡大を提議した上奏においても、設置する領事の収入の余剰部分を「護商兵船」の経費に充てることが提案されている[37]。しかし、これに対しては、総理衙門が、領事の収入はシンガポールやキューバの前例から見ればまったく期待できない上、軍艦の製造や購入、維持には巨額の経費がかかるため、在外華人からの寄付くらいでは賄いきれないとして、張之洞が提案する「護商」艦隊の創設は不可能であるとの意見を述べている[38]。

ちなみに、この「護商兵船（輪）」構想については、一八八六年三月三〇日の共同上奏が出される以前に、その推進を提起した趙爾巽の「条陳」が都察院によって代奏されている[39]（日付未詳）。その内容は、中国が「兵輪鉄艦」を製造・購入するには巨額の費用がかかる上、購入後も操縦は「洋人」に頼らなければならない状態であり、それではたとえ操縦の技術が確実で軍艦が上等であっても、有事の時には「我が用」をなさない。外洋で貿易に従事している華人は実に多い。各国は「商」を重視し、「商〔商人〕」が赴く所には「兵輪」もそれに伴って行くのに、華人のみはこうしたことがない。各国に駐在している在外公使に命じて、華人商人が多い地を選んで、そこに「護商兵輪」を創建することを呼びかけさせるべきである。華人は長く外洋にあって、度胸があり、船の操縦を学び取ることも容易である。また資本を守ることにも各々が誠実であるので、これをよく活用すべきである、といったものであった。[40] 一八八六年二月二五日、海軍衙門はこの趙爾巽の「条陳」に対する意見を上奏し、その提案には一定の評価を与えたものの、それを実施できるかどうかはわからないとして、総理衙門に関係書類を送って意見を求めるよう提案した。[41] その後、この趙爾巽の提案について総理衙門は、張之洞・張蔭桓による上奏を待っていたためか、何らその見解を示していなかったが、南洋華人調査の実施が決定された後の同年六月二一日になって、ようやくその見解をまとめて上奏した。[42] それによると、総理衙門は、在外華人保護の必要性は認め、在外公使による調査と領事の設置による保護の推進および在外華人の団結を促進し、将来において「商務」が盛んになった後には、軍艦派遣による華人商人の保護を彼らの協力によって実行し、「自強経久の基を漸立」すべきであると述べている。だがその一方で、趙爾巽の提案については、①在外華人が船の操縦に慣れているかどうかその実情はわからない、②もし軍艦派遣による保護実施のために在外華人から出資させれば、それによって彼らに恨みを抱かせてしまう、③もし華人商人を「水師の兵丁」に充当し自ら「保障」を行わせれば、商業にも悪影響を与え、また外国人とのいさかいも生じる、として現段階における「護商兵輪」計画には反対する意見を述べた。また、同じ上奏の中で総理衙門は、張之洞・張蔭桓の「護商」艦隊創設案にも触れ、再三協議した結果、「実施の端緒ができるのを待って」実施するとして、これについても現段階では実施すべきではないとの見解を表明した。この総理衙門の上奏は「議に依れ」との論旨を得て裁可されている。

このように張之洞による「護商」艦隊構想は最終的には実現することはなかった。前述したように、張之洞は、創設する「護商」艦隊を広東省の帰属とすることを主張していた。省の兵権は制度上では総督と巡撫がこれを共有することになっていたが、実際には、総督が軍務を統轄し巡撫が主に民政を統轄するという傾向が強かったため、[43] 張之洞が提案するように「護商」艦隊を広東省の帰属とするということは、それを両広総督つまり張之洞の管轄下に置くことを意味した。先に見たように、この「護商」艦隊創設の上奏を出した翌日に、張之洞は当時北京を中心に進められていた清朝海軍の中央一元化の動きに反対し、北洋・南洋・閩洋・粤洋の四水師を整備して各地の総督・巡撫に管轄させることを主張した「大治水師」創設の奏請を行っていた。

以上のことから、張之洞による「護商」艦隊創設の構想は、当時の清朝海軍の再編をめぐる中央―地方間の駆け引きの中から生まれたものと言うことができよう。さらに言えば、李鴻章に代表されるように、軍事力は当時の清朝の地方大官にとって強力な政治的バックボーンとなっていたから、「清議」の一官人から地方大官へと転身していた張之洞には、自らの海軍を持つことは清朝政府内における自らの政治勢力の拡大を図る上で是非とも成し遂げたいことであった。こうした張之洞の動きは、当然のことながら他の大官からの妨害や中央からの牽制を受けることになる。なかでも、崇厚弾劾（一八七九年）や清仏戦争中の和戦論争以来張之洞を「政敵」としてきた李鴻章は、彼の政治的地位の上昇を招く「粤洋水師」の創建およびその一部となりうる「護商」艦隊の創設に対して慎重とならざるを得なかったと思われる。そのため、李鴻章は張之洞が南洋調査委員を派遣しようとする際にも、張之洞に対して非協力的姿勢を採ることになる。

（３）南洋華人調査の提言――鍾徳祥条陳

張之洞による「護商」艦隊創設の上奏は、張蔭桓が渡米の途上、広東で張之洞と協議した上で、再び上奏することとなった。一八八五年七月一七日に駐アメリカ・スペイン・ペルー公使を受命した張蔭桓は、一〇月五日に北京に到着し、一一月七日に任国政府宛ての国書と勅書を受け取り、同二三日には光緒帝並びに西太后に謁見している。

この時、張蔭桓は張之洞と「海外の事」を「会議」せよとの朝命を受けている。同二五日には総理海軍事務王大臣に就任したばかりの醇親王奕譞と会い、「香帥〔張之洞〕が疏陳した件を籌議」して成果を上げるよう指示されている。(44) 先の張之洞による「護商」艦隊創設の上奏に関して、張之洞と協議して再度上奏するようにとの諭旨が張蔭桓に出されたのが、同月一七日のことであり、ここで張之洞と協議するように指示された「海外の事」や「香帥が疏陳した件」とは、主に「護商」艦隊および在外華人保護の問題を指していることは間違いない。このように張之洞による「護商」艦隊創設案について西太后や醇親王はまったく軽視していたわけではなく、張蔭桓も含め当初はそれをかなり前向きに受け止める姿勢を示していた。もともと張之洞は西太后に重用されて大官への道を進んでおり、(45) また、醇親王も彼が没するまで張之洞とは協力関係にあったと言われている。(46) 張蔭桓も李鴻章との縁故により昇進を重ね、一八八四年に一度左遷された後、八五年になって駐アメリカ・スペイン・ペルー公使に抜擢されたのも李鴻章の保薦によるものであったが、(47) 張蔭桓自身は淮系官僚であったわけではなく、中央においては翁同龢などとも親密な関係にあった。(48)

しかし、海外に関する重要案件について、清朝の高官が北洋大臣李鴻章とまったく協議する機会を持たないことはあり得なかった。そのため、張蔭桓は同月二七日に北京を出発し三〇日に天津に到着した後、同地に駐在していた李鴻章と会談を行っている。(49) その際、張蔭桓は李鴻章と「一切」のことを「籌商」したと記しているが、その委細は不明である。ただ、在マニラ領事の設置に関してのみ、張蔭桓は翌年三月に張之洞と共同で提出した上奏の中で触れている。それによれば、この時李鴻章は、北京駐在のスペイン公使と何度も在マニラ領事の設置について協議したが、同公使は現地のフィリピン総督が拒否していることを理由に交渉に応じないとして、張蔭桓に対しスペイン到着後にこの件についてスペイン外務省と交渉して問題を解決するよう依頼したという。(50)

その後張蔭桓は、天津を発ち一二月五日に上海に到着、一八八六年一月八日には香港を経由して広州に入った。(51)

広州入りした張蔭桓は早速張之洞と会談し懸案事項について協議を行った[52]。その具体的な内容はわからないが、この時は話がまとまらなかったようである。その後の協議の回数や内容も明確ではないが、最初の協議から二カ月後の三月八日の晩、張蔭桓と張之洞は再び会談し、共同上奏の草稿をまとめ上げた[53]。これが同月三〇日に朝廷に提出された南洋華人調査の実施を提議した共同上奏である。また、この間張蔭桓は、南洋大臣曾国荃とも書簡で意見交換を行っていた。張蔭桓からの書簡の内容は不明だが、曾国荃の張蔭桓宛ての返書は残されている[54]。この書簡の中で曾国荃は張蔭桓に対し、張之洞は依然として積極的であるけれども、北京中央の意見はすでに変化しているから、遠く耳を傾けて「風声〔風評〕」を聴くように、と張蔭桓に忠告している。江南の地にあった曾国荃が北京中央の情勢にどの程度通じていたかはわからないが、この書簡のとおりであるとすれば、先に述べた「護商」艦隊構想に対する西太后や醇親王らの「前向き」な姿勢はすでに変化していたことになる[55]。

張之洞と張蔭桓による協議が続けられていた同年一月一七日、翰林院編修であった鍾徳祥[56]の意見書が翰林院掌院学士（長官）によって代奏された[57]。これは、清仏戦争後に広西省を視察した鍾徳祥が、広西における団練の創設や炭坑・鉄山の開発などとともに、南洋地域に領事を派遣して華人を保護すべきことなどを提言したものである。その中で鍾徳祥は、フィリピン華人からの保護を求める請願だけでは正確な情況がつかめないとして、適当な官員を南洋地域に派遣して、華人がどの程度資金を負担することができるかなどを確認させる一方で、総理衙門に命じて駐スペイン公使にスペイン外務省と条約を締結させ、それらが済んだ後に領事等を派遣・駐在させるようにすべきであると提案した。この鍾徳祥の提言は、張之洞が「護商」艦隊創設構想から領事増設計画へと南洋華人政策の重点をシフトさせ、華人調査の実施を建議するに至るきっかけとなるものであった。

この鍾徳祥の意見書については、「朝廷には重視されなかった」との評価もある[58]。しかし実際には、鍾徳祥の意見書は朝廷特に醇親王の高い評価を受け、その後の南洋華人調査の実施や張之洞による領事増設論議へとつながる重要な役割を果たしていた。鍾徳祥の意見書が代奏された同日、醇親王は軍機処に書簡を送り、団練の創設や炭坑・鉄山の開発についての鍾徳祥の提言を高く評価し、この提言について張之洞に「議覆」させるよう求める一方、フィリピン華人問題に関する提言についても、張之洞と張蔭桓の協議の内容に組み入れるよう要請し、総理衙門がこの件に関与するよう特に求めている。[59] そして翌一八日、朝廷は鍾徳祥の提言に対して上諭を発するが、そこでは、張之洞と張蔭桓に対し、鍾徳祥の提言を張之洞の「前奏〔「護商」艦隊創設の上奏〕」に組み入れて検討した上で再度上奏を行うよう命じられており、醇親王の意見がそのまま反映されていた。[60] この上諭に従い、鍾徳祥の意見書は張之洞らに回付され、彼らの協議に委ねられることになった。

そして、一八八六年三月三〇日、張之洞と張蔭桓は協議の結果を共同上奏の形で朝廷に提出し、南洋地域に清朝の領事・副領事を設置し、その予備調査のために王栄和と余瓗を代表とする南洋華人調査を実施することを提議するに至った。[61] この共同上奏の内容については第4章第一節において詳述するが、結論から言えば、張之洞と張蔭桓は、先の上諭に従う形で、提案の重点を「護商」艦隊の創設から南洋華人調査のための官員の派遣とその後の領事増設へと大きくシフトさせていた。これは、「護商」艦隊を創設してそれを広東省の帰属とするという構想に対して中央が慎重な態度を採っていることに、張之洞が配慮したためと考えられる。あるいは、中央の意見がすでに変化しているとの忠告を曾国荃から受けていた張蔭桓が、張之洞を説得したために、「護商」艦隊構想を上奏の主題から下ろさせたのかもしれない。いずれにせよ、鍾徳祥の提言が張之洞の「護商」艦隊創設という主張をトーンダウンさせ、南洋華人調査の実施へと向かわせる上で一定の役割を果たしたことは間違いない。

二　西洋諸国との調査受け入れ交渉

前節では、清仏戦争後に起こった海軍再編論議の際に提起された張之洞による「護商」艦隊創設計画や、清仏戦争後に広西省などを視察した鍾徳祥による意見書を契機として、張之洞と張蔭桓により南洋華人調査の実施が共同上奏(一八八六年三月三〇日)されるに至った経緯を明らかにした。張之洞らの上奏は、同年五月一六日に朝廷の裁可を受け[62]、清朝政府による初の公式な南洋華人調査が実施されることになった。

他国の領土や植民地に調査委員を派遣するには通常受け入れ国の同意が必要となる。調査委員の派遣が決定された一八八六年当時、調査予定地は、シャム以外はすべてイギリス・フランス・オランダ・スペインの植民地や保護国であった。そのため、張之洞と張蔭桓は派遣建議の中で、イギリス・オランダ・スペインに駐在する各公使を通して、それら各国の外務省に、それぞれの植民地に対し清朝の調査委員が訪問することを通知するように求め、それによって調査委員の活動が各国から阻害されないようにすべきであると述べていた[63]。張之洞は朝廷の裁可が下りるとすぐに、総理衙門に対して、イギリス・オランダ・スペインに駐在する清朝の各公使ならびにそれら各国の北京駐在公使に調査委員の派遣を通知するよう求めた(一八八六年五月二一日)[64]。しかし、実際には朝廷の裁可が下りる以前の五月三日には、総理衙門はすでに、駐英公使劉瑞芬と駐オランダ公使許景澄[65]に対して、各国の外務省に調査委員の派遣について通知するよう打電していた[66]。総理衙門の指示を受けた劉瑞芬と許景澄は、それぞれイギリス政府とオランダ政府に対し調査委員の派遣を通知し、各国との間で調査委員の派遣について交渉が行われることになった。

本節では、一八八六年に清朝政府と西洋各国との間で行われた南洋華人調査の実施をめぐる交渉やその前後の経緯[67]について、史料上においてある程度追うことのできたイギリス、オランダ、スペインとのやり取りを中心に考察することにしたい[68]。そして、西洋各国との交渉やその際の清朝政府内における議論を通して、清朝による華人保護の実施が西洋諸国との間に具体的にどのような点で摩擦を生ずるものであったのかも検討していきたい。

（1）イギリスとの交渉

五月三日に総理衙門の指示を受けた駐英公使劉瑞芬は、六日になり総理衙門に次のように返電した。

現在情勢を密かに探ってみたところ、もし〔調査委員が〕各島の華民の商務を調査するだけで〔華人から〕寄付金を出させないのであれば、〔イギリス〕外務省に通知してもおそらく妨害されることはないであろう。〔しかし〕もし調査後に華民から寄付をさせるのであれば、外務省に通知しない方がよい。通知すればかえって害をもたらし、その上さらに別のことで支障をきたすかもしれない[69]。

翌七日、総理衙門はこれに対し次のように返電した。

華人を調査することが領事を設置するためのものであることは、現在はまだ露見させてはならない。これ〔調査委員の派遣〕は両広総督〔張之洞〕が張蔭桓と共同で上奏したものである。許景澄はすでに各国に通知しているので[70]、イギリス外務省にも通知してよい。今後の処置については張蔭桓と相談されたし[71]。

劉瑞芬はこの総理衙門の指示に従い、五月一一日にイギリス外相ローズベリー（Archibald P. Primrose, Earl of Rosebery）に対して調査委員の派遣を通知した[72]。その内容は、海峡植民地やオーストラリア当局に対し、調査委員の派遣を伝達し調査委員の訪問に便宜を与えるよう指示することを要請するものであり、また調査委員の代表が王栄和と余瓗であることも告げられた。劉瑞芬からの通知を受けたイギリス外務省は、同一九日に植民地省に対し、清朝からの調査委員の受け入れを各植民地に知らせるよう要請し、二五日に植民地省はこれに同意した。植民地省は早速その旨を各植民地当局に通知した。(73)

通知を受けた植民地当局のうち、海峡植民地総督ウェルド（Frederick A. Weld）と華民護衛司ピカリング（W. A. Pickering）は、直ちにこれを強く非難した。(74) ピカリングは本国の植民地省にメモランダムを送り、清朝は正当な理由なく海峡植民地に在住する華人の社会生活の状況を調査しようとしており、その目的は、現在商業を営んでいる彼らの中国に残る親族と現在イギリス国籍となっている華人の祖先とを調べて、清朝の官員が植民地の華人社会から税を徴収しようとすることにある、と指摘した。(75) ウエルドも同様の報告を植民地省に送っているが、こうした海峡植民地当局の反発について林孝勝は、根拠のないものであったとし、彼らが調査委員の訪問に反対した本当の理由は、この訪問によってシンガポールの華人社会に後々種々の影響が引き起こされるのではないかと憂慮したためであり、彼らは清朝政府が華人への影響力を拡大させることを恐れていた、と述べている。(76)

ピカリングは前述の植民地省へ送ったメモランダムの中で、一八八一年以来在シンガポール領事として活動していた左秉隆について、清朝の領事がやろうとしていることは、清朝政府の財政収入を増加させることと、植民地生まれであるか中国からやってきた移民であるかに関わりなく、華人はすべて中国皇帝の統治を受けることを信じさせることであると、強く非難していた。(77) また、左秉隆領事はイギリス国籍の華人と華人移民の心の中に一種の親中国の愛国精神を培養しようとしており、この種の民族感情は植民地にとって不利であるとも述べている。(78) そして、この種の精神の成長を華人社会において促進させることが、今回の清朝代表団の隠された任務であると結論づけた。(79)

このように、海峡植民地当局は調査委員の訪問に反対し続けたが、結局、本国政府は調査委員のイギリス領への訪問を許可する。

イギリス側の反応は、本国政府と海峡植民地当局との間では異なっていた。本国政府の反応が清朝に対し比較的好意的であったのは、当時のイギリスが帝国主義外交に批判的といわれていたグラッドストーン（William Ewart Gladstone）首相率いる自由党政権であったことのほかに[80]、当時の国際情勢の基軸をなしていた英露対立のために、イギリスの本国政府が清朝に対して外交的に寛容な態度を示す傾向にあったこともその背景にあったと考えられる。

調査委員を直接受け入れる海峡植民地当局は、清朝がその伝統的な属人主義に基づく人民統治観を根拠に、西洋の国家主権に基づく排他的領域支配に干渉し、寄付の名の下に自らの管轄下において事実上の「徴税」を行うのではないかと懸念していた。海峡植民地当局は、在シンンガポール領事が設立された一八七〇年代末以来、清朝領事がシンガポールにおいて現地の華人に対して行っていた「船牌」の発給[81]や寄付の募集に対し抗議を行っていた。海峡植民地当局は、清朝領事の活動は通常の領事の職権を越えるものであると主張し、その停止を求めた。しかし、イギリスの本国政府や駐清公使らは、清朝領事の活動に寛容な姿勢を示し、本国の貿易局（Board of Trade）は、「清朝の在シンガポール領事が華人の商船に船牌を発給していることは、通常の規定には合わないものかもしれないが、（イギリス側の）関係当局に不都合を与えるものではないし、植民地に不利になるところは何もない[82]」と述べるなど、清朝領事の活動に対する本国政府と海峡植民地当局との対応には以前から開きがあった。

また、劉瑞芬と総理衙門とのやり取りからもわかるように、華人からの寄付の募集や領事設置計画については、清朝側にもあらかじめ懸念が存在していた。

（2）オランダとの交渉

駐英公使劉瑞芬とともに一八八六年五月三日に総理衙門の指示を受け取った駐オランダ公使許景澄は、翌五月四日にさっそくオランダ外務省に調査委員の派遣を通知した[83]。許景澄は、王栄和と余瓗が南洋各島に派遣されることを通知するとともに、王栄和らがオランダ領の各島に到着した際にはその活動を阻害しないよう依頼した。この許景澄からの通知・照会を受け取ったオランダ外務省は、約一カ月後の六月一日、許景澄に対し調査委員のオランダ領への入境は許可できないと、次のように回答してきた。

先般貴大臣〔許景澄〕の〔光緒十二年〕四月一日〔一八八六年五月四日〕の照会を受け取った。見てみれば、貴国は委員を派遣して南洋各島に赴かせ華人の商務を調査させることになったので、我が国の植民地の官員に〔調査委員の活動に〕便宜を与えるよう命じてほしい、とのことであった。本署〔オランダ外務省〕は直ちに植民地大臣と協議して調べてみたが、この件〔調査委員の訪問〕は支障があり許可することはできない。オランダの南洋の植民地に居住する華人はその多くが現地人と結婚しており、生まれた子は中国の民と見なすことはできない。我が国の見解では、これらの華人はみなオランダの民である。これらの民は〔オランダの〕官を奉じ〔オランダの〕法を守り、安居楽業し、また、我が国の植民地の制度と規則に照らして華人の中から頭目を選び、〔華人自身の〕事務を管理させている。我が国は別に保護規則があり、華人の利益に関することは詳細に記載されている。今貴国が官員を派遣して商務を調査することは、我が国の植民地行政に干渉するものであり、〔我が国の〕害となるので許可することはできない。[84]

ここでオランダ外務省は、清朝からの調査委員の派遣を内政干渉であると非難しその受け入れを拒否しただけでなく、オランダ領の華人はオランダの民であることにも言及している。植民地に居住する原住民とそれと同等視される者（華人を含む）が、「非オランダ人のオランダ臣民」としてオランダに帰属することを明記した法律をオランダが制定したのは一九一〇年のことであり、当時はまだ植民地に居住する華人の帰属に関する法的根拠をオランダ側は有していなかった。[85]また、オランダの民法や国籍法は、父系制原理を前提として、妻は夫の籍に従うことを規定していた。妻は夫の籍に従うとの規定は、当時、イギリスやアメリカでも見られた西洋諸国の普遍的な原則であった（夫婦国籍同一主義）。そのため、この時許景澄が行った交渉は「論拠は十分であり」「中国側は有利な立場に立っていた」と指摘する論者もいる。[86]

清朝とオランダは二〇世紀初頭においてオランダ領東インド在住華人の保護をめぐって何度も交渉を繰り返すが、その中で最も問題となったのが華人の帰属についてであった。[87] オランダ側は、植民地で出生した華人には清朝政府の保護権は及ばないと主張したのに対し、清朝側は血統主義に基づき、華人の血を引く者はあくまで清朝の臣民であると主張した。清朝側が東インドへの領事の設置許可を求めるたびに、オランダ側は帰属問題を持ち出し、交渉は平行線に終わった。その後、清朝側は、国籍法を持たないことの不利を解消するため一九〇九年に「大清国籍条例」を制定し、両親の一方が中国人であるものはすべて清朝臣民であることを法律によって規定した。

こうした南洋華人をめぐる帰属問題は辛亥革命後も続いた。血統主義に基づく中国の国籍法は重国籍を容認するものであり、これが欧米の植民地本国や東南アジア諸国との間の華人問題をより複雑なものにした。中国政府が東南アジア諸国を相手とする最初の二重国籍防止条約をインドネシアとの間で締結したのは一九五五年のことであり、重国籍を排除した国籍法が中国において制定されたのは一九八〇年のことであった。[88] このように現代にまでつながる東南アジア華人の帰属問題であるが、オランダ領東インド在住華人に限っていえば、この南洋華人調査の受け入れをめぐる許景澄とオランダ外務省との上記のやり取りの中で、それはすでに議論されていたのであった。

オランダ外務省からの入境拒否の回答を受け取った許景澄は、翌六月二日、早速総理衙門にその旨を打電し、オランダの言い分は認めることはできないものであるが、オランダ領を訪問して調査することを阻害されたくなければ、計略として訪問の目的を「遊歴」[89]とすべきであると献策した。[90] しかし、総理衙門はこの許景澄の提案に対し当初何の反応も示さなかった。そのため、許景澄は総理衙門に書簡を送り、「調査委員が派遣されるかされないかにかかわらず、事の道理として必ず（華人の帰属問題についてのオランダ側の主張には）反論すべきである」と述べ、この件について指示を出すよう再度総理衙門に求めた。[91] 総理衙門が一向にこの件について対応しないのを見た張之洞は、六月二六日、総理衙門に対して次のように督促した。

許景澄は「調査委員の派遣についてはイギリスとフランスは〔すでに〕許可して〔植民地の〕各都市に通知したが、オランダは〔いまだに〕許可していない」と打電してきた。オランダの官員や商人が中国にやって来ることは阻害されないのであるから、〔オランダも〕我々〔中国からの官員の派遣〕を阻害すべきではない。その上、イギリスとフランスはみな許可している。どうしてオランダのみが（条約に違反し）公法に違反することができようか。再度許景澄に真剣に交渉するよう打電されんことを請う。〔オランダの許可が得られれば、調査〕委員は即日出発する。[92]

これを受けて、同日総理衙門はようやく許景澄に対し次のように打電した。

南洋調査については、イギリスとフランスは〔すでに〕許可しており、オランダは拒否すべきではない。その上、イギリスとフランスがこのことを聞けば、〔両国が〕また異議を唱えてくるかもしれない。とりあえず〔派遣の名目を〕「遊歴」として交渉することには同意する。ただ華人をオランダの民とすることについては、もしこれに抗議しなければ黙認したことになる。どのように処置すればよいか。返答を待つ。[93]

オランダへの対応について逆に意見を求められた許景澄は、翌二七日、次のように総理衙門に返電した。

〔派遣の名目を〕「遊歴」に改め〔てオランダと交渉す〕ることにしたい。〔オランダ側が〕華人はオランダの民であると言っていることについては、後に〔調査委員の受け入れ要請とは〕別に交渉することにするが、認めることはしない。〔後の交渉に有利になるように〕あらかじめ手を打っておいて〔今は〕深く議論しないようにし、〔調査委員の派遣を〕妨害されないようにする。(94)

許景澄は、華人の帰属問題については議論を棚上げし、調査委員の入境許可を得ることを最優先させた。七月二日、許景澄はこの方針に沿ってオランダ外務省に対し、派遣使節の名目は「遊歴」であって決して内政干渉ではないので、入境を許可し使節に対して便宜を与えるよう植民地当局に命じてほしいとの照会を送った。(95)その一方で、オランダ領に生まれた華人をオランダの民とする華人の帰属問題については、その母親の多くは現地人であり、これをみなオランダの民とすることは、中国の考え方とは異なるものであるとの見方を伝えたものの、これについては使節の派遣とは無関係であり論議を棚上げするとした。(96)

これに対してオランダ外務省側からの回答はなかったようで、七月八日、計画の速やかな実施を求める張之洞は、すでに調査委員出発の準備はでき、後はオランダの許可を待つだけであり、フィリピン華人からも保護と領事設置を求める請願が再びあったとして、許景澄にオランダとの交渉妥結を急がせるよう総理衙門に命じて催促させてほしい、と軍機処〔枢垣〕に対しその旨を代奏するよう依頼する電報を打った。(97)この張之洞の要請を受けて朝廷が督促したためか、翌九日、総理衙門は、すでに許景澄には速やかな解決を求める電報を打った旨を張之洞に伝えた。(98)

こうした張之洞の軍機処までをも動かした催促のためと思われるが、許景澄はその翌日（七月一〇日）にオランダ外務省に対し、使節の受け入れは清朝とオランダとの間の「交情〔友好〕」に関わる問題であるとして、植民地当局に王栄和らの訪問に対し「友邦遊歴之礼」をもって応対することを命ずるよう再度要請した。(99)七月一七日、二度にわたる許景澄の要請を受けたオランダ外務省は、植民地大臣と協議した結果、植民地当局に清朝使節の受け入れを命ずることにしたと許景澄に通知してきた[100]。このことは、同日直ちに総理衙門に伝えられ[101]、二〇日には、総理衙門から張之洞にも知らされた[102]。

オランダの入境許可がなければ、南洋地域の中で広大な領域を占め多くの華人が居住するオランダ領東インドへの調査委員の訪問は実現せず、南洋華人調査そのものの意義も半減してしまうだけに、張之洞は総理衙門や軍機処に盛んにオランダとの交渉妥結を働きかけ、使節の名目を「遊歴」とするとの許景澄の提案にも異議を挟まない柔軟さを見せた。しかし、これは決して張之洞が王栄和らの派遣を単なる「遊歴」とすることに全面的に同意したことを示すものではなかった。オランダに対する「遊歴」との説明は表向きのもので、実際には依然として華人の実情調査や華人への慰撫、そして領事設置の下準備を目的としていたことは、張之洞のその後の発言から見ても間違いないことであった。

オランダがイギリスとは異なり調査委員の受け入れをなぜ強硬に拒否したのかについては、オランダ側の史料を検討しなければ正確なことはわからないため、ここでは、若干の推論を加えるにとどめる。オランダの植民地当局は、イギリスなどとは異なり、植民地下の華人に対しては「同化政策」を採らず、また、原住民とも区別して「東洋外国人」として扱っていた。一九世紀末、オランダの植民地当局は、絶対多数の原住民に対する懐柔政策を採り、オランダ人と原住民との間の「中間搾取者」として彼らから嫌われていた華人に対して差別的な待遇をすることによって彼らの歓心を買おうとしていた[103]。そのため、清朝による調査委員の訪問によって、そうした〝華人迫害〟が明らかとなり、それが国際的な問題となることを恐れたのであろう。なお、オランダ政府が最終的に中国使節の受け入れを許可した理由についても、オランダ側の史料を検討しなければはっきりしたことは言えないが、それは、イギリス、フランスが早々と許可したことに大きく影響されたものであったと思われる。

（3）スペインへの通知と在マニラ総領事設置問題

スペインへの通知には次のような混乱が見られた。駐スペイン公使は駐アメリカ・ペルー公使との兼任であり、新任の張蔭桓もいまだアメリカに駐在したままであったため、スペイン政府との交渉はマドリード駐在の公使代理として派遣された延齢を通して行われた[104]。そのため、張之洞は張蔭桓に対し、「王栄和と余瓗はまもなくフィリピンに向かうので、その旨スペイン外務省へ通知してほしい」との電報を送った[105]（一八八六年六月一六日受領）。これを受けて張蔭桓は直ちに延齢にその旨を打電したが、延齢がスペイン外務省に調査委員のフィリピン訪問を通告したとの記録は見られない[106]。

八月二日、張之洞は、調査委員のフィリピン訪問について総理衙門に対し、スペインの北京駐在公使に通知する一方で、張蔭桓にもスペイン外務省に対しフィリピン総督への連絡を依頼するように打電するよう求めた[107]。その後スペインへの通知が確実に行われたかどうかはわからないが、結局そのまま調査委員は八月三〇日にフィリピンに到着して調査活動を行い、九月二九日には同地を離れてシンガポールに向かった[108]。

しかし、その後李鴻章はスペイン公使と会談した際、同公使から「新聞報道で調査委員が〔フィリピンに到着したのを〕知っただけで、いまだ〔フィリピン訪問を知らせる〕公文がないのはどういうことか」との問い合わせを受け、慌てて同公使にフィリピン総督への連絡を依頼して許可されたという[109]。これを受けて李鴻章は同年一一月六日、「王栄和らはいつフィリピンに行ったのか」と張之洞を問い質し、スペイン公使から「公文」による通告がなかったことを抗議された旨を伝えた[110]。これに対し張之洞は次のように李鴻章に返答している。

王栄和と余瓗の両名は〔光緒十二年〕八月三日〔一八八六年八月三〇日〕にフィリピンに到着した。以前〔駐スペイン公使の〕張蔭桓を通して〔調査委員の訪問を〕フィリピン総督に通知するようスペイン外務省に依頼した。

本署はただ渡航証〔護照〕を発給するのみで、「公文」をフィリピン総督に伝達することはできない。マニラ到着後、〔現地の〕華人は〔調査委員を〕大いに歓迎し、領事の派遣を大変待ち望んでおり、〔領事設置の〕経費を調達することも申し出ている。フィリピン総督も礼儀正しく〔調査委員を〕懇ろに歓待し、また「もし調査して華人が迫害されているようなことがあれば、自ら〔改善の〕措置を採る」と述べた。王と余らの詳細な調査によって、華人が多額の金銭をだまし取られたり、恨まれて殺害されたり、強奪されて〔家を〕焼かれたり、ひどい場合には官憲が私情に囚われて、警官が〔事件を〕捏造したり、兵士や雑役夫が凶悪事件を起こしたり、役人が賄賂を求めたりすることを容認し、さらには仲介税〔牙税〕や通行税〔路税〕の名目で差別的に重税を課されているという。〔これらは〕明らかに条約に違反している。[111] 王と余が〔これらのことを〕箇条書きにして〔フィリピン総督に〕照会したところ、フィリピン総督は調査して〔改善〕措置を採ることを承諾した。〔こうした状況であるから〕速やかに領事を設置しなければならない。この度張蔭桓に書簡を出し、「一方では〔スペイン外務省と〕談判し、もう一方では領事の設置について交渉して、華人を保護し遠方にいる彼らを労うように」と伝えた。[112]

ここで張之洞は、フィリピン当局に対する「公文」による通告は駐スペイン公使の張蔭桓に委ねており、事前に通告がなかったことについては自分には責任がない上、調査委員は現地の華人からはもちろん、フィリピン総督からも歓迎されており、事前の通告がなかったことは問題にならなかったと釈明した。張蔭桓が調査委員の訪問について確実にフィリピン総督に知らされるような措置を採らなかった理由は判然としない。しかし、張蔭桓の『三洲日記』や張之洞側の史料などを見る限り、七月二六日以降、張之洞から張蔭桓に書簡や電報が出された記録はなく、一〇月七日付の『三洲日記』には、「この件〔調査委員の派遣〕について久しく張之洞から書簡が来ないため、〔調査委員の出発が〕遅れた理由はわからない[113]」とあり、調査委員がマニラへ出発した前後の時期に、張之洞と張蔭桓との間で十分な意思疎通が行われていなかったことがうかがわれる。その上、一一月三〇日付の日記には、「在マニラ領事が設置できるかどうかは依然難しい問題である。該員〔王栄和〕がにわかにスペインの官吏〔フィリピン総督〕に照会したことは、〔スペイン側に〕ますます猜疑心を持たれ、はなはだ無意味である[114]」とあり、調査委員の派遣がスペイン政府との在マニラ領事の設置交渉に支障をきたすことを、張蔭桓が懸念していたことが見てとれる。張蔭桓が調査委員のマニラ入りについて確実にフィリピン総督に知らされるような措置を採らなかったのも、このような彼の態度と関係があるのかもしれない。

以上のごとく、スペインへの通知は事後通告の形になったものの、それによって調査委員のフィリピンにおける活動に支障をきたすことはなく（第3章第二節1参照）、スペイン側からこの件について再び抗議が行われることもなかった。

おわりに

一八八五年、海上での敗退のために清仏戦争は清朝側の敗北という形で終結した。そのため、終戦直後から清朝では海軍の再編が図られることとなり、それは、清朝海軍の指揮系統の中央一元化を企図した総理海軍事務衙門の設立と李鴻章の管轄下にある北洋海軍の優先整備という形でまとめられた。しかし、その政策決定の過程において、両広総督として広東に赴任していた張之洞は、自らの管轄下にある広東水師の増強と指揮系統の多元化を主張して中央と意見を異にした。この時、それと同時に張之洞が提議したのが「護商」艦隊の創設であった。これは、南洋華人（特に商人）を保護するための艦隊を南洋華人からの寄付金により創設・維持しようというものであった。張之洞は両広総督就任直後から南洋華人に注目し、その力を清朝のために利用することを考えていた。たとえば、張之洞は清仏戦争中に南洋華人に対してフランス船の破壊とフランス人の毒殺等を呼びかけている。張之洞の南洋華人に対する関心は清仏戦争後も変わりなく、南洋華人の資金を利用して広東直属の海軍を創設しようとした。

この張之洞による「護商」艦隊創設計画は、朝廷によって初めから一蹴されたわけではなかった。朝廷はこれについて、駐アメリカ・スペイン・ペルー公使として渡米することになっていた張蔭桓が張之洞と協議した上で改めて上奏するよう命じた。この間、清仏戦争後の広西省などを視察した翰林院編修鍾徳祥の意見書が翰林院掌院学士によって代奏されていた。その中には、南洋に清朝領事を増設し、その事前調査のために南洋に調査委員を派遣すべきとの意見も含まれていた。朝廷はこの鍾徳祥の意見書を張之洞・張蔭桓に回付し、この意見書を参考にして再度の上奏を行うように指示した。その結果、一八八六年三月三〇日、張之洞・張蔭桓によって南洋華人調査の実施を求める共同上奏が提出された。

張之洞らの提議に沿って清朝政府は、南洋華人への保護の実施と領事設置の可能性、南洋華人の資金力などを調査するため、政府から調査委員を派遣することを決定した。しかし、これは清朝政府全体が張之洞と同様の認識を有していたことを意味してはいない。南洋華人調査の実施決定後に行われた西洋各国との交渉では、実際に交渉に当たった欧州駐在の清朝公使や北京から指示を与えていた総理衙門は、南洋における華人からの寄付の募集や領事の設置は西洋諸国との間に対立を生むものであるとの認識を有していた。また西洋側も、管轄下の華人に対する清朝側の積極的な関与に強い懸念を抱き、特にオランダは清朝による調査の受け入れを、最終的には許可したものの、交渉段階においては強く拒否していたことは本章において確認したとおりである。

清仏戦争を契機に清朝は南洋華人に対する関与を強めることになり、それは南洋地域を統治する西洋諸国との摩擦を深めることになった。そこからは、在外華人に対する積極的な関与を開始しようとした清朝中国と、管轄地域に在住する華人は属地主義に基づいて自国の管轄下にあるとする西洋側の国家主権との対立の構図が確認できる(115)。具体的にそれは、華人の帰属問題や、華人からの大規模な寄付の募集は統治国の徴税権に関わるという問題、華人管理に対する内政干渉といった問題となって現れた。

西洋各国の入境許可を受け、清朝政府は一八八六〜八八年にかけて南洋華人調査を実施した。そして、その調査結果をもとに張之洞は、南洋地域に総領事と副領事を大規模に増設することを提議することになる。南洋華人調査の具体的な経過とその内容については、次章において論ずることにしたい。

第3章　南洋華人調査の実施

——華人保護と領事設置の予備調査

はじめに

清仏戦争（一八八四〜八五年）は清朝の官・民において南洋への関心を高める契機となった。両広総督として広東に赴任していた張之洞は、これを機に「護商」艦隊を創設する計画を提起するが、それは政府内の議論を経て、南洋華人調査の実施へと形を変えることを余儀なくされた。その後、清朝の在外公使や西洋各国の駐華公使を通して、清朝による調査の受け入れについて清朝と西洋諸国間で交渉が行われ、特に東インド植民地を領有するオランダは、清朝の調査委員の受け入れを強く拒んだ。清朝側が派遣目的を「遊歴」としたことにより、オランダ側も譲歩してようやく調査委員の入境を認めた。

こうして実施されることになった清朝による南洋華人調査は、二回にわたって実施され、第一次派遣（一八八六年八月〜八七年八月）では、スペイン領フィリピン、イギリス領の海峡植民地・ビルマ・オーストラリア、オランダ領東インドの主要都市を、第二次派遣（一八八七年一一月〜八八年三月）では、イギリス領北ボルネオ（サバ）、シャム、フランス領インドシナ沿海の主要都市をそれぞれ視察した。もともと張之洞の積極的な対南洋政策を契機として派遣されることになった調査委員は、そうした張之洞らの対南洋積極論の基調に沿った調査結果を残すことになった。本章では、この時実施された清朝の南洋華人調査がいかなるものであったかを詳しくたどることにしたい。

この南洋華人調査についてはすでにいくつかの研究がある。(1)そのうち、余定邦は南洋華人調査の実施の意義について次のように述べている。「清朝政府が王栄和と余瓗を派遣して南洋各地の華民の商務を調査したことは、洋務派が海外において領事を設置し華人を保護しようとする一つの重要な行動であった。調査委員の活動を通して、清朝政府は南洋華僑の経済状況を今まで以上に理解し、また南洋華僑の困難な境遇を比較的明確に認識することになった(2)」。このような評価に筆者も異論はない。しかし、張之洞の南洋領事増設計画とその挫折の過程については、「張之洞らが何度も南洋各地に領事を増設する建議を提出したが、清朝政府の行動が果断でなく、とりわけ西洋の植民者の多くの妨害があったために、清朝政府の南洋領事増設計画は大きな進展を見るには至らなかった(3)」と結論づけ、その過程を単なる積極論と消極論の対立、中国と西洋の対立といった二項対立的な枠組みでのみ捉え、その「対立」の中身については述べていない。それゆえ、なぜ清朝政府内に異なった意見が存在したのか、その違いはどこから生じたのか、その背景は何であったのか、など検討されなくてはならない問題は多く残されている。

本章では、それらのうち、張之洞の領事増設論に根拠を与えた王栄和らの南洋華人調査の内容を詳しく検討することにより、張之洞らの南洋領事増設計画とはいかなる性格のものであったのか、そこにはいかなる問題が存在していたがために総理衙門の反対を受け西洋諸国との対立を生ずることになったのか、などを明らかにしていきたい(4)。

一　調査委員の概要

（1）目　的

調査委員の派遣を建議した張之洞と張蔭桓の共同上奏では、派遣の目的を次のように説明している。[5]

南洋の名のある諸島に赴き慎重に各地を回り、〔清朝の〕徳意を宣布し、〔各地の〕商董〔華人商人の代表〕と連絡し合い、状況を調査し、領事設置と造船〔「護商」艦隊の創設〕の二つの事について同時に密かに計画し、もし〔現地の華人が領事設置と造船のための寄付の募集に〕みな喜んで従えば、ただちに実施方法の検討に入るようにする。

調査委員の代表であった王栄和自身は、訪問先のマラッカで派遣目的について次のように述べている。[6]

南洋の各都市には多くの華人が居住している。そのため私は〔清朝政府の〕委託を受けて来訪し、我が華人の商務の状況を調査して、将来において、公法を援用して領事の設置や華人の保護を実施したり、貿易や造船を拡充することによって往来を盛んにするなどして、随時適切に処理して中国に有益となるようにしたい。

また、張之洞は派遣直前の一八八六年八月二日になって、調査委員に現地当局との交渉権を付与することを総理衙門に提案したが、[7] 李鴻章の反対に遭い、[8] 結局上諭によって交渉権は付与されないことになった。[9] しかし実際には、調査委員は訪問した各地において各植民地の総督や官員と会見したり、陳情書や照会文を提出するなど、交渉に準じた活動を行っており、イギリスの北ボルネオ総督との会談では、華人保護実施の約束をとりつけることに成功したという。[10]

調査委員の名称は、派遣建議では「訪査華民商務委員」とされ[11]、その他の史料では「査島委員」と略称されることも多かった。イギリス側の史料や英字新聞ではChinese Commissionと記されている。

（2）構　成

①代表　王栄和

調査委員の代表を務めたのはペナン生まれの華人の王栄和であった。張之洞は当初、在サンフランシスコ総領事（在任一八八二〜八五年）を退任して帰国したばかりの黄遵憲を調査委員の代表にしようとし、彼にその旨を打診したが、『日本国志』の編纂作業に専念したいとして辞退されたという[12]。王栄和が張之洞によって代表に選ばれた直接的な経緯ははっきりしない[13]。王栄和の経歴や事蹟についても不明なところが多く、一部の簡単な紹介を除き、いまだまとまった研究はない[14]。よってここでは、諸文献に散見する王栄和に関する記述をつなぎ合わせ、彼の経歴や事蹟についてできるだけ詳しく紹介し、それを通して、王栄和が清朝初の南洋への公式な調査委員の代表に任命された背景も確認したい。

王栄和、号は錦堂。一八八七年当時「不惑」であったというから[15]、生年は一八四七年前後であろう。没年についても正確なことはわからないが、次に引用する『檳榔嶼志略』に従えば、一八九一年にはすでに死亡していたようである。一八九一年にペナン島を訪れ『檳榔嶼志略』[16]を著した力鈞は、その「流寓志」の中で「王栄和事略」と題して王栄和の南洋調査活動について紹介し、その結びに次のように記している。

栄和、ペナン島の人、島の人々は彼を称えている。かつて福建督標左営参将を務め、南洋を周歴した時には官職は両江副将総兵銜にまで達しており、このような才略を備えていながら、志半ばに没してしまった。惜しいことである。[17]

王栄和の原籍は福建省龍渓県であったというが、[18]生地はイギリス領のペナン島で、[19]英語に習熟し、[20]イギリス系の学校を卒業したという。[21]その後いつ中国に渡ったのかは定かではないが、太平天国の乱の際には常勝軍を指揮したゴードン（Charles George Gordon）の通訳を務めたという。[22]その後、一八七四年六月にはフライヤーとともに上海格致書院設立のための董事会に参加し、その時の身分は上海道台の翻訳員（通訳）であったという。[23]また、一八八二年には中国電報局の四人の総董の一人となり、[24]清仏戦争中には両広電報局の総辦となっている。[25]王栄和が張之洞と関係を持つようになったのはこの頃のことと思われ、一八八四～八五年に海南島への海底電報線の架設が行われた際には、架設方法などを提言し、また、中国電報局総辦の盛宣懐と張之洞との間の連絡役となるなど重要な役割を果たしていた。[26]

調査委員の代表となった当時の官名は「記名総兵」「副将」であった。[27]王栄和が「記名総兵」を得るまでになったのは、張之洞ではなく李鴻章の保薦によるものだった。清仏戦争時の電報線架設事業における活躍が認められ、すでに「総兵銜両江補用副将」の官位を得ていた王栄和は、李鴻章の上奏によってさらに「記名総兵」に任じられた。しかし、これに対し、兵部は「軍営での労績ではなく前例に合わない」としてその取り消しを申し立ててきた。そこで李鴻章は、王栄和の功績は「軍営での戦功と同じもの」であり、「記名総兵」に任じたことを取り消さないよう再度上奏し（一八八六年七月四日）、それが認められている。[28]以上の経歴から、王栄和はもともと李鴻章との関係が深い人物であり、張之洞とは清仏戦争時の広東における電報事業を通して関係を有するようになったようである。

張之洞は、調査委員の代表に王栄和を推薦した際に、彼のことを「観察力に優れ、長く外洋に居住し、外洋の情勢を熟知している上、〔南洋の〕各都市の華人商人からも信頼されている」と評している。[29] 王栄和が調査委員となったことは、いわば南洋華人出身者が清朝政府を代表して南洋華人を調査することであった。清末の南洋華人の中で、彼の知名度は決して高くはないが、南洋に生まれて西洋式の教育を受け、父祖の地に戻って商業に従事し、政府の事業にも参画して本国の官職を得た王栄和は、張弼士（振勲）らと同様、清末という時代に、南洋と中国とのはざまにあって、海を越え、官・民を超えて生きた南洋華人の典型的な人物であった。こうした王栄和の生き様そのものが、清末という時代の中国と南洋との関係、本国と南洋華人との関係のあり方を考えるヒントにもなろう。

②副代表　余瓗

余瓗、字は和介、号は元眉、別号は乾耀。生年は一八三四年、没年は一九一四年という。[30] 原籍は広東省新寧県（現・台山県）、咸豊十一（一八六一）年の挙人、のち内閣中書、王栄和とは対照的に中国の伝統知識人の出身である。一八七七年に初代駐日公使何如璋の随員として渡日し、その後、七八年から八五年まで在長崎理事（領事に相当）を務めた。[31] 長崎駐在時には、在留華人に関する事務に従事する一方、当時緊迫していた朝鮮をめぐる情勢について、当地で入手した情報を李鴻章や東京の駐日公使に随時報告していた。[32] 調査委員の副代表となった当時の官名は「塩運使銜候選知府」であった。[33] その後は浙江玉環庁同知、乍浦海防同知を歴任し、一九〇七年には商船公会の設立を主導したという。[34]

余瓗が調査委員の副代表に選ばれた経緯も不明だが、余瓗が多くの南洋華人と同じ広東人であったことと、在長崎理事として在外華人問題に習熟していたことが買われてのことだろう。張之洞は余瓗を推薦した際、「かつて駐日長崎領事官に任命され、よく勤務し、穏やかで老練であり、洋務にも通じている」と彼を評している。[35]

③随員　金国楨・周鳳藻

金国楨（字号は厚郷）は、「五品銜候選県丞太倉」の官職を有し王栄和の随員を務めた。周鳳藻（字号は鶴笙）は、「藍忌従九品郫県」の官職を有し余瓗の随員を務めた[36]。両者ともそれ以上の経歴はわからない。また、調査委員にはその他数名の従者が同行していた[37]。

（3）軍艦派遣問題

「護商」艦隊の創設を目指していた張之洞は、今回の調査委員にもその先駆けとなるべき役割、つまり南洋華人を軍事力の示威によって保護し、華人に清朝の「武威」を知らしめることによって、彼らから多額の寄付を集める役割を担わせることを企図する。その具体的な方法として張之洞が提起したのが、調査委員に南洋地域を視察させる際に、清朝海軍の軍艦を使用させることであった。

一八八六年八月二日、張之洞は総理衙門に打電し、「官輪」（官船、つまり軍艦）を使用することによって「観瞻〔外見・みかけ〕を壮んにする」という軍艦派遣案を提起する。具体的には、広東には外洋を航行できる軍艦がないため、かつて一八七五、七六年に南洋地域に福建水師の軍艦揚武を巡航させた前例を引き、南洋・北洋水師の軍艦一隻を派遣期間である八カ月間借用することを依頼した[38]。

八月七日、北洋水師を統率する李鴻章は、張之洞が提案した軍艦による調査委員の派遣計画に反対し、次のように総理衙門に打電した。

> フィリピンについては以前〔前駐スペイン公使〕鄭藻如がスペインと交渉しても領事設置が認められなかったのに、どうして王栄和らが一隻の軍艦に乗って行ったくらいで、領事設置について交渉し華人商人を保護することができようか。それらの都市〔の華人〕が軍艦の経費を供給するという話も信用できず、そのうえ現在北

洋水師の鉄甲戦艦と巡洋艦はみなウラジオストクに赴いているのでもとより派遣できるものはない。南洋水師の巡洋艦も朝鮮へ派遣されることが計画されている。よって商輪〔商船〕を使って派遣すべきである。(39)

翌八日、「軍艦によって使節の外見を立派にしても効果はなく、かえって〔南洋の〕各都市が不信を抱く。よって、李鴻章の主張どおり商輪による派遣とせよ」との上諭が下り、(40)この上諭は即日李鴻章から張之洞と張蔭桓に打電された。(41)また、九日には張蔭桓も、「にわかに軍艦を派遣すれば、かえって〔領事設置の〕交渉がまとまらなくなる」と、軍艦による派遣に反対する意見を李鴻章に電報で伝えた。(42)こうして、調査委員を軍艦に乗せて派遣するという張之洞の計画は実現せず、調査委員は結局、スペイン・フランス・オランダ・イギリスの各海運会社の汽船に便乗する形で南洋各地を訪問することになった（次節参照）。また、調査委員の第二次派遣時にも、張之洞は軍艦を使用して調査委員を「護送」させるよう主張したが、(43)実現しなかった。

李鴻章は、北洋・南洋水師の軍艦を提供できない理由として、北洋水師の主力軍艦がウラジオストクに派遣され、南洋水師の主力軍艦も朝鮮に派遣することが計画されていることを挙げているが、これは事実だったのだろうか。荘国土は、李鴻章が張之洞に軍艦を貸与しなかった理由について、具体的なことはわからないとしながらも、李鴻章と張之洞の政治的対立がその背景にあった可能性を指摘している。しかし、当時の各水師の軍艦の保有状況と派遣状況を検討してみると、確かに調査委員の乗船に使用することができる主力軍艦は当時存在しなかったことがわかる。(44)そのため、李鴻章は必ずしも張之洞に対する政治的理由のみで軍艦を提供しなかったとは言えないであろう。そのほか、軍艦派遣がもたらす西洋各国との種々の摩擦への懸念が、清朝政府の他の官僚によって張之洞の軍艦派遣計画が反対された一因であったことは、前述の張蔭桓の発言からも想像されよう。

(4) 行　程

①第一次派遣

調査委員は一八八六年八月二六日に広東から出航した[45]。調査委員の訪問予定地については張之洞と張蔭桓による派遣建議の上奏に示されていたが[46]、実際の調査に当たってはその訪問先については王栄和と余瓗の裁量に任されていたようである。たとえば、イギリス領北ボルネオのサバについては張之洞と張蔭桓の共同上奏では訪問することになっていたが、華人が少ないので訪問を取りやめたことが、王栄和らから張蔭桓に報告されている[47]。逆にスマトラ島のデリは、当初の予定にはなかったが、ペナン寄港中に現地の官吏や商人から調査することを勧められたため訪問することになった[48]。

第一次派遣の行程は表3-1①のとおりである（図3-1も参照）。派遣期間は当初八カ月とされていたが、オーストラリア訪問にあたり、往復三カ月を要するとして、王栄和らは派遣期間をさらに五、六カ月延長するよう張蔭桓に求めた[49]。張蔭桓はこの件に関し総理衙門へ伝達するよう張之洞に書簡を送ったという[50]。王栄和らは張之洞にも六カ月の延長を申請し、張之洞はこれを認めている[51]。これによって王栄和らのオーストラリア訪問は、当初の計画にあったシドニー・メルボルンだけではなく、バララト・アデレード・ニューカッスル・ブリスベンなどのほか、サンドハースト（ベンディゴ）・ワンガラタ・テンターフィールドなどの内陸の諸都市にまで及んだ。調査派遣は六カ月の期間延長が認められたが、その後経費が不足する事態となったために帰国を余儀なくされ、出発から約一年後の一八八七年八月二二日に広東に帰還した。

②第二次派遣

経費不足のためオーストラリアから引き返さざるを得なくなった王栄和ら一行は、広東に戻った後、当初の計画にあったサバ・サイゴン・ハイフォン・シャムへの調査の続行を張之洞に求めた[52]。一八八七年一二月八日、張之洞

表3-1　南洋華人調査の行程

① **第1次派遣**（1886年8月～87年8月）

1886年8月26日	広東発
	香港〔英〕発
8月30日	マニラ Manila〔スペイン〕着
9月29日	同発
10月6日	シンガポール Singapore〔英〕着
10月16日	同発
	マラッカ Malacca・クアラルンプール Kuala Lumpur・ペラ Perak〔英〕を経由
10月31日	ペナン Penang〔英〕着
11月20日	同発
11月23日	ラングーン Rangoon〔英〕着
12月7日	同発
12月10日	ペナン〔英〕着
12月17日	スマトラ島デリ Deli〔蘭〕着
12月28日	同発
12月30日	シンガポール〔英〕着
1月4日	同発
1月6日	ジャワ島バタビア Batavia〔蘭〕着
1月30日	同発
2月1日	スマラン Semarang〔蘭〕着
2月8日	スラカルタ Surakarta〔蘭〕着
2月9日	スラバヤ Surabaya〔蘭〕着
2月25日	バタビア〔蘭〕着
3月4日	同発
3月7日	シンガポール〔英〕着
	ダーウィン Darwin〔英〕を経由
5月8日	シドニー Sydney〔英〕着
5月27日*	メルボルン Melbourne〔英〕着
6月16日*	バララト Ballarat〔英〕着
6月20日*	アデレード Adelaide〔英〕着
6月30日*	サンドハースト Sandhurst（ベンディゴ Bendigo）〔英〕着
7月8日*	ワンガラタ Wangaratta〔英〕着
7月9日*	ビーチワース Beechworth〔英〕着
7月11日*	アルベリー Albury〔英〕
7月21日	ニューカッスル Newcastle〔英〕着
7月22日*	タムワース Tamworth〔英〕
7月23日*	テンターフィールド Tenterfield〔英〕着
7月25日	ブリスベン Brisbane〔英〕着
7月30日*	タウンズビル Townsville〔英〕着
	クックタウン Cooktown〔英〕着
8月3日	同発
8月16日	香港〔英〕着
8月22日	広東着

② **第2次派遣**（1887年11月〜88年3月）

1887年11月19日	広東発
11月25日	香港〔英〕発
12月1日	シンガポール〔英〕着
12月12日	同発
12月16日	サバ Sabah〔英〕着
12月19日	サンダカン Sandakan〔英〕着
	シンガポール〔英〕着
1888年1月18日	同発
1月22日	シャム着
1月31日	同発
2月3日	サイゴン Saigon〔仏〕着
	ベトナムの5港（クイニョン Quy Nho'n・ホイアン Hôi An など）〔仏〕を経由
3月6日	ハイフォン Hai Phòng〔仏〕着
3月10日	ハノイ Hanoi〔仏〕着

出所）『張文襄公全集』，『三洲日記』，『叻報』，*The Straits Times,* およびオーストラリアの現地新聞（Wang, Sing-wu, *The Organization of Chinese Emigration 1848–1888 with Special Reference to Chinese Emigration to Australia* を参照）の記事をもとに作成した。
注1）〔 〕内は領有国・宗主国を指す。
2）都市名には初出箇所に欧文表記を附した。
3）＊印は到着を報じたオーストラリア現地の新聞の発行日であり，実際の到着日はその前日あるいは数日前と思われる。

はこれを受けて、第一次派遣の調査報告とともに、訪問できなかった諸都市への調査の続行を求める上奏を行い、許可されている。[53] しかし、実際には張之洞がこの上奏を行う以前の一一月一九日には、すでに王栄和らは広東を発ち調査を再開させていた。第二次派遣の行程は表3-1②のとおりである（図3-1も参照）。

（5）経費と報告

調査委員の経費は、張之洞らの派遣建議では次のように決められていた。王栄和と余瓗への俸給は在外公使随員の三等参賛と同額の毎月各三〇〇両、書記・通信員二名への俸給は毎月合計八〇両、交通費・通信費・従者への手当等の必要経費は毎月合計七〇〇両。以上、毎月合計一三八〇両が必要とされた。[54] 派遣期間は当初八カ月が予定され、総計で多額の費用を必要とした。しかし、実際は前述したように第一次派遣においてはオーストラリア訪問のため派遣期間が延長されたことによって約一年間を要している。以上の調査委員の派遣経費は粤海関が毎年支出する出使経費から支給することとされた。また、

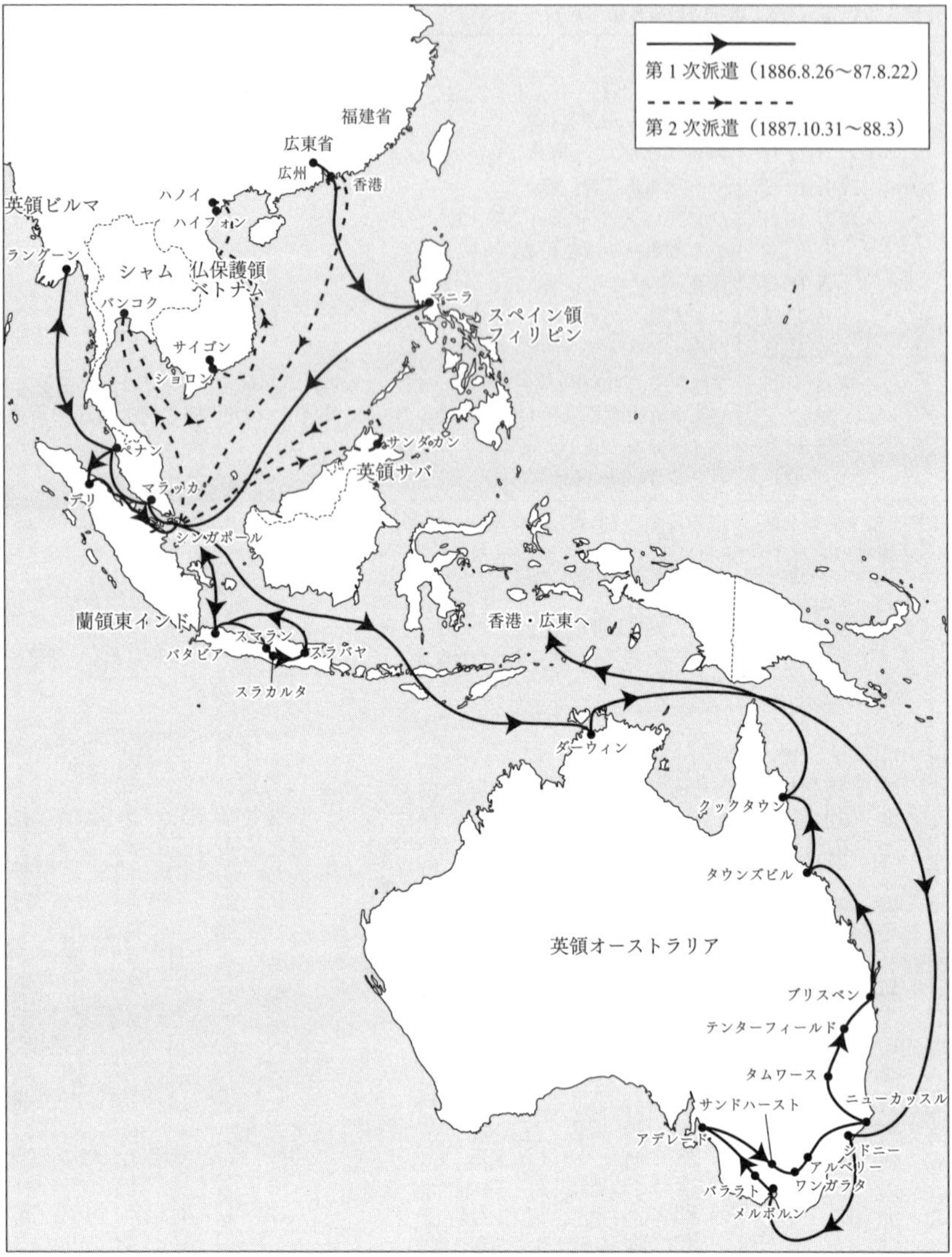

図 3-1　南洋華人調査の経路

第二次派遣に際して張之洞は、粤海関が支出する出使経費から六カ月分の派遣経費として銀八二八〇両を続けて調査委員に支給するよう求めて許可されている[55]。

調査委員は、両広総督の張之洞、駐アメリカ・スペイン・ペルー公使の張蔭桓、駐フランス・ドイツ・オランダ公使の許景澄、駐英公使の劉瑞芬の四者に随時報告を行っていた[56]。張之洞と張蔭桓は南洋華人調査の提案者であり、張蔭桓は駐スペイン公使としてスペイン領フィリピンの華人問題の処理を担当する立場にあった。許景澄は駐オランダ公使として、劉瑞芬は駐英公使としてそれぞれオランダ領とイギリス領における華人問題の処理を担当する立場にあった。在外華人に関する問題は、本国における対外交渉機関であった総理衙門、天津において外交問題に大きな影響力を有していた北洋大臣の李鴻章、大多数の在外華人の出身地であった福建省と広東省の総督や巡撫（両広総督ら）、そして各国に駐在していた各在外公使が、相互に連絡・協議しながら処理されていた[57]。そのうち、張之洞、張蔭桓、許景澄への報告に関する史料は残されている。張蔭桓に対しては、スペイン領フィリピン、イギリス領北ボルネオ、シャム、フランス領インドシナにおける華人の状況や当局との交渉の様子が報告されている（次節5、第三節1・2参照）。許景澄に対しては、主にオランダ領東インドのデリやジャワにおける華人の迫害状況について報告されている[58]（次節3・4参照）。張之洞に対しても随時報告が行われていたが[59]、王栄和らから張之洞に宛てた報告書の原文は残されていない。ただ、第一次派遣後の一八八七年一二月八日に提出された張之洞の上奏には、王栄和らからの報告を受けて書かれたと見られる比較的詳細な調査報告が含まれている[60]。また、第二次派遣に際して、調査委員からシャムやインドシナにおける調査結果についての報告を受けた張蔭桓は、これを「直ちに両広総督〔張之洞〕に知らせた」と記している[61]。なお、第二次派遣の調査結果については、張之洞が再度上奏したという記録は残っていない。

二　第一次調査（一八八六～八七年）

（1）フィリピン（スペイン領[62]）

一八八六年八月二六日に広東を出航した王栄和ら調査委員は[63]、同三〇日にフィリピンのマニラに到着した。到着時には現地の華人の熱烈な歓迎を受け、スペインの植民地当局からも便宜を与えられて、フィリピン諸島の地図を提供されたという[64]。マニラでのスペイン当局の応対について王栄和は、「同地の地方官の応対は礼儀正しく友好的なものであった。しかし、我々の来訪に、初めスペインの官吏は大変驚いており、中国からの使節がどういう意図でやって来たのかわかっていないようであったが、遊歴であると知って安心していた」と述べている[65]。フィリピンにおける調査については、王栄和らが直接記した報告書が残っていないため、具体的な内容はわからない。ただ、第一次派遣後の張之洞の上奏には、フィリピンにおける調査結果として次のように記されている。

〔フィリピンでは〕華人がスペイン人による迫害の状況を訴え、〔清朝から〕官吏を派遣して保護するよう懇請し、その経費は〔現地の華人が〕自弁すると言っている。同地〔マニラ周辺〕の華人は五万人余りで、貿易が盛んであるために迫害も最も深刻なものとなっている。調査委員が各迫害事件を詳細に調査したところでは、〔華人らは〕恨まれて殺されたり、強奪されて〔家を〕焼かれたり、また、兵隊が不正を働いたり警察が騙したりして金銭を巻き上げられているという。これらは明らかに条約違反であり、重要なものを選んでスペインの官吏に照会して調査のうえ適切な処置を執らせるべきである。ちょうど現地人が同地の華人労働者を排除することを計画していた時に調査委員がやって来たので、その計画は中止になったという[66]。

また、王栄和らはスペインのフィリピン総督に対し、華人の財産の損失に関する調査とその責任の追及を自分たちが行うことを認めるよう要望する陳情書を提出したという[67]。

フィリピンでの調査を終えた王栄和は、在マニラ領事の設置について次のように述べている。

私の見るところでは、マニラには中国の官吏を設置すべきであり、しかも、もし中国の官吏を設置するのであれば、それは総領事でなければならない。けだしその地は海の中に孤立し本国から遠く離れているため、スペインも「東都〔マニラか〕」を〔建設して〕統治している。よって総領事の権限がなければ管理することはできない。しかし、〔スペイン領内の清朝領事を所管とする〕我が国の駐スペイン公使ははるかアメリカの首都に駐在しており[68]、その道程は大変遠く、公務の往来も色々と不便である。総領事の役職は変則的に運用すべきであり、〔マニラから〕近い両広総督の管轄下とするよう改めれば、意思の疎通もしやすくなる[69]。

南洋地域に設置する領事の所管に関する議論は、張之洞と張蔭桓の派遣建議の中にも見られ、そこでは、在外公使とともに両広総督が「兼顧」すべきとされていた[70]。一八七六年に制定された「出使章程」では領事の所管は在外公使にあると規定されており[71]、王栄和はそれを知った上で「変則的に運用」して本来規定にない両広総督が管轄すべきであるとの意見を表明したのであろう。しかも、この発言の文脈から見れば、王栄和は、在外公使との「兼顧」ではなく、両広総督が単独で在マニラ総領事を管轄すべきとの考えを持っていたようである。

フィリピンでの滞在はほぼ一カ月に及び、九月三〇日にスペインの汽船（España）に乗ってマニラを離れ、調査委員はシンガポールに向かった[72]。

(2) 海峡植民地・ビルマ（イギリス領）

フィリピンでの調査を終えた王栄和らは、一〇月六日にシンガポールに到着した。シンガポールでは、同地に駐在していた清朝領事の左秉隆とともに、海峡植民地総督や華民護衛司のピカリングと会見を行った[73]。シンガポールでの調査内容についても詳しい報告書は残っていない。ここでも張之洞の上奏を引用しておく。

同地に在住する華人は一五万人で、最も繁栄した都市である。役所や公共財産を除けば、その地の資産の八割を華人が占め、西洋人は残りの二割を占めるだけである。毎年〔ここを〕往来するのは華人労働者が最も多い。イギリスは華民護衛司を設けて華人を管理させている。〔イギリス側は現地の〕法律は〔華人にとって〕公平妥当であると言っているが、中国領事館に対して報告を行っておらず、意思の疎通が図られているとは言えない。しかも「招工客館[74]」が悪事をなして〔華人を〕欺いているのを目撃してもこれを取り締まらず、保護の目的を失っている[75]。

同一六日にシンガポールを発った王栄和らは、マラッカ、クアラルンプール、ペラなどの海峡植民地の各地を経て、三一日にペナン島に到着した[76]。ペナンは王栄和の生まれ育った地であり、調査委員は現地の華人に大いに歓待された[77]。ペナンでは同行していたピカリングとともに病院・司法機関・刑務所などを訪問し、華人受刑者の待遇改善などを求めたという[78]。

海峡植民地当局は、当初この清朝による調査委員の派遣を極めて懐疑的に見ていた[79]。しかし、前述したように、実際に調査委員を迎えた海峡植民地当局は、王栄和らを手厚く歓待し、船の手配までしている。これは、海峡植民地におけるイギリス側の華人統治に対する清朝側の印象を好意的なものにし、清朝による植民地行政への干渉を回避しようとする一方、華民護衛司のピカリングが同行したのも、清朝の調査委員の行動を監視する意図があったものと思われる。

その後、調査委員は一一月二〇日にペナンを離れ、同二三日にビルマのラングーン（現在のヤンゴン）に到着した。ビルマでの調査内容についても王栄和らによる詳しい報告がないため、張之洞の上奏を引用しておく。

同地の華人は三万人余りで、寧陽会館と各公司がある。調査委員は遍く視察を行った。〔同地の〕輸出品は米が最も多く、宝石や牛皮などがその次である。イギリスは同地に依拠して軍糧用の税を徴収し基地を造営しており、〔またビルマは中国雲南省西部の〕騰越に近接しているため、中国の隠患となっている。[80]

当時ビルマは、第三次ビルマ戦争（一八八五〜八六年）の結果、一八八六年一月一日にイギリスに併合され植民地インドの一州となった直後であった。同年七月二四日には清朝政府はビルマに対するイギリスの支配権を認める清英「緬甸条款」に調印しており、張之洞の上奏に見られる清朝側の警戒にはこうした背景があった。調査委員は一二月七日にラングーンを発ち、同一〇日にペナンに戻っている。

（3）スマトラ島デリ（オランダ領）[81]

ペナンに戻った調査委員はマラッカ海峡を挟んでその対岸に位置するスマトラ島北部のデリに向かった。デリは張之洞と張蔭桓による派遣建議では訪問予定地に入っておらず、調査委員がペナン滞在中に現地の外国当局や華人商人らから、「ペナン島に比較的近い上に迫害を受けている華人も多いので訪問して調査すべきである」と勧められて訪問することになったものであった。[82] この時、ペナンにおいて清朝の調査委員がデリを訪問するとの情報を聞きつけたオランダの在ペナン領事と、デリでタバコ・プランテーションを経営していたオランダ人「何諾」（原名未詳）は、王栄和らを訪ねて予めデリの地方官に訪問を通知するよう求めてきた。[83] オランダ外務省は、当初清朝からの調査委員の派遣は内政干渉であるとして拒否していた経緯があり（前章第二節（2）参照）、オランダの在ペナン領事や現地のプランテーション経営者らが警戒するのも当然であった。しかし、彼らは、最近デリは相次いで古い規則を改正し、かつてのような迫害はなくなっているとして、あえて王栄和らにデリを訪問してその改善された様子を明らかにするよう強く要請したという。[84] オランダ側は、領内における華人の待遇が改善されていることをアピールすることによって清朝による植民地統治への干渉を回避しようとしたのである。

一二月一七日にペナン島からデリに到着した王栄和らは、現地でオランダ当局から華人を管轄する「雷珍蘭」（ルイテナント Luitenant）[85] の役職を与えられていた林得水とオランダ当局の通訳曾琅の出迎えを受けた。[86] その後オランダ当局の官員らと会見した後、王栄和らは数日にわたって現地のプランテーションで働く華人の職工長や労働者から迫害の状況を聴取した。彼らは汕頭などで募集されてシンガポールやペナン島に渡り、イギリスの役所において労働契約を結んで洋銀三〇元余りを支給されたが、デリのプランテーションに到着した後、その賃金がピンはねされていたことなどを訴えた。また、タバコの収穫時期が終わるとプランテーション内では職工長によって賭場が開かれ、負けが重なった者は所持金を使い果たして帰国することができなくなっていた。雇主にも善良な者とそうでない者がおり、後者は華人労働者が少し怠けただけでも鞭で打ち、酷い時には減給し、何かと理由をつけて通行証を発給せず、長期にわたってプランテーション内から一歩も外出させないようにしていたという。その他、現地の福建商人から王らに提出された陳情書によれば、デリでは西洋人がタバコ・プランテーションを建設するようになって十数年経つが、華人商人が土地を購入してプランテーションを開くことは許可されず、華人は差別的な待遇を受けていたという。[87]

また、清朝からの調査委員の来訪を知った一般の華人労働者も王栄和らに直接虐待の状況を陳情してきた。なかでも朱亜伍は、同じ華人労働者の文亜隆が同年（一八八六年か光緒十二年かは不明）八月に雇主によって撲殺されたない。

という具体的な華人殺害事件について陳情し、その解決を求めた。王栄和らは早速朱亜伍と文亜隆の妹の文光頂から事情を聴取し、デリのオランダ当局者と会見した際に、この事件について問い質した。そして、当局側から、逃亡中の加害者を逮捕した際は法律に則って処罰する、との言質を得た(88)。しかし、加害者のピーパースがペナン島で逮捕された後、イギリスの判事によって証拠不十分として釈放されたことを知ると、王栄和らは「我々は調査委員であり、領事とはかけ離れたものであるため、この事件について交渉する権限がない」と述べ、駐オランダ公使の許景澄に対し、どのような措置を採るべきか指示を求めるなど(89)、自らの権限の限界を痛感していた。

その他、華人労働者の労働条件の劣悪さについても調査が行われた。その一つが労働規約における欧文と漢文の不一致である。欧文で書かれた労働規約ではプランテーションに入ってから三年を過ぎれば、いかなる理由があっても雇主は労働者を拘束することはできず、旅費を支給して帰国させなければならないことになっていた。しかし、漢文で書かれた労働規約にはそうした記載はなく、華人労働者は騙されたも同然であったが、これについて華人の「雷珍蘭《ルイテナント》」は何ら抗議していなかったという(90)。こうした状況について王栄和らは、「海外の華人の甲必丹《カピタン》や雷珍蘭らはオランダ側から給料を支給されており、その措置が誠実さを欠くことは免れがたい(91)」として、オランダの役職を持った華人の代表では華人に対する保護を実行することは困難であるとの見解を示し、清朝領事による保護の必要性を暗に訴えている。

こうしたデリにおける華人の迫害状況について王栄和らは、バタビアを訪問した際にオランダの東インド総督と会見し、次の点について抗議をしている(92)。

①労働者は三年の契約期間が終了すれば自由となるという労働規約は死文となっている。

②その労働規約の翻訳（漢文訳）はプランターの部屋に掲げられているだけで、労働者はそれを見ることができない。

③プランテーション内では賭場が開かれ、労働者たちはその誘惑に負けた結果、所持金を失い、故郷に帰ることができなくなり、いつまでもそこに滞在しなければならなくなっている。
④苦力が当局に雇主の虐待を訴え出ようとしても、雇主はその苦力に外出許可証を与えず、苦力は事実上訴え出ることを妨害されている。

これに対して東インド総督は、「直ちにデリの地方官に命じて問題を処理させる」と回答したという[93]。約一〇日間にわたる調査を終えて、一二月二八日に調査委員はデリを出発しシンガポールに戻った。

（4）ジャワ島（オランダ領）

一二月三〇日にシンガポールに戻った王栄和らは、一八八七年一月四日、フランスの汽船（Godavery）に乗ってオランダ領ジャワ島のバタビアに向かった[94]。調査委員一行は同六日にバタビアに到着したが、その他の都市とは異なり、上陸時にはオランダの植民地当局の関係者をはじめ、現地の華人さえ出迎える者がいなかったという[95]。華人さえも出迎えなかったのは、オランダの植民地当局から華人管理の職務を請け負っていた華人の「瑪腰」や「甲必丹」らが、当初オランダ当局が清朝からの調査委員の来訪を快く思っていなかったことを慮り、公然と歓迎することができなかったからであった[96]。しかしその後、王栄和らがオランダ当局者と会見した際に、オランダ当局者が「瑪腰」らに対し王栄和らが滞在する「公館」を訪ねるよう命じて以降、「瑪腰」らは陸続として王栄和らを訪ねるようになったという[97]。その結果、王栄和らはバタビア華人の実情について調査することが可能となり、華人商人らが家屋・家具・馬車・結婚・葬儀など種々の名目で不公平な税金を徴収されていることや、他国人や現地の族長らには厳禁としている賭博を華人には許可し、多くの華人が賭博で破産するのを放置していることなどを明らかにした[98]。そして、一月一九日には、汽車を使ってバタビアから五五マイル離れた「彼哥内埠」（原名未詳[99]）に行き、オランダの東インド総督と会見した。その会見で王栄和らは、先のデリにおける迫害状況とともに、バタビアの華人への不公平な徴税についても抗議したが、有効な回答を得ることはできなかった。[100]

一月三〇日、王栄和は随員の金国楨を伴ってバタビアを発ちスマランに向かった。[101] 二月一日にスマランに到着した王と金は、現地の華人「瑪腰」「甲必丹」とオランダ当局の通訳の出迎えを受け、宿舎に着いた後、「瑪腰」「甲必丹」「雷珍蘭」らが同伴してきた二、三〇人の華人商人と会見し、オランダ当局の華人に対する迫害の様子を聞いた。[102] そして王栄和は、華人商人らの発言を根拠に、「中国がいまだ官吏を設けて保護しないから、このように迫害を受けるのである」と、清朝領事を設置して華人を保護すべきであるとの意見を許景澄への報告書の中で述べている。[103] また、王栄和はスマランのオランダの官吏と会見した際には、次のようなやり取りをしている。

王栄和　華人がここに在住していることは貴国にとって有益か否か。

オランダ官吏　大変有益である。別の国の人ができないようなことでも華人はみなよくやってくれる。

王栄和　〔華人に対する〕待遇が公平でさえあれば、華人は次々とやって来てくるであろう。[104]

この発言からもわかるように、王栄和は華人移民の増加を肯定的に見ており、西洋諸国側の待遇改善によってそれが一層促進されることを期待していた。[105]

二月七日にスマランの調査を終えた王栄和は、九日早朝、汽車を使ってスラカルタに向かった。同日午前中にスラカルタに到着した王栄和は、現地の華人「甲必丹」林景和および華人商人十数名と会見した。その後スラカルタ土着の王族の子息とも会見している。同日午後には再び汽車で「麦里芬」（マディウン Madium か）に行き、同地の華人「雷珍蘭」陳裕隆と会見して夕食を共にし、そのまま陳の邸宅に宿泊した。[106]

翌朝再び汽車に乗って「麦里芬」を離れてスラバヤに向かった王栄和は、正午に同地に到着し、華人「瑪腰」の鄭海東とオランダの通訳官の出迎えを受けた。そしてスラバヤでも、現地の「甲必丹」や「雷珍蘭」と彼らが同伴してきた華人商人七、八〇人と順次会見を行った。その際、王栄和は彼らに同地におけるオランダ当局の施政について尋ねたが、みな互いに目を見つめ合って曖昧な態度しか示さず、あえて声を上げようとする者はいなかった。それはまるで何かを恐れているかのようであったという。しかし、彼らが帰った後に王栄和が密かに彼らを訪ねると、初めてオランダ当局による迫害の様子が語られ、バタビアやスマランと変わりないことを知ったという。そして、「瑪腰」の鄭海東がオランダ当局の威光を借りて華人を虐待している事実も判明した。[107] その後一カ所の調査を経た後、二月一九日にジャワ島での調査を終え、翌二〇日にオランダの汽船に乗ってバタビアに引き返した。[108]

その他、王栄和らは、ジャワ島の主要三都市バタビア・スマラン・スラバヤにあった「美折甘庫」という金融機関についても調査を行っている。[109]「美折甘庫」は、死亡した現地華人の遺産をストックしておく金融機関で、当時数百万～数千万ギルダーの銀を保有していたという。「美折甘庫」はオランダ当局に管理され、華人が関与することはできなかった。華人の「甲必丹」が一名この機関に派遣されていたが、その職務は虚名にすぎなかったという。また、オランダの東インド総督は、アチェ戦争の戦費として、[110] この「美折甘庫」から四〇〇万ギルダーを借り入れ、それとは別に一〇〇万ギルダーを借り入れており、それらは回収不能になっていたともいう。しかし、「美折甘庫」に入る華人の遺産は毎年多額なものであったため、貯蓄金が底をつくことはなかったようである。そして王栄和は、もし将来領事が設置されれば、これらの「存款〔貯蓄金〕」は華人が「自理」できるようになる、とも述べている。[111] しかし、後日この報告を受けた張蔭桓は、「美斯《ママ》甘庫には華人の遺産が千数百万（ギルダーか）あるというが、何を根拠に言っているのかわからず、いたずらに籌海の者〔海洋進出論者〕に望梅の思いを抱かせるだけだ」と日記の中で批判している。[112]

王栄和は三月四日にイギリスの汽船に乗ってバタビアを発ち、七日にシンガポールに戻った。[113]

（5）オーストラリア・北ボルネオ（イギリス領）

その後、汽船（Catterthun）に乗ってシンガポールを出発した調査委員の一行は、四月二五日にダーウィンに到着し[114]、五月八日にはシドニーに到着した。王栄和らのオーストラリア訪問は中国の官員による初めてのオーストラリア訪問であった[115]。サーキュラー波止場に上陸した王栄和らは、ここでも多数の華人に出迎えられ、西洋人も見物に訪れて、その賑わいは当局が警察官を派遣して警備に当たらせるほどであったという[116]。その後、王らはメルボルン、バララト、アデレード、サンドハースト（ベンディゴ）、ワンガラタ、ビーチワース、アルベリー、ニューカッスル、クックタウンを訪問した。なお、サンドハーストには現在、余瓗が同地で出会った同郷の華人（林四）に贈った言葉の書き付けが残されている[117]（図3-2）。一行は八月三日には中国行きの汽船（Changsha）に乗ってクックタウンを出発し、第一次派遣を終えて広東への帰途に就いている。

その間、調査委員はオーストラリア各地において様々な活動を行った。シドニーやメルボルンでは、華人街の視察や現地の華人との会見を行っただけでなく、様々な政府施設、市民団体、商業施設、工場などを訪問した[118]。シドニーでは、現地華人の有力者であった梅光達（Quong Tart）と会見し（図3-3）、彼の紹介で現地の排華組織（Anti-Chinese League）の代表とも会見している[119]。この会見で王栄和らは、中国からの移民は現地社会にとって脅威とはならない、と訴えたという[120]。また、メルボルンでは、現地華人の代表から受け取った陳情書を、六月一三日付でビクトリア総督ロッチ（Henry Roch）に転送し、華人に対する配慮を求めている[121]。華人からの陳情書の主な内容は、①華人に対する一〇ポンドの人頭税課税の停止、②華人の植民地間の越境を禁じた法律の廃止、③華人の茶と野菜の行商人を襲撃した者を処罰する法律の制定、をビクトリア植民地当局に要請して欲しいというものであった[122]。

調査委員のオーストラリア訪問は、イギリスの植民地当局や民間団体に衝撃を与え、白人の排華組織は訪問中の王栄和らに抗議文を手渡すなどした。また、同（一八八七）年一月にロンドンの季刊誌 *The Asiatic Quarterly Review*

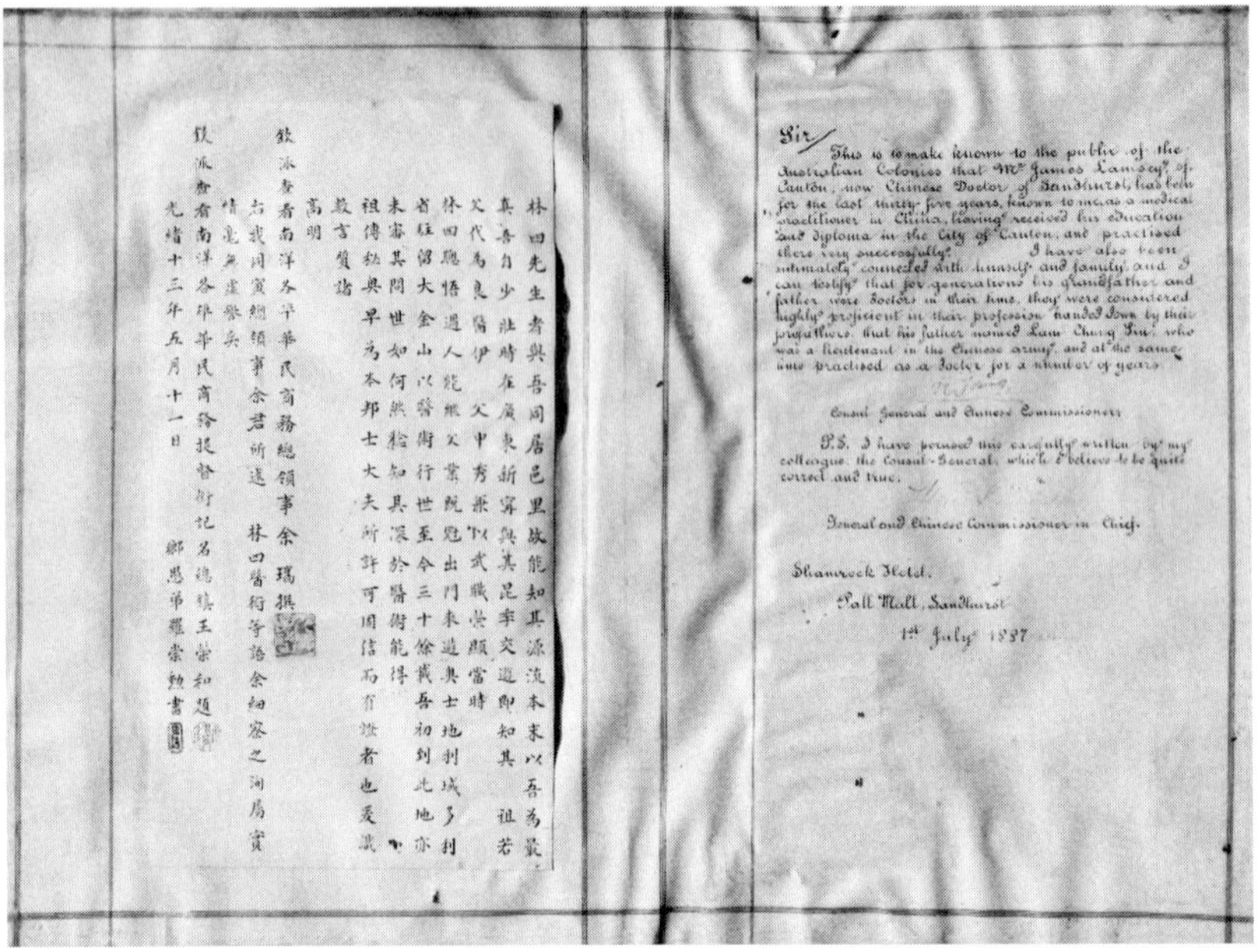

林四先生者與吾同居邑里故能知其源流本末以吾為最
真吾自少壯時在廣東嘗與其昆季交遊即知其　祖若
父代為良醫伊　父中秀兼以武職崇顯當時
林四聰悟過人能繼父業既冠出門來遊奥士地利域多利
省旋留大金山以醫術行世至今三十餘載吾初到此地亦
未審其開世如何然稔知其深於醫術能得
祖傳秘與早為本邦士大夫所許可因信而有徵者也爰識
數言質諸
高明
欽派查看南洋各埠華民商務總領事余瓗撰
右載同寅總領事余君所述　林四醫術等語余細察之洵屬實
情毫無虛飾矣
欽派查看南洋各埠華民商務提督銜記名總鎮王榮和題
光緒十三年五月十一日　鄉愚弟羅崇勲書

Sir/
This is to make known to the public of the Australian Colonies that Mr James Lamsey of Canton, now Chinese Doctor of Sandhurst, has been for the last thirty-five years, known to me, as a medical practitioner in China, having received his education and diploma in the City of Canton, and practised there very successfully. I have also been intimately connected with himself and family, and I can testify that for generations his grandfather and father were Doctors in their time, they were considered highly proficient in their profession handed down by their forefathers, that his father named Lam Chung Sin, who was a lieutenant in the Chinese army, and at the same time practised as a doctor for a number of years.

Consul General and Chinese Commissioner

P.S. I have perused this carefully written by my colleague, the Consul-General, which I believe to be quite correct and true.

General and Chinese Commissioner in Chief.

Shamrock Hotel,
Pall Mall, Sandhurst
1st July 1887

図 3-2　余瓗が同郷のサンドハースト華人（林四）に贈った書き付け（1887 年 7 月 1 日）

注）王栄和による題記も付されている。
出所）Dennis O'Hoy Collection, Bendigo.

に掲載された曾紀沢の英文による論説“China,the Sleep and the Awakening”（いわゆる「中国先睡後醒論」）中の海外華人に関する記述が、曾紀沢の意に反して、清朝政府が華人の海外移民を促進させようとしていると受け取られたため、オーストラリアの一部の民族主義者は、王栄和らの調査委員の派遣目的も華人の海外移民の拡大を企図したものではないかとの疑念を抱き、その後一層排華の気運が増すことになった(123)。

また、王栄和らはクイーンズランド州を訪問した際、西洋人の新聞記者の取材に応じ、次のような問答を行っている。

記者　あなたは、オーストラリア各地における華人に対する待遇は良いと思うか、悪いと思うか。

王ら　私がオーストラリア各地の華人を見たところでは、大変良いとは言えない。いま試みに当地の華人を例に挙げて言えば、華人の中で資産を持つ者で百万〔単位不明――ポンド？〕を超える者は一人もおらず、シンガポールの華人商人の百万以上を有する者には遠く及ばない。

記者　あなたの意図するところを探ってみると、本当のところは、オーストラリアが多くの華人にとって移民するのに都合がよいところかを調査しようとしているのではないか。華人は大変多く、中国には収容すべき土地がなくなったため、溢れ出た流民をここに移民させて定住させようとしているのではないか。

（この質問を聞くと笑って答えて）王　私はそもそもオーストラリア華人の境遇がそれほど良くないと言っているのに、その私がどうして我が民〔華人〕をここに来させようとするだろうか。私の見るところ、華人は人口が大変多いが、土地はまだまだ余裕がある。私の試算では、中国における一人当たりの土地〔の面積〕はイギリスにおける二五〇人分ほどである。

記者　オーストラリアの華人はシンガポールの華人とは異なる。シンガポールの華人は商売をしている者が多く、そのため利益を得るのがとても速い。オーストラリア在住の華人は工業労働者が多い。そうであるなら、どうしてシンガポールの華人商人と比較することができるだろうか。これは、オーストラリアの西洋人の状況を論ずるのに、ロンドンと比較することができないのと同じことだ。(124)

図 3-3　シドニー華人梅光達と調査委員（1887 年）

左から王栄和・梅光達・余瓗

出所）*The Life of Quong Tart.*

そして最後に、王栄和は記者に対し、「オーストラリア当局が華人に差別的な徴税を行うのはやめるべきだ」と伝え、記者との会見を終えている。

三　第二次調査（一八八七〜八八年）

第一次派遣はオーストラリア訪問で終了し、その後、第一次派遣では訪問できなかった都市を調査するため、第二次派遣が実施された。一八八七年一一月一九日に再び広東を出航した王栄和と余瓗は、香港・シンガポールを経て一二月一六日にイギリス領北ボルネオ（サバ）に到着した。そして、一九日にはその中心都市であるサンダカンに到着し、現地の総督から礼砲をもって迎えられた。その後王栄和らは総督と会見を行い、イギリス当局の華人に対する「弊政」について問い質し、総督から改善措置を講ずるとの言質を得ることに成功した[125]。また、サバでも「甲必丹」の馮明珊や金永発ら華人商人二〇人余りと会見し、現地の華人の状況について調査を行っている[126]。その後、王らはサバでの調査を終え、シンガポールに一旦戻り、次の訪問地シャムに向かった。

（1）シャム[127]

一八八八年一月一八日、シンガポールを出発した調査委員は同二二日にシャムに入った。シャム国王チュラロンコーン（ラーマ五世）は「副外部」（外務副大臣）の劉乾興を派遣して調査委員を出迎えさせた。劉乾興は福建や広東の商人を引き連れていた。また、シャム側は調査委員に宿舎も提供した。劉乾興は広東省潮州大埔出身の父を持つ華人で、シャムに生まれ育ち、娘は国王の妃となり[128]、政府の要職に就いて、華人関係の事務を専管するようになっていた人物である。[129] また翌日には、王栄和らは劉乾興とともに「宰相」「総理事務大臣」（外務大臣）であった王弟テーワウォン親王とも会見している。[130] 王栄和らが張蔭桓に送った報告によれば、劉乾興は国王の意向として次のように王栄和らに語ったという。

以前、朝貢は雲南ルートで行われていたが、[131] 道程が大変困難で、通過中に雲南で戦闘になったりしたため、朝貢使節の派遣は長い間中止されている。これまでのルートを変更して海上から天津に行くことはできないだろうか。

王栄和と余瓗は張蔭桓への報告の最後に、「〔これは〕副外部の個人的な発言であって、国王の口から出たものではないので、いまだ確証のあるものではない」と断っている。しかし、王栄和らは張蔭桓に対し、朝貢ルート変更の実現の可能性について調査し、朝鮮に対する新しい方式を援用して、これまでのシャムとの関係を改変するよう求めた。その上で、王栄和らは次の三点の提案を行う。

①海上ルートを使って入貢することを許可する。
②シャムに「辦事公使」を派遣して、同時に「通商領事」を設置する。[132]
③公使を設置した後は、機を見て（シャムに清朝の）友好国と条約を締結させ、（シャムを属国として）維持・保護する。[133]

こうした調査委員からの要請・提案に対し張蔭桓は、「見識のないものではない」としながらも、次のように不満を表している。

同国の「副外部」が、海上ルートを使って朝貢を再開させたいと求めてきたというが、〔それについては〕単に彼の口先の発言で示されているだけであり、調査委員は〔彼にそれについて記した〕書面を書かせていない。その上、報告の最後で「いまだ確証のあるものではない」とも言っている。そうであるなら、中国が海上ルートによる朝貢の再開を許可するようにシャムが願っているとしても、つまるところ何を根拠に許可しろと言うのか。

シャムは一八五二年を最後に清朝に対する朝貢を停止していた。その直接の原因は、この最後の朝貢使節が帰路の河南省において盗賊の襲撃に遭い、通訳が殺害され、貢使が負傷した上、賜物まで奪われるという事件が起こったために、シャム側が朝貢使節の派遣を見合わせていたためであった[134]。一八六三年になってシャム側は「天津海道」からの入貢を申し出たが、その後清朝側は、太平天国の乱も鎮圧され陸路は安全となっているので、海上ルートの方がかえって危険であるとして、シャム側の申し出を拒否していた。一八八四年に鄭観応が密使としてシャムを訪れた際にも、「朝貢を再開しないのか」との鄭観応の質問に対し、シャム国王の王弟「利雲王沙」（テーワウォン親王）は、「朝貢を行わないのは我が国には罪はない。二八年前に我が国は使節を派遣して朝貢し、広東から入境したが、途上で強盗に遭い、貢物は奪われ貢使も殺傷された」と答えている[135]。王栄和らのシャム訪問はその四年後に行われ、前述したようにシャム側から海上ルートによる朝貢の再開を再度打診された。

一八八〇年代半ば、清朝は清仏戦争を経てベトナムに対するフランスの保護権を認め、ビルマについても、イギリスとの条約によって、形式的な「朝貢」は維持したものの、ビルマに対するイギリスの「主権」を承認させられるなど、南洋諸国に対する清朝の宗主権は名実ともに喪失の危機にさらされていた。一八八〇年代前半、清朝は朝鮮に対して宗主権を強化する動きを見せ、「中朝商民水陸貿易章程」（一八八二年）を締結したり、朝鮮とアメリカとの条約（シューフェルト条約、一八八二年）の締結を仲介するなどして、清朝が主張する朝鮮の「属国自主」を国際社会に認知させようとした。

清朝の「辦事公使」や「通商領事」を派遣し、友好国と条約を締結させるという王栄和と余瓗による先の提案は、シャムとの間に、一方では西洋的な外交関係を構築しつつ、他方で宗属関係を維持しようとするものであり、朝鮮に対しては「公使」を派遣せず、また「領事」ではなく「商務委員」を派遣していたのと比べると、朝鮮に対する新しい方式を援用するとはいっても、それが持つ意味はかなり異なっている。[136] 王栄和らがその点をどの程度意識して提案を行っていたのかは判然としないが、報告を受けた張蔭桓も、この王栄和らの提案に対しては、シャムはすでにイギリス・フランスの勢力圏に挟まれその影響を受けており、そこに清朝がシャムとの間の宗属関係を強化しようとすれば「徒らに南顧の憂いを深くするのみ」であるとして、極めて否定的な態度を採った。

その後、この提案に沿ってシャムとの間の朝貢関係の再開や改編といった動きが清朝政府内において本格化することはなかった。王栄和らの提案は、広東あるいは南洋に〝場〟を設定してなされたものであった。そのため、清朝の安全保障にとって最も重要と考えられていた北東アジアに〝場〟を設定して行われた朝鮮に対する宗主権強化策[137]に比べると、清朝にとっての重要な政策基調とはなり得なかったのであろう。

また、王栄和らはシャムにおいても在住華人の調査を行っている。[138] それによれば、バンコクの人口は原住民と移民を合計しても百万を超えず、移民の大半は華人であり、鉱山や農園で働く華人は三〇万人余りであったという。[139] 王栄和らは、シャムでは華人のみ三年ごとに人頭税を徴収され、[140] そのために、他の国籍と偽って徴税を免れようとする華人がいたことも確認している。[141] そして、「シャム在住の華人からも中国が領事を設置して保護するよう求められ、これを無視することはできない」と述べている。[142]

調査委員は約一〇日間シャムに滞在し、一月三一日にシャムを出発して最後の訪問地であるフランス領インドシナへと向かう。

（2）ベトナム（フランス領[143]）

シャムを出発した調査委員一行は一八八八年二月三日にサイゴンに到着した。なお、サイゴンに到着するまでの船内において王栄和は中風に罹り、サイゴン到着後、急遽治療のため広東に帰還し、残りの調査は余瓗に委任されることになった[144]。余瓗らがサイゴンに上陸すると、広東商人の張沛霖[145]と福建商人の呉翼謹の二人が出迎えて案内した。そして、彼らとともに早速フランスの官吏と会見を行っている。その後、サイゴンとショロンを視察し、華人に対する死亡税や輸出税を免除するよう交渉したという。サイゴンとショロン（堤岸）の調査を終えた余瓗らは、船に乗ってハイフォンに向かった。二月一九日にベトナム中部のビンディン（平定）省のクイニョン（新洲）に到着し八時間停泊した。クイニョンには二〇〇〇人の華人が暮らし、主に豆油の輸出で生計を立てていたという。次にホイアン（会安）を通過し、三月六日にハイフォンに到着している。ここでも現地華人の鄭徳と陸建勲が船まで出迎えた。ハイフォンの華人はおよそ五〇〇〇人余りで、付近のハノイやナムディンにも数千人が居住していたという。同月九日の晩ハノイに入り、一〇日の晩に上陸した。余瓗はフランスによるインドシナ統治について、「この地はフランスに占拠され、軍事総督を新設して、アンナン・サイゴン・プノンペンの三地域の軍務を管轄させ、古い城に兵を駐屯させている。また全権大臣を設けて、一三省の通商事務を管理させている」と記している[146]。余瓗はこの「全権大臣」と会談したというが、その内容は明らかではない。

余瓗はベトナムにおいても在住華人について比較的詳細に調査している。それによれば、サイゴン・ショロン・ハイフォン・ハノイの各都市では、フランス人によって徴税額の上下が絶え間なく行われ、フランス領においても華人のみ人頭税が徴収されていた。また、サイゴンとショロンの生業は大半が華人商人によって担われており、これらの地の華人は六万人余りであった[147]。輸出品は米が最も多く、干し魚（魚乾）・豆蔻・燕の巣（燕窩）がその次で、輸入品は中国の食物や雑貨が最も多く、絹織物（綢匹）と薬材がその次であった。西洋からの輸入品は西洋製の綿糸が最も多く、香港製の白糖がその次であった。開港した当初は蒸し暑さのためにここに立ち寄った者は病気に罹る者が多かったが、街道を整備し広く樹木を植えてからは気候が次第に良くなったという。西洋商人の店舗はフランスの汽船会社や銀行以外はあまりなく、そのほかは西洋用品の店、華人の雑貨商、木製品を売る店（木作店）などであり、合計数百軒あった。ショロンには二千余りの店舗があったが、そのすべてが中国式で、みな華人が経営していた。[148] フランス人の「虐政」はサイゴンよりショロンの方が軽かったという。次に、ハイフォンについて余瓗は、「華人が越南・ハイフォンと通商するようになって約一三年経つが、最近ではフランス人が〔華人の商売を〕横取りするようになっている」と述べている。ハイフォンには華人の家屋が五〇〇軒あり、華人の労働者・商人が約五〇〇〇人おり、その中から一人を選んで幫長としていた。余瓗の報告によれば、華人の幫長の権限は副領事とほぼ同じで、華人に対する保護業務を行うことができた。また、サイゴンの華人が広肇・潮・漳泉・客家・海南の五つのグループ（幫）に分かれ、それぞれに正・副の幫長がいたことも確認している。[149] そして、それぞれの「幫」では人頭税以外に洋銀五角を徴収し、フランスの官吏は幫長に頼って統治を行い、幫長は往々にして不正を行い私腹を肥やしていたという。

以上のようなベトナムにおける調査報告を受け取った張蔭桓は、「サイゴンについては、中国の官吏を設置して現地の華人を保護すべきであり、ハイフォンについても、天津条約に領事設置の規定が設けられているのだから、将来時機を見計らって領事を派遣設置すべきである」と述べている。

一八八五年六月九日に締結された清仏天津条約には、清朝はフランスとの協議を経ればベトナム北部の諸都市に領事を設置することができると規定されていた（第五条）。また、翌八六年四月に締結された「越南辺界通商章程」においても、清朝はハノイ・ハイフォンに領事を設置することができ、以後フランスとの協議を経れば、その他のベトナム北部の諸都市にも領事を設置することができることが規定されていた（第二条）。調査委員からの報告を受けた張蔭桓も、こうした領事設置条項を活用してベトナムにおける領事の設置を推進すべきであるとの見解を述べているが、ここにいう「将来時機を見計らって設置すべき」というところに問題があった。その前年に当たる一八八七年六月二三日に、清仏「続議商務専条」と清仏「続議界務専条」（二六日締結）の締結を前にして、総理衙門はフランス駐清公使コンスタン（Ernest Constans）に照会を発し、「前約〔天津条約〕」で規定されたベトナム北部の各大都市における清朝の領事設置権は当面これを行使しないことをフランス側に約束していた。清朝側は、ベトナム北部における領事設置権を当面行使しない代わりに、フランスが雲南・広西などの清朝内地に領事館や租界を設立することを阻止しようとしたのである（以上の経過については、第9章にて詳述する）。

張蔭桓もこの交換公文の存在を知っていたものと思われる。交換公文には「現在のところ当面は〔領事を〕設置しないが、後に両国が同地の状況を調査するのを待って、再度設置すべきである」とされていた。[150] この文言と余瓗によるベトナム調査が後にどのように関係していったのかは不明だが、張蔭桓は今回の調査が交換公文中の「調査」に当たると考えたのかもしれない。

ハノイ・ハイフォンでの調査を終えた余瓗は、まもなく広東に帰還し、足かけ三年に及んだ南洋調査は終了する。

おわりに

王栄和と余瓗を代表とする調査委員は、一八八六年八月～八八年三月にかけて、ほぼ南洋全域の主要都市において調査を実施した。これは清朝にとって最初の公式な南洋調査であった。王栄和らは、南洋各地に在住する華人の商人や労働者が迫害や虐待を受けている状況を調査した。調査に当たって王栄和らは、各地で多数の華人と会見し、[151]

デリでは具体的な華人殺害事件の解決にも取り組んだ。また、調査委員は派遣直前の上諭によって現地植民地当局との交渉権は付与されないことになっていたが、訪問した各地において植民地当局の総督や官員と会見を行ったり、陳情書や照会文を提出するなどして、華人の保護や待遇の改善を求める実質的な交渉活動も行っていた[152]。

また、張之洞が本来企図していた華人からの寄付の募集については、訪問した各地において大規模に実施されたとの記録は残っていない。もともと「集捐」とその見返りとしての保護の付与という構図は、清朝国内で当時広く見られた、地方政府による「集捐」(税捐の徴収)と有力同郷同業組織や有力宗族に対する保護という方法を、在外華人にまで敷衍させたものであったともいえよう。しかし、西洋諸国の統治下にある植民地に在住する華人から税捐を徴収することは、統治国の徴税権を侵害する行為として西洋側から警戒されており[153]、清朝政府内にも寄付の募集によって西洋諸国を刺激すべきではないとの意見が存在した[154]。そのため、この時の調査委員の派遣では、大規模な寄付の募集は行われなかったようである[155]。

南洋各地の華人居住地を訪問してその状況を調査した王栄和と余瓗は、その調査結果を踏まえて、駐オランダ公使の許景澄宛ての報告書の中で、次のように結論づけている[156]。

①中国が恩を与えて華人を保護しようとするならば、フィリピン以外ではまずバタビアを優先すべきである。もし同地に総領事を設置することができれば、オランダの管轄下にある数十万の華人を管理することができる。

②現地で生まれ育った華人もまた不公平な徴税を受けて不満を抱いており、もし中国がこれに恩義を与えれば、おのずから中国に従順となる。

③バタビアに先に総領事を設置し、オランダ領東インド各島の華人事務を管理させる。総領事が着任した後に副領事を設置して現地の公正な華人商人を選んでこれに充て、中国の商務を代理で処理させて華人の保護も行わせる。

④将来オランダ政府と領事の設置について交渉する際には、必ずヨーロッパ各国が設置している領事の権限を模倣して、(清朝の領事が) 華人に対する迫害について随時処理できるようにすべきである。もし領事を設置しても権限が何もなければ役に立たない。

こうした調査結果は、張之洞による調査報告の上奏などによって、清朝政府の朝野をはじめ、広く海外にも知られることになった[157]。つまり、この南洋調査の実施は、南洋華人の迫害状況を明らかにしたばかりでなく、外国当局に不満を抱く彼らに清朝政府が保護を与えれば、彼らが清朝に従順となってその〝資金源〟となり、しかもそのような華人が数カ所のみでなく南洋全域に存在していることを、初めて清朝の多くの官僚に認識させることになった。そして、こうした南洋華人に対する認識が多くの清朝の官僚に共有されるようになったことが、後に薛福成らの活動によって実現された在外華人政策の転換に道を開くことになるのである。

第4章　清朝政府の領事拡大論議
——在外領事と華人保護の有益性をめぐって

はじめに

南洋華人の増加とそれに伴う華人への迫害の激化は、南洋華人に様々なルートを通じて清朝政府に保護の実施を訴えさせ、一八八〇年代に入りそれはさらに増加した[1]。華人からの請願を受けた清朝の地方官僚たちは、領事の設置や軍艦の派遣などによる華人への保護活動を実施するよう中央政府に働きかけた。しかし、こうした南洋領事増設論には、清朝政府内に多くの懸念が存在し、統一的な政策が形成されるには至っていなかった。

そうした状況が変化する契機となったのが、第2章・第3章で見た清仏戦争後に実施された南洋華人調査である。筆者は、この調査の実施が清朝政府の在外領事拡大問題に対する認識を変化させたと考えているが、では、この調査の結果、清朝政府内における領事拡大論はどのように変化したのか。またその変化は、近代中国の外交史においていかなる意義を有するものであったのか。本章では、南洋華人調査の実施後に提出された三つの領事設置論に注目し、それらを比較検討することによって、これらの課題に答えていきたい。三つの領事設置論とは、①南洋華人調査の実施を建議した両広総督張之洞の増設論（一八八六・八七年）、②それを受けて提出された総理衙門の慎重論

（一八八八年）、③張之洞・総理衙門双方の意見の問題点を検討した上で自らの提案を行った駐英公使薛福成の増設論（一八九〇年）である。

また、それら三つの主要な領事設置論のほかにも、清朝政府の外交政策の決定過程に重要な役割を果たしたその他の官僚たちが、この問題についてどのような認識を有しいかなる態度を採っていたかについても検討し、日清戦争以前における清朝政府の領事設置問題の全体像を明らかにしたい。

先に挙げた三つの領事設置論を比較検討した研究はすでにいくつか存在する。そのうち、顔清湟（Yen Ching-hwang）は、張之洞の領事増設の主目的は、「領事を、自然災害の救済や海防強化のための軍艦購入、自強運動の工業化などに対する寄付・投資といった華人からの資金調達をコーディネートするための、華人社会の組織化の主体にすることにあった」とし、また、薛福成の領事増設の目的は、「中国の富強を重商主義によってもたらすための方途の一つとして領事を利用することであって、薛は在外華人に直接的な経済的・軍事的寄与を期待することには批判的であった」と指摘している[2]。また、鄘秋龍は、薛福成の領事設置目的は、①華人の保護、②資金の獲得（華僑送金）、③通商の振興、④国際的地位の上昇、であったと整理し、薛福成と張之洞の相違については、薛福成は張之洞の領事増設論から啓発を受けたものの、領事の増設範囲（フランス領を含みイギリス領を重視）や、領事増設の目的・意義・可能性についての記述の具体化、の面で相違が見られたとしている[3]。

こうした研究は、張之洞、総理衙門、薛福成の領事設置論の要点を巧みに整理したもので、特に顔清湟の研究は、領事設置論議の展開を政治過程から分析したすぐれた研究であるといえよう。ただ、顔清湟は、領事設置をめぐる中国と西洋の対立や清朝政府内における意見対立を、単なる利害の対立や消極論と積極論の対立としてのみ描いており、この問題に対する考察が十分になされているとは言えない。たとえば、政治過程とは別に、張之洞、総理衙門、薛福成の三者の間に政策論上の相違を生み出した背景は何であったのか。また、この三者の論議は、清末の領事設置過程においていかに位置づけられるものであったのか。清末の領事設置問題は近代国際法とどのような関係にあったのか。本章では、これらの課題について、清朝の官僚が当時有していた在外華人観や南洋観、あるいは領事観や外交認識などから分析を行い、その近代中国史上における意義についても考察していきたい。

一　張之洞の領事増設計画

（1）張之洞・張蔭桓の共同上奏（一八八六年）

張之洞の南洋華人との関わりは、彼が一八八四年に両広総督に就任した時より始まる。当時清朝はベトナムの宗主権をめぐってフランスと戦争状態にあり（清仏戦争）、対仏主戦論を唱える張之洞は、南洋華人を対仏戦に活用することを企図した。直接的には南洋華人に対して南洋海域においてフランスに対する破壊活動を行うよう指示する諭示を発し、間接的には戦費調達のための資金援助を募った。この戦争後に起こった海軍再編論議に際しては、彼は南洋華人から資金を集めて彼らを保護するための艦隊（「護商」艦隊）を創建することを奏請した（一八八五年一〇月一一日）（以上、第2章参照）。この張之洞の提案は諭旨によって、当時駐アメリカ・スペイン・ペルー公使として渡米することになっていた張蔭桓と協議した上で再度上奏することになり、その結果提出されたのが南洋華人調査の実施を建議した共同上奏であった（一八八六年三月三〇日）。

この共同上奏において張之洞らは、南洋への調査委員の派遣を提議するとともに、南洋領事の増設についても言及していた。ここでは、調査委員派遣以前において張之洞らが構想した南洋領事増設案がどのようなものであったかを、まず確認しておこう。

ここで展開されている南洋領事の増設方法や設置すべき領事の性格についてまとめると、以下のようになる。(4)

①南洋を東西二地域に分け、それぞれ総領事を設置し、在外公使（出使大臣）の所管とする。

②総領事は、各管轄地域を巡回し、各地で華人の中から「公正な紳董」を選んで公使に報告し、公使の奏請によって彼らを副領事に任命する。

③副領事には現地の富裕な華人を任用するため、政府から俸給を支給する必要はない。総領事の俸給は政府から支給する。

④各国の領事の通例に倣い、華人から登記料や貿易の手続料を徴収して公金とする。それらの収入は巨額なものとなるため、その公金を用いて各地に学堂や病院を建設したり弁護士を雇うなどして華人の保護・振興を図る。

⑤「護商」艦隊の創設費・維持費を領事の収入から調達するか、または華人から寄付を募集して調達する。

⑥設置される南洋領事は、在外公使の所管とする一方で、広東の総督・巡撫が「兼顧」する。(5) 南洋地域を植民地とする国の本国は遠くヨーロッパにあるため、それらの諸国に駐在している在外公使の所管とするだけでは問題の処理を迅速に行うことができない。よって、比較的南洋に近い広東省が南洋領事から相談を受けて指示を出し、各国の外務省と交渉するようなことがあれば、広東省から各公使に連絡する。

⑦シャムは元来「中国の所属」であるため、そこに清朝の官員を駐在させる場合も、「領事」の名称は用いず「辦事委員」とする。

①～④からは、張之洞らが、広東省―総領事―副領事―華人社会のピラミッド型の組織を南洋地域に展開し、それを駆使して広範囲に散居する南洋華人から組織的に資金を吸い上げようと企図していたことが確認できる。(6) ⑤では、張之洞がこの前年に建議した「護商」艦隊の創設に関係して、設置された領事の収入や領事によって集められた寄付金（税捐）をその創設費・維持費に充てることが提起されている。(7) また、領事の増設で最も問題となったの

が経費の確保であり、南洋地域に領事を大規模に増設するとなれば、多額の経費が必要となる。領事経費の確保についてては後述することにしたい。

⑥では、南洋に増設する領事は公使の所管とする一方で、広東省もこれを「兼顧」すると提案されている。これは、地理的にも南洋に近い広東省（つまり両広総督の張之洞自身）が南洋の領事を実質的に管轄することを意味していた。一八七六年に制定された「出使章程」によって領事の任免権・俸給給付権は公使にあるものとされていた(8)。①②でも見られるとおり、張之洞も領事の任命権が公使にあることは承知していたようである。しかし、古くから中国と深い関わりを持ち、朝貢国・旧朝貢国が多く存在し、また地理的にも近い南洋地域を、中国は自らの藩属地として捉える傾向があり(9)、この中国にとっての南洋の特殊性が、南洋領事を広東省が「兼顧」するという提案を想起させたのであろう。これは一面では、張之洞がそうした南洋の特殊性や広東省と南洋との歴史的な関係を利用して、自らの勢力を南洋地域に拡大することを企図したものとも見ることができる(10)。

南洋を中国の藩属地と考える傾向は、清朝の官憲がいまだ西洋諸国の植民地とされていない「朝貢国」（一八八六年三月当時、南洋地域ではシャム、ビルマ、ラオスのみ(11)）の問題を論ずる際には、依然として根強く残っていた。⑦にも見られるとおり、張之洞らはシャムを明確に「中国の所属」であると捉えていた。また、シャムに派遣する官員の名称は「領事」ではなく「辦事委員」とすべきと提言されたのは、「領事」の名称はあくまで西洋諸国との間においてのみ用いられるものであり、以前から伝統的な宗属関係を結んでいる「朝貢国」との間において「領事」の名称を用いることは、こうした伝統的な宗属関係の崩壊に直結すると捉えられたためであった。

以上が、王栄和らによる調査結果がもたらされる以前の張之洞らの南洋領事増設案である。その後、調査実施の建議は同年五月一六日に裁可され、調査委員は八月末に広州を出航して調査を開始する（第一次派遣）。

（2）張之洞の領事増設上奏（一八八七年）

翌一八八七年八月に経費不足のためいったん広州に引き返した調査委員は、それまでの調査結果を張之洞に報告し、これを受けた張之洞は、同年一二月八日に調査結果の報告とともに、南洋地域における大規模な領事の増設を提起する上奏を行った。(12) 以下、その内容を見ていこう。

①領事増設の方法

まず、総領事をマニラ・バタビア・シドニーの三カ所に派遣し、それぞれその下に副領事を設置することを提起している。そして、調査結果に基づいて、各植民地ごとに設置する領事の種類と設置すべき理由について述べている。それらを見ていくと、まずスペイン領フィリピンについては、華人の迫害が苛烈であり、総領事・正副領事を設置すべきであるとしている。イギリス領の海峡植民地については、迫害は深刻ではないが、イギリス側の華人管理機関である華民護衛司が、「招工客館」（移民労働者と雇用主を媒介していた周旋業者）の不正を黙認していることを理由に、既設の在シンガポール領事の権限を強化すべきであるとしている。同じく海峡植民地にあるペナン島には副領事を設置すべきとしている。また、イギリス領ビルマについては、雲南と近接している上にイギリスが同地において軍事的な足場を着々と固めていることを挙げて、ビルマは中国の「隠患」となっていると指摘し、ここに副領事を設置すれば中国の辺境防衛に有益となると指摘している。続いてオランダ領東インドについては、まず、スマトラ島北部のデリでは、虐待を受けている華人労働者が多く、副領事を設置して保護すべきであるとし、ジャワ島については、差別的徴税やオランダ籍への強制編入など華人に対する迫害が深刻であるため、バタビアに総領事を設置し、スマランなどの地も兼管させるべきであるとしている。また、イギリス領のオーストラリアについては、華人の入境を阻止するために、イギリス当局は入境時に華人から人頭税を徴収するなど差別的な待遇をしていると指摘した上で、シドニーには総領事を設置し、メルボルン・アデレード・クイーンズランドの各都市とニュージーランドの華人の「商務」を管轄させ、その他の地には現地の華人商人を副領事に任命すべきであると提案している。

②在マニラ総領事の先行設置

①では、南洋各地に総領事と副領事を増設するという大規模な増設案が提起されているが、張之洞はその中でも、特に在マニラ総領事の設置を先行して実施し、その経過を見てから、それ以外の地の領事も順次増設していくべきであると提起した。先にも述べたように、領事の設置については接受国の認可が必要となる。在マニラ領事の設置については、すでに一八八〇年代前半において、総理衙門、北洋大臣李鴻章、初代駐アメリカ・スペイン・ペルー公使の陳蘭彬とその後任の鄭藻如らが中心となってスペイン政府との交渉を進めていた。しかし、それらはことごとくスペイン政府の遷延に遭い、実現していなかった[13]。

張之洞がこの上奏で提起した在マニラ総領事設置案も、それ以前に行われていたスペインとの交渉を継承するものであった。張之洞は、スペインとの交渉の難航について、「各国の通例では、外交使節の派遣後には、領事を派遣してその地に駐在させ、商人を保護することができることになっている。キューバにはすでに領事が設置されているのに、同じスペイン領のフィリピンには設置できないということがあろうか」と述べて、スペイン側の非を訴えた。そして、その打開のために、「総理衙門に命じて、スペインの駐清公使と交渉させ、速やかに認可状を発給するように求め、その一方で、自ら張蔭桓にも書簡を送り、スペイン外務省に対して許可を求めさせるようにする」と、二つの外交ルートを駆使して交渉の妥結に努めるよう求めた。

③領事増設の理由

張之洞は領事を増設すべき理由として、「もし海外の華人の生活が危険にさらされれば、大挙して中国の沿海地方に帰ってくる者が急増するであろう。〔そうなれば〕この無数の遊民をどのように処置すればよいのか。ゆえに

〔在外華人に対する〕保護の実施は、実は近くの憂いをなくすためのものであって、遠隔の地を経略しようとするものではない」と述べて、在外華人の保護を怠れば、その害は中国本国にも及ぶと警告し、領事を増設して華人の保護を周密に行うよう訴えた。

④領事経費

前述したように、経費の確保は領事増設計画の成否に関わる最も重要な問題であった。張之洞が提起した経費の調達方法は、要約すると次のようなものであった。

設置する領事とその通訳・随員等の給与は、調査委員の報告によれば、現地の華人が自弁することを望んでおり、それは可能であろう。将来在マニラ総領事が設置された後は、その後の経費は、初年度においては出使経費から支出し、在シンガポール領事の前例に倣って、登記料や貿易の手続料による収入から後でそれを償還させる。次年度以降はそれらの収入より支出できるため、国費から支出する必要はない。もし、それらの収入が支出額に満たなかった場合には、広東当局から南洋各都市の「商董」に寄付・献金を呼びかけ、それを領事経費に充てる。その資金はその他の経費には流用させない。領事収入の余剰分（諸登記料や出入港船舶の証明書発行料等による収入から領事館の必要経費を差し引いた分）はプールして「護商」艦隊の創設資金に充てる。

この張之洞が提起する領事経費の調達方法に対しては、後述するように、総理衙門から詳細な反論が出されることになる。

⑤「書院」の設置

また、張之洞は、領事が設置された各都市に、領事経費の余剰金を用いて「書院」を設置することを提起している。「書院」では、まず経書を購入し、各地の領事や紳董にその地に滞在している「儒士」を選抜させて「書院」の教師とし、華人の子弟に授業を行わせ、それによって、現地華人の子弟に聖人の教えや中国の礼義・道徳を習得させることが想定されていた。伝統的な儒教教育によって南洋華人を「教化」し、本国中国にとって有用な人材を育成しようとする発想は、張之洞による独創ではなく、華人問題に携わっていた多くの清朝官僚に共有されていた[14]。たとえば、第1章で見た在シンガポール領事の左秉隆も、領事の重要な任務の一つとして現地華人への「教化」のための事業を展開していた[15]。在外華人に対する伝統教育による「教化」は、清末中国における領事設置政策を特徴づけるものの一つであった。

張之洞の南洋領事増設案は以上の通りである。調査委員の報告を受けた後に出された上奏においても、張之洞の増設方針に変化はなく、王栄和らの調査報告を踏まえ、各地の状況に合わせたより具体的な提案となっていた。また、この上奏において初めて在マニラ総領事の先行設置が提起される一方、「護商」艦隊の創設と領事の増設とを一体視する方針もなお残されていた。この張之洞の上奏に対しては「該衙門議奏せよ」との硃批が付せられ、総理衙門が張之洞の領事増設案について覆奏を行うこととなった。

二　総理衙門の反対上奏（一八八八年）

張之洞の南洋領事増設案について審議するよう命じられた総理衙門は、一八八八年三月一四日、それに対する覆奏を行った[16]。その内容は、張之洞の大規模な領事増設案に反対し、領事の増設は在マニラ総領事のみ進め、その他の地域への総領事の派遣は慎重にすべきであるとするものであった。領事の増設が困難な理由として総理衙門が挙げたのが以下の四点である。

①外国政府の反対

総理衙門は、オランダ政府が南洋華人調査の受け入れに強く反対していたことを例に挙げ、領事の設置など簡単に承認するはずがないとの見解を示した。そして、その傍証として駐オランダ公使許景澄と駐アメリカ・スペイン・ペルー公使の張蔭桓からの書簡を引用している。それによれば、許景澄は、オランダ領への領事設置自体には反対ではないが、設置を実現するには（領事設置を規定した）条約の締結が必要であり、そうした外交交渉を粘り強く行うにはオランダに公使館を開設することが先決であると主張し[17]、性急に領事の設置を進めることには慎重な姿勢を示していた。また、張蔭桓も、過去のスペイン政府との交渉を例に挙げて、領事設置の実現の困難さを強調していた。そして、総理衙門は「この計画は張蔭桓より始まっているが、その張蔭桓もすでに実現が困難であることを知り、『あえて以前の見解には固執しない』と言っている」と述べて、計画の提案者の一人であった張蔭桓までもがその実現は困難であるとの意見に変わっていることを強調した。こうした例示は、張之洞の積極論がいまや少数意見となっていることを朝廷に印象づけようとするものであったといえよう[18]。

②経費の不足

領事経費の確保については、次のように張之洞の提案に反論した。

収入となるべき登記料や船舶証明書の発行料〔身格船費〕が充足するかどうかはわからない。もし在キューバ領事館のように、はじめは次々と納めても、後になってみな熱が冷めて〔納めなくなり〕、歳入が次第に減少し、遂に支出額に足りなくなってしまったら、一体どうするのか。また、光緒四〔一八七八〕年に在シンガポール領事の設置を求めた際にも、以前駐英公使の郭嵩燾は、政府はただ開設経費のみ支給すればよく、以後は一切自弁すると言っていたが[19]、〔実際には〕収入不足により、経費の支給を求めるようになった。歴年の駐英公使の収支表によれば、在シンガポール領事の収入は毎年数百両しかなく、支出は七千〜八千両にも及んでいる。

今回の〔張之洞の〕計画もおそらく同じことになるであろう。事業は一度実施してしまうと中止することは難しい。現在出使経費は不足しているというのに一体どのように対処すればよいのか。

総理衙門は、キューバとシンガポールの既設の領事館の例を挙げ、張之洞の言うような登記料や船舶証明書の発行料による収入や現地華人による自弁などは当てにならず、結局政府が多額の経費を支出しなければならなくなるとして、現下の財政難の状態では南洋における領事館の大規模な増設は困難である、と主張したのである。これより二カ月ほど前の光緒十三年十二月（一八八八年一～二月）には、総理衙門大臣の慶郡王奕劻らによって、財政難や遊歴官の派遣を理由に、公使をはじめとする在外公館職員や領事の給与を二割削減することが奏准されていた。[20]公使や在外公館職員の給与を含めた出使経費の規定が見直されたのは、一八七六年に「出使章程」が制定されて以来初めてのことであり、[21]この時期はちょうど総理衙門が出使関連の経費問題に注意を払っていた時でもあった。また、ここで例示されている領事館の収支状況については、在キューバ領事館については不明であるが、在シンガポール領事館についてはほぼ総理衙門の主張するとおりであり、[22]領事増設計画が持ち上がっていた一八八〇年代後半には、領事収入による経費の確保はまったく期待できない状況にあったことは確かであった。

また、「護商」艦隊創設計画については、許景澄からの「ジャワ島に領事を設置する件については、考えてみるに、軍艦〔の建造費や維持費〕は巨額であるので商人の力では調達し切れない」との書簡を引用して、華人からの寄付による「護商」艦隊の創設は不可能であるとの見解を示した。

③領事活動の困難

マニラは福建・広東に比較的近いが、それでも遠く海に隔てられている。オーストラリアに至っては、その地は三省に分けられ、シドニーなどは往復に三、四カ月も要する。遠い他国の地においてその国のために働いている民〔華人〕を管理しようとしても、その国が領事の設置を願わなければ、事あるごとに妨害してくるであろう。もし領事を設置できたとしても、その権利が思うように行使できなければ、迫害されている者（の状況）は以前と何も変わらない。それらの領事は遠方であるために〔所管する〕出使大臣〔在外公使〕に訴えることもできず、また、近くであっても広東の大官に上申することも難しいであろうから、結局孤立してしまい、設置しないのと同じことになってしまう。

ここで総理衙門は、性急に領事の増設を強行しても、接受国が領事の設置を快く思わない状態では、増設した領事は様々な困難のためにその機能を果たし得ないと述べて、領事を増設してもほとんど効果はないと主張したのである。

④領事に対する監督

広東省による監督も領事の一挙一動に及ぶことはないため、監督不行届になる。もし不肖の領事が海外の服装・食事・住居のような豪奢に染まり、領事館の経費を口実にして、事あるごとに〔現地の華人から〕資金を徴収することが際限なく行われたならば、華人を非常に困窮させ、かえって国家〔清朝〕が恨みを買うことになる。〔そのようなことになるのなら〕在外公使に命じて各国の外務省に〔華人迫害の〕取り締まりを要請した方が、まだ保護の意を失わないであろう。

これは、増設する南洋領事を在外公使とともに広東の大官が「兼顧」するという張之洞の主張に対する反論である。清代、特に一九世紀に入って以降、清朝の地方官界においては、地方官僚や書吏・衙役による中間搾取（中飽）と法定外の地方的徴収（陋規需索など）が地方行政システムを維持する手段として常態化・公然化していた。[23]国内においては過度の徴金に対する取り締まりは一応機能していたが、領事の駐在する海外においては、かりに増設した領事がそれぞれの管轄地において経費を浪費したり、華人から不当な資金徴収を行ったとしても、それを取り締まる者がいない、と総理衙門は指摘したのである。当時すでに複数の領事館が設置されていたアメリカや日本などでは、領事館は接受国の本国内にあるため、所管機関である在外公使の管轄を受けやすかったといえよう。それに比べ、南洋地域は、シャム・ラオス以外はすべて西洋諸国の植民地や保護領となっており、はるかヨーロッパの本国に駐在する公使が南洋に駐在する多数の領事を管理することは困難であると思われた。このように、在外華人の最大の居住地域でありながら、そのほとんどが遠く離れた西洋諸国の統治下にあるという南洋地域の特殊性が、領事設置問題をはじめとする南洋華人問題をいっそう複雑なものにしていた。

張之洞計画に対する総理衙門の反論の要点は以上の通りである。この総理衙門の上奏は諭旨によって裁可され、これにより張之洞の領事増設案は、当面実施されないことが決まった。またこの時期、この問題に関する政策決定に関わっていたその他の官僚も、領事の増設について総理衙門とほぼ同様の慎重な見方をしていた（次節参照）。

以上見たように、総理衙門は張之洞の唱える領事増設計画に真っ向から反対し、その計画を挫折に追い込んだ。しかし、総理衙門も決して領事を設置して南洋華人を保護するという領事設置の意義自体を否定していたわけではない。ただ、現実の外交交渉の困難さや経費の問題をかえりみた時、総理衙門にとって領事の設置という問題は、そのほかの外交問題や財政問題に支障を来たすほどのリスクを負ってまでも推進しなければならない重要な問題とは考えられなかったのである。(24)

三　張蔭桓の動向と南北洋大臣・在外公使の反応

一九世紀末における南洋領事の増設論議は、前述した張之洞の増設計画と総理衙門による反対、そして次節で見る薛福成による増設上奏が議論の中心であり、先行研究においてもこの三者の言説が取り上げられることが多かった。しかし、当時の清朝政府内における対外事務に関する政策決定は、総理衙門による審議を中心として、南北洋大臣をはじめとする地方督撫や在外公使らが共同参与して進められ、最終的に上諭によって決裁される方式が採られていた。そのため、張之洞・総理衙門・薛福成の三者以外の他の官僚（南北洋大臣や在外公使ら）がこの問題についていかに考え、いかに関与していたのかについても確認しておく必要がある。

そこで本節では、張之洞による南洋領事増設計画が提起された前後から、それが総理衙門の反対によって挫折するまでの時期に、この問題に関与した主な地方大官や在外公使らの言説や動向を整理しておきたい。ここで取り上げる地方大官や在外公使は、当初張之洞とともに南洋華人調査の実施を建議した駐アメリカ・スペイン・ペルー公使の張蔭桓、南洋大臣の曾国荃と当時の清朝外交に絶大な影響力を有していた北洋大臣の李鴻章、駐英公使を離任後に帰国して総理衙門大臣に就任した曾紀沢、東インド植民地の宗主国であったオランダ駐在公使の許景澄、そして張蔭桓の後任となった崔国因である。

（1）張蔭桓の動向

張之洞の領事増設上奏とそれに対する総理衙門の反対上奏について明確な意見を残しているのは、管見の限り、駐アメリカ・スペイン・ペルー公使の張蔭桓（在任一八八六年四月〜八九年九月）のみである。張蔭桓は、その出使日記の中で、張之洞の領事増設論と総理衙門の慎重論の双方について自らの所感を率直に記しており[25]、基本的には総理衙門の慎重論に同調する姿勢を示していた。しかし、彼は必ずしも総理衙門の側のみに立って張之洞を一方的に非難していたわけではない。同じ出使日記の中で次のように記している。

張之洞からも〔南洋領事の大規模な増設を提起した〕上奏文が送られてきた。二つの上奏文を見比べると、総理衙門は慎重な意見であり、張之洞は遠方を開拓しようという意図がある。両者ともマニラ〔の総領事設置〕のことをやたら引用して私を非難している。

ここからは、総理衙門と張之洞の間に立った張蔭桓の微妙な立場がうかがえる。張蔭桓は、駐アメリカ・スペイン・ペルー公使に任命される前年（一八八四年）の一時期、総理衙門大臣を務めており、また渡米前には、張之洞とともに広東において南洋華人調査の実施と南洋領事の増設を建議した共同上奏を提出していた。その一方で、広東に入る前日には、北洋大臣李鴻章に対し、「張之洞の計画は容易には実施できない」との見解を伝えていた[26]。ここにいう「張之洞の計画」とは前年に張之洞が奏請した「護商」艦隊の創設計画のことである。

張之洞が当初計画したのは南洋領事の増設ではなく、南洋華人の資金を利用した「護商」艦隊の創設のみであった。張之洞のこの計画に対しては、張蔭桓と協議した上で再度上奏せよとの論旨が下り、張蔭桓は、アメリカ赴任前に張之洞の任地である広東に立ち寄って協議することになった。その後、張蔭桓が広東入りして張之洞との協議を重ねていた最中の一八八六年一月一七日に、翰林院編修鍾徳祥の意見書が朝廷に提出され、その中で初めて南洋領事の増設とその予備調査のための調査委員の派遣という提案が現れた。この意見書に対しては翌日すぐに上諭が下され、張之洞らは、鍾徳祥の提案を「前奏」（「護商」艦隊創設上奏）に組み入れて再度の上奏を行うよう命ぜられた。そうして出されたのが南洋華人調査の実施と南洋領事の増設を求めた共同上奏であった（第2章を参照）。

こうした状況と張蔭桓の種々の見解から判断すれば、張蔭桓は共同提案者でありながら、張之洞の計画に対しては当初から積極的に賛同していたわけではなく、その拙速さに危うささえ感じていたようで、南洋大臣の曾国荃からも赴任前に、張之洞の強引な計画に積極的に関わることは危険であり、政府内で張之洞とともに孤立する可能性があると自重を促されていた[27]。しかし、その一方で、総理衙門の極めて消極的な慎重論に対しても違和感を抱いており、困難な外交交渉を伴うものの、可能な限り領事の増設は推進したいとの意志も有していた。じっさい張蔭桓は、アメリカ着任後にスペインに常駐する参賛として派遣した延齢に在マニラ総領事の設置についてスペイン側と交渉させ、一八八七年にスペインに赴いてからは、自らこの件についてスペイン政府と交渉を行っていた。まだアメリカに滞在していた一八八六年一二月二日には、この問題に関する張之洞からの問い合わせに対し、王栄和と余瓗から得ていた調査報告も踏まえて張之洞に返書を送り、スペインとの交渉に意欲を示していた[28]。

一八八七年五月にスペインに到着した張蔭桓は、その後七月末に同国を離れるまで、王栄和らの調査報告を参考にしながら在マニラ領事の設置をスペイン側に繰り返し求めた。スペイン側は清朝との条約の中にマニラに領事を設置できるとの規定がないことを根拠に清朝側の要求を拒否した。これに対し張蔭桓は、一八六四年の清・スペイン条約（和好貿易条約）第四七条の「中国商民がマニラに渡って貿易する際は、最恵国と同様に待遇する」との規定を持ち出し、この規定を援用して領事の設置につなげようとした。スペイン外務省は、張蔭桓の求めに一旦は同意する姿勢を見せたが、植民地省やフィリピン総督の意見を徴する必要があるとして結論を引き延ばし、結局、交渉は妥結には至らなかった[29]。

この間、張蔭桓は在外領事の権限や領事関係の設定に関する国際通例について、次第に理解を深めていったようである[30]。領事の権限については、スペイン駐在中の一八八七年六月末に、当時北京官界において伝統主義者として知られていた李文田[31]から、在マニラ領事の設置について論じた書簡を受け取り、そこには「領事の権利には限りがあり、威令が行き届かないことを憂慮する」と書かれていた。張蔭桓はこれに対し「見道〔道理を見通した〕の言と謂うべし」との所感を記し、領事の権限については張之洞との共同上奏で当初示したような過大な期待を抱かなくなっていた[32]。一方、領事関係の設定に関する国際通例については、その翌日に部下の徐寿朋（ペルー駐在参賛）から受け取った電報によって、当時の張蔭桓らの認識をうかがい知ることができる。

中国はスペインが〔在華〕領事を設置することを許可しているのであるから、スペインが中国に領事の設置を許可しないわけにはいかない。外交使節を駐在させれば領事を派遣・設置する権利を有し、〔それは領事設置を規定した〕条約を締結しているか否かには関わらない[33]。

これは徐寿朋が張蔭桓に発した電文ではあるが、これより前に張蔭桓は、アメリカのスペイン駐在公使からも「外国が領事を設置する場合、それをすべて条約に記載するわけではない」と聞かされていた[34]。張蔭桓はこうして得た領事関係の互恵原則や国際通例を根拠にスペインとの交渉を進めたが、スペイン側の遷延策により、結果として成果を得られなかった。

スペインを離れた張蔭桓は、アメリカへ戻る途中で「ロンドンに立ち寄って劉瑞芬と会い、初めて南洋群島に官〔領事〕を設けることの難しさを悟った」という。これは北京の醇親王奕譞に宛てた書簡の中で述べていることである[35]。この書簡は残簡であって日付を記した部分が欠けているため、正確な執筆時期は未詳だが、その内容からおそらくスペインからアメリカに戻ってまもない時期に書かれたものだろう。張蔭桓は出国に際して、「香帥〔張之洞〕が疏陳した件〔「護商」艦隊創設や南洋華人保護の問題〕を籌議」して成果を上げるよう醇親王から特に指示されていたから[36]、この書簡はおそらくその指示に対する復命報告に当たるものと思われる。張蔭桓はここで、スペイン政府の遷延行為により領事設置交渉がうまくいかなかったことを説明するとともに、その後ロンドンで劉瑞芬から聞いた情報をもとに、スペインのみならず、イギリスもオーストラリアや香港に清朝領事が設置されることを望んでおらず、植民地省（藩部）の反対を口実に遷延を繰り返しており、オランダがジャワ島に清朝領事を設置させたくないのと事情は同じであると述べている。(37) その上で張蔭桓は、南洋領事増設問題について次のような結論を下している。

蔭桓《わたくし》が思いますに、南洋群島は閩・越〔福建・広東〕に近接し、華人の数は百万を超えていることから、もし領事による保護がなければ、華人は憐れなほど虐待を受けるでしょう。しかし中外の声息は隔たっており、とりわけ辺境の事柄については宜しきを得ません。海外に駐在する領事の権限は多くはなく、また毎年経費もかさみますが、損益を総合して判断すれば、やはり領事を設置することには利便性があります。〔しかし〕蔭桓は愚かながら、やはりこの交渉を中止することを望みます。(38)

領事設置の意義は認めながら、西洋諸国が受け入れない以上、現実問題として領事の増設は困難であるというのが張蔭桓の判断であった。

（2）南北洋大臣の反応──曾国荃・李鴻章

南洋通商大臣（南洋大臣と略称）・北洋通商大臣（北洋大臣と略称）は、清末において対外通商・交渉・海防などを管掌した地方大官であり、南洋大臣は一八七三年以来両江総督が、北洋大臣は一八七〇年以来直隷総督がそれぞれ兼任していた。南洋大臣・北洋大臣ともに総理衙門とは平行関係にあり、咨文（あるいは電報）の往復により対外問題に関する案件について総理衙門と協議していた。在外領事の設置問題も対外交渉に関わる問題として、南洋大臣・北洋大臣による発言が影響力を有することがあった。しかし、制度上の職責以上に、洋務に関わる問題として、特に在外領事問題に関心を寄せていたのが、北洋大臣の李鴻章である。

まず南洋大臣から見ていこう。一八八〇年代後半当時、南洋大臣を務めていたのは曾国藩の弟であった曾国荃（在任一八八四年九月～九〇年一一月）である。南洋大臣の南洋領事設置問題への関与や態度については、これまでに取り上げられることはなく、実際、南洋大臣のこの問題に対する関与は極めて限られたものであった。しかし、張之洞による「護商」艦隊計画や領事増設計画に対する南洋大臣の認識や態度の一端を確認することができる史料がある。それは、アメリカへの赴任途上にこの問題について張之洞と協議するため広東に向かっていた張蔭桓に曾国荃が送った書簡である。(39)

この書簡の中で、曾国荃はまず「護商」艦隊の創設計画は「西洋人が憂慮する」として、この問題で西洋諸国との間に無用な摩擦を生むことに懸念を表明している。しかし、その一方で、「もし〔在外華人を清朝が〕しっかり懐に抱えてやらなければ、〔華人の中の〕弱い者は〔西洋人の〕魚肉となり、まるで俎板の上に乗せられているようなものであり、強い者は虫となったり砂となったりして、草むらや沢の中を騒がせるであろう」と述べ、迫害されている在外華人の保護や騒擾を引き起こす不逞な華人の取り締まりについては、その実施の意義を認めている。しかし、それに続けて、「軍艦や機関〔領事〕を設置することの安危だけが為政者の考えなくてはならないことではない」と述べ、この問題は政策として優先順位の高いものではないとの見方を示している。また同時に、「護商」艦隊の創設や領事の増設による華人の保護は、「道理としては明瞭であるが、情勢としては〔実施できる条件が〕不足している」として、性急に進めるべきではないとの見解を示した。このように曾国荃の見解は、南洋領事問題に直接関わらない清朝官僚の意見を端的に表明した、極めて現実的な態度であったと言えよう。

では、北洋大臣李鴻章は張之洞の計画に対していかなる見解を有していたのか。結論から先にいえば、李鴻章は、張之洞の南洋領事増設計画や、それに対する総理衙門の反対上奏に対して何ら意見を表明せず、この問題の処理にどのような影響力があったのか定かではない。領事設置問題そのものに対する李鴻章の態度については、第1章第一節(3)においてすでに述べた通りだが、李鴻章の領事設置への取り組みは、一八七〇年代半ばの在外公使の派遣開始前後の時期が最も積極的であった。しかし、在シンガポール領事が設置されて数年を経ずして、清朝政府内では在外領事の設置の困難さが実感されるようになり、李鴻章自身もフィリピンにおける領事の設置にはこだわり続けるものの、設置開始当初のような積極性は失われていく。

しかし、清仏戦争後の清仏越南辺界通商条約（章程）交渉の際には、一八八五年の天津条約の規定どおり、ベトナムの主要都市における清朝領事の設置権をフランス側に認めさせるよう強く働きかける一方で、大規模な増設には財政難を理由に消極的な姿勢を示す(40)。李鴻章の領事設置への取り組みは、一八七〇年代半ば頃より明らかに〝後退〟してはいたが、決して財政面や西洋諸国との摩擦を回避するためだけに領事の増設に慎重であったわけではなく、清朝にとって有益となる領事の派遣を、限られた財源の中で効果的に行おうとしていたのである。

実際一八八〇年代後半においても、マニラやオーストラリアにおける領事の増設については、李鴻章は依然として推進する動きを見せていた。一八八七年三月一九日付の張蔭桓宛ての書簡の中で、李鴻章は「マニラの領事設置については、もし呆然と張之洞〔の決定〕を待っていたら、時機を失することになる(41)」と述べ、在マニラ領事の設置については、張之洞よりも積極的な姿勢を示していた。「張之洞の決定」というのは、当時、スペイン政府が在マニラ領事の設置を認めた場合、両広総督である張之洞が領事を選定することになっており、張蔭桓がスペイン政府と交渉する前に、事前に張之洞によって選定されることになっていたことを指している。この時点で張之洞は、李鴻章からの催促にもかかわらず、領事の選定をいまだ行っていなかった(42)。在マニラ総領事の設置以外にも、李鴻章は、王栄和らの調査報告を引用しながら、オーストラリア華人の保護を進めるよう総理衙門に伝えていた(43)。

しかし、張之洞が大規模な南洋領事増設計画を上奏し、それに対して総理衙門が反対意見を上奏するまでの間、李鴻章はこの件についてまったく発言していない。この李鴻章の「沈黙」[44]は何を意味するのか。考えられる理由の一つは、前述した李鴻章と張之洞の政治的対立である。一八八〇年代初頭まで「清議」の一官人にすぎなかった張之洞は、八一年の山西巡撫就任、八四年の両広総督就任と、有力な地方大官への道を歩み始めていた。地方大官の権力を支える重要な要素は軍事力と資金力であり、張之洞は在外華人との関わりの深い広東省を管轄する両広総督に就任したことにより、在外華人を利用して地方大官として不可欠な軍事力（海軍力＝「護商」艦隊）と資金力（領事を通した税捐の徴収）を得ようとしていた（第2章第一節（3）・本章第一節を参照）。清仏戦争の主戦・主和論をめぐって対立するなど、張之洞は李鴻章にとって政敵の一人であったことは間違いない。李鴻章が張之洞の勢力拡大につながる「護商」艦隊計画や南洋領事増設計画に積極的に協力する姿勢を見せなかったのもこうした背景があったものと思われる。

しかしそれ以上に、李鴻章を「沈黙」させた要因として考えられるのは、前述したように、李鴻章自身がこの時すでに大規模な領事の増設には慎重な姿勢を採るようになっていたからであろう。その反面で、積極的な反対、妨害の動きを見せなかったのも、在マニラ領事の設置をはじめ、元来在外領事の増設は、李鴻章が推進していた洋務事業の発展に裨益するものと考えられ、李鴻章自身の政策課題の一つでもあり、張之洞の増設計画はいわば李鴻章のお株を奪う行為でもあった。そのため、張之洞の計画を真っ向から否定することは、マニラやオーストラリアで進めようとしていた自らの領事設置計画をも否定することにつながりかねない。こうした李鴻章の清朝政府内における微妙な立場が、李鴻章をして張之洞の計画に対して「沈黙」という選択を採らせることになったのであろう。

（3）在外公使の反応——曾紀沢・許景澄・崔国因

①曾紀沢（駐英公使）

一八八〇年前後の曾紀沢の領事設置問題に対する態度が、「経費難籌、無事生擾」（ただ経費を捻出することが難しいばかりか、無用な摩擦をも引き起こしてしまう）という言葉に象徴される慎重なものであったことは、第1章第一節(2)において見たとおりであり、香港やサイゴンにおける領事の設置には積極的に取り組んだものの、オランダ領東インドにおける領事設置については、否定的な見解を総理衙門や李鴻章に示していた。後年の史料になるが、こうした曾紀沢の姿勢について駐英公使となった薛福成は不満を抱いていたことが知られている。薛福成は歴代の在外公使をランキングして批評した文章の中で、曾紀沢を第一位に列している。「ただ、その持論には少し躊躇するところもあり、領事を多く設置することは無益であると終始主張したことは、責任逃れであったと言わざるを得ない。これは彼が聡明すぎたための失敗であろう」と述べて、その評価すべき外交活動の中で、領事の増設に消極的であったことについてのみ否定的な評価を下していた。[45] その曾紀沢は、一八八〇年代半ばになって現れた張之洞の南洋領事増設計画に対し、いかなる態度を採り、また領事設置問題そのものに対していかなる見解を有するようになっていたのか、ここでは確認しておきたい。

清仏戦争後に駐英公使を退任した曾紀沢は、一八八六年五月にその職務を後任の劉瑞芬に引き継ぎ、しばらくヨーロッパにとどまった後、一一月になって中国に帰国した。その間、張之洞が提起していた南洋領事増設計画に関して、駐アメリカ・スペイン・ペルー公使に就任したばかりの張蔭桓との間でしばしば書簡をやり取りしていた。[46] その中で曾紀沢は、南洋領事の増設や在外華人からの寄付の徴収による「護商」艦隊の創設は、ともに容易には実施できない、との意見を張蔭桓に伝えていた。[47]

ヨーロッパから帰国した後、曾紀沢は総理衙門大臣の一員となる（在任一八八六年一二月三日～九〇年四月一四日〔没〕）。その頃、前章でも述べたとおり、清仏戦争の戦後処理として、清朝とフランスの保護領となったベトナムとの間の国境・通商などに関する条約締結の作業が進んでおり、一八八六年四月の清仏「越南辺界通商章程」（コゴルダン条約）に続いて、八七年六月二六日にはさらに詳細な「商務」と「界務」に関する規定を取り決めた「続議商務専条」と「続議界務専条」がフランスとの間で結ばれた。「専条」の締結を前にした六月二三日、総理衙門は、交渉相手であったフランス駐華公使コンスタンに対し交換公文を発し、フランスが雲南・広西において領事や租界を設置しないことと引き換えに、「前約」（一八八五年の天津条約）で規定されたベトナム北部諸都市における領事設置権を、清朝は当面行使しないことをフランス側に約束した。清朝側は、この「専条」において、国内における開鉱権や製造工業（工業企業）権などのフランス側の要求を抑えることに成功しており、領事設置権に関する清朝側の「譲歩」は、こうした内外における全体的な権益のバランスを考慮してなされたものであったといえよう（詳細は第9章を参照）。

では、総理衙門大臣の一員であった曾紀沢は、この「譲歩」「取引」にいかに関わり、いかなる見解を有していたのであろうか。「専条」締結の前後に曾紀沢がフランス公使コンスタンと頻繁に会談し、条約文や交換公文の文案の確定にも深く関わっていたことはその日記から確認でき[48]、曾紀沢自身が交渉過程に関与していたことは確かであった。こうした状況証拠だけ見れば、交換公文において示された清朝側の「譲歩」も、曾紀沢の意志を反映していたように思える。だが、それを否定する史料が存在する。

これより二年後の一八八九年三月二〇日、曾紀沢はイギリス駐在時代の部下であり信任も厚かった駐英公使館参賛のマカートニー（Halliday Macartney）に宛て書簡を出している。その中で曾紀沢は、一八八七年のフランスとの領事問題に関する交渉について回想し、在外領事の設置は「重要な問題」であるとした上で、交換公文による「譲歩は、私が体調不良のためにたった一日総理衙門を休んでいた間に同僚たちによって決められてしまったもの」だったことを打ち明け、「私はこの課題〔領事設置問題〕を総理衙門の前に提起し続けたい」との意気込みを伝えている[49]。

曾紀沢の領事設置問題に関する見解は、一八八〇年前後においては、フランス領のサイゴンやイギリス領の香港に清朝領事を設置することを提起する一方で、領事設置による効果は「微益」であり、南洋その他への大規模な領事の増設は「有損無益」であると主張していた（第1章第一節(2)を参照）。そして、清仏戦争後の張之洞の南洋領事増設計画に対しても慎重な姿勢を示していた。先のマカートニーが受け取ったという曾紀沢の書簡が真に曾紀沢の意志を伝えるものであったとすれば、一八八七年にベトナム北部における領事の設置を当面見合わせた清朝側の「譲歩」は、曾紀沢の本意ではなかったことになるが、そもそも、ベトナムにおける領事の設置を重視する姿勢は、八〇年前後と変わってはいなかったともいえよう。マカートニー宛ての書簡には、領事の設置は「〔国際的に〕認められた理論的な権利である」との文言も見られるが、これはそれ以外の様々な外交問題において彼が見せた国権主義的な外交姿勢と軌を一にするものでもあった。しかし、曾紀沢は現実的な中国の利益をも考え合わせた結果、大規模な領事の増設ではなく、選択的、限定的な領事設置論を展開するに至ったのであり、それが、曾紀沢の「限界」として薛福成には映ったのである。

②許景澄（駐オランダ公使）

駐オランダ公使の許景澄（在任一八八四年一〇月～八七年六月）も、張蔭桓としばしば書簡を交換し[50]、南洋領事増設問題については、「曾紀沢と同じ意見であった[51]」という。曾紀沢と意見が同じであったということは、許景澄も南洋領事の増設に対して慎重な見解を有していたことを示しているが、それは具体的にはいかなるものであったのか。許景澄は、調査委員の王栄和らに送った書簡の中で次のように述べている。

その地〔オランダ領バタビア〕に総領事を設置しようという件については、光緒八〔一八八二〕年に広西知府の李甸が領事を設置して在住華人を保護するよう請願してきたことがあった[52]。〔この件については〕在シンガポール領事左秉隆がその短所三点と長所三点をそれぞれ陳述したのを経て、[53]〔光緒〕九年正月になって総理衙門の咨文を受け取った。そこには次のように記されていた。「バタビアに領事を設置することは、他国の地において中国の民を治めることになるので、必ずオランダ政府の方から設置を願い、またほかに不利な点がなくなるのを待って、はじめて実施について議論すべきである。依然として不利な状況であれば、李荀が請願してきたバタビアに領事を設置する件についてはしばらく先送りにすべきである」。私の見るところ状況は以前と変わっていない。ただ、事は領事の設置と華人商人の保護に関わる問題なので、あなた方の報告によって両広総督〔張之洞〕と駐アメリカ・スペイン・ペルー公使〔張蔭桓〕が可否を決定するのを待つのがよいだろう。[54]

許景澄は、一八八二年に一度議論に上った在バタビア領事設置問題に言及した上で、その時総理衙門が議論を先送りした状況は現在も変わっていないとし、張之洞が計画する南洋領事の増設についても慎重な姿勢を崩さなかった。

しかし、その一方で、清仏戦争の結果フランスによる保護国化を承認したばかりのベトナムへの領事派遣については積極的な姿勢を示し、ちょうど南洋調査の実施についてオランダ政府と交渉していた一八八六年六月には、「トンキン〔ベトナム北部〕へ領事を派遣し、その職は最寄りの広西巡撫が選任すべきである」との考えを総理衙門に伝えていた。[55] トンキンに派遣する領事を広西巡撫が選任するという提案については、そもそも一八七六年に定められた「出使章程」では、領事の任免権は在外公使にあるとされており、駐仏公使を兼任し本来トンキンに派遣される領事の任命権者であるはずの許景澄が、本国の巡撫に任命権を委任するような発言をすることは不可解なことである。たしかにトンキン地方に対しては、広西省が地理的には最も密接な関係にあった。しかし、同時期に張之洞が南洋に設置する領事の所管を広東省が担当することを提起したり（本章第一節を参照）、在マニラ総領事の選任を、本来の任命権者である駐スペイン公使を兼任する張蔭桓が張之洞に委任しようとするなど[56]、領事の選任や所管については、当時、清朝政府内で若干の混乱が見られた。

このように、許景澄の領事設置論も曾紀沢と同様、バタビアへの領事派遣よりもベトナム北部への領事派遣を優先させようとする選択的、限定的なものであったといえよう。

③崔国因（駐アメリカ・スペイン・ペルー公使）

最後に、張蔭桓の後任として駐アメリカ・スペイン・ペルー公使となった崔国因（在任一八八九年九月〜九三年九月）の見解についてやや詳しく見ておきたい。なぜなら崔国因が採ろうとした外交手法や彼が抱いていた領事像には、張蔭桓や張之洞らとは異なる独自のものがあったからである。

崔国因は、実際には南洋領事の増設についてさほど積極的な意見を有してはいなかったが、駐スペイン公使として在マニラ総領事の設置についてスペイン政府と交渉する任務を負っていた。まずは、崔国因の領事像から確認しておこう。

崔国因の領事像は、その出使日記と上奏文の中からうかがうことができる。崔国因は出使日記の中で次のように述べている。

私が調べたところでは、領事を設置する理由は商人の保護［護商］である。商人の保護には商務に通じていなければならない。民を治めること［治民］は、民政［民事］であることを知るべきである[57]。

つまり崔国因は、領事の任務は自国商人を保護することであり、商人を保護するには商務に通じていればよく、「治民」は民政であって領事の任務ではない、と考えていた。また、一八九〇年一一月頃に執筆された在マニラ総領事の設置に関する上奏の中でも、「領事の職掌はただ自国の商民を保護することができるのみで、駐在国の税務や政務に関与することはできない」[58]と明言している。こうした領事像は、一八八〇年前後の曾紀沢（第1章第一節参照）や九〇年代初頭の薛福成（次節参照）の領事像と共通するものであったが、九〇年頃までには、こうした領事像は在外公使や対外事務に従事する清朝の官僚たちの間ですでに共有されていたと言ってよい。

また、張之洞と総理衙門の議論、そして次節で見る薛福成の議論でも問題となった領事経費の問題については、次のように考えていた。まず、出使日記ではこう述べている。

私の考えでは、領事を設置する理由は商人の保護のためであるので、その経費は商人に出させればよく、商人は費用を国に納め、国から領事に俸給を出す。外国ではみなこのようにしている[59]。

領事経費を商人に出させるという発想は、むしろ張之洞に近いが、張之洞と異なるところは、張之洞が領事自ら商人から経費を徴収し、その資金を広東省が管理しようとしたのに対し、崔国因は、商人から集めた経費はいったん国が管理し、領事の俸給は国から支給する、としたことである。こうしたルートにしたのは、総理衙門が懸念したような、領事や地方官庁による中間搾取を避けるためであったろう。

しかし、そもそも崔国因は、領事の増設自体に極めて慎重な見解を有していた。清朝政府内における領事増設論議について、出使日記の中で次のように述べている。

私が考えるに、中国で領事を設置しようとしない者は、「一つ官吏を設ければ、その分費用が増える。財政難であるので浪費はできない」という。この意見は大変妥当なものである。しかし、外国では領事の経費は、商人から調達している。思うに国が民のために官を設ければ、民はおのずから官のために経費を出すであろう。我が国はシンガポールに初めて領事を設置することを議論した時から、船牌発給の収入によって領事経費を調達することを提案し、すでにそのようにしてきたがうまくいかなかった。朝廷は不本意ながらもそのとおりにした。その後、領事経費は国より支給されるようになった。よくよく考えると、中国〔本国〕の民衆の血税を海外の遊民を保護するために使うのは、外を重視し内を軽視するようなものであって、こうした施策はよろしくない。そのため、各地の領事設置を求める者は、ひとしく声を上げなくなってしまった(60)。

崔国因は、一八七〇年代以降の清朝の領事設置の経過を振り返り、領事経費の確保が容易ではないことをよく理解していた。また前述のとおり崔国因は、領事が設置された際には、その経費は国が支出することを想定していたが、しかしそうした場合、もし領事を大規模に増設すれば国の支出が増加することになり、それは、本国の人民から徴収した血税を、納税しない海外の華人のために使うこと、つまり「外を重視し内を軽視する」ことになってしまうとして、大規模な増設には慎重な姿勢を採ったのである。

崔国因の領事像は以上のようなものであったが、では、実際に在マニラ総領事の設置問題については、どのように対処しようとしたのであろうか。それについては、先の上奏の中で次のように述べている。

もし今後領事を任命派遣してしまってから、〔スペイン政府に〕認可状の発給を求めたとすれば、中国・スペイン条約には領事を派遣してスペイン領内に駐在させるという規定がないために、万一これによって遷延されれば、かえって中国側が体面を失ってしまう。〔それならば〕官員を派遣して調査させ、その島〔フィリピン〕の地方官に通知して保護を求めるようにし、彼らに中国の決意を知らしめる方がましである(61)。

前述した徐寿朋のように、領事設置権が条約によって規定されていなければ、領事を設置することはできないのか、それとも条約の規定がなくとも領事の設置は国際慣行として認められるべきものであるのかという問題については、当時の清朝の外政担当者の中でも見解が一致していなかった。この上奏の一節から見てもわかるとおり、崔国因は条約の規定がないまま領事を任命派遣し、認可状を求めるようなことをすれば、清朝側がかえって体面を失うことになるとして、領事の設置には条約の規定を必要とするという立場を採っていたことがわかる。

ついで、張之洞の南洋領事増設計画については、

> 初めはもっぱら「出使通例」〔出使章程〕を盾にして、出使大臣〔在外公使〕には領事を選任派遣する権限があるので、〔公使が〕自由に領事を設置できると言っていた。また、条約としては「フィリピン貿易専条」があるので、〔これを〕かの地における領事設置規定として援用できるとも言っていた。(62)

と振り返った上で、そうしたこれまでのやり方は結局うまくいかず誤りであったとの見解を示している。そこで崔国因は、スペイン赴任後、歴代のやり方を変えて、フィリピン華人に対する迫害には領事の設置ではなく賠償請求で対抗しようと交渉に臨んだが、これもスペイン政府によって拒絶されてしまったと述べている。

では、崔国因は、いかにしてフィリピン華人を保護しようとしたのであろうか。結局のところ、崔国因は、当時問題となっていた「彩票」（富くじ）の華人への販売禁止などとともに、領事の設置を要求し続けるしかなかったのであるが、そうした外交的な要求をスペインと交渉する際に、軍艦の巡航といった軍事的な圧力をかけること、つまり「砲艦外交」を行うことによって打開を図ろうとしたところに彼の独創性があった。ウィックバーグがすでに指摘しているように、たしかに崔国因の「砲艦外交」は、先に張之洞が南洋調査委員の派遣時に行おうとしたものと共通するところがある。しかし、彼のそれは、かつてイギリス駐清公使のウェード（Thomas Francis Wade）が清朝との交渉において「砲艦外交」を駆使したことを例に挙げてその有効性を説いたり、国力が弱体化しているスペインにのみ「砲艦外交」を行うほうが効果的であると指摘するなど、その実施の理由や方法において、張之洞よ

りも現実的、説得的なものであったといえよう。

以上のように、崔国因の領事像は当時の清朝の官僚においては、極めて定見のあるものであり、領事設置の実現のための外交交渉についても、大胆ながらも現実的な手法を採ろうとしていた。しかし、「こうした〔私の〕意見は決してただ〔スペイン政府に〕抵抗して領事を一カ所設置するためだけの観点から言っているものではない[63]」と述べているように、崔国因にあっては、領事設置が最優先課題ではなく、領事設置以外の手段を駆使することによってフィリピン華人たちの苦境が改善されるのであれば、領事設置は必ずしも必要なことではなかったのである。その点、ほぼ同時期にヨーロッパに駐在していた薛福成が、領事の増設にこだわり続けていたのとは、その姿勢を異にしていた。

四　薛福成の領事増設論（一八九〇年）

総理衙門の反対意見によって挫折した張之洞による南洋領事増設計画は、その後さほど時を経ずして清朝政府内において議論が再燃する。そのきっかけとなったのが、北洋海軍提督丁汝昌が率いる北洋艦隊の南洋巡航であった[64]。一八九〇年四月に中国を出発した北洋艦隊は、六月までにシンガポール、マニラ、サイゴンを巡航し、各地で華人の歓迎を受け、彼らから領事増設による保護の実施を求められた。帰国後、丁汝昌は李鴻章に対して、在シンガポール領事を総領事に昇格させ、その他の各地に副領事を設置し、これに公正で富裕な華人商人を充て、総領事によって統轄させることを建議した。丁汝昌の建議を受けた李鴻章は、その旨を総理衙門に伝達した。その後総理衙門は、六月三〇日に駐英公使としてロンドンに着任していた薛福成（在任一八九〇～九四年[65]）に対し、丁汝昌の建議を伝えるとともに、イギリス外務省と領事増設について交渉するよう指示した。[66]

曾国藩の幕僚から李鴻章の幕僚に転じ、内政外交に関する様々な事業・政策に対して積極的に李鴻章に提言を行ってきた薛福成は、一八八九年五月、駐英公使を受命し、翌九〇年四月にロンドンに到着、前任の劉瑞芬から職務を引き継いでいた。総理衙門からの指示を受ける以前から、薛福成は南洋華人と領事増設の問題に関心を持ち、その出使日記には南洋各地の華人の状況がかなり詳細に記されている。[67]その時薛福成が主に参考にしたのが、張之洞らの建議によって派遣された南洋華人調査の報告であった。[68]南洋領事の増設についてイギリス政府と交渉するよう指示された薛福成は、同年九月末になって、公使館参賛のマカートニー[69]をイギリス外務省に派遣し、イギリス領における清朝領事の増設を求める照会（九月二五日付）を手交させた。その時、マカートニーはイギリスの外務次官サンダーソン（Thomas H. Sanderson）と会談し、外務省としては清朝領事の増設に同意するが、（正式な認可を与えるには）植民地省の了承を得る必要があると伝えられたという。[70]そして、一一月二〇日付でイギリス外務省は薛福成に照会を発し、イギリス領における清朝領事の設置については基本的には許可するが、現地の状況によっては認可状をすぐに発給できないところもあると伝えてきた。[71]これに基づいて清朝政府は、一八九一年五月には、在シンガポール領事を総領事に昇格させ海峡植民地内の各都市も管轄下に入れ、総領事には元在サンフランシスコ総領事（在任一八八二〜八五年）で当時駐英公使館二等参賛の任にあった黄遵憲を任命した。また、一八九三年にはペナンに副領事を設置し、現地華人の張弼士（振勲）を任命した。その後、一八九四年には在ラングーン領事の設置をイギリスに認めさせ、[72]九八年には米西戦争の結果アメリカ領となったフィリピンに在マニラ総領事が設置された。

薛福成は、華僑史研究、中国外交史研究、そして近代中国の人物研究においても、中国の在外領事の設置・拡大に多大な貢献をなした人物として特に高い評価が与えられており、現在では、特に中国人研究者を中心に、傑出した政治思想家、愛国精神に満ちた外交官としての評価が定着している。[73]その一方、彼の外交を同時代の国際政治の動向に即して理解しようとする研究も現れている[74]。近代中国の在外領事設置問題において薛福成の役割が特に重要視されるのは、一八八〇年代初頭以降停滞していた清朝領事の拡大を、九〇年代前半において彼が再び促進させたからである。薛福成の領事設置活動は大きく二つに分類できる。一つは在外領事の設置・拡大を清朝の政策として定着させるべく、本国政府に盛んに働きかけたことであり、もう一つは領事の接受国である外国政府と、領事の設置を認めさせるべく粘り強く交渉したことである。

薛福成はイギリスのほかに、フランス、イタリア、ベルギーの駐在公使も兼務していたが、これら自身の担当国以外も含めた海外全般にわたって、在外華人の居住・往来する地に広く清朝の領事を増設すべきであるとの提言を行っていた。それが「通籌南洋各島添設領事保護華民疏[75]」である。この上奏が提出されたのは、イギリス政府からイギリス領における領事設置についての同意を得た直後の一八九〇年一一月二一日のことであり、これ以降清朝政府では、張之洞の領事増設論に対する総理衙門の反対上奏のような明確な慎重論は見られなくなる。これは一種の「政策転換」であったと言えよう[76]。薛福成の上奏は、これまでに出された張之洞の増設論と総理衙門の慎重論の双方を検討し、それらの問題点について一つ一つ論駁した上で、自らの考える実現可能な領事増設案を提起したものであり、そこでは、これまで清朝の官僚間に認識の相違があり模索が続けられてきた領事の職能や権限についても整理がなされていた。

上奏提出後、薛福成は自らの担当国の範囲内で具体的な領事の増設に着手する。次の五点が実際に薛福成とイギリス政府との間で交渉が行われたものであり、このうち①と③は実現し、⑤は条約上の権利を勝ち取っている[77]。

①在シンガポール領事の総領事への格上げ
②在香港領事の設置
③在ペナン副領事の設置

④在カルカッタ領事の設置
⑤在ラングーン領事の設置
以下、本節では、薛福成の領事増設上奏についてその内容を詳しく検討し、近代中国の在外華人政策における画期性を明らかにしたい。

(1) 領事設置の目的と増設候補地

領事設置の目的として薛福成がまず挙げているのが、領事による植民地当局との交渉と情報収集である。彼は次のように述べている。

領事官は海外において華人を管轄する権利はないが、華人を保護する責務はある。〔華人の保護を規定した〕条約や章程を締結する一方で、領事が現地での見聞を活用して相手国の地方官と交渉することができれば、西洋の官吏もそれによって調査に乗り出し、現地人が思うがままに華人を虐待するようなことはなくなる。海外に駐在する使臣〔公使〕が各国の外務省と交渉しようとする際に、領事からの報告を証拠とすれば、外国側に勝手なことを言えなくさせることができる。

これは、薛福成自身が南洋華人調査の報告などを根拠に、イギリス政府と領事設置交渉を行った経験から出たものであったろう。領事が設置されれば、随時領事から現地の華人についてのタイムリーな情報が入ることになり、華人保護の実を挙げるのに有効であると考えられた。

次に設置目的として挙げているのが、通商・財政上の利点である。薛福成は「領事を増設すれば、商業貿易が次第に盛んになり、民間の蓄財も次第に増加し、内政の安定にもつながる」と述べ、「南洋各島に領事を増設することができれば、今までの不利益を取り戻し、本来あるべき資金源を回収することができる」と主張した。また、領事設置による華人保護実施の効果については、次のように指摘する。

保護が行き届けば民生も安定するので、〔領事の設置は〕ただ商業貿易を発展させるためだけのことではない。財政が豊かになれば身近な憂いもなくなるので、これは遠方を経略するために行うものでもない。華人への手配りが行き届けば彼らの心とつながることができるので、また敵情を探ることもできる。〔華人からの保護を求める〕訴えが少なくなれば、国家の体面は尊ばれ、外国からの圧力もなくすことができる。

つまり、薛福成にとって領事設置問題は、単に保護の代価として在外華人から寄付や資金を徴収し、政府がわずかばかりの直接的な利益を得ることを目的としたものではなく、通商の発展、民生の安定、海外情報の獲得、対外関係の改善など、一九世紀末に清朝が抱えていた国家的な諸問題に対処する方途の一つとして位置づけられていたのである。こうした総合的な視点はそれまでの領事設置論の中には見られないものであった。

張之洞による大規模な南洋領事増設計画は、総理衙門の反対意見によって、在マニラ総領事の設置のみ推進するという方針に縮小されたが、薛福成はここで再び、南洋地域に大規模に領事を増設すべきことを提議する。その候補地として薛は、オランダ・スペイン領の四カ所（スマトラ島のデリ・バタビア・スマラン・マニラ）と、イギリス・フランス領の五カ所（香港・オーストラリア・ラングーン・ベトナム北部・サイゴン）を挙げている。そして、ペナン島などは最寄りの領事に兼管させるか、あるいは、現地の富裕な商人を選んで「紳董」とし、これに副領事の名称を授けて経費を支給し、最寄りの領事に統轄させるよう提案している。これらの提案はほぼ張之洞の計画を踏襲したものである。ただ、張之洞の計画では、総領事を三カ所設置し、それぞれの管轄下に副領事を多数設置するというピラミッド組織を構築することが明示されていたが、薛福成の提案にはそうした構造は見られない。

（2）領事経費

総理衙門が張之洞の計画の中で最も問題としたのが経費についてであった。張之洞と同じく大規模な領事増設案を提起した薛福成は、どのようにして領事経費を確保しようとしたのか。彼は次のように述べている。

〔領事の設置や運営に〕必要な経費は多くはない。南洋についていえば、十数人の領事を設置しても、状況を確認してから増設すれば、歳費を合計しても一〇万金程度にすぎない。各海関の洋税項目から、毎年一割半を割り当てて出使経費としているが、それは約百数十万両である。[78] 近年では各在外公館の必要経費と遊歴官の派遣[79]で使う費用を合計しても六〇万両にすぎない。……在シンガポール領事についていえば、領事を設置してすでに一三年になるが、支出した経費は一〇万金にも満たない。一方、各省への賑捐〔飢饉救済への寄付金〕や海防捐〔海防経費への寄付金〕によって得られた資金は、実にその倍になる。その上、〔シンガポールだけでも〕華人商人は一四、五万人にも上り、それらが前後して資金を中国に送金すれば、一千万～二千万〔両〕[80]は下らない。

つまり薛福成は、領事の設置や維持にかかる経費は政府から支出すればよく、それらは在外華人からの義捐金や送金によって生み出される経済効果から見れば微々たるものである、と主張したのである。

また薛福成は、名指しこそしていないが、張之洞や総理衙門の領事経費に関する見方にも個別に反論している。まず張之洞の見解に対しては、「現地で巨額の資金を集めれば、別途に領事経費を支出する必要がない」というのは誤りであると指摘し、総理衙門の主張に対しては、「〔領事を増設すれば〕いたずらに多額の経費を費やすばかりで、大して利益にならない」というのも誤りであると、明確に反論している。その上で、「領事が徴収する登記料や船舶証明書の発行料は、ほぼ〔領事等の〕手当に充当できる分だけでよく、巨額な資金を徴収して無用な混乱を起こすべきではない」と、張之洞の計画にあった諸登記料や船舶証明書発行料の徴収自体には反対しなかったが、それによって巨額の資金を得ることには反対する姿勢を示した。

先に引用した薛福成の領事経費に関する主張は、在外華人の経済的な有益性が証明されて、はじめて成り立つ論理であった。そのため、薛は在外華人の有益性についても次のように説明している。

海外に居住する華人の心を慰めて彼らを失望させず、権利を無形のうちに回収して外国人に嘲笑されないようにすれば、その得る所の利益は、支出する経費と比べても十倍では済まない。各国との貿易統計を見たところ、外国製品と国産品の輸出入額を差し引きすると、毎年中国から海外に流出する銀は約一千〜二千万両になる。また、数年前のアメリカ・サンフランシスコの銀行の為替手形〔滙票〕の統計を見ると、毎年華人が中国に送金している銀はおよそ八百万両に上る。その地の給与水準は比較的高いとはいっても、〔そのほかの地に比べて華人の〕人口が最も多いわけではない。このことをキューバやペルーに当てはめてみれば、〔いかなる額になるか〕わかるであろう。そして、南洋各島に当てはめてみれば、また〔いかなる額になるか〕わかるであろう。中国の貿易は各国に比べると赤字額が膨大である。しかし、〔華僑送金のように〕資金が回転して戻ってくるものもある。華人が海外に出国して得るものは、赤字を補塡するのに十分である。もしこの〔在外華人からの資金〕源を再び閉ざせば、国内の銀はたちどころに不足してしまうであろう。そうして人民の困窮が極まれば、恐らく不測の事態が各地で発生するであろう。

具体的な海外の状況と数字を例に挙げた薛の主張は、極めて説得的であり、今日の中国経済史研究や華僑史研究の成果から見ても妥当なものであったと言えよう。(81)

（3）外国政府との交渉

総理衙門が、領事増設が困難な理由として経費問題とともに挙げたのが、外国政府の反対であった。まず薛福成は、領事設置交渉が進展しない理由を次のように分析する。

〔中国が西洋と〕最初に条約を締結した際、中国は西洋の事情を知らず、また、華人の出国が多いことも知らなかったために、西洋諸国に在華領事の設置権を与えたにもかかわらず、中国が海外に領事を設置する規定を設けなかった。

つまり、南京条約以降結ばれた清朝と西洋諸国との条約では、西洋諸国側の清朝における領事設置権は規定されたものの、清朝側の西洋諸国とその植民地における領事設置権は規定されてこなかったことが、現在の領事設置交渉を困難にしている原因であると見ていたのである。

一八五八年の天津条約締結交渉時には、アメリカ側から在外領事の派遣を勧められながら、清朝側はこれを拒否していたとも言われている[82]。清朝側の領事設置権が規定された最初の条約は、一八六〇年にロシアと締結した北京条約だが[83]、これに基づいて清朝政府が直ちに領事設置に乗り出すことはなかった。続いて、一八六八年に結ばれたアメリカとのバーリンゲーム条約にも清朝領事の設置権が規定され[84]、一〇年後の一八七八年になってようやく在サンフランシスコ総領事が派遣された。その後、日清修好条規（一八七一年）やペルーとの天津条約（一八七四年）、スペインとのキューバ華工条約（一八七七年）など、清朝の領事設置権を規定した条約が次々と締結されていく[85]。しかし、最大の華人人口を抱える南洋地域を統治する国のうち、イギリスとオランダとは領事設置権を明記した条約は結ばれていなかった。また、すでにキューバにおける領事の設置は承認していたスペインとの間にも、フィリピンにおける領事の設置を規定した条約は結ばれていなかった。フランスとの間には、前述したように、ベトナム北部における領事設置権を規定した条約（天津条約、一八八五年）をすでに結んでいたが、清朝側は、国内におけるフランスの権益拡大を阻止することと引き替えに、その領事設置権を当面行使しないことをフランス側に約束していた。

当時、領事の設置は二国間における条約の規定や合意によってのみ認められるものであり、これを拒否しても国際法に違反する行為とは見なされなかった。しかし、清朝の官僚の中にはそうした認識に立たない者もおり、張之洞と張蔭桓の共同上奏の中でも、オランダとスペインは「公法」に基づいて清朝領事の設置を拒否すべきではない、と主張されていた(86)。ただ二〇世紀に入ると、他国に対して領事の設置を許可している地に、別の国が領事の設置を求めた場合、これを許可するのが国際慣行上の通例となっていたことや、一九世紀前半から二〇世紀にかけては、国際慣習法よりも二国間条約による合意を優位とする伝統的国際法から、国際慣習法の無差別的適用を基本とする現代国際法へと次第に移行していた時期でもあったことから（序章第一節を参照）、張之洞らの言う「公法」が国際慣行を意味するものであるならば、彼らの主張もあながち西洋外交や国際法に対する無知と断ずることもできない。あるいは、佐藤慎一がすでに指摘しているように、一九世紀後半は自然法的国際法学から実定法的国際法学への過渡期であり、マーティンの漢訳によって中国に紹介・導入されたホイートン原著の『万国公法』が自然法的色彩を濃厚に残していたために(87)、領事の設置についても、『万国公法』の記述が世界のすべての国が従うべき規範として、当時の清朝の官僚にイメージされていたとも考えられる(88)。

また、当時の清朝の官僚の中には、第一節で見た張之洞の上奏の中にもあったとおり、外交使節の派遣が行われれば領事を設置することもできると考える者がおり、在外勤務の官僚の中にもそうした見方があったことは、前節で引用した徐寿朋が張蔭桓に宛てた電文にもあるとおりである。

このように領事設置問題は、外交的にも国際法的にも不確定な要素を多く含むものであった。しかし薛福成は、西洋側が条約に規定がないことを理由に領事の設置を拒否しているという現実を直視し、ただ「公法」を振りかざして領事の設置を求めるのではなく、現実の国際政治に即した方法で西洋諸国に領事の設置を認めさせる方策を考えようとした。それは、西洋諸国間の個別の態度や利害を分析し、その矛盾を積極的に利用しようとするものであった。西洋側の個別の態度や利害については、「華人の迫害が苛烈で中国領事の設置を最も望まない国はオランダとスペインであり、その次にフランス、イギリスが続く」と指摘し、「オランダとスペインの国勢は、昔は隆盛を極めていたが今は衰退しており、その国家経営の命脈は南洋諸島にある。南洋諸島における農業・鉱山開発・商業・徴税などの事柄は、華人に頼ってその基盤としている」と分析していた。その上で、「駐アメリカ・スペイン・ペルー公使の崔国因[89]に、スペイン外務省に対して在マニラ総領事を設置するよう要請させ、それが実現した後に次第にその他の領事設置を推進していく。比較的中国に好意的なイギリスから領事増設交渉を始め、それが成功してから、それを活かしてフランスやオランダと交渉する」との手順を示した。

スペインとの在マニラ総領事設置の交渉が最優先にされている点は、張之洞、総理衙門、薛福成ともに共通するところである。在マニラ総領事の設置が最優先にされた理由は、フィリピンが中国に最も近接し、スペイン当局による迫害が最も苛烈であると認識されていたことに加え、西洋諸国の中でもスペインは、一九世紀後半にあってすでに国力が衰退していることを多くの清朝の官僚が認知し、また在キューバ領事の設置についてはすでに認めていたことから、他の西洋諸国よりも交渉が容易であると考えていたためであろう。

しかし、その後の各国との領事設置交渉の経過は決して容易なものではなかった。スペインは結局、米西戦争によってフィリピンがアメリカ領となる直前の一八九八年まで在マニラ総領事の設置を認めなかったし[90]、イギリスが、華人が活動するイギリス全領における清朝領事の設置権を条約上において認めたのは一九〇四年になってからのことであり[91]、オランダは一九一一年まで[92]、フランスは一九三〇年まで[93]、植民地における清朝領事の設置を認めなかった。しかし、時間は要したものの、領事設置が認められていくまでの過程は、ほぼ薛福成の提示した手順どおりであり、また交渉においても、薛福成が示したとおり、西洋諸国間の国際関係が効果的に活用されていった。

（4）実現可能な領事像の提示

領事を増設するといっても、設置する領事にいかなる職能や権限を持たせるのかについては、必ずしも清朝政府内で認識が一致していたわけではなかった。薛福成は、清朝政府内に存在した一部の誤った領事像が、清朝領事の設置に対する無用な警戒心を西洋側に抱かせていると見ており[94]、そうした西洋側の警戒心を解くためにも、清朝政府内の領事の職能や権限に対する見解を統一させておく必要を感じていた。

ただ〔外政〕当局者のみ〔領事設置の〕困難さをよく知っているが、当局者以外の物事を安易に見る者は、……西洋の官吏が中国に駐在する際の例に倣って、〔中国も〕ひとたび領事を設置すれば、在外華人を管轄できるようになり、遂には地方を管理する者と同じようになると言っている。……現在すでに領事を設置している地で、〔領事が〕民間の船舶を調査し華人の数を調べていることは、本来西洋側の管轄権を少し分けてもらっているだけのことであり、〔彼らの〕統治権に干渉して猜疑心を起こさせるようなことはすべきではない。

こうした指摘は、直接的には張之洞の抱く領事像に対する反駁であった。張之洞は領事裁判権について明確に言及してはいないが、南洋地域に清朝領事を設置することによって、南洋華人とその資金を清朝政府の管轄下に置こうとする意図は明白であった。これは突き詰めれば、領事裁判権や徴税権の問題に抵触することは避けられなかった。

ここで、重要になってくるのが当時の清朝政府の領事裁判権に関する認識である。清朝政府内で領事裁判権の不平等性についての認識が深まっていったのは一八六〇年代後半以降のことであり、内地開放や「伝教章程」などに関する西洋側との個別の交渉において、領事裁判権の撤廃が議論に上るようになる[95]。しかしその一方で、一八七〇年代に入っても、可能ならば領事裁判権を双務的に規定した条約を結ぼうとする一面も同時に持ち合わせており、そうした方針に沿って結ばれたのが七一年の日清修好条規であった（第6章を参照）。また、一八七五年のスペインおよび各国公使団とのキューバ華工問題に関する交渉の際にも、キューバにおける清朝側の領事裁判権を、総理衙門側から要求する一幕も見られた[96]。そうした認識が変化していったのは一八七〇年代半ば以降のことであり、七七年に清朝領事の設置に関する条約上の規定を有さないイギリスと、在シンガポール領事の設置について交渉した際には、清朝側が領事裁判権の行使を求めることはなく、それ以後、双務的な領事裁判権を望む声が聞かれることはなかった。

しかし、一八八〇年代に入ると、「属邦」あるいは清朝が「属邦」と主張する国に領事（商務委員）を設置しようとする際に、領事裁判権を有する領事を派遣しようとする意図が見られるようになる。実際一八八二年に朝鮮との間で結ばれた中朝商民水陸貿易章程では、清朝側の在朝鮮商務委員のみが片務的に裁判権を有することが規定され、それに基づいて裁判権を有する商務委員が派遣されていたし（第7章を参照）、清仏戦争後の一八八六年三月に行われた界務・通商に関するフランスとの条約交渉においても、ベトナムに設置する清朝領事に領事裁判権を認めるようフランス側に要求していた（第9章を参照）。

こうした経緯から考えれば、前述したように、南洋を中国の「藩属地」と捉えていた張之洞が、同時期において、華人に対する多大な権限を有する領事を南洋地域に派遣しようとしたとしても不思議なことではなかった。さらに張之洞は、両広総督として赴任した広東において、西洋の領事が外国である中国の開港場で当然のように自国民を管理している様子を目の当たりにしたことで、これを援用して中国も南洋において領事を駆使して華人の身体と財産を管理下に置こうとしたのであろう。他方、薛福成は、領事裁判権を中国が外国の植民地において行使することの非現実性と、中国における領事裁判権の弊害を以前から熟知していた[97]。彼は続けていう。

西洋各国の領事が中国に駐在する際は、その権力は最も大きなものとなる。〔中国と西洋各国が〕条約を締結した初めの頃は、中国はまだ西洋の事情に疎く、その国が中国に居留している商民を管轄させるのに、地方官と同じようにすることを許してしまった。西洋人による殺人や債務訴訟等の事件が起こるごとに、みな領事によって自ら処理し、往々にして我が国の地方官を掣肘している。これまでの中国の各港でのもめ事も実にこれに起因している。

こうした領事裁判権に対する否定的な見方が、薛福成をして明確に張之洞の提案に反論させたのである。では、薛福成の抱く領事像とはどのようなものであったのか。彼のいう領事とは、「海外において華人を管轄する権利はないが、華人を保護する責務はあ」り、「他国において政務に関与することはできない」が、「〔在外邦人の〕商業貿易を保護する」名目は有している、というものであった。これは、当時西洋の主権国家間において形成されていた領事像とほぼ一致するものであり、在華西洋領事の存在によって〝歪められていた〟清朝官僚の領事像を是正しようとするものであった。

おわりに

本章では、一八八〇年代後半から九〇年代初頭における清朝政府内の領事増設論議について、張之洞、総理衙門、薛福成の三者の議論を中心に検討し、張之洞と総理衙門との議論の中で何が問題となり、両者の論議に対して他の官僚たちがいかに反応し、そうした議論の中から浮かび上がってきた問題点を、薛福成がいかに克服しようとしたかについて考察してきた。ここでは、張之洞・総理衙門・薛福成による三つの領事設置論の共通点と相違点について項目ごとにまとめておきたい。

①領事設置の目的

張之洞は、在外華人からの税捐の徴収（海軍建設費への転用）と在外華人の教化を挙げている。それに対し薛福成は、通商の振興と在外華人の国内への送金の促進を挙げている。南洋領事増設の予定地について、張之洞は、マニラ・バタビア・シドニーの三カ所に総領事を設置し、その管轄下にそれぞれ複数の副領事（現地華人の紳董を充てる）を設置するとしたのに対し、総理衙門は、マニラへの総領事設置のみ先行させ、その他の地域への領事設置には消極的であった。一方、薛福成は、オランダ・スペイン領の四カ所、イギリス・フランス領の五カ所に領事を、ペナン島などの六カ所に副領事を増設すべきとした。

②領事経費

張之洞は、総領事のみ政府から俸給を支給するとし、その他の経費は領事による登記料・証明書発行料などの徴収や現地華人からの税捐の徴収によって調達するとした。総理衙門は、それらの徴収は前例からほとんど期待できず、出使経費から支出しなければならなくなるとして、増設に反対した。薛福成は、現地華人からの税捐などに頼るべきではないとし、領事による登記料・証明書発行料などの徴収は領事らの手当に充足する程度でよく、多額の資金を徴収すべきではないとした。

③在外華人の有益性

張之洞は、領事経費や海軍建設費などの直接的な〝資金源〟として有益と見ていたのに対し、総理衙門は、在外華人の資金力は言うほどではないとした。一方、薛福成は、在外華人の国内への送金は中国の貿易赤字を補塡しているとしてその効果に注目し、在外華人を有効に活用すべきであると提唱した。

④南洋領事の所管とその有効性

張之洞は、在外公使とともに広東の大官が「兼顧」するとしたのに対し、総理衙門は、南洋は西洋の本国から遠いため在外公使による管轄は不十分になり、広東による「兼顧」も不可能であるとした。また、監督不行届になれば、設置した領事が不正を働き、かえって有害となるとした。一方、薛福成は、在外公使に管轄させれば問題ないとした。

⑤領事像

張之洞は、領事は管轄下の全華人の生命・財産を保護・管理するものと考えていたのに対し、総理衙門は、領事が華人を有効に保護・管理するのは不可能であるとした。一方、薛福成は、領事は植民地当局の政務に関与することはできないが、通商貿易を保護・振興するために不可欠なものであると主張した。

清朝末期の中国において最も完備された領事増設論を提起したのは薛福成であったが、彼が在外領事の増設を切に願った背景には、「人満之患」と呼ばれた人口問題への危機感があった。つまり、領事を増設することによって在外華人の保護が進めば、国内の中国人の海外移民がより促進され、国内の人口過剰の状態が緩和されて、国家財政も好転すると考えたのである。こうした薛福成の主張は、彼の論説や日記の中にも散見される[98]。

それとは対照的な見解を持っていたのが曾紀沢である。彼は駐英公使退任後の一八八七年一月に英文で発表して大きな反響を呼んだ“China, the Sleep and the Awakening”（漢文訳「中国先睡後醒論[99]」）の中で、「中国がなすべきことは、民をして外国において生活の糧を求めさせることではなく、方法を講じて民を〔満洲・蒙古・新疆などの〕国内に分置させることである」と述べている。これは、西洋諸国に華人移民に対する警戒を解かせるための言辞であろうが、彼自身が抱いていた人口問題対策を示すものでもあった。余剰人口の活路を海外に求めれば西洋諸国との摩擦を大きくするだけだと考えた曾紀沢は、「国内」移民と工業化の促進によってこれに対処しようとしたために、領事の増設についても慎重な態度を崩さなかったといえよう。

薛福成らの領事増設論議から一〇年ほど経った一九〇〇年三月、東インド植民地における清朝領事の設置を求めた駐オランダ公使呂海寰は、オランダ外務省宛ての照会の中で、「もし中国がオランダの植民地に領事を設置することを許可しなかったら、これを公法に照らせば、ことに平等を欠くことになろう」と述べ、「公法」に基づいて各国と平等に扱うよう求めた。ただ、それに付け加えて呂海寰は、「もし中国がバタビア一帯に領事を設置することを許可されれば、おのずから各国の通例に従って処理し、領事の職分を越えないようにするので、心配することはない」と述べ、薛福成の議論を踏まえ、領事の職分についてオランダ側の懸念にも配慮を示していた。[100]こうした清朝側の交渉姿勢は、張之洞や薛福成らの議論を十分に考慮した上で採られたものであったと言えるだろう。

本章で見てきたように、三者の議論は、積極論と消極論という表面的な二項対立のみが問題となっていたのではなく、それぞれの主張の背景には、各自の政治的な思惑や在外華人観、南洋観、西洋的国家主権に対する認識の差異などがあり、それらのせめぎ合いを経て、領事増設問題は一定の政策転換を見るに至ったのである。

第5章　駐英公使薛福成の領事設置活動とその挫折
——総理衙門との論争を中心に

はじめに

一九世紀前半から二〇世紀初頭は英露の対立が世界規模で展開した時代であった。特に、露土戦争（一八七七～七八年）によって獲得した領土や権益をベルリン条約（一八七八年）によって失ったロシアが、その後地中海進出を一時断念し、中央アジアや北東アジアへの進出に力を注ぐようになった一八八〇年代以降は、アフガニスタン、チベット、朝鮮半島などをめぐって英露の角逐がいっそう激しさを増していた。(1) これらはいずれも清朝の辺疆やそれに隣接する地域であり、アジアにおける英露の対立は、直接的にも間接的にも清朝の外交に様々な影響を与えることになった。一八八〇年代後半から九〇年代初頭の清朝外交の中で、在外領事の増設問題も、英露対立の推移に影響を受けたものの一つであり、駐英公使であった薛福成による領事設置活動は、その影響を真正面から受けることになった。

薛福成の領事設置活動の経過は、国内外の研究者によってすでに一定の検討がなされており、中国人研究者は、主に薛福成の愛国性や開明性を評価する一方で、それとは裏腹に、本国政府の売国性や頑迷ぶりを強調し、日本の研究者は、国際法（万国公法）を援用して領事の設置を求めることが、中国の国際的地位を向上させ、ひいては不平等条約の改正にもつながるという薛福成のねらいを強調してきた。[2] しかし、これらの研究は、『出使公牘』や『庸盦海外文編』など薛福成の文集に収録されている彼の言説を断片的に引用し、その主張のみを取り上げたものがほとんどであり、薛福成が実際に行った領事設置活動について、彼の文書記録（『出使公牘』『庸盦海外文編』など）はもちろんのこと、彼の日記（『出使英法義比四国日記』『出使日記続刻』）や李鴻章側に残された薛福成と総理衙門との往復電報（『李鴻章全集』（二）電稿二所収）[3]、そしてイギリス外交文書などをもとにして再現した研究は、いまだ存在していない。そのため、この時期の領事設置問題が、華人保護や国際政治のみならず、財政や外交などにおける中国の利権回収の動きと連動していた面が軽視されるなど、この問題に対する多角的な考察はいまだ行われていない。その上、既存の研究では、薛福成の言説を時間的な経過を無視して断片的に引用しているため、彼の領事設置活動がいかなる契機で始まり、いかなる経過をたどって〝収束〟したのかが、必ずしも明確とはなっていない。

そこで本章では、上記の諸記録に残されている薛福成が行った領事設置活動に関する史料を時系列に排列し直し、問題の推移を要点を押さえながらたどってみたい。主な考察期間は、薛福成が南洋領事の増設問題に関する総理衙門からの書簡を受け取った一八九〇年八月二四日から、薛福成がラングーンとカルカッタにおける領事の増設を総理衙門に提起した九一年一一月二二日までとする。この期間の問題の推移をたどってみると、大きく二つの時期に分けることができる。まずは、一八九〇年八月二四日から九一年一月一日までの時期で、この間、薛福成と総理衙門との間の論議は咨文や書簡によって行われていた。次に、一八九一年二月一〇日から同年八月二六日までの時期で、特に五月一日から二二日までの間は、薛福成と総理衙門との間の論議は主に電信を使って行われた。これは後述するように、一八九一年五月に至り領事問題をめぐる事態が急展開し、ヨーロッパと中国との間で当時通常往復に二カ月以上を要した書簡のみによっては、双方ともその目的を達するのに支障をきたすと判断し、電信による迅速なやり取りが必要不可欠と判断されたためであろう(4)。本章もこの二つの時期に分けて検討していきたい。なお、薛福成が行った領事設置活動には、国内外の様々なアクターや領事設置以外の諸問題も複雑に絡み合っていたため、それらの相関関係を次頁に整理しておいた。適宜参照されたい。

一　イギリス政府の〝同意〟と総理衙門への建議

薛福成がイギリス政府と領事増設について交渉を開始した経緯をもう一度振り返っておこう。一八九〇年四月にロンドンに着任した薛福成は、その四カ月後の八月二四日、総理衙門(5)から一通の咨文（同年六月三〇日付）を受け取る。そこには、北洋大臣李鴻章が総理衙門に宛てた書簡が引用されており、その中にはまた北洋海軍提督丁汝昌の報告書が引用されていた。それによると、丁汝昌は一八九〇年四月に北洋艦隊を率いて東南アジア各港を巡航し、帰国後に李鴻章に対して、既設の在シンガポール領事を総領事に格上げし、その他の各地に副領事を設置して、これに公正で富裕な華人商人を充て、総領事によってそれらを統轄させるよう建議したという。李鴻章は丁汝昌の建議を直ちに総理衙門に送り、総理衙門はそれを薛福成に伝達するとともに、領事の設置についてイギリス外務省と協議するよう指示した(6)。

総理衙門の指示を受けてから約一カ月後の九月末、清朝駐英公使館の英文参賛であったマカートニーは、領事設置を求めるイギリス外務省宛ての照会を起草し、薛福成に提出する。そして、薛福成はマカートニーをイギリス外務省に派遣し、設置場所を限定せず広くイギリス領における清朝領事の増設を求める照会（九月二五日付）を手交

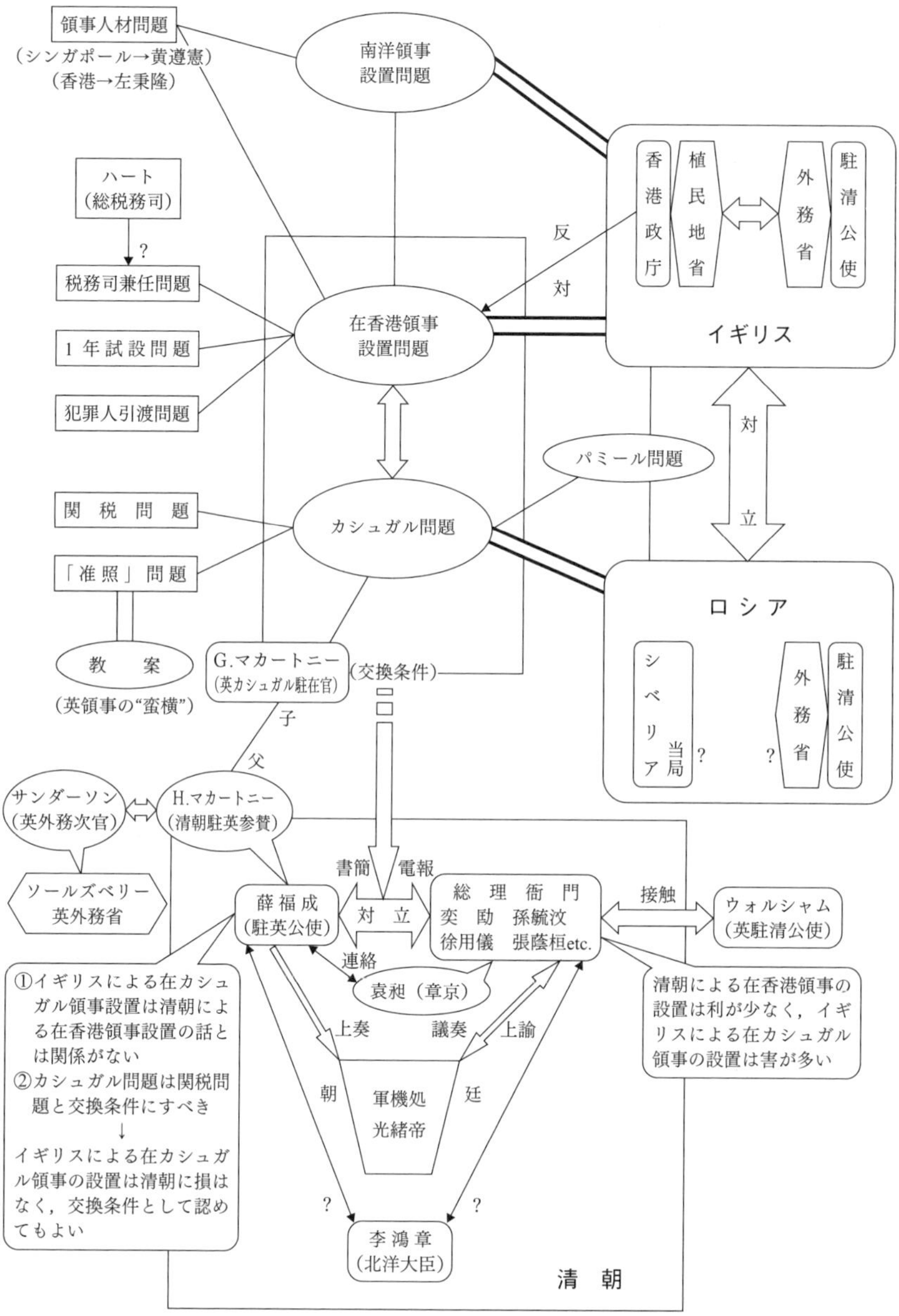

図5-1　清朝の在外領事設置問題をめぐる相関関係（1890年代初頭）

させた。その際、マカートニーはイギリス外務次官サンダーソンと会談し、イギリス側は、外務省としては領事増設に同意するが、植民地省の了承を得る必要があると伝えたという[7]。

イギリス外務省宛ての照会を作成した九月二五日、薛福成は総理衙門にも書簡をしたためて送っているが、そこではまず、新疆西端のカシュガルにイギリスが駐在官（あるいは領事）の設置を求めている件に関する薛福成の見解が示され[8]、続いて清朝が香港に領事を設置する件に関する見解が述べられていた[9]。カシュガル問題については、マカートニーをイギリス外務省に派遣して協議した結果も受けて、カシュガルにイギリスの官員を設置することは、イギリスにとっては「大益」があり、清朝にとっても損はないと述べている。その理由としては、イギリスにとっては、英領インドの防壁となるアフガニスタン防衛のために有利となるからであり、清朝にとっては、イギリスに官員を設置させることによって、すでにカシュガルに領事を設置しているロシアとの間に中央アジアにおいて均衡が保てるからだとしている。それに続いて、イギリスに対して要求した南洋領事の増設については、その成否はまだわからないが、これを機会に、従来の懸案であった在香港領事の設置についても、再度イギリスに求めるべきである、と述べている。

在香港領事の設置問題は、一八六〇年代末のオールコック協定以来、清英間の懸案となっており、一八八〇年代初頭にも駐英公使曾紀沢によってイギリス側と交渉が持たれ[10]、両広総督張之洞も一八八六年三月に南洋への調査委員の派遣を建議する上奏とともに、在香港領事の設置を求める上奏も提出していた[11]。清朝政府が在香港領事の設置を求めたのは、①密貿易（走私）の取り締まり、②香港に逃亡した犯罪人（逃犯）の逮捕および内地の反清勢力への援助途絶、③香港在住華人の保護および不法な華人売買の取り締まり、などを実施するために、香港常駐の官員を必要としたからであった[12]。

一八九〇年一〇月八日、薛福成は総理衙門に咨文を送り、丁汝昌の建議に全面的に賛同し、加えて香港にも領事を設置すべきことを重ねて提起した[13]。同月二〇日、薛福成は再び総理衙門に咨文を送り、イギリス領における清朝領事の増設問題に対するイギリス側の動向について次のように伝えた。

〔外務省としては〕許可してもよいが、植民地省・インド省と協議して決定しなければならず、もしインド省が〔現地の〕インド総督と協議することになれば、二、三カ月後でなければその返答を得ることはできないと言っている。その真意は、〔清朝側の要求を〕拒否することは難しいと思いながらも、にわかに許可もしたくないので、先延ばしにしているだけなのだろう[14]。

薛福成が、清朝側の要求をイギリス側が「拒否することは難しい」と自信を示したのは、国際法（万国公法）を援用して他国との平等な扱いを求めた清朝側の要求に対し、イギリス側は明確に反論することはできないとの読みと、後述するように、イギリスがロシアとの対抗上、清朝と誼を通じておきたいとの思惑を持っていることを熟知していたためであった。薛福成はその後、再びマカートニーをサンダーソンのもとに派遣し、香港とカシュガルの問題に対するイギリス側の出方を探らせている。その内容は、同月二三日付の総理衙門宛ての書簡で伝えられた[15]。それによれば、香港問題に関するイギリス側の条件は、清朝側が「洋務」に明るい人物を領事に任命し、香港において越権行為によってイギリスの植民地行政の妨害とならないことのみであり、それは容易にクリアできる問題であり、イギリス側が遷延しているのはイギリス外務省の常套手段であって、問題はないとした。続いて、カシュガル問題については次のように述べている。

このところ外務省から言及はない。このこと〔在カシュガル領事の設置要求〕はウォルシャム公使が貴署〔総理衙門〕に対して求めているものであり、〔清朝側の〕南洋駐在領事の設置要求とは関わりないことである。現在イギリスが軟化の態度を見せているのは、清朝側の妥協を引き出したいためであるから、もし貴署がカシュガル問題で最終的に妥協しなければ、失望して〔清朝側の領事設置要求に対する〕内諾も反古にしてしまうかもしれない。あるいは、〔在カシュガル領事の設置を〕にわかに認めてしまえば、すでに要求を満たしたイギリスは、清朝側が求める領事設置問題〔に対する最終判断〕をかえって棚上げしてしまうかもしれない。現時点では、貴署は遷延策を採り、「カシュガルの情況がよくわからないので、現地当局に書簡で問い合わせる」などと言ってみてはどうか。〔北京とカシュガルとの間を書簡が〕往復する間の数カ月は先延ばしにして、動静を見極めることができる。将来〔イギリスの在カシュガル領事の設置は〕害がないことが確かになった時に、再び貴署が〔交換条件となる〕その他の「利益相当」の案件を見つけて、交渉を成立させればよい。総じて言えば、在香港領事の設置とカシュガル駐在官の設置の二つの案件はもともと分けて別個に処理する問題であり、現在は一緒に取り上げないほうがよい。

カシュガル問題にあたって、薛福成がイギリス側の遷延策を模倣しようとしたことは明らかであるが、この書簡からは、カシュガル駐在官の設置にはさほど熱心ではない一方で、南洋領事の増設は是が非でも実現させたいとの意志が感じられる。

ほぼひと月後の一一月二一日、薛福成は、イギリス領のみならず南洋全域にわたる大規模な領事の増設を建議した上奏をしたため本国に送付する。それが前章第四節で見た「通籌南洋各島添設領事保護華民疏」であるが、この上奏には、在香港領事の設置に関するイギリス政府との交渉経過を報告する上奏も添付されていた(16)。これらの上奏を本国に発送してまもなく、清朝の領事増設要求に対するイギリス側の回答が薛福成のもとに届く。イギリス外務省は一一月二〇日付で薛福成に照会を発し、イギリス領における清朝領事の設置を基本的には許可すると伝えたが、それには、現地の状況によって認可状をすぐには発給できない場所もあるという条件が附加されていた。[17] イギリス側の照会を受け取った薛福成は、マカートニーに対し、この附加条件は「香港やオーストラリアのことを指しているのか」と尋ねると、マカートニーは「もっぱらオーストラリアのことを言っているだけで、香港はすでに許可されたうちに入っている」と答えたという。[18] そこで薛福成は直ちにイギリス外務省に返書し、「中国が派遣すべき領事官は、まずは香港とシンガポール付近の地に駐在する領事官であり、すでに二名を選んで総理衙門の決裁を待っている」と伝えた。また同時に、その二名の人選については、香港駐在には現任在シンガポール領事の左秉隆を、シンガポール駐在には駐英公使館二等参賛の黄遵憲をそれぞれ充てる予定であり、在シンガポール領事を総領事に昇格させ、ペナンやマラッカおよびその付近の各地も兼管させた上で、ペナンにも副領事を設置する予定であることも伝えられた。[19]

イギリス外務省が領事増設に基本的に同意したことは、一二月一二日付の書簡によって、薛福成から本国の総理衙門と李鴻章にも伝えられた。[20] その書簡の中で薛福成は、在香港領事の設置と在シンガポール領事の総領事への格上げ、および在シンガポール領事に付近の各島を兼管させることを優先するよう、特に求めた。また同日付で総理衙門宛てにしたためられた書簡では、イギリス領での領事の増設に成功すれば、フランス・スペイン・オランダもこれに倣うはずだとの見通しが示され、在香港領事の設置は広東省の「政事」にも必ずや有益となることが強調された。[21] そして、一八九一年一月一日には、香港とカシュガルの問題に絞って二通に分けて書簡をしたため、総理衙門に送っている。まず一通目では、清朝が求める在香港領事の設置とイギリスが求める在カシュガル領事の設置は、もはや交換条件としてもよいのではないかとの意見が述べられ、[22] 二通目では、在カシュガル領事の設置を認めることは、関税問題と「准照」[23]（認可状 exequatur）問題において清朝側にメリットがあることが述べられていた。[24]

まず、関税問題から見てみよう。一八八一年二月に曾紀沢とロシア外相ギールス（Nikolai K. von Giers）との間で結ばれたペテルブルク条約（一八八一年八月一九日批准）には、次のような規定が盛り込まれていた（第一二条）。

ロシア人は中国の蒙古地方で貿易することが許され、旧来どおり無税とする。蒙古各地・各盟の〔ロシアの〕官員が設置されているところはもちろん、いまだに設置されていないところも、すべて貿易を許し、これも旧来どおり無税とする。また、ロシア人がイリ・タルバガタイ・カシュガル・ウルムチおよび関外の天山南路・北路の各都市において貿易することを許し、これも暫くは無税とする。将来〔現地の〕商務が盛んになれば、両国は税則を議定して免税規定を撤廃する。(25)

この規定は、薛福成自身が述べているように、「曾紀沢が、この地域の商務がまだ始まったばかりで貿易が盛んではなかったため、ロシア貨物の入境関税規定においてしばらく免税とすることを許した」ものだった。(26) 条文に「旧来どおり」とあるように、一八五一年に清露間で締結されたイリ条約によって、イリ・タルバガタイにおいては互いに貿易関税を徴収しないことになっていた。(27) 曾紀沢はこの無税状態の解消を目指したが、結局「暫くは無税とする」「暫不納税」と「暫」の一字を挿入し、「将来商務が盛んになれば、両国は税則を議定して免税規定を撤廃する」との一文を挿入させるにとどまった。一八八一年のペテルブルク条約は、批准交換の一〇年後に協議して修正できることになっており、その六カ月前までにいずれの国からも修正要求がなければ、自動的に更新されることになっていた（第一五条）。(28) この規定に従えば、最初の修正要求の期限は、批准交換から一〇年後の一八九一年八月一九日の六カ月前（二月一九日）であり、薛福成が先の書簡を書いたのはその二カ月前に当たっていた。薛福成は書簡の中でこう述べている。

いま条約改定の時期となったが、ロシア側はいまだに正常な関税〔の徴収〕に同意していないという。今回イギリスが〔カシュガルに〕官員を駐在させたいと言っており、〔設置されれば〕若干でも商務が発生することになろうから、〔イギリス側と〕協議して通例に従い「およそカシュガルに入境する貨物は、五％の取り決め〔章程〕に従って一律に〔関税を〕徴収しなければならない」と規定すべきである。〔イギリスとの間にそのような取り決めを行えば〕もはやロシア側に先延ばしの口実を与えることはないであろう。先日マカートニーがサンダーソンと会った際に、すでにこのことに言及しており、このほど受け取った〔イギリス側の〕書簡では、すでに認めているようである。これもまた〔清朝側が得られる〕利益の一つである。[29]

薛福成が関税問題を持ち出したのは、領事問題は解決が容易であり、カシュガル問題と交換条件とすることはなく、イギリスに五％の関税を認めさせ、それを根拠にロシアにも無税状態の解消を迫るべきである、との考えによるものであった。[30]

続いて、准照問題について見てみよう。准照とは接受国が外国の領事に与える認可状であり、大使・公使とは異なり、通常領事の駐在は、領事が赴任するたびに接受国の認可状を得なければならなかった。しかし、列強が清朝に駐在させていた領事は、それがなおざりにされ、列国は清朝政府の認可状を受け取ることなく、自由に領事を中国各地に駐在させていた。薛福成はその状態を改善し、中国の「自主之権」を取り戻すため、今回イギリスがカシュガルへの官員の駐在を求めている機に乗じて、「中国が認可状を与えて、はじめて〔清朝側の〕新疆の地方官はイギリス領事と見なす」という規定を設け、これを足がかりに、中国各地の西洋各国の領事にも清朝の認可状を取得させることを企図したのである。

この二通の書簡が出された一〇日後、薛福成は兼任地であるフランス・イタリアなどに赴くためイギリスを離れ、それに伴って領事問題に関する議論も一時停止せざるを得なくなる。[31] 薛福成がイギリスを離れた翌月（二月三日）、南洋全域における領事の増設を求めた前年一一月二一日付の上奏（「通籌南洋各島添設領事保護華民疏」）に対する論旨がようやく下った。それは「該衙門知道せよ」との硃批であり、総理衙門に対して薛福成の上奏について考慮するよう命じたものではあったが、必ずしも総理衙門に対して審議の結果を上奏（議奏）するよう命じたものではなかった。そのため、この上奏に対して総理衙門が直接反応し、具体的な措置が採られることはなかったのである。[32]

二　総理衙門との電報問答

総理衙門の消極的な態度を薛福成がこの時どの程度把握していたかは定かではないが、上奏に対する硃批が下されてまもない一八九一年二月一〇日、薛福成はパリから総理衙門に打電し、イギリス政府との領事設置交渉に関する続報を次のように伝えた。

イギリスは、在香港領事の設置と在シンガポール総領事による各島の兼管を許可した。今回の交渉が容易だったのは、［イギリスが］カシュガルに領事を設置することを希望し、先に好意を示したからである。[33]

イギリス政府が在香港領事の設置や在シンガポール領事の総領事への格上げを承認したのも、カシュガル進出問題における清朝側の便宜を期待してのことであり、この電報のとおり、薛福成もその点はよく承知していた。

三月五日、フランス滞在中であった薛福成は、再び領事問題に関する上奏（「瀕海要区添設領事疏」）をしたため、在シンガポール領事を総領事に格上げしてこれに駐英公使館参賛の黄遵憲を充て、同時に在香港領事を設置してこれに現任の在シンガポール領事である左秉隆を充てる配置転換を行うよう求めた。[34] そして、この上奏が北京に届いて以降、事態はにわかに動き出す。

五月二日、薛福成の上奏に対し「該衙門議奏せよ」との硃批が下り、薛の提議は総理衙門の審議に付されることとなった(35)。その前日、総理衙門はすでに「議奏」の命が下ることを察知してか、さっそく薛福成に電報を発し、次のように伝えている。

> イギリス公使〔ウォルシャム〕によれば、同国の外務省は「香港に領事を設置することは基本的には承認できるが、ただ犯罪人の引き渡し〔交犯〕については、清朝の官員は法律に暗いため、九龍税務司を派遣して兼管させるよう求める」と言っているそうだ。これは以前に左〔秉隆〕と黄〔遵憲〕を派遣するよう求めた〔貴殿の〕上奏と合わず、いぶかしく思う。〔この件については〕そちらからの電報に言及されていないが、新たな波乱が起きないよう、速やかに外務省に対して〔矛盾を〕質すように。また〔イギリス外務省は〕「イギリスがカシュガルに官員を派遣しようとするのは、辺疆の情勢を探るためであって、通商のためではなく、派遣するのは領事ではない」と言っており、また「このこと〔カシュガル問題〕は在香港領事の設置問題と関連しており、互いに取り消し合うことを明確に望んでいる」とも言っている。〔そうだとすれば〕税則と准照の二つの問題を要求する術がなくなるばかりか、イギリスの官員が〔カシュガルに〕ただ駐在するだけということになれば、ロシアが必ずや疑念を抱くことになり、何と言って弁明すればよいのか。本署〔総理衙門〕はなお斟酌してこの問題は先延ばしにすべきと考えるが、尊意はいかに。直ちに検討のうえ返電されたし(36)。

この電報からもわかるとおり、在香港領事の設置問題やカシュガル問題については、ロンドンのみならず、北京の総理衙門とイギリス駐清公使との間でも議論が行われていた(37)。総理衙門は、北京でイギリス公使から伝え聞いたイギリス外務省の意向と、薛福成がロンドンから報告してきたイギリス外務省のそれとが食い違うとして、薛福成を問い質したのである。この総理衙門の電報によれば、香港に逃亡した犯罪人の引き渡しは、設置される在香港領事ではなく、既設の九龍税務司に兼務させることをイギリス外務省は望んでいたという。九龍税務司は西洋人が務めており、香港に逃亡した犯罪人の逮捕・引き渡しを在香港領事設置の主要な目的の一つと考えていた清朝側としては、イギリス側の意向が真実であれば、それは同意しがたいものであった。また同時に、イギリス側がカシュガルへの官員の派遣要求を取り下げるのと引き換えに、清朝側にも在香港領事の設置要求を取り下げさせたいというのがイギリス政府の「本音」であり、そうであれば、イギリス側が税則や准照の問題に同意するはずはなく、もし通商に関わらないイギリスの官員をカシュガルに駐在させれば、ロシアが疑念を抱き、弁明の余地がなくなるというのが総理衙門の主張であった。

総理衙門から領事設置問題の先送りを勧められた薛福成は、それをまったく意に介せず領事増設の準備を着々と進めていた。五月三日、薛福成は総理衙門に対して、領事増設の具体的な手順や経費の支出方法について提議した咨文を送ったが、その内容は以下のようなものであった[38]。

①丁汝昌が建議したペナン島などの六カ所に領事を増設する方法は採らず、四カ所に副領事を設置し、現地の「殷実公正の華紳」を選んでこれに充て、月に「薪水」一〇〇金を支給する。

②総領事の「薪俸」はとりあえず四三〇両とする（奏定された出使経費では、総領事は六〇〇両、正領事は五〇〇両、副領事・署領事は四〇〇両と定められている）。

③随員・翻訳・供事の「薪俸」額。

④総領事が管内を巡回する際の費用は、毎年二回で合計六〇〇金を超えないようにする。

⑤在シンガポール領事の経費として、今までどおり駐英仏公使館の経費より年七〇〇〇金余りを支出するほか、別に八〇〇〇金前後を追加して支出する。

⑥在香港領事が設置された後は、年七〇〇〇金前後を支出する。その費用は、総理衙門から両広総督・広東巡撫に依頼して、粤海関割当分の出使経費から支出させる。
⑦在香港領事は、両広総督・広東巡撫および出使大臣（駐英公使）による統轄に「兼帰」させる。[39]

しかし、当時イギリスから北京へ送る書簡は、通常到着までに一カ月以上かかり、北京の総理衙門にこの書簡が届くより前に、電報を使った問答が薛福成・総理衙門間で始められることになった。[40]

五月六日、総理衙門は先の五月二日の電報に続いて、次のように薛福成に打電した。

貴殿からの電報では、左〔秉隆〕を香港に派遣することについて、〔イギリス〕外務省はすでに許可したというが、ウォルシャム公使はまだ許可していないと言っている。外務省から確実な言質を取るように。その電報でもってウォルシャム公使〔の言い分〕を制止して、初めて〔在香港領事の件を〕進めることができる。外務省の返書を確認してみると、〔領事を設置する〕地点について審議した上で委任状〔文憑〕〔consular commission〕を発するようにとあるが、現在認可状〔准照〕はすでに発せられているのか。犯罪人の引き渡しについて外務省は許可したのか。貴殿の電報にはまったく言及されていない。……イギリスに戻った後に交渉の様子について速やかに返電されたし。[41]

五月九日、薛福成は総理衙門に対し、次のように返電する。

ウォルシャム公使の発言は、イギリス外務省がカシュガル問題は解決しがたいと考えて、見込みがなくなったことを悔やみ、我が国〔清朝〕が〔イギリスとの〕友好を顧みなくなったと疑っているところからきたものであろう。……イギリス政府はロシアに使節を派遣して行っている交渉で手一杯であり、全力でこれに取りかかっている[42]。再三交渉した結果、左〔秉隆〕の香港行きと黄〔遵憲〕のシンガポール行きはそれぞれすでに許可されており、一年の試設期間を経た後に（正式に承認するかを）再び決定すると言っている。カシュガル問題については、事実上官員の設置を許可するが、表向きは遊歴のために人員が常住することを認めるようにするか、もしくは、ロシアとの〔ペテルブルク〕条約の改定交渉の終了を待って再び議論することにし、今は返答しないようにするか、のどちらかにしてはどうか。〔領事の〕認可状〔准照〕はいまだに発給されていない。左〔秉隆〕と黄〔遵憲〕に対する〔領事任命の〕上諭が下った日付を電報で知らせていただきたい。そうすれば委任状〔文憑〕を請求しやすくなる。犯罪人の引き渡しについては、領事が設置されるのを待って別に協定〔章程〕の締結について交渉すればよい[43]。

ここにいう「一年の試設期間」とは、イギリス政府が在香港領事の設置を一旦承認したのち、香港政庁や香港在住のイギリス商人らの強い反対などを受けて[44]、イギリス側が新たに追加してきた領事設置の条件であった。これを受けて総理衙門は、一二日に薛福成に次のように打電する。

ウォルシャム公使がやって来て、在香港領事には税務司を派遣〔して兼任させる〕よう求めてきた。これは貴殿が言っていることと食い違うではないか。その上、黄〔遵憲〕と左〔秉隆〕についても、いまだに認可状〔准照〕が発給されていないと言い、カシュガル問題もすぐには解決しがたい状況にある。貴殿の上奏〔「瀕海要区添設領事疏」〕は諭旨によって議奏することになっているが、このような状況では議覆することは難しい。〔領事の〕試設一年〔という条件〕や、カシュガル問題について事実上〔官員の設置を〕許し、表向きは〔遊歴のために人員が常住することを〕認めるなどというやり方は、ともに正しい処置の仕方ではない。つまるところ、彼ら〔イギリス〕が重視しているのはカシュガルにおける駐在官〔の設置〕であり、我々〔清朝〕が苦慮するのは〔それによって生ずる〕ロシアへの対応である。香港〔における領事設置〕が遷延されている以上、〔カシュガル問題も香港問題も〕ともに取りやめるべきである。適切に処理し〔問題を〕収束させることを望む。前回の上奏〔「瀕海要区添設領事疏」〕に固執しないように。(45)

総理衙門はついに在香港領事の設置を取りやめるよう薛福成に迫った。しかし、薛福成はなおも諦めず、一四日と一六日に分けて次のように総理衙門に返電し、懸命に〝誤解〟を解こうとする。

ウォルシャム公使の発言は、イギリス外務省の現在の意向とは異なり、税務司による兼任という話はもはや出ていない。認可状〔准照〕については、イギリスの規定はアメリカとは異なり、上諭の日付を通知してはじめて発給されることになっている。〔イギリス〕外務省が香港の〔領事設置を許可した〕件は、去年の冬の〔イギリス外務省から受け取った〕照会が根拠となっている。報告し忘れていまだに書き写してそちらに送っていなかったので、いろいろお疑いがあるのだろう。現在出ている〔在香港領事の〕計画はカシュガル問題と関連させてはならない。詳細は三日後に打電する。(46)

〔香港問題とカシュガル問題を〕ともに取りやめて収拾を図るようにとのご指示を受け取った。私が思うに、カシュガル問題のほうが発端が先で、香港問題のほうが後であり、香港問題は中止できてもカシュガル問題を中止させることはできないし、〔交渉の〕権利はイギリス側にある。香港〔における領事設置〕の議論がまとまったのは、イギリス側が友好的な態度を示したからである。……在外公使は海外に駐在しており、貴署の協力に頼ってはじめて問題をよく処理することができる。香港問題は幸いにして交渉がまとまったのに、貴署は取りやめるよう命じ、使臣《わたし》の発言を虚言と見なした。〔イギリス〕外務省が今後問題を処理しづらくすることは、貴署の望むところではなかろう。外務省が先の照会で許可したことをもし取りやめてしまえば、彼らも面子が立たない。〔貴署は〕昨日こちらの言い分のうち、香港問題とカシュガル問題は混同して考えるべきではなく、香港の件は大した問題にはならないとほのめかしたことを詰責されたが、〔イギリス側と〕数日交渉し、〔イギリス側は〕すでにウォルシャム公使に対し、香港問題について妨害しないよう打電して命じたという。……もし〔領事任命の〕上諭が下っても認可状〔准照〕が発給されなければ、使臣《わたし》の責任を問うていただきたい。〔試設〕一年という話は、外務省は実際には通常の状態〔と変わらないもの〕であり、一年間〔香港の〕華人に何事も起こらなければ継続できると言明している。……むかし在シンガポール領事も暫設から常設になった。どうかお疑いを解かれますように。[47]

このように薛福成は、イギリス外務省の同意はすでに得ており、左秉隆と黄遵憲に対する領事任命の上諭の日付さえ本国から通知されれば、すぐにでも認可状は発給されると総理衙門を説得したのである。領事任命の上諭の日付を知らせてほしいというのは、つまり、この時点では、薛福成が先に提出した上奏（「瀕海要区添設領事疏」）に対する総理衙門の「議覆」がいまだ行われておらず、総理衙門の「議覆」がなければ、左秉隆や黄遵憲を領事に任命する上諭も下りない状態にあり、薛福成としては、左秉隆と黄遵憲の領事任命に賛同する総理衙門の「議覆」が何としても必要だったのである。

総理衙門から外交上・手続上の齟齬を追及された薛福成は、前述のとおり、それらはすべてクリアしていることを盛んに強調し、何とか総理衙門の賛同を得ようとした。しかし、総理衙門は、次は「利害の軽重」を理由に、在香港領事の設置を取りやめるよう薛福成に迫り始める（五月二〇日付薛福成宛て電報）。

……試設一年や暫設から常設へという方法は採用せず、「公例」と合わせるようにしていただきたい。もし

〔領事任命の〕上諭が下った後で、〔イギリス〕外務省がなおも許可するようで許可しない状態が続き、体よくあしらわれるような通知文を発せられたら、まったく無駄なことになってしまう。シンガポールの件がよい例である。イギリスはウォルシャム公使に香港問題について要求しないようにとは言っていないであろう。香港とカシュガル問題について妨害しないようすでに打電したというが、おそらくカシュガル問題について要求しないようにとは言っていないであろう。香港とカシュガルを比較すると、〔香港に領事を設置しても〕利は少なく、〔カシュガルにイギリスの駐在官が設置されることのほうが〕害が多い。本署は〔在外公使に〕全力で協力しないというわけではないが、ただ〔清朝の対外問題の〕利害を全体的に調整しなければならないのである。適切にお考えになり返電されたし。(48)

総理衙門はこのように清朝全体の利害を持ち出して薛福成を説得したが、薛福成も利害でもって反論を試みる（五月二二日付総理衙門宛て電報）。

香港問題とカシュガル問題はすでに別個の問題となっている。彼らがカシュガル問題を取り上げれば、〔我々は〕税則と准照の二つの問題でもって対抗すれば、彼らがもし〔そのうち〕一つでも認めたならば、我らの得る利益は比較的大きなものであり、もし認められず、これを取り下げても〔この問題を取り上げたという〕事実は残る。先日〔貴署宛てに発送した〕書簡ですでに詳しいことは書いておいたが、〔イギリス側は〕在香港領事についてはすでに問題にならないことをほのめかしており、〔清朝側の〕試設〔と明記した〕委任状〔文憑〕さえ得られれば、〔設置後に〕暫設から常設となり、問題は解決されるであろう。香港〔の領事設置〕を暫時〔棚上げすれば〕、カシュガルもおのずから取りやめになり、ともに取りやめになれば問題は解決するということでは、〔今後在香港領事の設置を〕再び要求することができなくなってしまう。シンガポールに領事が設置されて十数年経つが、利があるばかりで害はない。今総領事に改めることを協議しても異議はなく、暫時棚上げに

なっているわけではない。(49)

記録が残っている限り、五月一日に始まった総理衙門と薛福成との間の領事設置問題をめぐる電報問答はここで終わっている。最後の五月二二日付の電報の中で薛福成が言っていた「先日〔貴署宛てに発送した〕書簡」が、『出使公牘』巻三に収録されている「四論添設香港領事及英派員駐喀什噶爾書」（一八九一年五月一九日付）である。(50) この書簡は、「電文では簡略すぎて誤解を生じやすい」として、薛福成の主張を詳しく説明して総理衙門宛てに発送されたものであるが、電文の内容を丁寧に説明し直している以外に、電報では語られていない内容も含んでいた。それは、イギリス駐清公使のウォルシャムがカシュガル問題を香港問題とセットにして取り上げ始めたのは、海関総税務司ロバート・ハートの教唆によるものではないか、九龍税務司に在香港領事を兼務させるというイギリス側の要求も、ハートが自らの権力を拡大するために画策したことではないか、という疑念であった。その真偽については、現在のところ確認できないが、当時、李鴻章を中心とする淮系官僚はハートと政治的な対立関係にあり、この記述はそれを反映したものであったと思われる。

この書簡に対する総理衙門の反応は確認できない。その後、七月二三日になって、薛福成は「長江教案」に関する意見をしたためた書簡とともに、外国の駐華領事に対しては清朝政府から「准照」を発給すべきであることを訴える書簡を、総理衙門に送った。(51) これらの書簡は、同年四月から六月にかけて長江中下流域の各地で発生したキリスト教への襲撃事件（教案）を受けて書かれたものであり、その中で薛福成は、教案に乗じて清朝当局に対して無理な要求を繰り返す西洋の在華領事（特にイギリス領事）の〝蛮横〟ぶりを、李鴻章の幕僚として中国の開港場で西洋領事と相対した自らの過去の体験を踏まえて指摘し、このような領事を排除するためにも、清朝側が外国領事に対して認可状を発給する権利を取り戻すべきであると主張していた。前述したとおり、准照問題は清朝側の在外領

事の設置とも関わりの深い問題であり、同じ書簡の中で、

総じていえば、〔清朝が抱える〕対外問題では、取り返さなければならないものが大変多く、一つ取り返そうとすれば、何も取引材料なしに行うことはできず、必ず交換条件が必要となる。〔外交交渉上の〕交換取引はことごとく行ってはならないというものではなく、利害の軽重を量って行うだけである。〔イギリスの〕カシュガル駐在官の設置は、つまるところ通商問題にすぎず、通商ならば中国側に大きな損害は生じない。

と主張し、カシュガル問題で譲歩してでも、在香港領事の設置を実現しようとする姿勢を改めて示した。そして、八月七日になり薛福成は総理衙門に次のように打電する。

領事設置に関する〔私の〕上奏に対して議覆を行わないのか。現在左秉隆は六カ月間の休暇願を出して〔帰国して〕墓参しているので、香港の件はしばらく延期したい。〔イギリス〕外務省に認可状〔准照〕の発給を要請しやすくするため、在シンガポール総領事〔への格上げ〕を許可し委任状を発給することを先に審議して決定できないか。このことは南洋の全局に関わる問題であり、また他の問題〔カシュガル問題など〕にも関連することはない上、イギリスが中国を他国と平等に扱っている証拠でもあり、当然受け入れるべきものである。[52]

八月二六日、総理衙門はようやく薛福成の上奏に対する「議覆」を行った。そこでは、薛福成の求めに応じ、在シンガポール領事の総領事への格上げは求められたが、在香港領事の設置については、「試設一年という提案には中国側は満足できない」として、しばらく棚上げし、後日再交渉することが望ましいとされた。[53] 総理衙門の上奏は、朝廷の裁可〔依議〕を得、同日すぐさま総理衙門から薛福成に対して次のような電文が送られた。

在シンガポール総領事に黄遵憲を充てることはすでに奏准された。在香港領事についてはしばらく延期する。一年〔の試設期間〕という議論については、いまだ満足のいくものではないと〔イギリス側に〕伝え、その返答を見てから再び貴殿から上諭を請うように。(54)

これは、薛福成が再三求め続けた総理衙門による「議覆」を経た末の結論である。八月七日の電報では、左秉隆の墓参帰国を理由に、在香港領事の設置を一時延期することが薛福成側から伝えられていたが、総理衙門は「試設一年という提案には中国側は満足できない」として、薛福成が伝えてきたイギリス側の条件は受け入れられないとの意志を、上奏において明確に示した。このような「議覆」がなされた以上、もはや薛福成には打つ手はなく、在香港領事の設置をめぐる議論はここで打ち止めとなる。(55)

三　総理衙門内の〝妨害者〟と領事設置活動の継続

薛福成がイギリスから在香港領事の設置許可を得たにもかかわらず、本国政府（総理衙門）がこれを実施に移さなかった理由はどこにあったのか。(56)薛福成自身は、最後の決定を伝える総理衙門の電報を受け取った後の九月三日付の日記の中で、一連の領事設置問題の顚末について、次のように振り返っている。

私は以前イギリス外務省と交渉して、香港に領事を設置し、在シンガポール領事を総領事に改めようとし、〔光緒十七年〕正月にその旨を上奏した。〔その上奏に対して〕総理衙門に回付して議奏させよとの諭旨が下った。〔しかし〕これを阻止しようとする者がおり、総理衙門はしばらく放置して議覆しなかった。〔そのため、イギリス〕外務省はそれに乗じて意見を覆し、在香港領事はまず試設一年の許可を出し、もしイギリス官吏の権利を侵害せず、現地華人の意思と違わないようなら、切り換えて常設の認可状を発給する、ということになってしまった。これ〔領事設置〕を阻止しようとする者は、利害を口実にこのことを取りやめようとした。私はしばしば電報を発してこれと論争したが、決着を見なかった。そうしている間に、たまたま在シンガポール領事の左秉隆が、老親の病気が悪化したため、休暇を願い出て故郷に帰ってしまった。左〔秉隆〕を在香港領事に転任させるつもりだったが、私は妥協して総理衙門に打電し、「香港の件はしばらく延期したい。〔イギリス〕外務省に認可状の発給を要請しやすくするため、在シンガポール総領事〔への格上げ〕を許可し委任状を発給することを先に審議して決定いただきたい。このことは南洋の全局に関わる問題であり、また他の問題にも関連することはない上、イギリスが中国を他国と平等に扱っている証拠でもあり、当然受け入れるべきものである」と伝えた。しかし、（総理衙門は）結局「在シンガポール総領事に黄遵憲を充てることはすでに奏准された。在香港領事についてはしばらく延期する。一年〔の試設期間〕という議論については、いまだ満足のいくものではないと〔イギリス側に〕伝え、その返答を見てから再び貴殿から上諭を請うように」と返電してきた。[57]

この日記では、自身の領事増設計画を〝妨害〟している者が総理衙門大臣[58]の中にいることが示唆されているが、それが誰であり、どのような目的であったのかについては記されていない。しかし、彼と旧知の間柄にあり当時総理衙門章京（書記官）を務めていた袁昶に宛てた書簡や、のちに袁昶や黎庶昌から送られてきた書簡の中には、その〝妨害者〟が誰であるのかを特定できる記述がある。総理衙門との電報問答が行われていた一八九一年五月前後に書かれたと思われる薛福成の袁昶宛ての書簡には、次のように記されていた。

貴署の某公は、〔公使として〕外国に駐在していた際に、在マニラ領事の設置について〔スペイン政府と〕交渉したものの、三年を費やしても成功しなかった。そのため、おそらく在香港領事がいとも簡単に派遣されてしまえば、自らの短所が露わとなってしまうことを恐れ、イギリス公使のウォルシャムがカシュガルに領事を設置することを求めてきたのに乗じて、香港〔領事の設置問題〕について極力妨害しているのであろう。[59]

ここにいう「某公」が、一八八六年四月から八九年九月まで駐アメリカ・スペイン・ペルー公使を務めていた張蔭桓を指していることは、在マニラ領事の設置問題に言及していることからも容易に察せられる。張蔭桓はアメリカから帰国した後の一八九〇年三月、病に倒れた曾紀沢と交替するように総理衙門大臣に就任していた。

一方、薛福成の日記に引用されている袁昶の薛福成宛ての書簡では、イギリスのカシュガル駐在官の設置を認めることは清朝にとって「有益無損」だとする薛福成の意見に反対したのは、張蔭桓と同じく総理衙門大臣の任にあった徐用儀であり、イギリスにカシュガル駐在官の設置を認めれば、ロシアが疑念を抱き、新疆やチベットがイギリスとロシアによって「瓜分」されてしまう、というのがその理由とされ、当時の総理衙門大臣の中で特に発言力が大きかった孫毓汶がそれを後押ししたことも記されている。[60] また、この年（一八九一年）の一月まで駐日公使を務めていた黎庶昌からの書簡には、在香港領事の設置に反対したのは徐用儀であり、その目的がカシュガルにイギリスの駐在官を派遣させないためであることがはっきりと記されている。[61] しかし、これらの証言はすべて薛福成側の文集や日記に載せられているものであり、張蔭桓や徐用儀が〝妨害者〟であったという客観的な証拠は、現在のところ見当たらない。[62] とはいえ、特に徐用儀が、カシュガル問題を理由として在香港領事の設置に異を唱え、それが総理衙門の採った政策に反映されたことは、間違いないように思われる。

在香港領事の設置はこのように完全に立ち消えとなったが、先の本国政府の決定を受け、在シンガポール領事はまもなく総領事に格上げされ、薛福成の提案どおり、黄遵憲が任命され赴任することになった。[63] 海禁旧例の正式な廃止を実現させた薛福成の有名な上奏「請豁除旧禁招徠華民疏」（一八九三年六月提出）[64]も、シンガポールから送られてきた黄遵憲の意見書に基づいて作成されたものであった。

薛福成はその後も、その他のイギリス領における領事の拡大を進めていく。[65]一八九一年一一月二二日、同じくイギリス領であったビルマのラングーンとインドのカルカッタに領事を増設するよう総理衙門に働きかけ始めた。これは、薛福成によってビルマ視察の任務を与えられた前駐独公使館随員の姚文棟が、在ラングーン領事の設置を求める意見書を薛福成に提出したことに加え、駐蔵辦事大臣の升泰が前年にインドを訪れた際、現地の福建・広東出身の商人から、清朝の領事をインドにも設置するよう求められたことを受けての行動であった。[66]

一八八六年一月、イギリスは北部を含めたビルマ全域を英領インドに併合し、同年七月に清朝政府もそれを承認していた。しかし、その後も清英間には、雲南・ビルマ間の国境画定（界務）や通商（商務）に関する懸案が残されており、薛福成はその処理も行っていた。[67]実際にイギリス政府との交渉が開始されたのは一八九二年に入ってからであり、翌九三年四～五月には、ビルマと境界を接する雲南省を統轄する雲貴総督の王文韶が薛福成に打電し、在ラングーン領事の設置について薛福成が「主稿」して上奏文をしたため、共同で奏請するよう求めてきた。[68]そして、界務・商務双方に関するイギリスとの交渉が妥結した一八九四年三月一日、薛福成とイギリス外務大臣ローズベリーとの間で「続議滇緬界務商務条款」（全二〇条）が締結された。[69]そのうち、商務に関する条項では、雲南・ビルマ間の陸路通商の開設が正式に規定され（第八～一二条）、清朝の在ラングーン領事の設置とイギリスの在蛮允領事の設置も同時に規定された（第一三条）。

この条約はイギリスとの間で締結・批准された条約の中で、イギリス領内における中国領事の設置を明記した初めての条約であったが、この条約規定を受けて、薛福成は同年四月一九日に在ラングーン領事の設置を求める上奏を提出した。[70]そこでは、かつて在香港領事として派遣されるはずだった元在シンガポール領事の左秉隆を、新設の在ラングーン領事に任命するよう提起されていた。また同時に、在ラングーン領事の設置規定がイギリス側の在蛮允領事の設置規定と引き換えで盛り込まれたものであったことが明記されており、この条約が批准されれば、イギリスはすぐさま蛮允に領事を派遣するであろうから、後からあれこれと遷延されないためにも、清朝側の在ラングーン領事もイギリス側の領事設置と同時に行わなければならないと訴えられていた。

この時すでに駐英公使を退任することが決まっていた薛福成は、在ラングーン領事の派遣を後任の龔照瑗に託し、一八九四年五月二七日に四年二カ月におよぶヨーロッパ駐在を終え帰国の途に就く。しかし、同年七月一日に上海に帰還した薛福成は、そのまま同地で伝染病に冒され、二一日に急逝する。あれほど心血を注いで勝ち取った条約によって定められた領事設置規定に基づいて、清朝の領事が派遣されるのを見届けることなく、この世を去ったのである。在ラングーン領事の設置を求めた四月一九日の上奏に対しては、薛福成が没する前の六月一二日に「該衙門知道せよ」との硃批が下されたが、その後、何ら具体的な措置が採られることはなかった[71]。

在ラングーン領事の派遣が実施されたのは、条約締結から一五年後の一九〇九年のことである。実施がこれほど遅れたのは、薛福成の死によって、在外領事の増設に熱意を持つ外政担当者が清朝政府内に当面いなくなったことが、大きな要因の一つであろう。事実、薛福成から在ラングーン領事の設置について後事を託された後任の龔照瑗は、何ら具体的な措置を採っていない。しかし、やはり最大の原因は、薛の上奏後まもなく勃発した日清戦争とその敗北を契機とした中国をめぐる国際環境の変化であったろう。前述した一八九一年五月一九日付の総理衙門宛ての書簡（「四論添設香港領事及英派員駐喀什噶爾書」）において、薛福成は一八九〇年代初頭の国際情勢とその領事問題との関係について、次のように分析している。

私が見るところ、近年の中外交渉の大局は転機にあるようである。ヨーロッパの諸大国は中国と友好関係を結ぼうとして、〔中国を〕重視している。中英関係が堅固なものとなれば、ロシアはますます中国を重視するようになるであろう。中露関係が堅固なものとなれば、イギリスもまた中国を重視するようになるであろう。英露は互いに猜疑心を抱いているが、にわかに戦端が開かれるとは限らず、武力行使〔用兵〕に対しては極めて慎重である。新聞各社が筆墨を弄び、臆測の談を流布しているが、すべてを信ずることはできない。中国はこれを機に、〔領事問題とカシュガル問題の〕双方で利益を確保すべきである。(72)

つまり、英露対立をうまく利用して、領事問題などにおいても清朝が利益を得られるように努めるべきだというのである。しかし、日清戦争とその敗北を機に、中国本土における列強による租借地の拡大や勢力範囲の設定が進み、義和団などの排外運動も激化するなど、清朝を取り巻く国際情勢は劇的に変化し、清朝政府はそれらの諸問題の処理に忙殺され、領事問題は後景に退いていった。(73)

おわりに

郭嵩燾・曾紀沢・張蔭桓などの在外公使や、李鴻章(74)・張之洞などの地方大官のように、一九世紀末の清朝において在外領事の設置に取り組んだ官僚は多い。しかし、薛福成の領事設置活動はそれまでの官僚とは一線を画すいくつかの特徴を有していた。それらをまとめると次のようになろう。

①在外華人の保護にとどまらない、中国の利権回収や不平等条約の改正に向けての有効な手段として、領事設置問題を捉えていた。

②国際政治の展開の中で、清朝領事の増設・拡大を考えていた。
③外国政府との交渉よりも、総理衙門をはじめとする領事の増設に慎重な本国政府に対する説得に意を注いだ。
④任期中、終始一貫して領事設置問題にこだわり続けた。

「〔中国が西洋と〕最初に条約を締結した際、中国は西洋の事情を知らず、また、華人の出国が多いことも知らなかったために、西洋諸国に在華領事の設置権を与えたにもかかわらず、中国が海外に領事を設置する規定を設けなかった」[75]。薛福成自身がこう述べるように、①には、中国の領事設置権のような領事の設置に関わる直接的な利権の回収を当然含むが、本章で見たように、カシュガル問題に合わせて対露関税の税則問題や外国領事に対する認可状〔准照〕問題をも解決しようとするなど、薛福成は領事問題を利用してその他の利権回収や不平等条約の改正をも果たそうとした。

②〜④は、本章で見てきた薛福成・総理衙門間の問答を見ればよくわかることだが、総理衙門の反対により在香港領事の設置が取りやめとなったことに対する薛福成の〝恨み節〟は、その後の薛福成の論説の中にもしばしば登場する。たとえば、一八九二年に執筆された論説「南洋諸島致富彊説」は、次のような言葉で締めくくられている。

イギリス領では我が国が領事を設置することはすでに許されているが、政策担当者〔当事者〕がなお財源不足を口実に、〔領事を海外に〕多く設置することを望んでいない。中国は富強となる機会があるのに、それを用いることを知らず、貧弱に終わるのみである。何と言ったらよいのか[76]。

また、同じ年に執筆され、中国が万国公法の外にあることの有害性を力説した「論中国在公法外之害」では、領事問題に絡めてさらに激烈に中央政府を批判している。

昨年私は心血を注いで〔交渉し〕イギリス政府と在香港領事の設置について合意に達したが、これは〔イギリス以外の〕他国〔との交渉〕に手本を示すことになり、また、これまでに損害を生み出してきた〔不平等〕条約を取り除く手本ともなるものである。〔しかし〕いかんせん中央政府のお歴々〔当事諸公〕のうち、一人二人の者が私恨を抱き、死力を尽くしてこれを阻止してしまった。〔彼らが〕どのような気持ちでこんなことをするのか、理解できないのは私一人だけなのだろうか。中国で物事を処理することの難しさは、ここまでくると嘆かわしいばかりだ、嘆かわしいばかりだ(77)。

前述してきたとおり、薛福成は香港への領事の派遣が挫折すると、次はラングーン・カルカッタへの領事派遣を提起するなど、イギリス領における清朝領事の拡大を矢継ぎ早に実現しようとした。薛福成自身はその理由を次のように説明している。

イギリス政府は公法に照らしてイギリス領に領事を設置する権利を中国に対して認めており、今後もその言説を変えることはないであろう。しかも、イギリス側は〔ラングーンとカルカッタに対しては〕香港ほど慎重にはならないであろうし、〔カシュガル問題を持ち出したように〕他の問題と関連させることもないであろう。……香港の〔領事設置の〕ことはしばらく取り上げないことにしたとはいえ、決して永久に取りやめたわけではない。一、二年の内に状況が少しでも変われば、再度取り上げるべきである。……もしこの二カ所に領事を増設すべきでないというのであれば、やはり香港〔における領事設置〕を実施すべきである(78)。

在香港領事の設置に対する薛福成の執念の深さが見て取れるが、薛福成にとっては、万国公法を援用することによってイギリスから得た領事設置の権利を〝行使〟することが何よりも重要なことであった。つまり、第一段階として、清朝が万国公法をはじめとする西洋外交の手法をマスターし、第二段階として、その手法を駆使して西洋国際関係上の権利を獲得していくことが目指された。そして、第三段階として、そうして得た権利を実際に行使することによって、清朝をして西洋国際社会の内に入らしめ、列強との対等な地位を確立することが、最終目標とされたのである。南洋全域における大規模な領事の増設を奏請した「通籌南洋各島添設領事保護華民疏」で示されたとおり、まずは「比較的中国に好意的なイギリスから領事増設交渉を始め、それが成功してから、それを活かしてフランスやオランダと交渉する」との手順を薛福成は考えており、[79]その足がかりとして、自らの所管内で自らが示した手順どおりに、領事の増設をできるだけ実現しようと試みたのであった。

そのためには、領事設置の〝バーター取引〟も交渉術の一つとして容認された。はじめは、香港問題とカシュガル問題とを分けて考えることを主張していた薛福成も、最後には、イギリスのカシュガル駐在官の設置を交換条件としてでも、清朝の在香港領事の設置を実現すべきであると唱えるようになった。そして、その後成功した滇緬条約交渉では、在ラングーン領事の設置規定を得るために、その代償としてイギリス側に在蛮允領事の設置を認めたのである。[80]

近代中国における諸外国との領事関係の設定の大きな特徴の一つに、それが中国側の内地開放問題と表裏の関係にあったことが挙げられる。初代駐英公使の郭嵩燾が、清朝初の在外領事となる在シンガポール領事の設置を要求した際には、イギリス政府は、清朝側の内地開放が進んでいないことを最大の理由として、当初は清朝側の要求を拒否していた。[81]外交の場において、そうしたバーター的な取引や判断がなされることは、むしろ常識的なことであるが、中国において領事設置問題に顕著にそれが現れたのは、一九七〇年代末まで断続的に続いた中国の〝鎖国〟状態と無縁ではなかった。国内秩序を維持し政権を安定させることが、為政者の最大の政治課題であり、そのために外国勢力の影響をできるだけ排除することが目指された。在香港領事の設置を〝妨害〟した徐用儀らの判断基準もそこにあったのであろう。在外領事の設置は、国内秩序の安定との比較・選択の末に、政策的な優先順位が低くならざるを得なかったのである。その点、紆余曲折の末、一八九四年には外国人居留地の廃止を決め、九九年にそれを実行に移して「内地雑居」へと踏み切った日本とは、かなり対応が異なっていたが、それは中国が国内に抱えていた諸矛盾の深さを、逆に物語っていたともいえよう。

国際法を駆使した外交を展開することによって西洋諸国との対等な関係を確立しようという、薛福成が領事問題などを通して目指した中国外交の一つのスタイルは、在香港領事の設置では挫折を余儀なくされたが、在ラングーン領事の設置では、条約によってその権利を明文化させることに成功し、実際にその条約規定に基づいて領事を派遣することによって実績を積み上げていく段階に入りかけていた。その矢先に訪れたのが、薛福成自身の死（一八九四年七月二一日）と日清戦争の勃発（同月二五日）であった。日清戦争の敗北は、清朝中国の国際的地位をさらに低下させ、イギリス・ロシアをはじめ、諸大国の清朝に対するまなざしは冷やかなものへと変わっていった。こうして薛福成が〝転機〟と捉えた中国の自強にとって有利となるべき国際環境は、期せずして彼の死とほぼ同時に失われたのである。

第Ⅱ部　中国の在外領事裁判と東アジア

第6章　双務的領事裁判権をめぐる日清交渉

はじめに

アジアの近現代史において領事裁判といえば、欧米諸国がアジア諸国と結んだ「不平等条約」に規定された片務的領事裁判権によるそれを想起するのが、一般的であろう。しかし、近代化（西洋化）の過程において、アジアの国家が国外において領事裁判権を行使した事例もある。日本が朝鮮や中国において領事裁判権を行使したのがその典型だが、中国（清朝）が国外において領事裁判権を行使していた事実は、あまり知られていない。

国外において自国民に対して司法管轄権を行使するには、通常在外機関の設立を前提とするが、清朝政府が在外公使館・領事館の設立を始めたのは一八七〇年代後半のことであり、在外領事の設置は、南北アメリカ、東南アジア、日本、朝鮮（日清戦争以前の朝鮮では商務委員）を中心に進められた。清朝が在外領事館の設置を進めた最大の目的は、在外華人を保護・管理することであり、領事裁判権の行使はその有効な手段と考えられたのである。

一九世紀の西洋国際社会では、主権国家間において領事裁判権を相互に承認し合うことはなく、欧米諸国（ロシアを除く）が、その本国および植民地における領事裁判権を清朝に対して付与することはなかったし、また、清朝が欧米諸国に領事裁判権を要求することもほとんどなかった。しかし、同じ東アジアの日本や朝鮮に対しては、領事裁判権の行使を求め、実現させるという局面が、近代の一時期において見られた。

日本における清朝の領事裁判は、日清修好条規に定められた双務的な領事裁判規定に基づくもので、一八七八年の在日領事館の開設から九四年の日清開戦時まで続いた[1]。朝鮮（韓国）における裁判権の行使は、日清戦争の前後で分けられ、日清戦争前は、一八八二年に清朝と朝鮮との間で結ばれた商民水陸貿易章程の規定に基づき、清朝側のみ在朝華人関係の事件や訴訟の裁判権を行使した。日清戦争後は、一八九九年に結ばれた清韓通商条約に定められた双務的な領事裁判規定に基づき、両国は相互に領事裁判権を行使し、清朝側の裁判権は一九一〇年の韓国併合時まで保持された。そのほか、ウラジオストクなどの極東ロシアにおいても中国の在外機関が現地の華人に対して裁判権を行使していたというが[2]、詳細は定かではない。

以上のように、東アジアにおける中国の在外領事裁判の問題は、年代的にも地域的にも一定の広がりがありながら、その実態については未解明・未着手の課題が多い。そこで本章では、まず、清末の中国において領事裁判権がいかに認識され、諸外国との条約の中で、在外領事裁判権に関する規定がいかに取り決められたのかを概観する。

一　日清修好条規以前の在日華人に対する処置

一八五九年の開港以前、在日華人が寄港・居住できたのは長崎一港に限られ、いわゆる唐人屋敷（唐館、一六八九年完成）が設けられ幕府（長崎奉行）の管理下に置かれていたことは、よく知られている[3]。長崎で罪を犯した華人に対しては、取り調べを行った上で、別の華人船主に引き渡して送還し、清朝側に通知して清朝の法律によって裁判を行わせ、日本への再渡航を禁止する処置をとっていた[4]。日本人と結託して密貿易（抜荷）を行った場合、日本人は唐人屋敷の門前で斬首にされることもあったが、華人については、「異国人ノ儀ニ付御赦免」とされ、密貿易品を焼却した上で中国に送還され、再渡航を禁じられるというケースがほとんどであった[5]。

開港後、欧米各国商人の使用人（買辦などのいわゆる「外夷附属」や召使い）として、多くの華人が長崎をはじめ横浜や神戸に渡航・居住するようになり、一八六〇年代半ば以降は、長崎の華人商人や新たに渡来していた華人らが、横浜や神戸に移り住むようになった。しかし、日清間にはいまだ条約が締結されておらず、日本側はこれらの在日華人を「条約未済国人」として扱い、開港場ごとに「取締規則」を制定していった。

在日華人の取り扱いが日清両国間において議論された最も早い例は、一八六二年の徳川幕府による千歳丸派遣時に行われた交渉であったと思われる。この年、幕府は「出貿易」の試みとして千歳丸を上海に派遣し、日本側の使節は上海道台の呉煦と会見したが、その際日本側が、太平天国の乱により江蘇・浙江の難民が数千人長崎に押し寄せて寄寓し処置に困っていることを伝えると、呉煦は「もし長期滞在して罪を犯した場合は、中国に船で送らせ中国で裁いても差し支えない」と答えたという[6]。

華人をはじめとする条約未済国人の取り締まりが、規則として初めて成文化されたのは、一八六七年一一月に欧米五カ国（英・仏・米・普・蘭）公使と幕府との間で取り交わされた「横浜外国人居留地取締規則」第四条においてであった。同規則により、横浜居留地と神奈川港内に居住する華人あるいは条約未済国人は、民事・刑事を問わず、神奈川奉行の裁判管轄下に置かれることになった（ただし、処断にあたっては外国人取締役と外国領事の援助を必要とするとされた[7]）。同年一二月、長崎では、長崎奉行（河津祐邦）と上海道台（応宝時）が往復書簡を取り交わし、日清両国の居留民に関する訴訟事件は在留国の法律を適用して処理するという「取極」を行った[8]。

一八六八年一月に明治新政府が発足すると、同年四月、長崎裁判所は、在留外国人が雇傭する華人が日本人に対して「犯法」行為をなした時は、「国律」をもって処断することを決定している。[9] また、同年一二月、上海道台（応宝時）は長崎府知事宛てに書簡を送り、日清両国の居留民が法律に違反し罪を犯した時は、その地方の法律によって処断し、本国政府は干渉しないようにすべきであると伝えてきた。[10] 長崎府はこれを受け、直ちに長崎在留の華人に対して布令を発し、日清両国の居留民は、以後在留国の国民と同様に「地方官の仕置」によって処断されること、在留華人はすべて姓名・出身地・年齢を外国局に申告し、所定の「籍票」を取得しなければならないことを布告した。[11]

長崎では、一八六八年から六九年にかけて華人の同郷組織である広東会所と八閩会所が相次いで設立され、会所所属の華人から出された借地や家屋倉庫の新増築の許可願い、死亡報告などを長崎県に取り次いだほか、華人・日本人間の商取引上の紛争や日本人への不平の訴えも、県に対して行っていた。明治元年に長崎県に提出されたと思われる広東会所設立の申請書には、「我が幇は会所を設立するに、另に新章を設け、皆我が皇朝の制度を以て良歹を察核し公に従って究辦する」と述べられ、「事実上の治外法権」が要求されていたが、蒲池典子によれば、これは「新しい要求ではなく、従前に唐館内で実際に行われていたような自治制度の継続を意図したものであろう」としている。[12] 実際、両会所は設立後、日本の警察権が会所所属の華人に直接及ぶことを拒否し、華人に対するアヘン取り締まりも緩和するように要請していた。その一方で、所属の華人の中に手に負えない不良分子が現れた時は、長崎県当局が強制力を発動し、国外追放の処置をとるよう請願することもあった。[13] 明治初期の会所は華人の自治組織として日本側当局に対して交渉や抗議を行う一方、「在留華人の登記事務、華人個人より官庁にあてられた諸願届のとりつぎ、不良華人のとりしまり等、日本政府のための行政事務」を行う組織としての性格をも有するようになっていた。[14]

一八六九年一〇月、長崎県は外務省に対し、六七年の日清間の「取極」を日本全国に通達するよう要請するとともに、「死刑以上之重罪を犯し」た者は本国に送還するのが至当であるとの見解も申し添えていた[15]。これは、華人の処刑が日清間において外交問題化することを避けるため、「異国人ノ儀ニ付御赦免」した上で送還するという開港以前の慣習を踏襲しようとしたものと考えられる。

このような中、日本側官憲によって死刑が執行された唯一の案件が発生する。一八七〇年に横浜で起きた竹渓紙幣偽造事件である（華人竹渓と日本人共犯者二名が死刑となった）。この事件については、臼井勝美がすでに詳細に検討しているため、具体的な経過は省略するが、「横浜外国人居留地取締規則」第四条に基づき、各国領事の立ち会いの下で取り調べが行われ、各国領事団は死刑を軽減して一五年以下の徒刑とすべきとの申し入れを行い、中華会議所からも助命嘆願がベルギー領事を介して提出された。しかし、華人は条約未済国人であるため、地方官の見込みで処罰しても差し支えないとの外務省の見解が示され、量刑は刑部省が議定することとなった。

この時、折しも日清修好条規の締結交渉のため、柳原前光（外務権大丞）が上海に滞在していた。柳原は外務省からの訓令を受け、天津駐在の三口通商大臣成林に対し書面でもって事件の経緯を詳細に説明した上で、死刑については一応清朝側の了解を得た上で執行する旨を通知した。外務省は、清朝が条約未済国であるがために条約国の居留民と同等に扱うことができないことを強調し、この事件も関連させながら条約締結の必要性を清朝側に申し入れるよう柳原に訓令していた。柳原の通知に対し成林は、北京の総理衙門とも協議した結果、一八六八年一二月の上海道台の長崎府知事宛ての書簡どおり、処断は日本側に一任すると柳原に回答した。その後、竹渓は一一月三日に日本人共犯者二名とともに処刑されている[16]。

二　双務的領事裁判規定の成立——日清修好条規締結交渉（一八七〇〜七一年）

清朝との条約締結交渉のため柳原前光が天津に入ったのは一八七〇年九月のことである。日清修好条規の締結交渉から批准交換に至るまでの経緯については、日本側・中国側ともに多くの研究蓄積があるが[17]、ここでは、先学の成果も踏まえつつ、同条規の交渉過程において両国民の裁判管轄権の問題がいかに扱われたかを確認しておきたい[18]。日清修好条規が、日本側の求めに応じて交渉が始められながら、交渉は終始清朝側のペースで進められ、調印された条文内容についても清朝側の草案がベースとなったことはよく知られている。ここでは、日本側が最初に示した柳原草案（私案）と、その後それを参考に清朝側が作成した三種の草案（一次草案・二次草案・正式草案）において、両国民の管轄と両国民および両国民間における刑事事件・民事訴訟に関する規定がいかなる文言となっていたのかを列挙し[19]、内容の変化とその要因について考察してみたい。

①日本側：柳原草案（柳原前光による私案）

第四款　大清国准開通商各口、由大日本国設立領事官辦理本国商民交渉事件、領事官与道台同品、其属僚等与知府同品而視。凡会晤文移均用平礼、大清国領事官居住大日本国准開通商各口時、亦与各該大員平礼相待、両国無爵紳士及商民等、倶用稟呈。

第五款　因両国人民往来各口居住、所有領事責任応辦、諸如戸口・産物・詞訟・交渉・関提逋逃等事、悉照与外国所立通商総例辦理。其人民所有関渉逋債事件、其該官長雖加経理、両国決不代償。

第六款　両国各口所在商民、倘無本国官員駐箚管轄、均可由地方官約束照料。或有犯案、一如本民、按照地方本律科断。至管束之経費、課該商民設法徴収。

第十四款　両国人民、希図私利、或在此国誘結居民、共謀有碍彼国法度之事、倘由彼国差人提拿、或此国地方官察出、均当緝捕、各審其情、公正処治。

②清朝側：一次草案（李鴻章と陳欽による清朝側草案）

第五条　両国通商各口、彼此均可設理事官、約束本国商民、並辦理交渉事件。中国理事官与日本正従三四位官員平行、日本理事官与中国道府平行。其余品位同者、会晤文移、均用平行之礼。

第七条　両国理事官、駐通商各口地方、凡本国商民交渉・財産・詞訟案件、皆帰審理、各按本律核辦。至両国商民彼此互相控訴、倶用稟呈。惟理事官応先為勧息、使不成訟。如或不能、即行照会、公平訊断。其窃盗逋欠等案、両国地方官、惟能追比、不能代償。

第八条　両国各口人民、倘無本国官員駐箚管轄、均可由地方官約束照料。或有犯案、一如本国人民、按照地方本律科断。至管束之経費、即向該商民設法籌款、惟不得勒派苛斂。

第九条　両国人民、理応各守法度、共保睦誼。如有此国人民、在彼国聚衆滋擾、数在十名以外、及誘結通謀彼国人民、作害地方情事、或由彼国径行緝拿、或此国随時査捕、審実即照本律、就地正法。

③清朝側：二次草案（応宝時と涂宗瀛による清朝側草案）

第四条　両国通商各口、彼此均可設理事官、約束已国商民。凡交渉・財産・詞訟案件、皆帰審理、按律核辦。至両国商民、彼此互相控訴、倶用稟呈。惟理事官応先為勧息、使不成訟。如或不能、即行照会地方官、会同公平訊断。其窃盗逋欠等案、両国地方官、只能査拿追辦、不能代償。

第五条　両国各口人民、倘無已国理事官駐箚管轄、可由該地方官約束照料。或有犯事、一体査拿、一面将所犯案情知会駐劄口之該管理事官、照律科断。
第六条　両国人民、理応各守法度、共保睦誼。如有此国人民、在彼国聚衆滋擾、数在十名以外、及誘結通謀彼国人民、作害地方情事、或由彼国径行緝拿、或此国随時査捕、審実即按律懲辦、其有情罪重大、律応正法者、即在犯事地方処決。
第二十四条　両国兵民、在通商各口、有勾結本地強徒、為盗為匪、或潜入内地、搶劫・虜掠・放火・殺人、拒捕者均准格殺勿論。如拿獲到案、在通商口岸者、地方官会同理事官審辦、倘係内地、即由地方官審実、在犯事地方按律懲辦、仍将案情知照該管理事官備査。

④清朝側：正式草案（応宝時と陳欽による清朝側の最終草案）

第八条　両国指定各口、彼此均可設理事官、約束己国商民。凡交渉・財産・詞訟案件、皆帰審理、各按己国律例核辦。両国商民彼此互相控訴、倶用稟呈。理事官応先為勧息、使不成訟、否則照会地方官、会同公平訊断。其窃盗逋欠等案、両国地方官祇能査拿追辦、不能代価。
第九条　両国指定各口、倘未設理事官、其貿易人民均帰地方官約束照料。如犯罪名、准一面査拿、一面将案情知照附近別口理事官、按律科断。
第十三条　両国人民、如在指定口岸、勾結強徒、為盗為匪、或潜入内地、放火・殺人・搶劫、敢行拒捕者、均准格殺勿論。如拿獲到案者、在各口由地方官会同理事官審辦、在内地即由地方官自行審辦。倘此国人民、在彼国聚衆滋擾、数在十人以外、及誘結通謀彼国人民、作害地方情事、無論在各口及在内地、応聴彼国官径行査拿、審実即在犯事地方正法。

①は、一八七〇年一〇月に清朝への条約締結の打診に際し、柳原が清朝側の三口通商大臣成林に示した日本側草

案（柳原草案）であり、その第四款・第五款では、領事の設置と領事裁判権の相互承認が規定されたといわれる。[20]しかし、第四款では日清双方が領事を相手国に設けることは明示されているものの、「本国商民交渉事件」を処理することができると明記されているのは日本側の領事のみである。第五款・第六款の規定を見れば、清朝側の領事にも自国商民の管轄権が付与されていることがわかるが、日本側の領事の管轄権のみ強調している印象は免れない。[21]そのうえ第五款では、戸籍・財産・訴訟・交渉・逃亡犯の逮捕要請などの案件は、すべて欧米各国との間で取り決めた「通商総例」に準拠して処理するものとされていた。

②は、条約締結の打診を受けた清朝政府によって柳原草案の検討を命じられた天津海関道の陳欽が作成し、李鴻章の承認を受けた清朝側の一次草案である。この草案においてまず注目すべきは、「領事官」の名称を「理事官」と改めていたことである。その理由について、陳欽は「両国が別に生面〔新方面〕を開き、泰西の成様〔既成のやり方〕を襲わざるを示す」ためであると明確に説明している。[22]また第五条では、柳原草案とは異なり、「より対等に、より具体的に領事裁判を双務的に承認しあう」[23]条文となり、第七条では、両国の理事官は各開港場に駐在し、自国商民の交渉・財産・訴訟については、それぞれ自国の法律〔本律〕に依拠して処理するものとされた。これは、欧米との取り決め〔通商総例〕に準拠すべきとした柳原草案を全面的に否定するものであった。こうした陳欽らによる条約案は、欧米との条約を援用させないという対日条約交渉にあたっての清朝側の一貫した姿勢を反映したものであった。[24]

また、②の第七条では、両国の商民が相手国の商民を訴える場合は、「稟呈〔申請〕」によって相手国の当局（理事官あるいは地方官・裁判所）に訴え出ることとし、理事官はまず原告・被告双方に和解を促して〔勧息〕、裁判にならないようにし、和解が成立しなかった時は、直ちに相手国の地方官に照会し、公平に裁判を行うよう規定された。曾国藩の指示により作成された応宝時（江蘇按察使）と涂宗瀛（上海道台）による二次草案（③）では、和解が成立しなかった時は、ただちに地方官に照会し、「会同〔共同〕」で公平に裁判を行うと、「会同」の二字が追加された。これは、後述する上奏において、曾国藩が「会訊局」の設置を構想していたことと関連があるものと思われる。ちなみに、「稟呈」方式や、まず和解を勧め、不成立の場合は「会同公平訊断」するという方式は、一八四三年の清英五口通商章程においてすでに見られる規定であり、文言としては一八五八年の清英天津条約第一七条の同様の規定に倣ったものであった[25]。

④は応宝時と陳欽が李鴻章の下で取りまとめた清朝側の最終草案であるが、若干の字句を改めた以外は、③と大きく変わっていない。清朝側が、本国法に準拠した領事裁判権の相互承認を明確な文言で条規に盛り込んだ背景には何があったのだろうか。欧米諸国の在華領事による領事裁判が現に行われ、いまだ領事裁判権の撤廃を視野に入れていなかった当時の清朝当局者にとって、「領事裁判権はさして支障のある条項ではなかった[26]」。それゆえ、「憲諭」のような柳原草案の一方的な記述を、より対等で双務的な条文に改め、両国関係の対等性を明示することが重要視されたと考えられる。

しかし、清朝側、特に条規締結を推し進めた清朝当局者の中には、領事裁判権を積極的に活用しようとする意図を明確に持っている者もいた。その代表的な人物が、李鴻章とともに日本との条規締結を支持した曾国藩（両江総督）である。彼は、同治十年正月（一八七一年二月下旬〜三月上中旬）に清廷に提出した上奏の中で次のように述べている。

聞けば日本は物産が豊饒で、百貨の価格が安く、中国各省との間は数日の航程にすぎないといいます。条約締結後は、日本の貿易船が必ずや次々と押し寄せて来るでしょうし、中国の商船も必ずや次々と東に向かって渡って行くでしょう。西洋諸国との間においては、西洋商人が来るだけで中国商人が行くことがないこととは、事情が異なります。渡航する華人が多くなれば、領事の例に倣って、中国も官員を派遣して日本に駐在させ、〔日本の〕内地に居住する商民を監督し、また、会訊局〔混合裁判所に類する機関〕[27]を設立して、華人と外国人〔日本人・西洋人〕との紛争や訴訟の案件を処理するようにすべきでしょう。日本側の草案の中には、キリスト教布教の厳禁とアヘンの厳禁の二カ条がありますが、華人で〔この罪を〕犯した者は、直ちに中国側の在外官員によって処罰させるか、あるいは本籍地に送還して裁判にかけるようにすれば、日本側の譏りを受け、〔体面において〕見劣りすることは免れるでしょう。[28]

曾国藩は、条約締結後の日清貿易の飛躍的な発展を予期し、それに伴って日本に渡航する多くの中国商民の利益を、清朝官員を日本に派遣・駐在させることによって積極的に保護しようと考えていたことがうかがわれる。曾国藩の指示を受けて二次草案を作成した応宝時と涂宗瀛は、日本が上海に官員を駐在させている目的について、[29]「表向きは自国民の取り締まりだが、実際は〔自国民を〕保護するためである」と認識し、清朝も日本に倣って在日商民の保護を重視すべきであるとの考えを示していた。[30]また、曾国藩は同じ上奏の中で、中国では西洋との条約によってキリスト教の布教とアヘンの取引が許可されているため、それらが禁じられている日本において華人が裁判にかけられ、清朝側の体面が傷つけられる危険性があったことから、それを避けるためにも、裁判管轄権を有した清朝官員を日本に派遣するべきだと考えたのである。[31]

その後、清朝側の正式草案（④）がまとめられた際にも、曾国藩はその第八条にコメントを付け、当時の中国における著名な世界地理書であった徐継畬の『瀛環志略』の記述を引用しながら、日本当局による在日華人に対する管理の厳しさと、在華西洋領事による居留民管理の弊害とを指摘し、清朝官員による在日華人の管理の必要性を説いている。[32]

そのほか、両国民が共謀して騒擾事件を起こした場合の管轄権については、李鴻章・陳欽による一次草案（②）では、現地の地方官が現地の法律に従って処罰するという完全な属地主義が採用されていた（第九条）。しかし、応宝時と涂宗瀛による二次草案では、開港場において現地民と共謀して罪を犯した者や、内地において強盗・略奪・放火・殺人を犯しながら逮捕に抵抗した者は殺害に及んでも構わないこと、逮捕後は、開港場においては「地方官が理事官〔領事〕と会同して審辦」し、内地においては地方官がその地方の法律に従って処罰した上で、その経緯を領事に通知すること、が規定された。前述のごとく、二次草案は曾国藩の指示によって作成されたものであり、ここに「会審」規定が設けられたことは、第七条の民事訴訟と同様、曾国藩による「会訊局」の構想が影響したものといえよう。

このように清朝政府内では、在日領事を派遣して裁判権や会審権を積極的に活用しようとする意見が、有力者の中からも現れるようになった。在日領事の派遣について、清朝側が積極的に検討していたことを示すもう一つの史料が、「理事官章程」の案文（全八条）である[33]。これは正式草案の取りまとめにおいて中心的な役割を果たした応宝時によって作成されたものであり、来るべき在日領事の派遣に備えて作成されたものと思われ、条規締結前の一八七一年八月三〇日付で李鴻章に提出されている。同章程案には、①在日領事の選任基準、②設置人数、③設置箇所、④通訳人員、⑤給与基準、⑥任期終了後の処遇、⑦統属関係（南洋通商大臣の所管とする）、⑧経費に関する具体的な規定が盛り込まれており、在日領事の派遣に対する清朝側の積極的な姿勢を示すものといえるが、裁判権の行使については何ら規定されていない。

田保橋潔や藤村道生の研究でも明らかにされているように、日本側の草案には柳原草案（①）のほかに、津田真道（外務権大丞）が起草した草案（明治四年四月三十日太政官へ提出、同年五月八日決裁）と花房義質が起草した草案（明治四年六月二十二日以降起草、同年七月四日以前脱稿）とが存在した[34]。特に津田草案は、柳原草案との比較において、「朝鮮問題の解決を欲し、そのためには中国側の意をむかえるために日中連合をあえて辞さなかった明治三年当時の日本外交の路線が、中国において西欧列強と同一の特権を獲得しようとする外交路線に転換した」ことを意味する内容を有するものとして注目されているが[35]、そのモデルとされたのが、一八六一年に清朝とプロイセン・ドイツ関税同盟諸国との間で結ばれた通商条約（清独条約）であった。

その津田草案において、日本が「中国において西欧列強と同一の特権を獲得しよう」としたものとして藤村道生が特に注目したのが、両国居留民に対する裁判管轄規定（第三七款、第三九～四一款）であり、その意図するところは、「中国が日本に領事を派遣しないことを前提に、〔清朝側の〕領事裁判権の行使を事実上、否定する」一方で、「すでに上海に領事派遣を決定している日本は、中国の全開港場で領事裁判権を行使できる」ようにし、さらに「中国が日本に領事を駐在させたばあいにも日本がその裁判に介入する道を開」くことであったという[36]。柳原草案においても、日本側の領事裁判権に比べて清朝側のそれをはっきり明記しない文言となっていたが、津田草案では「柳原私案の形式的対等性への配慮を捨て、日本人が中国へ行くのを主として、中国での日本の領事裁判権は詳細に定めたが、その逆はほとんど規定されて[37]」おらず、「柳原案と比較して、いっそう露骨な片務的性格[38]」を帯びるものとなっていた。この間の日本側の動向や変化については、第10章第一節で再論したい。

その後の本交渉については周知のごとく、伊達宗城（大蔵卿）を欽差全権大臣とする日本側使節と李鴻章を欽差全権大臣とする清朝側代表とが天津において交渉を行い、清朝側は、日本側が提示した津田草案を、ことごとく西洋と清朝との条約に倣おうとするものだとして拒絶し、かねてより準備していた清朝側の正式草案を日本側に提示して、これを交渉の基礎案とするように求めた。日本側が難色を示すと、清朝側は柳原草案を反古にした日本側の不誠実を説いた上で、清朝側草案を基礎案としない場合は、締約しなくとも構わないとする厳しい内容の書簡を日本側に送り、その妥協を引き出し、一八七一年九月一八日、日清「修好条規」（全一八条）および日清「通商章程」

（全三三款）が締結されるに至った。[39]

三　双務的領事裁判規定のゆくえ——改定交渉（一八七二〜八〇年代）

日清両国の全権代表によって締結された日清修好条規では、領事（理事官）の双務的な設置と裁判権規定および会審規定（第八条）、領事未設地の商民管理規定（第九条）、領事による自国居留民の管理規定（第一一条）、両国民による共謀事件の処理規定（第一三条）などがそれぞれ盛り込まれたが、これらは清朝側の正式草案がほぼそのまま採用されたものであった。

伊達使節一行が帰国すると、日本政府内では直ちに修好条規に対する不満が噴出し、批准交換前に日本側から改定要求が清朝側に出されることになった。一八七二年四月、柳原前光が再度派遣され陳欽と交渉したが、清朝側の強い反発を受け、交渉は不首尾に終わった。結果、修好条規は改定されることなく、翌七三年三月、特命全権大使として渡清した副島種臣（外務卿）と李鴻章との間で批准交換が行われ発効する。[40]

ここでは、この改定交渉から一八七七年に清朝の在日領事が派遣される以前において、在日領事の派遣と清朝領事裁判権を行使する問題についていかなる議論がなされたのか、を確認しておきたい。まず、柳原前光と陳欽との改定交渉の際、柳原は次のように陳欽に述べたという。[41]

横浜・神戸・長崎三港に居留する華人は数千を下らず、その係争事件もまた頻繁であり、清朝の理事官一人が着任し、各港の事務を兼理しようとしても、実地に通ぜず、審理不能に陥るだろう。その上、日本政府は〔欧米との」条約改正の意志もあり、日本側官憲が審理に当たるのが妥当である。

つまり日本側は、条規締結後においても、領事裁判権を清朝側にのみ撤回させようと試み続けたのである。[42] これに対し陳欽は、次のように答えている。

それぞれの国が〔外国に居留する〕自らの民を管理することは各国の通例である［各管各民係各国通例］。今日本が欧米諸国との条約を改定したいといっても、いまだ決着していないものであり、清日はすでに条約を締結したのであって、これを永遠に遵守すべきである。清朝が新たに派遣する理事官は、確かに日本における華人の係争事件の事情には通じていないが、着任後は、現地の地方官に詳しく聴取し、関係記録を反復研究すれば、妥当に処理することができるはずだ。その手続きについては理事官派遣後に協議したい。

注目すべきは「それぞれの国が自らの民を管理することは各国の通例である」とする清朝側の発言である。前段の柳原の発言から見て、陳欽がいう「各〔の国〕が各の民を管する」に裁判管轄権が含まれていることは間違いなく、この発言を文字どおり解釈すれば、一八七二年段階において、在外邦人に対する属人的な裁判管轄権を各国が有することが国際通例であると、清朝当局者が認識していたことになる。

しかし、鈴木智夫がつとに明らかにしているように、清朝政府（総理衙門）では、一八六七〜六八年にイギリス・アメリカとの条約改定交渉に備えて行われた条約研究や、六八年の内地開放に関するイギリス・アメリカ公使との交渉の時点において、在留外国人に対する法権が居留国にあることが欧米諸国間の通例であることはすでに知られており、内地開放要求に対しては、「欧米諸国では内地の全面開放は居留外国人に対する法権の確立を不可欠の前提としていると反論し、外国側が清朝に対して治外法権の撤廃に応じない以上、清朝も外国勢力に対し中国内地の全面開放を認める必要がない、と応酬していた[43]。また、一八七〇～七一年に「伝教章程」の受諾を総理衙門が外国側に要求した際にも、「外国人が在留する国の法令に服することは当然であるとして、明らかに中国における治外法権の問題を意識した発言をくり返していた[44]」。

ほぼ同時期に、このような〝矛盾〟した発言が見られることをいかに考えればよいのか。一つの見方としては、清朝側が単に二枚舌外交を行っていたとも考えられよう。法権に対する主張を自己の都合に合わせて変えていたということである。もう一つの見方としては、法権または領事裁判権に対する認識が清朝政府内においていまだ統一されていなかったとも考えられる。たとえば、序章でも触れたとおり、清朝政府では、「領事とは、貿易を求めて来華してくる西洋諸国が貿易を許可されたかわりに、自国商人の商業活動を監督するもので……自国民の保護者であると同時に、その活動を管理するべき存在でもあ」り、「在華西洋領事の有する領事裁判権や軍艦停泊権も、その管理者としての性格に因るものとして説明され」ることもあった[45]。つまり、清朝の初期の領事像は、欧米諸国間において互派されている領事裁判権を行使しない領事の姿ではなく、領事裁判権を含む広範な権限によって自国民を保護・管理する、当時の華人の眼前に存在していた在華西洋領事のイメージだったのである。

しかし、少なくとも日本側との交渉に当たった陳欽らは、領事裁判権に対して基本的に総理衙門と同様の認識を有していたものと思われる[46]。だが、日本側は陳欽らの発言によって、西洋諸国間では領事裁判権を相互に承認し合わないことを清朝側は認識していないと受け取ったに違いない。それゆえ、一八七三年四月に修好条規の批准交換のため渡清した副島種臣は、李鴻章との会見において、次のように伝えることになったのである。

西洋各国では、ある国の商民が別の国に行った際は、ことごとくその国の規則や法令を遵守し、訴訟の案件があれば、直ちに地方官によって公平に裁判が行われ、領事が独断で勝手に処理することはできない。中国と日本が西洋諸国と条約を締結し始めたところ、その多くは無理やり国交を結ぶことになったため、ヨーロッパの慣習をよく理解もせずに、騙されてしまった。〔西洋との〕条約はすでに批准交換して確定しているので、いかんともしがたく、領事官は会うたびごとに横暴な振る舞いで憤懣やるかたない。我が国は岩倉〔具視〕を西洋に派遣し条約改定について議論しており、現在イタリアなどは了承してくれている。ただイギリス・フランスなどの諸国は、議論を引き延ばしており、改定できるかどうかはまだわからない。[47]

これに対し、李鴻章は「もし改定することができたならば、すぐに〔改定された〕新しい条約の写しを取って知らせてほしい」と依頼したという。[48] これより二年ほど前の同治十年十月（一八七一年一一～一二月）、李鴻章は凌煥（江蘇題補道）に命じて「上海や天津での『中外』間の係争事件に関する判決記録をもとに『中外』間の案件処理のための事例集のようなものをつくらせ、それを将来の条約改訂や『通商律条』制定の参考ともさせようとしてい」ることを上奏しており、[49] 李鴻章が日本の「条約改正」に関心を抱いていたことは確かであろう。ただ、日清間の「条規」関係を西洋との「条約」関係とは区別しようとしていた李鴻章らにとって、[50] たとえ日本が欧米諸国との条約改正（領事裁判権の撤廃を含む）に成功したとしても、それが直ちに日清間における領事裁判権の相互承認の解消につながるものとは、この時は考えていなかったと思われる。

日清修好条規の批准後も、清朝政府は駐日公使・領事の派遣をすぐには実施しなかった。それは、経費不足に加え、外交使節を派遣する以上は、「軍艦を往来させて示威しなければ居留民の保護は困難であると考えたためでもあった」。[51] その間にも、日本国内では在留華人の取り扱いがさらに問題化していた。修好条規第九条では、領事未派遣時の処置について規定されていたが、「その規定は曖昧であり、日本側の解釈もまた不統一」[52] であった。そのため、一八七四年四月になり、外務卿寺島宗則の上申を受けて、それまで開港場ごとに定められていた在留華人に関する規則を統一した「在留清国人民籍牌規則」が太政官によって布達された[53]。同規則によって、在留華人を統一基準によって登録させ「籍牌」を交付するとともに、華人からの各種願書の提出はすべて総代人（中華会館董事）の証印が必要となった。しかし、同規則には、清朝の領事が着任するまでの措置として、「従来存在セル我国法度及地方規則或ハ将来設立スル法度及地方規則ヲ遵奉セシムル」との規定が盛り込まれていた。修好条規第九条では、領事派遣前の措置として、日本政府は華人に対する民事裁判権を行使できることになっていたが、刑事裁判権については規定を欠いていた。つまり、同規則によって、日本側は独断で在日華人への刑事裁判権を行使できるようにしたのである[54]。

こうして在留華人管理の〝実績〟が作られていく中、日本政府は、裁判権行使の既成事実を追認させ、さらには在日領事の派遣と日本における領事裁判権の行使を実施しないよう、清朝政府に働きかけを始める。

一八七五年、日本臨時駐清代理公使として北京に駐在していた鄭永寧は、本国外務省から、清朝の在日領事が派遣されるまでの在日華人の扱いについて、修好条規第九条の規定は曖昧であるため、「総テ我土ニアル清民ハ詞訟刑罪トモ皆我国律ヲ照シ、我地方官ノ裁判処断スル所タルヘキ旨、公翰ヲ以」て清朝側に伝えるよう訓令を受けた。鄭永寧公使の「公翰」に接した清朝側は、領事が派遣されるまでは日本側の地方官の管轄権を承認するとしていた従来の方針を改め、領事が着任する前に、華人・日本人間に訴訟が起きたり、在日華人が日本の法律を犯した場合は、日本の地方官は「華幇司事」（現地華人組織の代表）と会同して公平に裁判を行い、それが無理ならば、「華幇司事」が「観審」することを認めることを規定した「暫行章程」を制定するよう日本側に求めた[55]。しかし、「むしろ中国の領事裁判権そのものを否定したいと考えていた日本政府に、この理事官でない華幇司事［清商頭分ノ者］との会審・観審を認めよとの提案を受入れる余地はなく[56]」、清朝側が提起した「暫行章程」案は日本側の不同意により成立せず、日本側が企図した第九条の問題も結局解決しなかった。そして、この交渉によって李鴻章は、在日領事の早期派遣を決意するに至ったのである。[57]

翌一八七六年一一月、駐清公使として渡清した森有礼は、李鴻章と会談した際、清朝の在日領事が派遣された後も、裁判権を行使しないように求めたという。これに対し李鴻章は、清朝の商民は清朝の領事によって管轄されるべきであり、これは「万国通例一定之理」であると切り返した。[58]三年前の副島種臣との会見において、欧米諸国では領事裁判権を相互に認め合うことはないことを告げられ、それ以前から欧米との条約改定を模索していたはずの李鴻章が、領事裁判権の行使を「万国通例一定之理」であると述べたのはなぜだろうか。

推測するに、李鴻章のこの発言は、法権の回復よりも内地開放の回避を優先していた当時の清朝政府にとって、[59]現状では清朝が欧米との条約改正交渉に踏み出す可能性がない中、欧米諸国とアジア諸国間において現に（片務的に）行われている領事裁判権の行使を「万国通例一定之理」であると認め、日清が「対等」である以上、それを双務的に適用することは可能だという主張であったのではなかろうか。この年の初め（一八七六年一月）にハートが総理衙門に提出した報告書の中に、ある「中国大憲（a high official）」から、「西洋人は〔清朝の〕地方官の管理に帰さなくてもよいという条項の撤廃をもし外国人が認めるなら、西洋人は〔清朝内の〕行きたいところに行ってもよい（give up exterritoriality［sic］and you may go where you like)」が、「地方官の管理に帰さなくてもよいという条項の撤廃をもし認めないのであれば、外国にいる華人も外国官の管理に帰さなくてもよいとすることはできるのか（will you even let our people in your ports have the standing we give yours in ours?)」と尋ねられたとの記述がある（和訳は中文版をほぼ直訳したもの、（　）内は英文版の原文であり、ニュアンスはやや異なる)。[60]ここにいう「中国大憲」とはおそらく李鴻章のことだと思われる。清朝内の領事裁判権が撤廃できないのであれば、在外華人にも同様の地位が与えられるべきだとする主張は、欧米に対しては、その実現可能性は別としても、相互（互恵）主義の貫徹を原則論として表明したものだと言えるが、こうした発想が、修好条規によって「不平等」ではない関係を築き、現に領事裁判権を相互承認している日本に向けられた時、それはリアルな要求として突きつけられることになる。欧米に対しては領事裁判権は西洋の「通例」ではないと言い、日本に対しては「各国通例」だと言う清朝側の発言は、一見ダブル・スタンダードのように見える。しかし、日本側が欧米との条約改正に取り組み始め、清朝ではいまだそうした動きが現実味を帯びてこない中、清朝や日本などのアジア諸国において欧米によって領事裁判権が行使されている現実を、「各国通例」あるいは「万国通例一定之理」であると主張することは、日本における清朝側の領事裁判権のみ否定され、清朝における日本側の領事裁判権は維持されるという、清朝側にとって最も望ましくない事態を避けるための戦略的な発言だったと見ることもできるのである。

こうした姿勢は、翌一八七七年の日清間における特約交渉での清朝側の対応にも表れた。この年、日本政府は「大日本国・大清国特約案」を提起し、森有礼が北京において総理衙門との交渉に当たった。この特約案は第一款において、「嗣後両国ノ民ハ（公使領事其属員及海陸武官等ヲ除クノ外）各其居住セル地方ノ法律ニ服従シ禁制ニアラサル業ヲ営ムハ其自由ニ任ス」と規定されていた。この時、外務卿寺島宗則は森への訓令において、領事裁判権については、日本在住の清朝の官商は欧米各国の官民と同様の権利を有し、中国在住の日本の官民もその他の外国人と同様の扱いとさせるよう指示していた。これは表面上は「平等」の扱いのように見えるが、日清両国が同時に欧米の領事裁判権を撤廃させるのは不可能であり、将来、日本が欧米側の領事裁判権を撤廃させることができたとしても、清朝が欧米の領事裁判権を直ちに撤廃させることは不可能であった。この特約が成立すれば、将来は日本側のみ清朝内での領事裁判権を保持し続けることになるというのが日本側の目論見であり、それを察知した清朝側は、日本側の特約案を拒否したのである[61]。

特約交渉が不成立に終わる中、一八七七年一二月、何如璋を公使とする清朝の駐日使節がついに派遣され、翌七八年の夏までには、横浜・神戸・長崎の三カ所に清朝領事館（理事府）が相次いで設置された[62]。これにより、修好条規の規定に基づき、清朝領事による領事裁判と民事・刑事の混合事件に関わる会審が実施されるはずであった。領事裁判については領事の着任とともに開始され、日本政府も各開港場・開市場の裁判所に対し、華人による民事・刑事事件は清朝領事に裁判管轄権が移行したことを通達した。しかし、同通達では、条規中の「会同審問」は、清朝公使との談判の結果が出るまでは実施を見合わせるよう指示したため[63]、その後、清朝領事は修好条規第八条の規定にしたがって会審予告の通知を日本側当局に出し続けたが、日本側は「不都合」があるとしてこれに応じなかった。駐日公使何如璋は、「便宜ノ辦法」として審理に「立会」う方法を提起し、一八八二年には後任の駐日公使黎庶昌と日本政府との間において「観審」の実施が合意された[64]。この間の経緯は、浅古弘によってすでに明らかにされているが[65]、日本側が会審の実施を凍結したのは、「中国に会審を認めれば最恵国条款により欧米諸国も会審権を日本に要求するのではないかとの危惧」があったからである[66]。

その後、一八八〇年代半ばに至っても、日本政府は清朝政府に対して、日清修好条規の改定を再三要求し続けた。日本側としては、欧米との条約改正による法権の回復がなった後も、日清修好条規の領事裁判権規定が最恵国待遇によって欧米諸国にも均霑され続ける可能性を排除しておきたかった。しかし清朝側は、日本と欧米との条約改正交渉が停滞し、日清両国が琉球帰属問題でも対立するなか、日本側の要求を拒否し続け[67]、修好条規に基づいて日清両国が双務的に領事裁判権を行使し続ける状態は、一八九四年七月の日清開戦によって日本政府が修好条規を破棄するまで続いたのである[68]。

おわりに

本章では、日清修好条規の領事裁判規定の成立過程とその後の改定をめぐる交渉内容を考察することを通して、清朝による領事裁判権の行使が、いかなる動機により実施され、また維持されたかの一端を明らかにした。最後に、東アジア近代史の視点から、日清修好条規に規定された双務的領事裁判権の歴史的意義について考察してみたい。

日清修好条規では、第八条において「両国指定各口、彼此均可設理事官、約束己国商民（両国ノ開港場ニハ彼此何レモ理事官ヲ差置キ自国商民ノ取締ヲ為スベシ）」と規定されたとおり、属人的な観念に基づく司法管轄権が双務的に設定された。この条項は近代的な条約としては極めて〝特殊〟なものだと言われる。では、このような〝特殊〟な規定が設けられた制度的、思想的背景はどこにあったのか。

互市システムから清朝の通商秩序を検討した廖敏淑は、日清修好条規第八条における「対等的な双務主義と属人法的な裁判権の設定には、旧来の互市の発想と慣行が作用している」と見る[69]。互市とは、近代以前に中国と外国との間で行われた、いわゆる朝貢貿易とは異なる、「貿易相手との通交関係の上下・有無にかかわりなく、存在しえた通商制度」であり、ロシアとの間では対等な「与国」として互市が行われ、朝鮮やベトナムのような清朝が「属国」と位置づける国との間でも互市が行われていた。また、政治・外交的な関係が一切なかった日本も、長崎貿易を踏まえて、清朝側は「互市国」と位置づけていた[70]。廖敏淑は、清朝中期に露清間で結ばれたネルチンスク条約（一六八九年）とキャフタ条約（一七二七年）の属人的な司法管轄権の相互承認規定を、日清修好条規の第八条と類似のものと捉え、ロシアとの間の互市に関する経験と規定とがこれに影響したとする。

確かに、日清修好条規とそれに付随した通商章程の締結は、清朝側、特に条規締結を推し進めた李鴻章や曾国藩らにとっては、従来の互市関係を発展的に拡大させるものとして想定されたであろう。しかし、それに伴う属人的な司法管轄権の設定にあたっては、本章において確認したとおり、これが「旧来の互市の発想と慣行」が直接「作用」したものだとする形跡は見出せない。

廖敏淑も引用している、第八条の会審規定の挿入に影響を与えた曾国藩の上奏では、「渡航する華人が多くなれば、領事の例に倣って、中国も官員を派遣して日本に駐在させ、内地に居住する商民を監督し、また、会訊局を設立して、華人と外国人との紛争や訴訟の案件を処理するようにすべきである」[71]と述べられており、これを文字どおり解釈すれば、清朝による在外領事の派遣と領事裁判権または会審権の行使が、ロシアにおける互市の経験と規定を援用したものではなく、より直接的には、欧米諸国が中国あるいはアジアにおいて領事裁判権や会審権を行使している「領事の例」を援用しようとしたものであったことは明白である。もちろん、文字や発言に現れない観念として、「旧来の互市」が「作用」していたことを完全に否定するものではない。しかし、そうした不確実な要素を強調するよりも、直接的には、欧米諸国がアジアにおいて行っていたシステムを、清朝側が「各国通例」であると主張し、これを日清間に構築される「新関係」に適用させたことこそ強調しておかねばならないことであろう。

ただ、ここで注意を要するのは、清朝が援用したものが、欧米諸国間における「通例」ではなく、欧米諸国がアジア諸国に対して行っていた「通例」だったことである。日清修好条規締結の翌年（一八七二年）に行われた改定交渉において、「各国が自国民を管理するのは各国の通例である」と陳欽が発言したことは、領事裁判権の行使を欧米諸国間も含めた「通例」であると清朝側が誤解していると日本側に受け取られ、翌七三年には、副島種臣が李鴻章に対して、それが「通例」ではないことをあえて伝えることになった。その後も清朝が条約改正に踏み出す可能性がない中、清朝側は、現に欧米諸国がアジア諸国において行っている領事裁判権の行使を「万国通例一定之理」と認め、日清が「対等」である以上、それを双務的に適用すべきだと考え続けていたことは、前述したとおりである。

楊雨青は、「当時李鴻章は、なおも何が平等であるのかを理解せず、〝治外法権は天下に普く公理〟であり、中国も西洋のやり方に学ばなければならないと思い込んでいた。これは時代の局限性が作り出したものである」と結論づけている。[72] しかし、李鴻章らは、領事裁判権は欧米諸国がアジアにおいて行使しているだけのものであることを十分承知した上で、清朝の「条約改正」への目処が立たない中、あえてこれを「万国通例一定之理」であると主張し、日清間においてこれを維持し続けようとしたのである。清朝側のこうしたある種の戦略性にも目を向けるべきであろう。[73]

もう一つ注目しておかなければならないことは、領事裁判権行使の主張が、実利を求めたものだったのか、それとも体面を保持するためのものだったのか、という問題であるが、それらは双方存在したと言うべきであろう。[74] 実利としては、日清修好条規締結時に曾国藩らが想定した対日貿易の拡大・発展にとって、在日領事の派遣とそれに付随した領事裁判権の行使が有利に作用すると期待されたのである。それは、一八八〇年代に入って李鴻章らが朝鮮で進めた商務委員の派遣と在朝華人に対する裁判権の行使においても、同様の期待が存在した。その具体相や日本とは異なる「属国」という要素がいかに絡んでいたかについては、次章で検討していきたい。

一方、領事裁判権の獲得によって体面を維持しようとした側面については、日清間のみならず、広く東アジアの枠組みとそこに存在する西洋諸国との関係性の中で考えなければならず、そこには、領事裁判権の有無が「東アジアの国家間関係の指標」になっていた、少なくとも清朝はそう認識していたという事情がある。その具体的な論証は、朝鮮（韓国）やベトナムの事例も加え、終章において述べることにしたい。

第7章　清朝の在朝鮮領事裁判規定の成立と変容

――〈宗属・片務〉関係から〈対等・双務〉関係への転換

はじめに

清朝と朝鮮の宗属関係が東アジアの「近代」という時代のうねりの中でいかに変容し、対等な二国間関係を経て、日韓併合を迎えることになったのか。韓国、中国、日本それぞれ戦前からの膨大な研究蓄積を有しているが、近年は多言語史料を可能な限り駆使した実証研究の登場により、外交史として研究すべき課題はもはやそれほど残されていないようにも見える。(1) しかし、日清戦争前の清朝による朝鮮への宗主権強化政策の象徴的な存在であった「商民水陸貿易章程」（一八八二年）、なかんずく清朝側のみ特権的に在朝華人に対する裁判管轄権を保有することを規定した条項については、いまだ詳しい検討はなされていない。(2) 同様に、日清戦争によって宗属関係が解消された清韓間に新たな国家関係の枠組みを提供した「清韓通商条約」（一八九九年）については、近年いくつかの詳細な研究が現れ始めているが、そこで規定された諸条項については、やはりその歴史的意義を掘り下げて検討した研究はほとんどないと言ってよい。

安井三吉が指摘するように、清韓通商条約は「相互に最恵国待遇を認め合っているが（第二条・第三条）、他方では相互に租界の設置を認め（第四条）、領事裁判権を認め合う（第五条）など」「平等ではあるが相互に主権を制限し合う」条約であり、「一八七一年調印の日清修好条規と似たもの」[3]との印象を強く受ける。こうした指摘は、中国とその周辺国家との間に「対等」な外交関係が樹立される過程を法的側面から考察する上で非常に示唆に富む。だが、商民水陸貿易章程や日清修好条規のみならず、清朝・韓国がそれぞれ他の外国と結んだ条約も踏まえて、その条文を子細に検討すると、また違った意味づけが可能であることに気づかされる。

清朝の在朝商務委員や清朝が朝鮮内で行った領事裁判については、李銀子・権赫秀・石川亮太らの研究があり、本書はそれらの研究から多くの知識と示唆を得た[4]。ただ、問題関心の違いもあり、条約・協定としての条文分析や、属人的司法管轄権たる領事裁判権が何ゆえ東アジアの国家間において結ばれたのかという点についての考察はいまだ行われていない。本章では、「商民水陸貿易章程」と「清韓通商条約」に含まれる領事裁判規定の成立過程とその条文の意味を読み解きながら、清朝・朝鮮（韓国）両国の国家関係と条約関係が、〈宗属・片務〉関係から〈対等・双務〉関係へと転換していく中で、領事裁判規定がいかなる意味を持ったのかについて考察していきたい[5]。

一　商民水陸貿易章程（一八八二年）における片務的裁判権規定の成立

（1）清朝商務委員の派遣

清朝と朝鮮との間で「商民水陸貿易章程」が締結されたのは一八八二年一〇月一日のことで、天津において調印された。清朝側はこの章程を朝鮮が他の外国と結ぶ条約とは異なる宗主国・属国間の取り決めであると主張し、章程の前文にもこの章程内の規定は各国が朝鮮と結んだ条約内で規定する最恵国待遇の対象とはならない旨明記されている。締結にあたって、清朝側は李鴻章が代表となって周馥と馬建忠が補佐し、朝鮮側は趙寧夏を代表として金弘集と魚允中がこれを補佐した。ちなみに、同章程は清朝側の周馥と馬建忠が起草した「辦理朝鮮商務章程」が基になっている。[6] 商民水陸貿易章程が締結された背景には、日本による琉球併合（一八七九年）以降、属国の維持に危機感を募らせた清朝側が、朝鮮に対して宗主権を強化する政策に転じたことがあることは、すでに多くの研究で明らかにされている。ただ、朝鮮政府は必ずしも商民水陸貿易章程を無理やり清朝側に押しつけられたわけではなく、章程締結によって高麗人参の対中輸出を拡大させるなどして、朝鮮政府の財政収入の増加につなげたいという主体的な意志が朝鮮側にもあったことが指摘されている。[7]

この章程によって、清朝・朝鮮間において両国の商人が往来して海上交易が開始され、それを監督するため指定された都市に互いに商務委員を派遣・駐在させることができると規定され、清朝側の商務委員は北洋大臣によって派遣されることになった（第一条）。このように商務委員の派遣については双務的であったが、互いに相手国に在住する自国商民に対する裁判権については片務的な規定が設けられていた（第二条）。これについては次項で詳しく見る。清朝の商務委員は、一八八三年七月に首都漢城に総辦（漢城商務公署駐在）が、各開港場に分辦（各分署駐在）がそれぞれ設置され、初代総辦には陳樹棠が就任した。分署は仁川分署が一八八三年一一月に、釜山分署と元山分署が八四年五月にそれぞれ設置され、八七年には龍山分署が増設された。元山はのちに華人が少ないという理由で商務委員は廃止され、[8] 代わりに「坐探委員」が置かれるようになった（以上、表7-1を参照）。また、両国間には別に「華商地界章程」が結ばれ、一八八四年四月には仁川に、同年七月には釜山に、一八八八年には元山にそれぞれ清朝租界が設置されている。[9]

清朝政府は李鴻章の提案に基づいて一八八三年八月に「朝鮮商務委員章程」を制定した。[10] 清朝の商務委員は事実上、通常の国家同士が派遣し合う「領事」と同様の役割を担うことが想定され、特に日本商人が領事の保護・管理

表 7-1　清朝の分辨商務委員（1883〜94 年）

就任年月	駐在地	姓　名	就任年月	駐在地	姓　名
1883 年 11 月	仁　川	李乃栄	1886 年 10 月	龍　山	陳同書
1884 年 5 月	元　山	劉家驄	11 月	釜　山	李蔭梧
6 月	釜　山	陳為焜	〃	元　山	呉仲賢[5]
1885 年 10 月	仁　川	李蔭梧[1]	1888 年 3 月	龍　山	洪子彬
11 月	釜　山	劉家驄[2]	〃	仁　川	李蔭梧
〃	元　山[3]	劉家驄（代理）	〃	釜　山	白曾煊（代理）
1886 年 1 月	元　山	姚文藻[4]	11 月	釜　山	李応畹
3 月	釜　山	譚賡尭	1889 年 8 月	龍　山	唐紹儀
4 月	仁　川	陳席珍（代理）	〃	仁　川	洪子彬
5 月	龍　山	李蔭梧	1892 年 6 月	元　山	葛家騮（代理）
〃	釜　山	陳宝秋（代理）	12 月	元　山	呉仲賢（復職）
8 月	仁　川	洪子彬	1893 年 2 月	仁　川	劉永慶
〃	釜　山	姚文藻	1894 年 3 月	釜　山	謝愷（代理）
〃	元　山	陳宝秋			

出所）『旧韓国外交文書』（清案 1・2），『清季中日韓関係史料』。李銀子「清末 駐韓 商務署 組織과 ユ 位相」も参照。

注 1）『申報』1886 年 1 月 14 日掲載の「京報全録」（光緒 11 年 11 月 18 日付）の「李鴻章片」内に李蔭梧の経歴などの記事がある。

2）劉家驄については，『申報』（1886 年 1 月 10 日）の「三韓紀事」を参照（「元山理事劉君志林」とある）。

3）これ以降，分辨商務委員から坐探委員に変更された。

4）姚文藻はのちに朝鮮政府顧問のデニーと清朝の朝鮮駐在の責任者であった袁世凱とが対立した際に，デニーや朝鮮政府との結託を李鴻章に疑われ，旧知の馬建忠によって弁護されることになる人物で（1888 年，岡本隆司『馬建忠の中国近代』304 頁），1881 年頃には上海にいたらしい（坂野正高『中国近代化と馬建忠』135，139 頁）。なお，岡本・坂野両書は「姚賦秋」とするが「賦秋」は字号であろう。また岡本書は「元山商務委員」とするが，姚文藻が元山商務委員だったのは 1886 年 1〜8 月の間で，1886 年 8〜11 月の間は釜山商務委員を務め，その後は商務委員には就いていない。

5）呉仲賢（1859〜?）は，広東省四会人，清朝の官費アメリカ留学事業（留美幼童）の第 2 陣として留学，帰国後は李鴻章によって朝鮮に派遣され，元山商務委員などを務める。のち，在神戸・大阪領事，在横浜総領事などを歴任した。

を受けて朝鮮の開港場に進出している状況に対抗する意図がこめられていた。(11) 李鴻章も上奏の中で「朝鮮は中国の藩服であり、委員が前往・駐紮するのは、外洋各国に出使する体制とはやや違いがあるが、事情はほぼ同じである」と述べている。(12) しかし、領事という名称は西洋諸国との間で用いられる職名と捉え、属国である朝鮮に駐在させる上国の官員の名称として使用することを清朝側は避けた。これは、西洋諸国との関係とは異質のものであることを名辞上からも示そうとして、日清修好条規において「理事官」という名称を使用したのと発想は同じであったが、日本とは違い、ただ西洋諸国とは異なるというだけではなく、清朝の属国であることを強く示す必要があった。その背景には、商民水陸貿易章程は上国と属国との間で結ばれた「章程」であり、通常の条約とは異なり西洋諸国には均霑されないことをより明確にしておかなければならないという差し迫った理由があった。ただ運用段階においては、実際には様々な名称で呼ばれており、『旧韓国外交文書』（清案1・2）では清朝側も含めて「辦理○○通商事務」「辦理○○商務」「理事」「領事」など名称はまちまちで、分署を「領事衙門」と記すこともあった。また、当時の『申報』でも「理事」と呼称されることが多かった。ただ、初代総辦商務委員となった陳樹棠は、一八八四年九月になると、朝鮮駐在の各国公使との交渉上不都合であるとして、「商務」を超えた外交代表としての身分を求めるようになり、英文名称も工夫するようになるが、それについては後で述べたい。ちなみに、商務委員の任期は三年とされ、俸禄は総辦商務委員が三二〇両（在日正理事官に準ずる）、分辦商務委員は二〇〇両と定められた。[13] しかし、表7-1からもわかるとおり、任期三年は必ずしも規定どおり実施されていたわけではなかったようである。

一八八六〜九〇年まで朝鮮政府の外国人顧問を務めたデニー（Owen N. Denny アメリカ人）も、清朝側の対朝鮮政策を批判した著作『清韓論』（*China and Korea*, 1888）において、商民水陸貿易章程には「通常の友好・通商・航海条約に必要な要件はほぼすべて、そこにそなわっている。その第一条にしたがい、清朝は外交権を有する委員をソウルに派遣し、清朝の商人〔と臣民〕の利益を保護するために全開港場に領事を派遣した。第二条は清朝の臣民に、最恵国待遇を有する国の市民・臣民が有するのと同様の、治外法権をみとめたものである」と述べ[14]、清朝が派遣していた商務委員は実質上「領事」と同等のものであるとの見方を示していた。

朝鮮への商務委員派遣は、その他の国への領事派遣とは異なり、清朝の宗主権強化政策という面が強く、それを主導したのは李鴻章であった。「朝鮮商務委員章程」も李鴻章の上奏に基づいて総理衙門が定めたものである。[15] 李鴻章のねらいは朝鮮との交易拡大にあり、商民水陸貿易章程の締結後、中国商人が首都漢城を含む朝鮮の開港場に進出していった。[16] 章程締結以前に発生した壬午軍乱では華人商人四〇名余りが清軍に同行して朝鮮入りしている。[17]
　商民水陸貿易章程によって、朝鮮関係の貿易商務のほか、現地華人の保護・管理についても北洋大臣李鴻章の管轄下に置かれることになり、同章程によって清朝側が獲得した片務的「領事」裁判権（治外法権）も、その下で運用が始まった。しかし、これに対してまったく異論が挟まれなかったわけではない。前述した朝鮮政府の外国人顧問デニーは『清韓論』の中で「ある主権国がその主権の及ぶ範囲内部で、自国臣民に向かって治外法権を要求する、という奇観を呈してしまう……清朝が朝鮮に対し属国関係〔→宗主権〕を主張する一方で、朝鮮が清朝臣民に治外法権を与えることは、朝鮮にとっての恩恵なのであろうか」と、宗属関係と「治外法権」との矛盾を指摘している。[18]
　初代総辦商務委員に任命された陳樹棠は、一八七八年一一月〜八二年四月まで初代在サンフランシスコ総領事を務め、すでに「領事」業務を経験していた上、[19] 一八八二年末に李鴻章との協議を終えて帰国する趙寧夏に随行して朝鮮に渡航した経験があり、現地の「地勢民情」にも通じていることが任命の理由であった。[20] ただこれには別に裏の事情もあった。それは陳が招商局およびその総辦たる唐廷枢と関わりの深い人物であり、また唐廷枢と同じ広東省香山県の出身であったことである。招商局は章程締結後の朝鮮との海上貿易拡大において大きな役割を果たすことが期待されており、そこには唐を中心とする広東人勢力が大きく関わっていた。陳樹棠の総辦商務委員就任もそのあたりのコネクションが働いていたようである。[21] また陳樹棠の補佐役として、李鴻章の推挙により在天津ドイツ領事であったメレンドルフ（Paul Georg von Möllendorff）も朝鮮に派遣されている。
　漢城に駐在した陳樹棠が主に処理した仕事は、華人の保護・管理と華人商人の朝鮮での交易に関する朝鮮との折衝であった。[22] また、日本など朝鮮に代表を置く各国との折衝も重要な任務であった。[23] その中で陳樹棠は自らの身分が「商務委員」であることが各国の公使や領事と交渉する上で不都合を来していることを痛感するようになる。そこで、一八八四年九月、職銜を「総辦朝鮮各口交渉通商事務」と改めるよう李鴻章と総理衙門に具申し許可されている。「交渉」の二字を入れることによって外交代表としての身分と職責を明確にしようとしたのである。同時に、彼はその英文名称も変更し、"The Chinese Commissioner of Commerce"を"The Chinese Commissioner for Diplomatic and Commercial Affairs"と改めている。事実これ以後、各国の朝鮮駐在公使たちは陳樹棠を「中国公使」（The Chinese Minister）として遇するようになる。[24]

一八八五年一〇月、陳樹棠は「病気」を理由に退任し、代わって袁世凱が「駐紮朝鮮総理交渉通商事宜」として派遣され、[25]唐紹儀がこれを補佐した。「総辦商務委員」の名称が使われなくなったのは、「商務委員」という呼称が各国の朝鮮駐在領事から格下の官職として見られていたことを嫌いその格上げを図ったもので、商務のみならず「外交を豫聞するの意を示す」意図があった。[26]袁世凱はその後朝鮮において宗主国清朝の「駐在官」（Resident）として振る舞うようになる。[27]

袁世凱が着任後すぐに直面したのが光緒十一年冬（一八八五～八六年）に発生した仁川海関事件であった。これは仁川在住の華人商人が起こした暴動事件で、清朝の高圧姿勢によって朝鮮側海関職員と協調できなくなった結果起こったものであった。[28]

（2）片務的裁判権規定の成立

次に清朝の在朝商務委員に付与された裁判権の制度的概要について確認しておきたい。商民水陸貿易章程第二条では、次のように規定されていた（原語の語彙を残すため読み下して引用する）。

> 中国の商民は朝鮮口岸に在りて、如《も》し自ら控告を行わんとすれば、応に中国商務委員の審断に帰すべし。此の外の財産・犯罪等の案は、如し朝鮮人民が原告と為り、中国人民が被告と為れば、則ち応に中国商務委員に由

り追拿し審断すべし。如し中国人民が原告と為り、朝鮮人民が被告と為れば、則ち応に朝鮮官員に由り被告・罪犯を交出し、中国商務委員と会同して律に按じて審断すべし。朝鮮商民の中国の已に開きたる口岸に在《お》ける所有一切の財産・罪犯等の案に至りては、被告・原告が何国の人民たるかを論ずる無く、悉く中国地方官に由りて律に按じて審断し、並びに朝鮮委員に知照して案に備わしむ[29]。

要点を整理すると次のようになる。

①朝鮮の港で華人が訴え出た裁判は清朝の商務委員によって裁判を行う。

②朝鮮の港で起こったその他の経済犯罪の裁判は、朝鮮人が原告で華人が被告の場合は清朝の商務委員が逮捕し裁判する。清国人が原告で朝鮮人が被告の場合は、朝鮮官員が被告の犯人を引き渡し、清朝の商務委員と共同で裁判にあたる。

③中国の開港場では、一切の案件は被告・原告を問わずすべて清朝の地方官が裁判を行う。

すなわちこれは、清朝側のみ朝鮮で自国商民に対する裁判権を行使する権限を有する片務的裁判規定であった。ただ、②にあるように、通常、混合事件は被告主義によって判事国が決められ、駐在国人が被告の場合は、駐在国官憲の単独裁判に付されるが、ここでは被告が朝鮮人の場合であっても、朝鮮の地方官と清朝の商務委員が共同で裁判を行うとされ、清朝側がより強い権限を有していた。

この規定に沿って、清朝は朝鮮において現地華人に対する裁判権を実際に行使していったが、裁判事例と運用実態については次章で詳述する。まずここでは、この第二条の成立過程を確認しておきたい。同章程は、清朝側が草案を作り、それに基づいて天津で交渉が行われた。清朝側は天津海関道の周馥と李鴻章の命を受けて朝鮮問題を担当していた馬建忠（候選道）の二人、朝鮮側は魚允中（侍講）が交渉にあたった。魚允中は同章程案について「節略」をしたためて清朝側に提出し、周馥・馬建忠側はそれに答える「節略」を返している[30]。まず魚允中の「節略」では、裁判管轄を定めた第二款について次のように述べている。

第二款の犯罪を裁判する方法〔罪犯審断之法〕については〔両国間に〕やや高低があり、各国の人々に笑われてしまいかねません。商務委員と地方官の裁判の方法については、もし「両国間で規定が同じ法規〔左右相同之例〕に従う」と改めていただけましたら、公平であることがはっきりし、幸甚に存じます。

これに対し周馥・馬建忠は次のように反論している。

第二款内にいう裁判の方法〔審断の法〕にやや高低があるのは、これは会典に記載のあることであり、変更するのは難しい。節略の中で「左右相同之例に従うと改める」と言っているが、どうして貴国の商務委員が中国の通商港においても事件を取り調べ裁判する権利〔問案審断之権〕を付け加えようとするのか〔付け加えようとすべきではない〕。ましてやこれを公法によって推し量ってみれば、両国の法が平衡である場合はその軽い方を採用することになっており、貴国の刑罰は我が国よりも重いのであるから、〔適用する〕法規〔例〕は対等国の関係〔与国之体〕であったとしても「中国法に従う」と改めるべきであろう。ましてや〔清朝と朝鮮の間には〕大国と小国の分があるのだから。

清朝側は、魚允中の言うように「左右相同之例に従う」と改めた場合、中国国内で属国である朝鮮の官憲が「問案審断之権」を行使する事態になることを特に問題視している。しかし、魚允中は「左右相同之例に従う」のは中国での事件についてのみとは言っておらず、仮にこれが認められたならば、朝鮮国内における華人が被告となる事件でも朝鮮法の影響を受けることになるが、これについて清朝側は特に問題視している形跡はない。朝鮮側が在朝華人に対する清朝側の裁判権行使を否定することなど予想だにしていなかったのか、あるいはこれを不遜として断罪すれば問題をこじらせる可能性もあり、あえて言及しなかったのか、定かではない。

清朝・朝鮮間の商民水陸貿易章程が締結される前の一八八二年五月に朝鮮とアメリカとの間で結ばれた修好通商条約（シューフェルト条約）第四款では、[31]アメリカ人が朝鮮で犯した犯罪、およびアメリカ人が被告となる訴訟については、アメリカ領事が本国法に則って裁判を行うことが規定されているが、それに続いて「もし朝鮮が今後法律と裁判制度を改定しアメリカと同様のものとなった時は、アメリカは直ちに裁判権を朝鮮に返還する」との条文が挿入されていた。同条約は清朝（李鴻章）が朝鮮に調印を斡旋したもので、特に李鴻章の意を受けた馬建忠が主導したものであったことは、岡本隆司の研究によってすでに明らかとなっているが、[32]この領事裁判権撤廃の予約規定も、やはり馬建忠の意図が働いたものであった。彼は次のようにその意図を説明している。

第四款の裁判［審案］のことについては、朝鮮とアメリカの法律が異なるため、西洋の国が案件をみな地方官によって訊問・裁判させているようなことはできないが、西洋人が通商している所は、被告の多くは現地人であり、ここに被告の所属する官員が本国の律例をもって裁判すると定めたとしても、公平に処理することができ、朝鮮人が損をすることはない。「今後律例を改定すれば」という一節は、最も大切なことを含んでいる。すぐには行うことはできないが、この説があるだけで将来に期待することができるのである。[33]

ここからもわかるように、むしろ清朝側が朝鮮に対して将来的な領事裁判権の撤廃を視野に入れるよう促していたのであり、それは一八八一年初めに日本に派遣された朝鮮の修信使が清朝の駐日公使館から渡された「朝鮮策略」（黄遵憲執筆）にもすでに示されていたことだった。したがって、先に見た魚允中の意図を馬建忠らが察していなかったということはないはずで、むしろ魚允中は領事裁判権撤廃という清朝側が「勧めた」方向性を、西洋のみならず清朝との間にも実施しようと試みたと見てよいであろう。しかし、結果は清朝側の属国論によってすべて押し流され、清朝側が示した草案どおりに裁判規定も定まったのである。

（3）国境貿易に関する章程との比較

商民水陸貿易章程は新規に開始される海上貿易について定めたものであったが、ほぼこれと同時に以前から行われていた国境貿易についても、清朝・朝鮮間で新たな章程が結ばれている（「奉天与朝鮮辺民交易章程」一八八三年三月、「吉林朝鮮商民貿易地方章程」同年九月）(34)。この国境貿易に関する章程にも裁判規定が設けられている。まず「奉天与朝鮮辺民交易章程」は第六条で次のように定めている。

商民は貿易して運びて関卡に到らば、所有稽査せる匪類・徴収せる税課等の事は、統《すべ》て〔清朝の〕督理税務之員由り所属の文武員弁に督飭して認真に経理せしむ。其の銭財・罪犯等の案の応に地方官に帰して審断せしむべき者は、各の定律に按じて辦理す。

此の外、如《も》し奉省人民の朝鮮に在りて事を滋し、或いは私逃して朝鮮境内に在る者は、〔朝鮮の〕義州府尹由り〔清朝の〕安東県に拿交して治罪せしむ。(35)朝鮮人民の奉省に在りて事を滋し、或いは私逃して奉省境内に在る者は、安東県由り義州府尹に拿交して治罪せしむ。

倘《も》し辺界の重大事件に遇い安東県知県・義州府尹の能く擅専する所に非ざる者は、或いは先に安東県由り稟報し、或いは径《ただ》ちに義州府尹由り東辺道衙門に呈報し、盛京将軍・奉天府府尹に転詳して批示せしむ。仍お（東辺）道由り札を安東県に行《おく》り並びに義州府尹に照会し、〔盛京将軍・奉天府尹の〕批に遵いて辦理せしむ。

この条項の要点は次のとおりである。

①関卡〔関所・検問所〕[36]での警察・徴税業務は清朝の「督理税務之員」が配下の文武員弁に命じて行う。そこで発生した財産・犯罪に関する事件のうち、現地の地方官に裁判を担当させるべきものは、それぞれの法に従って処理する。
②奉省〔奉天省〕[37]の人で朝鮮国内において事件を起こした者、あるいは朝鮮に密出国した者は、朝鮮の義州府尹から清朝の安東県に引き渡して処罰する。朝鮮の人で奉省内において事件を起こした者、あるいは奉省に密出国した者は、安東県より義州府尹に引き渡して処罰する。
③もし国境地帯で重大事件が起き、安東県知県・義州府尹のみで処理できない場合は、先に安東県より報告するか、あるいは直接義州府尹より東辺道衙門に報告し、東辺道衙門は盛京将軍・奉天府府尹に上申して盛京将軍・奉天府府尹が指示を出す。指示を受けた東辺道衙門は安東県に指示書〔札〕を送り、同時に義州府尹にも連絡〔照会〕し、盛京将軍・奉天府尹の指示に従って事件を処理する。

①にいう「督理税務之員」とは、同章程第五条に「所有督理税務之員は、盛京将軍・奉天府府尹由り北洋大臣に咨商して会議して酌派し、旨を請い定奪して〔決裁を受けて〕、欽んで遵い施行す」と定められているもので、清朝側が任命した官員である。国境交易所はこの清朝側の官員が管理するが、そこで起きた財産・犯罪に関する事件のうち、必要な場合は、清朝側・朝鮮側の現地の地方官がそれぞれの法に従って処理するとされた。これだけの条文では曖昧さが残るが、関卡で起きた事件は「督理税務之員」の判断で、当事者が清朝側であれば清朝の地方官に、朝鮮側であれば朝鮮の地方官に処理を委ねることを意味していると思われる。②では双方の国内で捕まった犯罪者・密入国者は相手国の官憲にそれぞれ引き渡して処罰するとの規定であり、①と②を合わせると、司法行政管轄は双方が属人的に処理するという規定であった。ゆえにこれは、居留する外国において自国の裁判権を行使することを前提とする「領事裁判権」とは性質を異にする。[38]関卡における司法管轄の決定権は清朝側の「督理税務之員」

が握っていたが、裁判・処罰は両国がそれぞれ属人的に行うとされており、この点は清朝内での朝鮮人犯罪を清朝側が裁くとした商民水陸貿易章程とは異なり、規定上は平等な内容となっている。しかし、③は国境地帯で発生した重大事件を処理する最終的な決定権者は清朝側の盛京将軍・奉天府尹にあるとされ、そこから清朝側と朝鮮側の地方官にそれぞれ指示と連絡が行われるという仕組みになっていた。

次に「吉林朝鮮商民貿易地方章程」は第九条で次のように定めている。

所有稽査せる匪類・徴収せる税課等の事は、統て督理商務之員由り司事・弁兵を妥派し随時認真に辦理せしむ。其の銭財・罪犯等の案は、琿春・慶源自ら応に近きに就きて地方官に帰して審断せしめ、各の定例に按じて辦理し、並びに互相知照せしむべし。如し商務に関有る者は、仍お税務局に照会して査に備わしむ。惟だ寧古塔・敦化県のみは会寧と相距つこと遠きに過ぎ、安東と義州、琿春と慶源のごとく相離るること較や近き情形に非ざれば比す〔犯人逮捕や徴税を行うよう催促する〕べし[39]。如し吉省人民の朝鮮に在りて事を滋し、或いは私逃して朝鮮境内に在る者は、応に〔朝鮮の〕会寧等城の地方官由り〔清朝の〕督理商務之員に拿交すべし。其の帰案す（裁判に附す）べからずして罪の枷杖に止まる者、及び尋常の詞訟は、該員由り発落〔結着〕を議して以て拖累〔連累〕を省かんことを擬す。徒罪以上は、仍お分別地方官に解交〔押送〕して審辦せしむ。朝鮮人民の吉省に在りて事を滋し、或いは私逃して吉省に在る者は、並びに督理商務之員由り地方官に転令して緝拿せしめ、解して税局由り原報の朝鮮地方官に発交して治罪せしむ。

倘し辺界の重大事件の朝鮮地方官の能く擅専する所、税局委員の能く核擬する所に非ざる者有れば、応に該委員由り北洋大臣・吉林将軍・督辦大臣の批示を詳奉した後、仍お督理商務之員由り朝鮮各該地方官に照会し批に遵いて辦理せしむ。朝鮮官員も亦た朝鮮政府に転報し命を聴くべし。

冒頭にある「督理商務之員」は、同章程第一条で「吉林由り督理商務之員を派出し、税課を徴収し、匪類を稽査す」と定め、第三条で「吉林・朝鮮商民の随時往来貿易は、一切創辦の事宜にして応に督理商務之員を派し、〔同員は〕吉林将軍由り北洋大臣に咨して会議して酌派し、旨を請い定奪して、奉旨の日を俟ちて、再び定期開市を行う」と定められているもので、清朝側が任命する官員である。この第九条の要点をまとめると次のようになる。

①国境貿易に関わる犯罪・徴税は、清朝の「督理商務之員」が配下の司事・弁兵に命じて処理する。財産・犯罪に関する紛争事件は、清朝側の琿春、朝鮮側の慶源のそれぞれの地方官がそれぞれの法に従って裁判を行い、結果については相手国に互いに通知する。商務に関わる事件は、税務局に連絡しておく[40]。ただし、寧古塔・敦化県での交易に関わる紛争事件については、国境から距離が遠いため、現地の清朝側の官憲が処理する。

②吉省〔吉林省〕[41]の人で朝鮮国内において事件を起こした者、あるいは朝鮮に密出国した者は、朝鮮側の会寧などの地方官から清朝の「督理商務之員」に引き渡す。裁判に及ぶ必要がなく罪状が枷杖以下の事件や通常の訴訟は、「督理商務之員」が処理する。徒刑以上の罪状となる者は、それぞれ清朝側の地方官に押送して裁判する。朝鮮の人で吉省内において事件を起こした者、あるいは吉省に密出国した者は、「督理商務之員」より地方官に指示して逮捕させ、税局を通して原籍の朝鮮官憲に引き渡して処罰する。

③もし国境地帯で重大事件が起き、朝鮮の地方官や「税局委員」[42]が処理できない場合は、同委員より北洋大臣・吉林将軍・督辦大臣の指示を受けた後、「督理商務之員」より朝鮮の各地方官に連絡して〔北洋大臣・吉林将軍・督辦大臣の〕指示に従って処理する。朝鮮の官員はその結果を朝鮮政府に報告し命令に従う。

奉天と吉林の両章程を通観すると、国境交易地を管理する機関（奉天では関卡、吉林では税務局・分局）に配属された清朝側が任命する官員（奉天では「督理税務之員」、吉林では「督理商務之員」）は、ともに皇帝の決裁を経て任命するものとされ、それに北洋大臣が介在している点は共通している。商民水陸貿易章程によって規定された海上貿易と同様に、中朝国境での貿易においても、現地を所轄する盛京・吉林の各将軍だけでなく、北洋大臣も関与する体制が築かれたのである。

犯罪者や密出国者の処罰については、両章程とも基本的に両国間で双方引き渡して処罰することが取り決められた。これは領事裁判とは異なる形で、属人的な司法管轄を双務的に定めたものと言えよう。この点は前述したごとく、清朝内での朝鮮人の犯罪・訴訟のみ清朝官憲が裁くとした商民水陸貿易章程の片務的な司法管轄規定とは異なっている。これは、国境貿易にあたって、朝鮮北部の都市が開放されたわけではなく、海上貿易に関わる仁川・釜山などとは違い、朝鮮北部の都市に清朝の官員が駐在することがなかったことから、属人的な処理が志向された場合、当然の処置だったと言えよう。仮に朝鮮北部の都市に開市場が置かれ、そこに清朝官員の駐在があれば、そこで発生した清朝商民の犯罪・訴訟はその清朝側の官員によって処理される規定になったはずである。ただ、吉林のうち、国境から遠く離れた寧古塔・敦化県で発生した交易に関わる紛争事件については、現地の清朝官憲が処理するとされ、これはあまり明示的ではないが、同地における朝鮮人民の交易に関わる紛争も清朝側が属地的に処理することを意味しており、この点は商民水陸貿易章程の規定と共通するところがある（それでも、交易に関わらない事件については、②の引渡規定が適用された）。

そのほか、商民水陸貿易章程では、原告・被告の区別がはっきり明記されているが、国境貿易に関する章程ではその区別は示されていない。しかし反対に、吉林朝鮮商民貿易地方章程では、罪状によって裁判管轄が区別されているが、商民水陸貿易章程ではそのような区別はない。商民水陸貿易章程が適用される漢城・仁川・釜山などの都市は、欧米諸国や日本にも開かれた開港場であったから、原告・被告によって裁判管轄を区別する領事裁判の仕組みを援用したのかもしれない。そうした開港場とは異なり、中朝国境貿易は二国間に限られていたため、西洋法を顧慮する必要はなく、その上「督理商務之員」の所在地は清朝内にあることから、一旦朝鮮側官憲から清朝の「督理商務之員」に引き渡された犯罪者・密出国者に対する処罰については、枷杖以下・徒刑以上の区別によって裁判管轄を分ける中国法の仕組みがそのまま援用されたのも当然のことであった。

ただ、吉林の「督理商務之員」にのみ軽微な犯罪や通常の訴訟の裁判権が付与され、奉天ではすべて地方官（安東県）が処理することになっていた理由ははっきりしない。あるいは、奉天の国境付近には一八七六年に安東県が設置され、一八七七年に東辺兵備道が設置されるなど、琿春などの吉林の国境地帯に比べ清朝の支配が周密になってきており、「督理税務之員」に裁判権を委任する必要がなかったためかもしれない。

いずれにせよ、裁判管轄について三章程において共通しているのは、清朝側の人民が、密出国者も含めて朝鮮官憲の裁判に服することを認めていないことである。これは「上国之民」が「属国」の裁判に服すことは、「上国」としての清朝の権威を損なうものと捉えられていたためである。それを明示した史料は管見の限り見当たらないが、第９章で見るベトナム華人の裁判管轄に関する清仏間の交渉（一八八六年）では、朝鮮の例を引いて、そうした考えが明言されており、四年の開きはあるものの、一八八二年段階でもそうした意図はあったと見てよいだろう。

二　清韓通商条約（一八九九年）における双務的領事裁判規定の成立

（１）章程破棄から商務総董・総領事駐在時期まで（一八九四〜九九年）

日清戦争の直前、日本政府は朝鮮の内政改革の一環として清朝との宗属関係を解消するよう朝鮮政府に要求し、商民水陸貿易章程を破棄して清朝の朝鮮における特権を排除しようとした。開戦後、清朝側の朝鮮駐在機関の代表（代辦朝鮮通商事宜）であった唐紹儀をはじめ、在朝商務委員もすべて本国に撤退し、日本側の圧力により朝鮮政府は日本と攻守同盟条約を結んで清朝に宣戦したため、それまでの清朝・朝鮮間で結ばれていた商民水陸貿易章程・中江通商章程・吉林貿易章程の三章程はすべて破棄されることになった[43]。これにより一八八二年以降保持されてきた朝鮮における清朝の裁判権も停止された。朝鮮に居留する華人の多くも本国に帰国したが、残留する者も多数いたため、朝鮮政府は一八九四年一二月に新たに「保護清商規則」を公布した。これは「『交戦』状態にある『敵国』人民としての朝鮮華僑の取締を定めたもの」であり[44]、同規則第八条では、在朝華人の犯罪と訴訟はすべて朝鮮政府が管轄すると規定された[45]。

開戦によって在朝機関を本国に撤収させる際、清朝側はイギリスの朝鮮駐在総領事に朝鮮における清朝の商務保護事務を委託した[46]。その前後の状況については、イギリス総領事の招聘を受けて「辦理文案」として朝鮮に渡り、日清戦争時も朝鮮に留まって朝鮮官憲による「迫害」を訴える現地華人と、清朝から保護事務を委託されたイギリス総領事との間を奔走した許寅輝の『客韓筆記』に詳しい[47]。朝鮮政府による「保護清商規則」の公布を受け、イギリス総領事は直ちに第八条について異議を唱え、華人を被告として行われる刑事裁判の裁判権と華人を原告とし朝鮮人を被告とする裁判の聴審権を要求したが、朝鮮政府はこれを拒否している[48]。

終戦後の一八九五年七月、呉礼堂を代表とする仁川租界の華人商人たちは、イギリス総領事を通じて北京の総理衙門に請願書を送り、清朝の専管となっている仁川租界を各国の共同租界に編入させるよう求めていた。日清開戦以前に清朝の朝鮮政策を現場で指揮していた袁世凱は、この華人からの請願の内容に対して慎重な態度を示し、代わりに「商董」を派遣するよう建議する。これを受けて同年一二月、北洋大臣王文韶は、日清戦争前に朝鮮にあって袁世凱の朝鮮政策を支えていた唐紹儀を朝鮮駐在の「商務総董」として派遣することを建議し、裁可されている[49]。

その後、唐紹儀は一八九六年六月に仁川に到着し、北洋大臣によって派遣される「朝鮮通商各口華民総商董」という名義で朝鮮での職務を開始する。それより以前の一八九五年一〇月、朝鮮政府はイギリス側との協議を経て「保護清商規則」を廃止し、それ以降、朝英修好通商条約第三条に基づいて、イギリス総領事が清朝政府からの委託を根拠に、在朝華人に対して裁判権を行使していた。「総商董」は半官半民の身分とされたが、実際には在朝華人を保護・管理する職責を担い、イギリス総領事と共同で在朝華人に関する訴訟の処理や朝鮮政府との交渉に従事した。[50]一方、着任まもない一八九六年八月には、イギリス総領事と協議の上、「華商条規」を制定している。その要点は次のとおりである。[51]

①掛け売りをして問題が生じた場合、官が処理するのではなく三幇の公議に委ね、罰金の半分を当該幇の会館経費に充てること。

②仁川に来る華商は、各幇を通じて届け出を行って保証してもらい、もし保証が受けられなければ帰国すること。

③内地に入って土貨（現地の産品）を扱うために護照を必要とする者は、大商号を通じて受領を申請すること。

④韓国在住の者はすべて必ず護照を持つこと。

「これらの規定は、一面で清の華商に対する監督の強化を意味するとともに、華商に対する保護という意味も有していた」という。[52]一方、幇や商号など「商」側に依存する部分が多かったことも注目に値する。

その後一八九六年一一月になると、唐紹儀は総領事に昇格する。その清朝側のねらいは朝鮮の「属国之体」を残すことにあった。これより四カ月ほど前に総理衙門と李鴻章は次のようなやり取りをしていた。

総理衙門の李鴻章宛て電報（一八九六年七月）

韓国は卞元圭を派遣して〔清朝との〕条約を締結しようとしている。唐紹儀は、現在自主の権限〔自主権〕（条約を締結する権限〕がなく、〔公使などの〕外交使節の派遣はおそらく受け入れられないだろうと反駁した。しかしながら、各国が慫慂することも心配されるから、あらかじめ対処方法を検討しておくべきであるという。〔韓国とは〕通商章程を締結し、領事は設置するが条約は締結せず、公使は派遣するが国書は捧呈しない。中国は総領事を派遣して韓国に駐在させて公使業務を代理させる。このようにして〔韓国が〕属国であるという体裁〔属国之体〕を残すようにすることを現在計画している。欧米の例を広く調べて返電されんことを望む。(53)

李鴻章の総理衙門宛て返電（一八九六年七月一九日）

英仏独が韓国に駐在させているのはみな総領事である。南米のペルー・ボリビアなどの小国や、ロシア・オーストリア・ドイツも総領事を派遣している。〔総領事の派遣は〕公法によれば、総理衙門からその国〔接受国〕の外務省に委任状〔信憑〕を提出すれば、国書を捧呈しなくてもよいことになっている。通商章程を締結して総領事を派遣するというそちらの計画はちょうどこれと合っている。唐紹儀は適任であり、公使を派遣する必要はないだろう。卞元圭は以前しばしば〔こちらにも〕やってきたが、凡庸で弱々しく与しやすい感じであったし、各国も必ずしも慫慂するとは限らない。(54)

唐紹儀が総領事に任命された背景には、日本や国際社会に対しては下関条約によって韓国の「独立自主」を認めながら、韓国との二国間関係においては「属国之体」を残そうとした清朝側の意図があった。国際法上、属国に対しては行われない条約の締結、公使の派遣、国書の捧呈などの行為を避けながら、それでも必要な韓国との通商事務の処理を行う公的権限を持った清朝の代表を韓国に駐在させるため、条約には当たらない「通商章程」を締結し、公使ではなく総領事を派遣することによって対処しようとしたのである。(55)

（２）清韓通商条約の時代（一八九九〜一九一〇年）

一八九六年一一月、朝鮮政府内で対清条約の検討が始まり、成岐運（元在天津督理）を清朝に特派して条約を締結する計画が持ち上がった。この時、朝鮮側が準備していた条約草案では、「韓国で罪を犯した華人は韓国の法規〔例〕に服し、中国で罪を犯した韓国人は中国の法規に服す」と定め、領事裁判権を相互に伴わない条文を準備していた(56)。しかし、この時点では清朝側はまだ朝鮮と条約を締結せず、「通商章程」の締結を企図していたことは先に述べたとおりである。

これまでの研究では、清朝が朝鮮を「友邦」と位置づけ、条約締結へと方針を「転換」したのは、一八九八年の夏のことだと言われている(57)。この「属邦」から「友邦」へという清朝側の主観的な対韓関係の転換が、清朝・韓国間の「対等条約」の締結をもたらすことになる(58)。

一八九九年一月、清朝は徐寿朋を韓国に派遣して通商条約の交渉にあたらせ、九月一一日に清韓通商条約が締結された(59)。この条約の中で両国民の裁判管轄について規定したのは第五条である。まずその条文を確認しておこう（読み下しで引用する）。

一、中国民人の韓国に在る者、如《も》し法を犯すの事有らば、中国領事官は中国の律例に按照して審辦す。韓国民人の中国に在る者、如し法を犯すの事有らば、韓国領事官は韓国の律例に按照して審辦す。韓国民人の性命・財産の中国に在る者、中国民人に損傷せらるれば、中国官は中国の律例に按照して審辦す。中国民人の性命・財産の韓国に在る者、韓国民人に損傷せらるれば、韓国官は韓国の律例に按照して審辦す。両国民人、如し渉訟有らば、該案は応に被告の属する所の国の官員に由り、本国の律例に按照して審辦すべし。原告の属する所の国は以て員を派し聴審すべし。承審官〔判事〕は当に礼を以て相待すべし。聴審官は如し証見

〔証人〕を伝詢せんと欲すれば、亦た其の便を聴《ゆる》す。如し承審官の断ずる所を以て不公と為せば、亦た詳細に駁辯するを許す。

二、両国民人、或いは本国の律禁を犯し私逃して彼の国の商民の行桟及び船上に在る者有らば、地方官由り一面領事官に知照し、一面差を派し協同して法を設けて拘拿し、本国官に憑り懲辦するを聴し、隠匿袒庇するを得ず。

三、両国民人、或いは本国の律禁を犯し、私逃して彼の国の地方に在る者有らば、一たび此の国の官員の知照するを経れば、応に即ちに査明して交出し、本国に押帰して懲辦し、隠匿袒庇するを得ざるべし。

四、日後、両国政府が律例及び審案の辦法を整頓改変し、視るに以て現在服し難きの処俱に已に革除せりと為せば、即ちに両国官員の彼の国に在りて己の国の民人を審理するの権を収回すべし。

第一項では、領事裁判権の相互承認が規定され、両国で発生した混合事件・訴訟については、被告側の国が裁判を行い（被告主義）、原告側の国が官員を派遣して裁判に立ち会うこと［聴審］を相互に認めている。立ち会いにあたっては、証人に対する訊問権と判決に対する抗弁権も保障されていた。日清戦争によりこの時はすでに失効していた日清修好条規では、両国で発生した混合事件・訴訟については、会審（混合裁判）を行うと規定されていたが（第八条）、欧米諸国に均霑されることをきらった日本側の要求によって実施されず、日清両国は一八八二年に観審制度を採ることで合意していたことは、前章で見たとおりである。[60] 清朝が結んだ条約の中で初めて観審が規定されたのは、一八七六年に締結された対英条約（煙台条約、一八八五年批准）第二条第三項であり、一八八〇年に締結された対米条約（続修条約）の補足条約（続約附款）第四条にはより完備された観審規定が設けられた。[61] 日清間で採用された観審は、日清両国において実施されたが、裁判に立ち会う原告側の官員は文字どおり裁判を見るだけで、証人への訊問権も判決への抗弁権も認められておらず、「特別席での傍聴と変わるところがな」かった(62)。

清韓通商条約第五条第一項にいう「聴審」は、対米補足条約第四条に規定された「観審」とほぼ同じものだが、これを「聴審」と言い換えている理由はわからない。また、対英条約・対米条約に見られる観審規定は、いずれも中国で発生した華洋混合事件・訴訟を想定した規定であり（最恵国待遇により他の欧米諸国や日本にも均霑された）、イギリスやアメリカで発生した華人を原告とする混合事件・訴訟において清朝側の官員が観審を実施できるものではなかった(63)。つまり、清韓通商条約第五条第一項は、中国国内で欧米諸国や日本に認めていた被告主義による領事裁判権と、対英条約・対米条約によって認められていた訊問権と抗弁権を含む観審権を、清韓両国が相互に承認するという規定であった。別の見方をすれば、すでに失効していた日清修好条規第八条において規定された領事裁判の相互承認と混合事件の会審権のうち、会審権についてこれを訊問権と抗弁権を含んだ観審権に改めたものであったとも言える。ただ、文言は日清修好条規第八条よりも明確であり、相互主義が厳密に表現されている上、観審については、日清戦争前に日清両国で実施されていたものではなく、前述のとおり、対英・対米条約のそれが援用されている点を考慮すれば、これを単純な日清修好条規第八条の移植とすることはできない。ただ、安井三吉が指摘するように、相互主義によって互いの主権を制限し合っているという点では、日清修好条規の形式を色濃く受け継いだものであった。

そのほか特に注目されるのが第四項の規定である。ここでは、以後両国政府が法律と司法制度を整え、現在服しがたい部分がなくなったと見なせば、両国は領事裁判権を撤廃することができると規定された。こうした領事裁判権撤廃の予約規定が設けられたのは、清朝が結んだ条約では最初のものである。しかし、韓国が結んだ条約にはすでに同様の規定が設けられていた。すでに述べた一八八二年に締結された朝米修好条約（シューフェルト条約）である（第四条）。第四項の挿入は、一九〇二年の清英条約（マッケイ条約、第一二条）や〇三年の清米条約（第一五条）・清日条約（日清追加通商航海条約、第一一条）に盛り込まれることになる領事裁判権撤廃の予約規定の嚆矢とも言えるものだが、これは当初領事裁判権を相互に否定する条項を希望していた韓国側が[64]、朝米条約の規定を参考にして挿入を求めた可能性が高い。ただ周知のとおり、朝米条約は清米間において事前協議された条約案が基になっており、同条約に盛り込まれた領事裁判権撤廃の予約規定も、馬建忠らがまとめた清朝側の条約草案に当初から入っていたものだった。また、「聯美国」（アメリカとの条約締結による連携）を朝鮮政府に呼びかけた黄遵憲（駐日公使館参賛）の「朝鮮策略」（一八八〇年）にも、アメリカとの条約締結に際しては、領事裁判権の撤廃を求める権利を留保しておくべきことが提言されていた[65]。つまり、宗属関係が厳存していた時代の清朝の朝鮮政策において自ら挿入させた領事裁判権撤廃の予約条項が、一七年の時を経て、清朝自身にとって初めての領事裁判権撤廃の予約条項となって立ち現れたのである。

また、清韓通商条約では、双務的領事裁判規定のほかにも、双務的最恵国待遇（第二条・第三条）と双務的租界設置権（第四条）を規定した条項も盛り込まれた。

清韓条約では、領事裁判権を相互に否定することも可能であり、韓国側は当初それを望んでいたが、同条約では最恵国待遇の相互承認も規定されたため、たとえ条項がなくても領事裁判権も自動的に相互に適用されることになる。そして何よりも、諸外国の最恵国待遇や領事裁判権が認められていた韓国において、清朝のみそれらの権限を獲得できないことになれば、かつて「属国」であった韓国において、清朝が諸外国よりも低い権限しか持たないことになってしまう。清朝側としてそうした事態はどうしても避けなければならず、そのうえ両国関係の「対等」も示さなければならなかった。こうした事情が、最恵国待遇・租界設置権・領事裁判権の相互承認という相互に主権を制限し合う〝特殊〟な条約を生み出すことになったのである。

これらの条項に基づき、清朝は韓国の租界内で居留華人に対して裁判権を行使することになった。韓国内の清朝領事館は一八九六年を初めとして、同年に仁川、九九年には釜山にそれぞれ領事館が開設され、同年甑南浦には副領事館がそれぞれ設置された。この時期の清朝による領事裁判関係の史料も、『旧韓国外交文書』や「清季駐韓使館檔案」(台北・中央研究院近代史研究所所蔵)に残されており、その具体的な事例や運用実態については、すでに李銀子の研究によって明らかにされている。(66)

その後、韓国での清朝領事による裁判権の行使は、日本による韓国併合(一九一〇年)によって終わりを告げた。(67)清朝の在外領事裁判は、日清戦争の勃発によって停止された日本と朝鮮での裁判権行使とともに、清韓通商条約下での在韓領事裁判も含め、すべて日本による直接・間接の影響によって停止される運命をたどったことになる。

おわりに

本章では、日清戦争を境に、それ以前の朝鮮が清朝の「属国」であった時代と、それ以後の無条約時代・清韓通商条約時代に分けて、それぞれの時代の法的根拠となった商民水陸貿易章程および国境貿易に関する二章程の中の裁判管轄規定、清韓通商条約の裁判管轄規定の成立過程とその条文の持つ意味について考察した。

朝鮮には、一八八二年に締結された商民水陸貿易章程の規定に基づいて、商務委員が各開港地に設置され、八三年に総辦商務委員が漢城に、八四年以降、仁川・釜山・元山・龍山にそれぞれ分辦商務委員が開設された。清朝が日清戦争前に派遣した在朝商務委員は、「宗主国」が派遣する官吏という点を除いては、その職務・職権から見ても、同時期に西洋諸国や日本が朝鮮に派遣した領事と同質のものであった。日清戦争後に清朝の朝鮮に対する宗主権が否定されると、清朝は新たに朝鮮内に総領事館・領事館を開設した。

本来西洋との間の条約によって設けられた「領事」に相当する商務委員という在外機関、清朝側のみ享受した「領事」裁判権という特権、裁判管轄について原告・被告を区別した規定など、これらはすべて西洋あるいは日本との間で形成された条約のあり方を、清朝が優位となる形で「属国」たる朝鮮に適用したものであり、これはアジア的な属人支配の延長と見るよりも、むしろ西洋伝来の制度と法体系を（完全ではないものの）清朝と属国である周辺国（ここでは朝鮮）との関係にも採り入れたものであったと見る方が、実情に近いだろう。

清韓通商条約については、表面的には「平等ではあるが相互に主権を制限し合うなど一八七一年調印の日清修好条規と似たもの[68]」であったとの評価がある一方で、中国人研究者の間では、清韓間の不平等な宗藩関係を廃除し、「両国の平等な外交関係を作り上げた[69]」との評価が一般的のようである。このような評価の中で見落されているのが、同条約第五条第四項において「以後両国政府が法律と裁判制度を整え、現在は〔互いに〕服しがたいとしている部分がすでに除去されたと見なせば、両国の官員が相手国において自国民を裁判する権利〔つまり領事裁判権〕を回収することができる」とされた条文である[70]。新条約の双務的領事裁判権規定が、単に「対等」関係の達成を示すものであれば、このような付則的な条文を設ける必要はなかったであろう。すなわち、このような条文が付されたことこそ、日清修好条規が締結された一八七一年当時の東アジアと、一八九九年の東アジアとの差異、変化を表していたのである。

第8章　日本・朝鮮における清朝領事裁判の実態と変容

はじめに

中国が外国において領事裁判権を行使したのは、清朝末期の日本と朝鮮・韓国にとどまる。ウラジオストクなどの極東ロシアにおいても中国の在外機関が現地の華人に対して裁判権を行使していたというが[1]、詳細は定かではない。この二国における領事裁判権行使の根拠法となったのが、日清修好条規（一八七一年）、清・朝商民水陸貿易章程（一八八二年）、清韓通商条約（一八九九年）の三つの条約・章程であり、領事裁判権が設定されるに至った経緯について、第6章・第7章においてそれぞれ見てきたとおりである。

本章では、その条約・章程に従って日本と朝鮮・韓国において実際に行われた領事裁判の実態とその変容について考察し、両国において行われた華人管理と裁判の実態を検討してみたい。なお、商民水陸貿易章程では、朝鮮の港で起こったその他の経済犯罪の裁判のうち、清国人が原告で朝鮮人が被告の場合も、朝鮮の地方官と清朝の商務委員が共同で裁判（会審）にあたることになっていたため、華人を被告とする裁判以外に、朝鮮人を被告とする会審についても検討したい。

日本において領事裁判の対象となったのは、①華人同士の刑事・民事事件、②華人を被告とする華人・日本人間の刑事・民事事件の二種類である[2]。史料としては、横浜・神戸・長崎にそれぞれ関連する史料が残されている。横浜については、神奈川県知事官房外務掛が作成した『外務要録』の中に在留華人やその処理をめぐる清朝領事とのやり取りの記録が収められ、『横浜市史』資料編にも収録されている。長崎については、清朝領事による裁判記録や長崎県との交渉記録が長崎歴史文化博物館に保管されており、当時の清朝在日領事による裁判や観審の手順を知る上でまとまった史料群を形成しており有用である[3]。神戸と函館についてはいまだ検討が及んでおらず今後の課題とする。なお、これら日本側に残る史料は、当然のことながら、日本側の官憲が、刑事事件や条約違反を犯した華人を拘束して身柄を領事に引き渡し処罰を求めた事例や、華人・日本人間の訴訟に関する事例を記録したものがほとんどであり、清朝領事館側の史料（檔案）群の存在は現在のところ確認されていないため、華人間における事件や訴訟がどのように処理されていたかはほとんど確認することができない。長崎華商間の訴訟を同地の清朝領事が裁いた事例は確認されているが、華人間で発生した傷害・殺人などの事件の処理についてはまったく把握できていない。この点も今後の課題となる。

朝鮮（韓国）での裁判事例については、「清季駐韓使館檔案」（台北・中央研究院近代史研究所所蔵）に関係史料がある。石川亮太は、同檔案の紹介とともに、これを駆使してこの時期の華人・朝鮮人間の商取引に関する訴訟を検討し、清朝商務委員が行った裁判（朝鮮の地方官との会審を含む）の手順や具体的な事例を明らかにしている[4]。ただ、石川論文が扱っているのは、漢城に居住する華人商人が朝鮮人商人に輸入品を売却する際に起きた紛争が主であり、「史料的な制約もあり、訴状提出後の裁判過程や法源等については」未詳である[5]。

ちなみに、商民水陸貿易章程によって朝鮮に派遣された清朝の官員は「商務委員」であり、領事の名称を用いていない。この朝鮮駐在の商務委員は、総辦と分辦に分かれ、総辦商務委員が一八八五年から「駐紮朝鮮総理交渉通商事宜」と変更されたことは前章で述べたとおりである。清朝の対朝鮮宗主権強化策の最前線にあった総辦商務委員・駐紮朝鮮総理交渉通商事宜は、「外交官及び領事官という二重の身分と職務を兼ね備えていた」[6]。ただ総辦商務委員はもちろん、分辦商務委員については、特にその名称の如何を問わず、領事と同様の職務を担うことが想定された。宗属関係への配慮から、領事の名称を故意に避け「商務委員」と称したことの重要性はすでに前章で見たとおりであるが、領事の名称を伴わない在外官憲による在外邦人に対する裁判権の行使も、一般に「領事裁判権」と称されることから、本章では、清朝の在朝商務委員が行った裁判も含めて「領事裁判」として考察することにしたい。また、日清修好条規においても、条文上、領事は「理事官」と称されたが、これもほぼ領事と同様に扱われたこともすでに述べたとおりである。

一　日本における領事裁判と観審

清朝在日領事の派遣開始に伴い、日本政府はその受け入れの手続きを開始した。特に重視されたのが清朝が派遣する領事が日清修好条規の規定に基づき在留華人に対する管轄権、なかんずく領事裁判権を保有することになっていたことである。そのため、司法省は領事駐在地の各県庁に対し、清朝領事駐在開始に伴う華人管轄処理の変更について通達を出した[7]。これを受け、清朝領事が駐在する各県では清朝領事に在留華人の管轄権を移管し、一八七八年夏までには、横浜・神戸・長崎において清朝領事が業務を開始している。ここでは、清朝領事の開設まもない一八七九年一月時点において、長崎県で実施されていた在留華人が犯した刑事事件（盗難等を含む）の処理手続きを見ておこう。次の史料は、在留華人の願伺の取り扱いについて長崎県令（内海忠勝）から外務卿（寺島宗則）に提出された伺い（明治十二年一月十五日付）に添付されたもので、在留華人の刑事事件の処理方法の現状を報告したものである。

一、清国人ノ罪犯有之節ハ外国人同様之取扱ニテ、則チ内国人ニ係ル現行犯罪ハ警察官吏ニ於テ取押ヘ一応取糺ノ上身柄ハ直ニ領事ニ引渡置キ、警察官吏ハ調書ヲ作リ証拠物件ヲ添ヘ検事ニ送附ス。検事ハ原告人・証拠人・証憑ヲ以テ領事ニ求刑ス。
　但、重犯罪又ハ繁難之事件ハ検事現場ニ臨ミ取調フルコトアリ。此場合ニ於テハ領事庁ノ属員モ亦出張セシム。

一、清国人罪ヲ犯シ内国人損害ヲ被ムルトキハ、犯罪人ハ刑事ナルヲ以テ前項ノ手続ニ因リ検事ニ於テ求刑シ、損害賠償ハ該損害人ノ願ニ因リ我警察官ヨリ領事ニ請求ス。

一、内国人ヨリ清国人ニ係ル民事之訴訟ハ県令添書シテ領事ニ審判ヲ求ム。

一、清国人互ニ罪ヲ犯スモノアルトキハ、警察官吏ニ於テ差押ヘ、直チニ該領事ニ引渡ス。

一、清国人盗難ニ遇フ者アルトキハ、領事ノ添翰ヲ以テ我警察ニ訴フ警察官ハ盗難訴ヘノ日ヨリ三日ヲ経テ探索ノ事情ヲ領事ニ通報ス。

一、清国人居留地々所ヲ借受ントスル者ハ、先ツ領事ノ副翰ヲ以テ其旨県庁ヘ出願ス。県庁ハ主任官吏ヲ実地ニ派出シ、願人ヲ立合セ、地所ノ坪数ヲ量リ、然ル上地券二通リ作リ、壱通ハ県庁ヘ留置、他ノ壱通ヲ領事ヲ経テ願人ニ授与シ、其手数料ヲ徴収ス。或ハ時宜ニ寄リ地所丈量ノ後直チニ領事ヨリ本人ヲ県庁ヘ出頭セシメ、地券ヲ領収セシムルコトアリ(8)。

こうした手続きは、冒頭にも明記されているとおり、当時すでに実施されていた欧米の駐在領事との間で行われていた処理手続きに準じたものであった。ここに記されているのは日本側官憲が現行犯逮捕した場合の手続きであるが、特に刑事事件に対処するため、清朝領事は在留華人に対する警察権を有しており、領事館は独自に巡捕を雇用し、嫌疑のかかる華人の身柄を直接捕捉することができた。一方、日本側官憲による華人の捕捉は「事機切迫逃脱を恐るゝ時」[9]、つまり現行犯逮捕の場合に限られ、余裕があれば清朝領事に通知し、領事の手によって捕捉させていた。日本側警察が逮捕した華人の身柄は直ちに清朝領事に引き渡され、警察は調書を作成して証拠物件とともに検事に送付し、日本人が被害者（原告）の場合、検事を通して清朝領事に求刑されていたことは先に見た史料のとおりである。また、在留華人に対する日本側官憲による家宅捜索も、清朝領事の着任とともに取りやめられた。日本側官憲が在留華人の家宅に進入して日本人を逮捕する際は、あらかじめ清朝領事に照会した上で実施された[10]。一八八三年の長崎アヘン事件や八六年の長崎清国水兵衝突事件などの重大事件の際にも、日本の警察が拘束した華人は、直ちに清朝領事に身柄が引き渡されている[11]。

次に混合事件・混合訴訟の取り扱いと裁判事例について見てみよう。

第6章で見たとおり、日清修好条規には会審の規定が設けられていたが、日本側は会審の実施をきらい、一八八二年には観審制度の導入で清朝側と合意していた。これにより、被告側の地方官または領事が裁判を行う際は、原告側の官憲または領事が審理に立ち会うことになった。長崎歴史文化博物館が所蔵する長崎県外務課編「清国民事ノ部（明治十九年）」、長崎県知事官房編「清国領事来文（明治二十三年〜同二十五年）」の中にも、清朝領事から長崎県宛ての開廷通知・観審要請の照会が数多く残されている[12]。

以下、清朝の領事が駐在した三つの都市における裁判管轄権の運用実態について、それぞれ確認していきたい。

在横浜領事館で扱われた事件としては、アヘンの売買と吸飲、賭博、売春、内地への違法立入とそれに伴う交易などが多かった[13]。一八八五年八月に横浜区高島町で発生した華人によるアヘン吸飲事件では、日本の警察がこれを発見して引致し、清朝領事に身柄を引き渡し、同領事において審問の上、本国送還の処分が下されている。アヘンの吸飲は当時の日本の刑法では軽犯罪であり、また清朝ではこれを罰する法規がなかったが、清朝領事による本国送還の処分は、日清修好条規に違反する行為であることを理由に行われたものであった[14]。

一方、修好条規には違反するが、同条規には罰則規定がないため、華人による同様の違反事件が繰り返される危険性を懸念する意見が神奈川県庁で議論されていた（事件の発生時期ははっきりしないが、神奈川県庁内でこの議論が行われたのは一八九一年五月のことである）。横浜居留地在住の華人廸記は、日本人の名義を借りて久良岐郡本牧村の土地を又借りし、小舟製造・修理業を営んでいた。これは、指定された居留地での往来貿易を規定した修好条規第七条と、内地および不開港場での地所の借用と建築を禁じた通商章程第二款に違反する行為であったため、一八八三年四月の神奈川県からの伺いに対する内務省・外務省の指令に従って、この件を清朝領事に照会し対処を求めた。この際、神奈川県が懸念したのは、条規・章程に従ってこれが違反に当たることは明白だが、それに対する罰則規定がないため、日本側官憲の管轄外にある華人に「新規ノ制裁」を加えることは難しいということであり、これに対処するには、日本人に対して華人との違法な契約を解除させるよう努め、「裏面ヨリ清国人ノ営業ヲ禁止」することが「最上策」であるとの意見が出されていた[15]。在日華人に対する管轄権が日本側にないことへの不満が一八八〇年代後半以降強まっていたのである。

次は、内地に不法に立ち入って「密商」を行ったことにより、在横浜領事によって明確な判決処分が下された事例を見る[16]。一八八四年、華人魏朝萼は、免状を受けずに名前・風貌とも日本人になりすまして長野県に立ち入り「密商」を行った疑いがあるとして、神奈川県（県令沖守固）が同人を本国に送還するよう外務省に求めた。これに対し外務省（井上馨外相）は、神奈川県において密商の有無を取り調べて、確証が得られれば清朝領事に処分を要請するよう指示している（ちなみに、魏朝萼はその前年九月にも、「郭挙々」とともに長野県に立ち入って偽珊瑚などを行商し、同県より直接清朝領事に身柄が引き渡されたが、密商については不問に付されていたという)。しかし、長野県の巡査が魏朝苓を横浜に護送する際、東京築地で休憩中に同人が逃亡したため、神奈川県は被疑者不在のまま清朝領事に照会を発し、同人を捜索・捕捉した上で相当の処分を下すよう求めた。その際、神奈川県は「衣体ヲ変シ姓名ヲ偽称スル等ノ所為ハ、両国修好条規及通商章程ニ違背」するものであると言い添えている。それから一カ月あまりが過ぎた一二月二四日、清朝在横浜領事陳允頤は神奈川県に対し次のように判決を下した旨照会を発している。

……当庁〔魏朝苓を〕数度糺問ヲ遂ケ候処、仝人事ハ未タ不法ノ情事ヲ為サス、亦串同主使ノモノモ無之候得共、唯トリ既ニ顕ハニ条約ニ違背シ、且敢テ間ニ乗シ脱逃ヲ為シ、再度禁ヲ犯シ候廉ハ、宜シク不応為ノ律ニ照ラシ、重キニ従ヒ禁錮四ヶ月ノ刑ニ処シ、期満テ駆逐回籍申付本港ニ逗留ヲ許サヽル義ニ有之候得共、該犯者ハ目下足部ノ疾ヲ患ヒ尚医院ニ在リテ療養中ニ付、痊癒次第直チニ発程可為致候。……

この清朝領事からの照会文は、明治期に神奈川県が作成した『外交要録』に収録されているもので、日本語訳されたものしか収めない。ここにいう「不応為」とは、『清律』雑犯篇に見える罪状で、「法令ニ於テハ禁止ノ明文ナキモ理ニ於テ為スベカラザル行為」のことである[17]。『清律』では「不応為」の刑罰を「笞四十」とし、「事理重き者は杖八十」と定めている。ただ、清朝領事が下した判決は「禁錮四ヶ月」の後「駆逐回籍」することであった。翻訳されたものであるため、どこまでが原語反映したものなのかはっきりしないが、「不応為」「回籍」などは明らかに原語を反映したものだといえよう。「禁錮」は原語であるかは疑わしい。そもそも一九世紀末のこの時期の中国本国には、いまだ日本の「禁錮」に相当する刑罰は導入されていない。ここで「禁錮四ヶ月」と記されている以上、原語は不明であるが、日本語の「禁錮」に相当する刑罰が科せられたことを意味していると見てよいであろう(ただ、日本側の翻訳者が〝誤訳〟した可能性も捨てきれない)。禁錮に相当するものが科されたとするならば、「不応為」

という本国法の罪状を適用しながら、『清律』に定める「笞四十」や「杖八十」ではなく、そこに定めのない「禁錮」刑を科したことは注目に値する。本国法に定めのない「犯罪」行為に対し、日本側の要請にも配慮して刑罰を科すことにしたものと思われるが、その際に何に準拠して処分を下すべきか、この事例に限らず、清朝の在日領事たちは絶えず苦慮したに違いない。この都合よく使える「不応為」という『清律』に準拠した罪状を適用しながら、刑罰においては日本のそれに影響されたとも思われる「禁錮」を科したことは、いまだ法制改革に着手していない清朝から派遣された官吏でありながら、近代法制の継受を進めていた日本に駐在し、そのうえ裁判権をも享有していた清朝在日領事の置かれた立場の複相性を示す判決処分だったともいえよう。

在神戸領事館では、賭博事件の取り締まりなどの事例が見られ、在留華人の取り締まりのため巡丁（巡捕）が雇用され、領事館内には監房も設置されていた(18)。在神戸領事は大阪居留地も管轄していたことから、大阪在住華人の事件も扱われた。一八八八年に発生した章寿彝「条例違犯」事件は、問われた「犯罪」自体は小さなものであったが、清朝駐日公使と日本外相との間でかなり激しいやり取りがなされることになった。事件は、大阪在住華人の章寿彝が内地旅行中の広島県竹原において書画に揮毫した際にその潤筆料を受け取ったことが、与えられた内地旅行免状に記載されていない「商売」に当たるとして「条例違犯」に問われたものである。この「条例違犯」につき、日本側は清朝の在神戸領事に処罰を求めたが、処置に窮した領事は東京の黎庶昌公使に上申した。黎公使はさっそく大隈重信外相に抗議の照会を発した。その内容は、潤筆料は商売に当たらず、このようなことで求刑されては、今後内地旅行免状を受けても華人は畏怖してしまうというものであった。これに対し大隈外相は、免状に記載された「学術研究・健康保養」以外のことを行うのは許されず、章寿彝からの「一面之詞」（一方的な言い分）のみ聞いて判断すべきではないとして、清朝領事は裁判権を有しているのだから、正当な裁判を行えばよいではないか、と反論する照会を送っている(19)。事件の結末は残念ながら記録には残されていないが、この〝些細〟な事件が、外相・

公使間での激しいやり取りにまで発展したことは注目に値する。

一方神戸では、一八七九年以降、門牌（門札）制度が設けられていた。これは、清朝領事が在留華人に発行するもので、日本の警察が門牌を所持している華人の家宅を捜索する際は、領事との事前協議や領事の立ち会いを必要とするというものであった。一八八九年に至り、日清修好条規には日本の警察権が華人に及ばないとの明確な規定はないとして、日本側（外務省・兵庫県）はこの制度を一方的に破棄している。[20] また、それまで大阪在留華人が日本官憲に逮捕された場合、その身柄は一旦神戸の検事に移送されてから清朝領事に引き渡されていたが、一八九〇年に同領事の要請を受けた大阪始審裁判所検事は、この手続きの変更について司法省に伺いを出している。同検事は、日本側の司法警察訓則第四七条では領事の駐在地の検事より犯人の身柄を領事に引き渡すことになっており、これとは異なる対応になるが、大阪は「清国人居留致し、清国領事管轄致」す場所であるからこれを認めてよいかについて司法省に確認したのである。伺いを受けた司法省はこの件について外務省に問い合わせたが、その返答は、これまでどおり神戸の検事から引き渡し求刑を行うようにというものであった。[21]

このように一八八〇年代後半になると、日本官憲は在日華人への管理を厳格化するようになり、それまで慣例的に承認あるいは黙認してきた修好条規や通商章程の規定が曖昧なまま行われてきた在日華人の活動や清朝領事の措置に対し、厳しく対処したり、清朝領事や公使に対して異議を申し立てるようになっていた。こうした対応の変化は、一八八〇年代後半になり、欧米諸国との条約改正交渉が大詰めを迎え、在日華人への管理の厳格化が意識され始めたことに加え、対欧米交渉と並行して行われた日清間の条約改定交渉において清朝側がまったく日本側の改定要求を取り合おうとしなかったことに対する日本政府側の「いらだち」が反映していたのかもしれない。[22] 一八八八年に起きた章寿彝「条例違犯」事件のような〝些細〟な事件が、外交ルートを通して大きく取り扱われるに至ったのも、こうした背景があったと考えられる。

次に、長崎において清朝領事が処理した華人が関わる混合事件・訴訟について見てみよう。[23]

①華人の日本人に対する刑事事件

一八九二年の長崎県・清朝領事間の往復文書から、次のような領事裁判が実施されたことが確認できる。[24]

(a)楊元准による通商章程違反ならびに日本巡査殴打事件

〈判決〉笞責三〇、監禁三日の上、以後再び章程に違反しないよう厳命（清朝在長崎領事より長崎県知事宛て照会、一八九二年九月二三日付）

(b)蔣宝林が護照・免状不携帯で沖縄に渡航した事件（長崎県からの処罰要請を受けて審理）

〈判決〉厳しく戒告［申飭］し寛大な処分［薄懲］とする（清朝在長崎領事より長崎県知事宛て照会、一八九二年一一月一二日付）

②日本人を原告とし華人を被告とした民事訴訟

民事訴訟の種類としては、日本人より華人に対する貸金返済請求訴訟、売掛代金請求訴訟、物品取戻請求訴訟などが多い。長崎県と清朝領事との間の往復文書から、一八八六年に処理された民事訴訟について、その具体例を列挙しておきたい。[25]

金尾門太より豊裕号に対する請求訴訟
本田茂八郎より豊裕号に対する石炭代金請求訴訟
油屋仲次郎より泰記晋号王列新に対する石炭代金請求訴訟
大鶴善十郎より福和号義也に対する椎茸代金請求訴訟[26]
広業商会より清商義隆号に対する代金請求訴訟
華人による珊瑚珠破損に対する賠償請求

河野庄五郎より恒和号に対する石炭代金請求訴訟
　訴訟の手続きとしては、①日本側の原告が県に対して訴状を提出し清朝領事館へ出訴するよう申請、②県より領事館へ照会（訴状添付）を提出、③清朝領事が開廷・判決（その際、日本側当局は観審を実施したが、観審者は県令、裁判所長官、御用掛など様々であった）、といった順序で行われた。
　具体的な訴訟例を二例挙げておく。まず華人間の民事訴訟の事例として、長崎で客桟・行桟業を営んでいた泰昌号（後の泰益号）を、その初期出資者（黄礼鏞）の妻（傅氏）が、夫の死亡後に泰昌号から株の配当が来なくなったとして訴えた訴訟（一八九一～九二年）を見ておこう[27]。領事（張桐華）は原告の訴えを受け、被告の泰昌号から帳簿資料の提出を求め、領事館の巡捕と出身地別の在留華人組織である八閩（福建）、広東、三江の三会所に対し提出された資料の調査を指示し、八閩会所で審議させた。その審議の結果を受け、泰昌号に対し二〇〇〇元（株の元利一〇〇〇元と別途手当一〇〇〇元）を傅氏側（遺児と寡婦）に支払うよう裁決している。この事例から、清朝領事が在留華人組織を積極的に動員して訴訟の裁定を行っていたことがうかがわれる[28]。これは、清朝国内での裁判においても積極的に「民間団体の活用」が行われていたことと同様の形態が日本での領事裁判においても見られたと言ってよいだろう[29]。
　次に、日本人を原告とし華人を被告とした貸金返済請求訴訟（一八八四～八五年）の事例を見てみよう。原告は日本人上野菊太郎で、長崎在住の華人穎川《えがわ》（陳）種玉を相手取り、貸し金の返済を求めた訴訟である[30]。まずは上野が県を通して清朝領事館に出訴し、清朝領事（余瓗）が上野と穎川に対し訊問を行っている。訊問の日時は領事から長崎県に通知され、観審の取り決めに基づき、この時は長崎県令みずから清朝領事館に出向いて訊問に立ち会っている。そして、余瓗は「右一件は数年延引して出訴せしものにて、我国の例に依り廃帳と為す可きものなれども」、長崎県令が度々照会してきたため、特別に償還させるように取り計らったとの判決を下している。この事例からわかるとおり、日本における清朝の領事裁判では、必ずしも本国法（清朝の法律）のみが厳格に適用されたわけではなく、日本側の法令や要請も考慮して審判を行うこともあったのである。これは、清末の法制・司法改革以前の中国の裁判では、厳格な罪刑法定主義が採られず、「情」と「理」によって判決が下されていたことと関係しよう。[31]また、イギリスなどの西洋諸国が日本で行っていた領事裁判でも、日本の法や習慣を考慮した判決が下されており、[32]領事裁判制度自体が、運用レベルにおいてこうした傾向を生みやすいものであったという事情もある。[33]

二　朝鮮・韓国における清朝機関による華人管理と裁判

まずは、華人商人が朝鮮の未開放港で密貿易を行った事件について見てみよう。これについて李銀子による詳細な研究がすでにあるので、これを参考にその概要を確認してみたい。[34]

①于晏堂による「密貿易」事件（一八八九年）

一八八九年九月、黄海道長淵において、船を停泊して密貿易をしていた華人商人于晏堂は朝鮮側官憲に逮捕され貨物を没収された。督辦交渉通商事宜の閔種黙は袁世凱に対し、「潜商」を禁止した章程第三条を根拠に、船舶の貨物を没収した上で于晏堂を押送して処罰を求めた。これに対し袁世凱は、于晏堂の供述を根拠に、章程第三条に依拠して彼を処罰しながら、不法に徴税を行った黄海道の官員と通事の行為こそ処罰されるべきだと主張した。閔種黙は再度自らの正当性を主張して反駁したが、結局この事件は、「潜商」于晏道の処罰とその貨物の没収、残りの船員五名は「漁戸」であると認められ放免されて終わっている。

②解忠賢・周東海による「密貿易」事件（一八九〇年）

一八九〇年一〇月、黄海道長淵で密貿易を行ったとして華人商人解忠賢と周東海が逮捕され、貨物を没収された。閔種黙は袁世凱に対し、章程第三条に従って二人の処罰を求め、貨物を没収したことを通報した。これに対し袁世凱は、解忠賢と周東海の供述をもとに、彼らは波浪に遭って漂流し、長淵に流れ着き、現地の官員が彼らに「税単」を与えたため貿易に及んだものだったとして、その行為は不法だが、不法行為の原因は朝鮮側にあったと主張した。

③張義成・徐克勤「密貿易」事件（一八九〇年）

一八九〇年一二月、黄海道椒島鎮で密貿易を行ったとして華人商人の張義成と徐克勤が逮捕され、その貨物が押収された。袁世凱は、二人の供述をもとに朝鮮官員が徴税していたことが、それらの貿易を誘引したとした上で、さらに朝鮮側の官員がほしいままに彼らを殴打し、その貨物を略奪したと非難し、朝鮮側の官員を処罰するよう求めた。閔種黙は主張を後退させ、黙って貿易した行為は章程第三条に違反するものの、華人商人と船員たちは長期にわたって海外にいて困難も多かっただろうとし、彼らを原籍に戻し、徴税した朝鮮官員に対しては厳しく譴責することで終結させるよう提案した。しかし袁世凱は、彼らが未開放港でそのようなことをしたのは朝鮮側官員に誘引されたせいであり、章程第三条に違反してしまった過ちは朝鮮官員に原因があるとして、華人商人を逮捕・殴打して傷害に及んだ者たちこそ、一律に損害を賠償して事件を解決させるべきだと反論した。

②と③の事件は、結局「潜商」の貨物に対する賠償と朝鮮官員への処罰によって収束している。当時華人商人による密貿易が横行していた黄海道と平安道一帯は、章程第三条に基づいて「漁採」が許されていた地域であり、その過程で行われた水と食糧の購買行為と密貿易との区別が付きにくかったというのも確かであった。ただ、実際に朝鮮官員によって「潜商」として摘発され、両国間の交渉を経て処罰された華人商人はそれほど多くなかっただろ

う、と李銀子は推測している[35]。

在朝華人が朝鮮人を訴えた際の訴訟については、前述したように石川亮太の詳細な研究があるため、ここでは主にそれに拠りながら見てみたい[36]。

まず訴訟の担当は、章程の規定に従い、開港場では清朝の商務委員と朝鮮側の開港場監理が担当することになっていたが、漢城では、清朝の総辦商務委員と朝鮮の外衙門督辦が訴訟を担当した。しかし、一八八五年に陳樹棠に替わって袁世凱が総理交渉通商事宜になると、居留民事務は龍山商務委員に移管され、朝鮮側では漢城府少尹が設置されたため、この両者によって訴訟の処理が行われた。華人から清朝商務委員への出訴は上申形式の「稟」で行われた。この「稟」も個人からは出されず、ほぼ例外なく居留民組織を経て商務委員に提出された。これは日本の在日華人が日本人を訴える際に同じく華人組織を通して清朝領事に「稟」を提出し、それが日本の裁判所に転送されて出訴が行われたのと類似している。ただ前述のとおり、日本では日本人を被告とする混合訴訟は日本の裁判所が単独で裁判にあたり、清朝領事は官員を派遣して観審を行うのみであった。

章程では、朝鮮人を被告とする混合訴訟については、清朝商務委員と朝鮮地方官が会審することになっていたが、実際には、商取引に関する案件に限っては会審が実施されることは少なく、漢城府に処理が一任されることが多かったという（そのため「駐韓使館檔案」に残る史料は少ない）。また、処理を一任された漢城府から商務委員に送られた照覆では、ただ結論のみを伝え、その法的根拠について記されることはなく、未払金訴訟の場合、支払われることになった金銭は漢城府を通じて華人側に引き渡されたという。訴訟の内容は華人から朝鮮人への商品売却に関わる代金未払い訴訟が多数を占めた。その多くは買い手の逃亡をきっかけに出訴に及んでおり、そこに至るまでに当事者間での解決が図られていた[37]。漢城に居留する華人商人が朝鮮人商人に輸入品を売却する際に起こる紛争は、「朝鮮人の仲介人によって仲立ちされ、一〇日から一ヶ月程度の延取引の条件で行われていた」当時の漢城市場の取引形態の「商業金融の仕組みの未整備」によって、その「末端に仲介人を通して連なる形」で華人商人が「参入」したことにより発生したもので、紛争はまずは市場内部での解決が図られ、官への訴えはその「試みが失敗した際の最後の手段として選択されるものであった」という[38]。

また、朝鮮人を原告とし華人を被告とする混合訴訟については、清朝商務委員が単独で裁判にあたったが、訴えは漢城府少尹を通して「照会」形式で龍山商務委員に出訴される以外に、原告から直接商務委員または総理交渉通商事宜に出訴されることもあり、石川は「訴えの手続が確立していなかったという印象を受ける」と述べている[39]。

その他、初期の刑事事件としては、華人商董であった熊廷漢が朝鮮人李順喜を殴打した事件があり、陳樹棠は朝鮮官憲を通して朝鮮人の証人を召喚し、審理を行っている[40]。一方、朝鮮人が華人を殺害した事件については、一八九三年に発生した聶万興殺害事件の事例がある。これは朝鮮人の朴宜渉（主犯）と崔崙芳・全于吉（共犯）が華人の聶万興を殺害した事件で、朝鮮側の茂山府と清朝商務委員が共同で取り調べを行い処罰が下されている[41]。また、日清戦争後、唐紹儀が商務総董として派遣されていた一八九六年夏（光緒二十二年六月）には、忠清道葉山の「乱民」の什長で仁川に逃亡していた呂安国（湖北人）が逮捕・訊問され、自供したために本国に送還されている[42]。

むすびにかえて——中国法制史との関連で

本章では、日本・朝鮮（韓国）で実施された清朝単独による領事裁判、観審、朝鮮官員との会審について、それぞれの概要と事例を確認した。中国の在外機関が近代の一時期に国外において裁判権を行使したこと自体、これまで中国の近代史研究や法制史においてほとんど注目されておらず、近年になり、日本と韓国の研究者が具体的な史料に基づいてようやく研究に着手し始めたところである。この事象が中国近代史上において持つ意義については、東アジアにおける領事裁判権の持つ意味と合わせて終章において論ずることにし、ここでは、こうした事象が中国法制史上においていかなる意義を有するものなのかについて、今後の展望も含めて考えてみたい。

二〇世紀初頭の法制・司法改革以前の中国には、刑事・民事の区別がなく、「民事的」訴訟は官による判決が出されて結審するのではなく、官の裁きに服することを両当事者が誓約することによって終結するという「調停的」なものであり、厳密にいえば裁判とは言えないものであった。ただ二〇世紀に入るまで、中国の司法にはまったく西洋型近代法制の継受は行われていなかったのだろうか。一九世紀前半の南京条約以降、清朝政府と西洋諸国（後には日本も）との間で交わされた条約・協定を通して近代法制の拘束を部分的に受ける状態に置かれていたことは言うまでもないが、中国の官が中国の民を裁く中で、近代法制の条文や概念の影響が見られるという事例も一九世紀後半に存在していた。それが国外において行われた清朝による領事裁判である。もちろん国内の開港場などで西洋諸国による領事裁判が行われ、そこでは、条約に基づく刑事・民事の区別や原告・被告の区別という近代法制の概念が〝中国国内〟に存在したことは指摘するまでもないだろう。西洋諸国と清朝との間には、西洋諸国による領事裁判だけでなく、混合事件に対する清朝・西洋の混合裁判（会審）も実施されており、これらを通して中国の官憲も〝関与〟した裁きに近代法制がすでに介在していたのである。このことが中国における西洋型近代法制の継受にいかなる影響を与えたかについては、若干の研究がある。(43)

張徳美は、清末（光緒）新政以前の中国では、清朝政府が司法権を行使する中で外国法を参照・適用した事例は、中国地方官と外国領事による会審と上海会審公堂（会審公廨）で行われた会審の中にわずかに見られ、それ以外の案件は教案の審理も含めて、必ず中国法が適用されたとしている。(44) しかし、本章で見た日本における事例にもあるとおり、海外での領事裁判では、華人を被告とする裁判においても、本国法のみならず居留国の法律・慣習が判決

料金受取人払郵便

千種局承認

902

差出有効期間
平成28年4月
30日まで

郵便はがき

464-8790

092

名古屋市千種区不老町名古屋大学構内
一般財団法人
名古屋大学出版会 行

ご注文書

書名	冊数

ご購入方法は下記の二つの方法からお選び下さい

A. 直送	B. 書店
「代金引換えの宅急便」でお届けいたします 代金＝定価(税込)＋手数料200円 ※手数料は何冊ご注文いただいても200円です	書店経由をご希望の場合は下記にご記入下さい ________ 市区町村 ________ 書店

読者カード

（本書をお買い上げいただきまして誠にありがとうございました。
このハガキをお返しいただいた方には図書目録をお送りします。）

本書のタイトル

ご住所　〒

TEL（　　）　—

お名前（フリガナ）　年齢

歳

勤務先または在学学校名

関心のある分野　所属学会など

Eメールアドレス　@

※Eメールアドレスをご記入いただいた方には、「新刊案内」をメールで配信いたします。

本書ご購入の契機（いくつでも○印をおつけ下さい）

A 店頭で　B 新聞・雑誌広告（　　　　）　C 小会目録

D 書評（　　　）　E 人にすすめられた　F テキスト・参考書

G 小会ホームページ　H メール配信　I その他（　　　　）

ご購入書店名　都道府県　市区町村　書店

本書並びに小会の刊行物に関するご意見・ご感想

に影響を与えたり、アヘン吸飲のように本国法では罪にならなくとも、条約違反を理由に処分（本国送還など）していた事例も見られた。イギリスが日本で行った領事裁判においても同様の傾向が見られることは前述したとおりである（ただし、日清戦争以前の朝鮮や清韓通商条約締結後の韓国で同様の事例があったかは確認できていない）。

こうした事例は華人を対象とした当時の数多の裁判・訴訟の中では、九牛の一毛と言うべきものであったかもしれないし、中国の官憲が海外で行った領事裁判という〝特殊〟な事象の中に見られた〝例外〟であったともいえよう。また、明治中期の日本の法慣行の影響を受けたことが、中国本国における西洋型近代法の継受に影響を及ぼしたと、現時点で言うことはできない。ただ、海外の開港場において、駐在国の法律のみならず、清朝領事の〝隣〟で行われていた西洋諸国による領事裁判の運用や法適用のあり方も参考にしながら、清朝領事による華人に対する領事裁判が行われていたとすれば、中国の官憲が中国人を被告とする裁判において近代法制の影響を受けた初期の事例が、国内ではなくむしろ海外に駐在する中国官吏によって先行して実施されていたことになり、これは中国法制史研究においても考察対象となりうるであろう。さらに言えば、自覚的であったか否かは別として、領土外管轄権を条約によって保障された国家の官吏がその当該国において裁判管轄権を保持し行使するというシステムを中国が採用し[45]、国外（版図外）において裁判権が現実に行使されたこと自体、その規模の如何を問わず、中国法制史研究においても今少し注目されてよいのではなかろうか。

第9章　在ベトナム領事の設置をめぐる対仏交渉

――清朝による領事裁判権要求と「属邦」論

はじめに

一九世紀後半、ベトナムをめぐる清朝とフランスとの争いは、武力衝突へと発展し（清仏戦争 一八八四〜八五年）、清朝側は陸戦では優位に立つ局面もあったが、緒戦で福建艦隊を失うなど海上では劣勢に立たされた結果、一八八五年六月九日、清朝全権の李鴻章とフランス全権のパトノートル（Jules Patenôtre）との間に天津条約が締結され、終戦に至った。この条約は、清朝がベトナムに対するフランスの保護権を承認したという点において、清朝側の「敗北」として理解されているが、清朝側の対外権益として認められたものもあった。清朝側のベトナム駐在領事の設置権もその一つであり、同条約第五条では、清朝はフランスとの協議を経れば、ベトナム北部（北圻、トンキン地方）の「各大城鎮」に領事を設置できることが規定された。(1) また、一八八六年四月に、再び対仏交渉の清朝全権となった李鴻章とフランス全権コゴルダン（Georges Cogordan 漢名は戈可当）との間に締結された「越南辺界通商章程」（通称「コゴルダン条約」）においても、ハノイ（河内）・ハイフォン（海防）における清朝領事の設置権とともに、以後フランスとの協議を経れば、その他のベトナム北部の「各大城鎮」にも領事を設置できることが規定された（第二条）[2]。

そして、翌一八八七年六月二六日には、さらに詳細な通商問題（商務）と国境問題（界務）に関する取り決めとして、「続議商務専条」と「続議界務専条」が両国間において締結された（通称「コンスタン条約」）[3]。この二つの「専条」の本文には領事設置に関する条項は盛り込まれていない。しかし、「専条」の締結を前にした六月二三日、この条約交渉を担当していた総理衙門は、交渉相手であったフランス駐清公使コンスタン（Ernest Constans 漢名は恭思当）に対し交換公文を発し、「前約（天津条約・コゴルダン条約）」で規定されたベトナム北部の「各大城鎮」における清朝領事の設置は、当面実施しないことをフランス側に約束する。その後、中国在ベトナム領事の設置問題は、この清仏戦争後に取り交わされた諸条約や交換公文に記された、それぞれに有利な文言に双方が依拠する形で、果てしない論争が一九三〇年代まで繰り返されることになる。

以上の経過については、これまでの研究によってその概略についてはすでに明らかにされている[4]。しかし、一八八六年のコゴルダン条約の締結交渉に際し、清朝領事の設置問題がベトナムの「属邦」問題と絡んで激しい議論の対象となったことについては、その歴史的な意味も含めてこれまでまったく論じられてこなかった。この時激しい議論となったのは、清朝がベトナムにおいて領事裁判権を行使したいとフランスに強く要求したことによる。むしろんフランス側は国際通例に反するとしてこの要求を拒絶するが、清朝側がベトナムにおける領事裁判権を要求する根拠としたのが、ベトナムが清朝の「属邦」であるという点であった。一八八五年の天津条約において、清朝はベトナムに対するフランスの保護権をすでに承認していたが、それでもベトナムは依然として清朝の「属邦」であるとの論法によって、「属邦」に在住する華人に対しては清朝が自ら裁判を行わなければならないとして譲らなかった。結局、清朝側の要求が認められることはなかったが、一八八〇年代半ばの段階で、清朝が海外における領事裁判権の行使を強く要求していたこと、それがいわゆる「属邦」問題と密接に関わっていたことは、注目に値する。

またこうした主張は、同時期の清朝の対外関係や在外華人観を考える上でも重要である。

裁判権を含む広範な権限を有する在華西洋領事の存在を自らの領事像に投影させてきた清朝の官僚たちは、外交上可能であれば外国あるいはその植民地に対して裁判権を有する領事を派遣したいとの意志を有していた[5]。一八七一年に締結された日清修好条規において清朝が双務的な領事裁判権を要求して実現させたことは、その最も典型的な事例であり（第6章を参照）、一八七五年にはスペインに対してその植民地であるキューバに派遣する清朝領事に裁判権を付与するよう求めたこともあった[6]。だが、一八七七年に行われたイギリスとの在シンガポール領事の設置交渉では、清朝側が領事裁判権の行使を求めた形跡は見あたらない。以後、西洋諸国やその〝通常〟の植民地において領事裁判権を行使するよう望む声は聞かれなくなる。これは、清朝政府の外政官僚が、西洋諸国間では裁判権を有する領事を相互に派遣し合うことはないという「国際通例」を受容した結果ともいえよう。

ところが、一八八〇年代に入るとそれとは逆の局面が出現する。すなわち、清朝側が「属国」「属邦」と主張する地域に対して清朝の領事や商務委員を派遣する、あるいは派遣が議論される際に、その清朝側の領事や商務委員に現地華人に対する裁判権を付与しようとの動きが現れたのである。それは、一八八二年に朝鮮との間で結ばれた「商民水陸貿易章程」において明文化され、翌年以降朝鮮に派遣された清朝の商務委員は、実際に現地で華人に対する裁判権を行使することになる（第7章・第8章を参照）。そして、一八八五年の天津条約によって清朝がベトナム北部における領事設置権を獲得すると、翌八六年に行われたフランスとの条約交渉において、朝鮮の例を援用して、「属邦」であるベトナムにおける領事裁判権の行使を主張するに至る。

清朝側のこうした主張や行動は、朝鮮・ベトナムを中心とした清朝と「属邦」との関係のあり方が一八八〇年代に入って急展開を見せ、それが清朝の在外領事の設置や在外華人の保護・管理のあり方に密接に関わるようになったことが影響したものであったと考えられる。一見あだ花のようにも見える「属邦」に対する清朝の領事裁判権要求も、その論理や背景を巨細に見つめることで、「近代中国」のもう一つの変容のあり方をあぶり出すことにつながるのではないか。本章はそうした予見のもと、まずフランスによるベトナム侵略の進展から清仏戦争、天津条約に至るまでの経過を領事問題との関連で整理し（第一節）、ついでコゴルダン条約の交渉過程を詳細に追うことで、どのような文脈の中で領事裁判権要求が提起されたのかを検討し（第二節）、コンスタン条約と交換公文によって領事問題がいかに処理され、最終的に一九三〇年代の〝解決〟に至ったかを確認することにしたい（第三節）[7]。その上で、領事裁判権要求と宗属問題がどのようにリンクしていたのかについても考察を試みることにしたい。

一　ベトナムにおける領事設置権の設定——天津条約（一八八五年）

（1）ベトナム問題と清仏戦争[8]

一九世紀半ば以降、ナポレオン三世治下のフランスはベトナムに対する外交的・軍事的圧力を徐々に強めていき、一八六七年には南部にコーチシナ植民地を建設、第三共和政に入って以降もベトナムへの圧迫は続き、七四年の第二次サイゴン条約によってフランスはベトナムの外交監督権を獲得、保護国化のレールが敷かれた。その後、ベトナム問題をめぐる清朝とフランスとの外交交渉は、フランスと中国の双方を舞台に断続的に続けられたが、その間もベトナムでのフランスの軍事行動はエスカレートしていった。一八八三年二月に成立していたフェリー（Jules F. C. Ferry）内閣はベトナム問題に対してさらに強硬な姿勢で臨み、同年八月二五日には第一次ユエ条約によってベトナム保護国化を強行した。軍事的にもベトナムへの介入を始めていた清朝側（正規軍と黒旗軍）は敗退を重ね、ソンタイ（山西）での敗北（一八八三年一二月）に続き、八四年三月にはバクニン（北寧）の会戦でも敗北を喫した。

北京ではその責任をめぐって四月八日に政変が起こり、長く清朝の内政・外政の中心にあった恭親王奕訢らが失脚、代わって醇親王奕譞、慶郡王奕劻、孫毓汶らが政権を掌握した（甲申易枢）。まもなく、対仏交渉を命じられた李鴻章に対しその交渉方針について上諭が発せられたが（五月四日）、その中には「ベトナムが藩属であるという成憲（既成の体制）を変えてはならない」ことも明記されていた。[9] この上諭がその後の李鴻章の対仏交渉のあり方を規定していたと思われる。そして五月一一日、李鴻章とフランス海軍中佐フルニエ（François Ernest Fournier）との間に天津簡明条約（李鴻章・フルニエ協定）が結ばれ、これにより清仏の全面衝突は回避されるかに見えた。なお、この協定には、清朝はフランス・ベトナム間の諸条約を尊重する一方で、フランスはベトナムとの間の条約に清朝の「威望体面」を傷つける言辞を入れないことを約束するとの条項が含まれていた。この「威望体面」という文言が、清朝側がその後もベトナムを「属邦」として主張し続ける根拠となる。[10] 一方、フランスは六月六日に第二次ユエ条約をベトナム政府と結び（批准交換は一八八六年二月二三日）、フランスによるベトナム保護国化がこれによって完了する。その主な内容は以下のとおりであった。

①ベトナム政府はフランスの保護権を承認し、フランスはベトナムのすべての対外関係を代表する。
②フランスは統監（Residents-General）をユエに駐在させ、統監はフランスを代表してベトナムの対外関係を統轄する。
③フランスはベトナムに新設する税関を委任される。
④ベトナムにおけるすべての外国人はフランスの裁判管轄に属する。

特に④は、後述するベトナムにおける領事裁判権をめぐる清仏交渉において、フランス側が清朝側の要求を拒否する根拠となるものであった。

その後も清仏両国は軍事衝突と外交交渉を繰り返し、清朝側は陸上では優勢でありながら、海上では台湾や福建で敗退を重ねていた。一八八四年一〇月以降、ハートによる調停工作（調停案三カ条）が行われ、中国海関ロンドン局長のキャンベル（Duncan Campbell）をパリに派遣して、フランスの首相兼外相フェリーと直接交渉を行わせた。一八八五年三月二九日、清朝軍がフランス軍を破ってランソンを奪還すると（諒山大捷）、フェリー内閣は総辞職に追い込まれ、四月四日、キャンベルとビオー（Billot フランス外務省政治局長）との間で覚書（パリ議定書）が交わされ、七日には清朝政府も上諭を発して停戦が実現することになる。パリ議定書では、①清仏両国は李・フルニエ協定を承認すること、②フランスは使節を天津もしくは北京に派遣し詳細な条約について協議することが定められた。

（2）天津条約（一八八五年）

パリ議定書の規定に基づいて正式な停戦条約の締結交渉が天津もしくは北京で行われることになった。この時、新外相フレシネ（Charles Louis de Freycinet）の指示を受けて条約草案一〇カ条を作成したのが、フランス外務省政治局副局長のコゴルダンである。[11] 一八八五年四月一九日、コゴルダンはキャンベルに条約草案を提示したが、第一条（ベトナムに対するフランスの保護権の承認）、第五条（通商地と領事の設置）、第六条（通商地における課税）、第一〇条（既存の条約の扱い）については合意に至らなかった。[12] その際、コゴルダンはキャンベルに次のように伝えたという。

講和条約では、どんな形であれ通商関係を規定する基礎が必ず示されなければならない。そのために第五条と第六条を作成したのであり、それらの条項は最近の清露条約から示唆を受けたものである。ロシアは以前より国境地帯の問題について中国と調整を行ってきた唯一の欧洲列強であり、その条約に影響されるのは自然なことである。[13]

コゴルダンは通商条項（第五条・第六条）の草案作成にあたって清露間の条約を参考にしたという。ここにいう清露条約とは一八六〇年の北京条約のことであり、そこには双務的な領事設置規定や「会審」（混合裁判）規定が含まれていた（第八条）[14]。つまり、ベトナム北部における清朝側の領事設置権を含む天津条約第五条の双務的な領事設置条項は、清朝側の要求によって挿入されたものではなく、フランス側から提案されたものだったのである。これはフランスにとって清朝側に一方的に便宜を与えたことを意味しない。たとえば、ハートはコゴルダンとの交渉にあたっていたキャンベルに対し、「いかなる国も自国の領土に任命しない領事という官吏を、トンキンに置くことで、清朝側は領有権の移転（changed ownership）を表明する」ことになるとの見解を伝えているとおり[15]、清朝が自国のベトナム駐在領事の設置権を規定した条約をフランスとの間で締結することは、少なくとも近代国際法においては、清朝側がベトナムに対するフランスの領有権を認めたものと理解することが可能だったからである。ただし、後述のとおり、李鴻章側はそのように解釈しておらず、ハートのこの発言はフランス側を説得するための（西洋人同士の会話としての）ロジックだったともいえるが、ハートが領事設置規定をベトナムの宗属問題と関連づけて強調したことは、交渉が妥結に向かう上で重要な意味を持ったとも考えられる。

五月二五、二六日の二日間にわたって、キャンベルはフランス語から英語に訳したフランス側の条約草案を北京のハート宛てに電報で送信し、ハートはそれを総理衙門に転送する[16]。しかし、五月一一日にフレシネから駐清公使パトノートルに宛てた電報では、この第五条・第六条は「保留」（Réservé）とされていた[17]。領事設置について双務的な条文となっているこの第五条・第六条は、清朝内におけるフランス側の通商上の権益拡大が規定される一方で、清朝側のベトナムにおける通商上の権益も互恵的に認められていた。そのため、フランス本国において異論があったのかもしれない。第五条・第六条に関する決定内容は、二二日の晩になりようやく本国からパトノートルに知らされ[18]、若干の修正（第五条から「通商碼頭之数若干」の語を削除[19]）を経て、二九日には清仏間で合意に至っている。

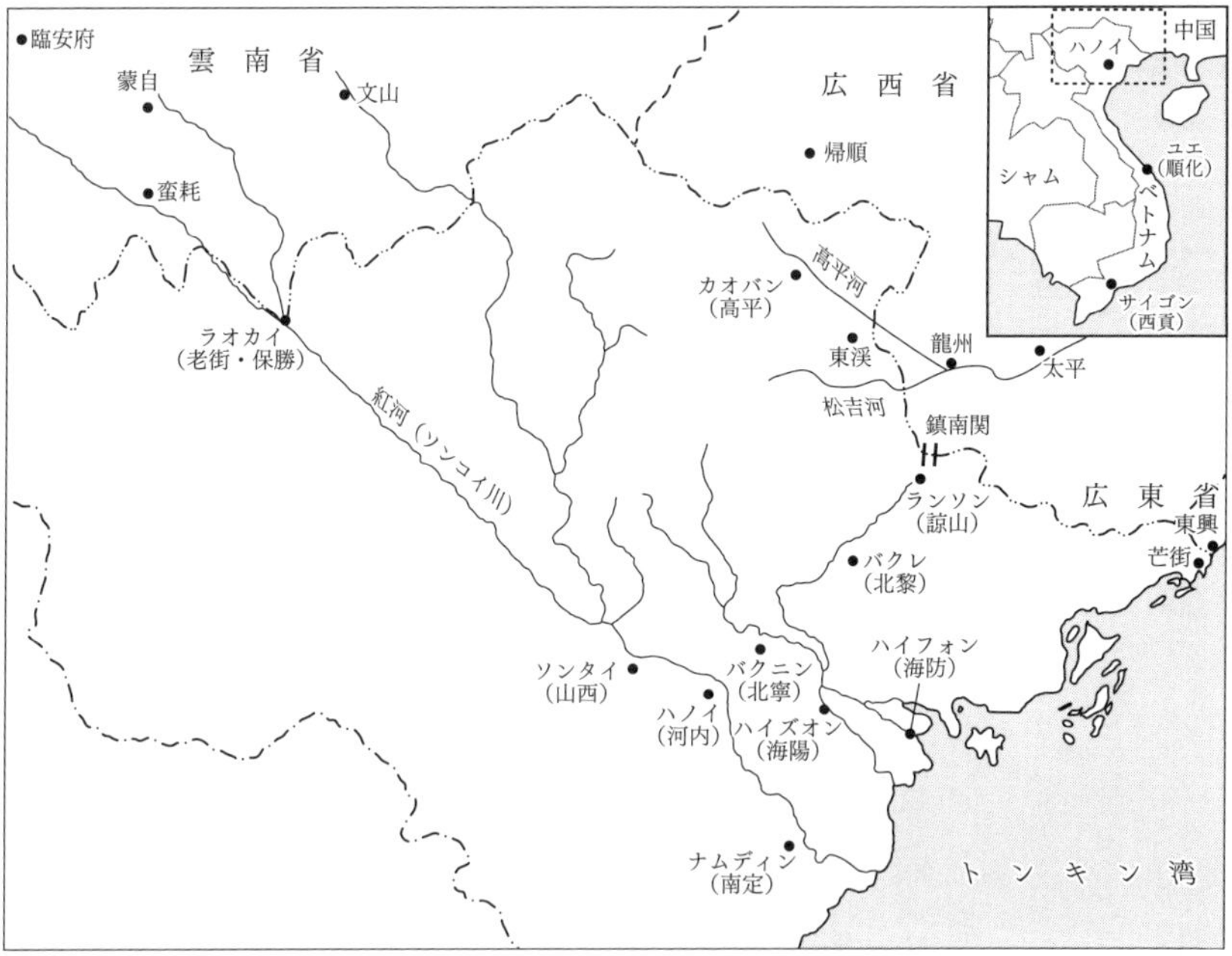

図 9-1　ベトナム北部と中越国境地帯

以上の交渉を経て、六月九日に天津条約（李鴻章・パトノートル条約、「会訂越南条約」）が調印された（批准交換は一一月二八日）。この条約は、停戦処理に関する条項（第一条）のほか、ベトナムの宗属問題については、清朝はフランス・ベトナム間で結ばれた条約を承認すること（これにより間接的にフランスの保護権を承認したことになる）[20]、清朝・ベトナム間の往来については、清朝側の「威望体面」を傷つけないことが定められ（第二条）[21]、通商・国境問題については、清朝・ベトナム北部（北圻）間の通商貿易を許可すること、通商地として清朝側の二カ所（ラオカイ〔保勝〕以上とランソン〔諒山〕以北の二都市）を開放すること、そこに清朝側は税関を設置して徴税し、フランスは領事を設置できること、清朝はフランスとの協議（「商酌」）を経れば（d'accord avec le Gouvernement français）、ベトナム北部の「各大城鎮」に領事を派遣して駐在させられること（第五条）が規定された。

さらに清朝側の雲南・広西・広東とベトナム北部との間の陸路通商章程を別に締結すること（第六条）も決められた。この条約は、一八八六年四月四日にフランス軍司令官の指令によってアンナン・トンキンの全域において公布されている。[22]

二　清朝による領事裁判権要求と「属邦」論——コゴルダン条約（一八八六年）[23]

（1）予備交渉

フランス政府は、天津条約第六条の規定に従い、清朝との陸路通商に関する追加条約を締結するため、一八八五年八月、天津条約のフランス側草案を作成したコゴルダンをその全権使節に任命した（そのまま駐清公使に就任）。[24]コゴルダンは中国へ出発する前に清朝との通商条約の草案を作成し、北京到着後さっそく二四カ条の条約草案を総理衙門に送付する。[25]そのうち通商地と領事設置に関する条文は次のようなものであった。[26]

第一条　雲南・広西・広東各省のいくつかの地を通商地として開放する。

第二条　フランスは通商地に領事などの官員を派遣することができ、フランス人およびフランスの保護民は通商地において商店や倉庫を開設することができる。

第三条　中国は領事官を派遣してハノイ［河内］とハイフォン［海防］の二カ所に駐在させることができ、また副領事官を派遣してランソン［諒山］とラオカイ［保勝］に駐在させることについては、ベトナム北部［北圻］全域が平静となった後に、はじめて派遣駐在させることができる。その上、光緒十一年四月二十七日の条約〔一八八五年天津条約〕第五条の末尾の文言に従い、この領事官・副領事官は、フランスが発給する認可状〔文憑〕を先に受け取ってはじめて執務を開始することができ、以後の案件〔公事〕の処理は、ただフランス官員とのみ協議することができる。その得るべき各種の特権はフランスに駐在する各国の領事などの官員と同様とし、地方の内政に干渉することはできないものとする。礼節については、これらの領事などの官員は最恵国の官員と一律に待遇する。

第四条　現在中国とフランスは、往来・通商を盛んにすることを望んでいる。フランスは領事を一名派遣して雲南の省都〔昆明〕に駐在させた時は、その得るべき権利は中国に駐在する品級の同じ〔他国の〕官員と同等とする。またフランスによる調査状況を見て、広西省内の一カ所を選定し領事を派遣して駐在させることができる。

これらの条文には、ベトナム全域を勢力下に置いたフランスがそこからさらに中国の華南地域へと進出しようとする意図が明確に現れているが、そうした華南進出の拠点として、中国側の数カ所を通商地として開放することが提起され、それらの地における通商貿易とそれに従事するフランス人やベトナム人を含むフランスの保護民を管理・保護するために、領事を設置することが要求されていた。[27] 一方、ベトナム北部における清朝側の領事設置権も互恵的に盛り込まれ、天津条約ではベトナム北部の「各大城鎮」と規定されていた設置地域については、ハノイとハイフォンに領事を、ランソンとラオカイに副領事を設置できることが明記された。

朝廷の命を受けコゴルダンとの条約交渉を担当したのは北洋大臣の李鴻章であった。一八八五年一二月六日、総理衙門は李鴻章に書簡を送り、フランス側の草案各条に対する総理衙門の意見を伝達し、それにしたがってコゴルダンと交渉するよう伝えた。[28] そのうち、在ベトナム領事の設置条項については、中国のベトナム北部における領事の設置は、雲南・広東において税関が開設され通商が開始されるのと同時に、執務を始めるようにすべきである。光緒十一年四月の条約〔天津条約〕には「フランスが発給する認可状を先に受け取る」などという文言はなく、この文言は削除させるように。[29]

と指示されていた。

全権代表による交渉が開始される前に、フランス使節団の書記官（ブルワエール François Edmond Bruwaert）[30]・領事（ブゾール Georges Gaston Servan de Bezaure）[31]・通訳（ヴィシエール Arnold Jaques Antoine Vissière）[32]と、清朝側の天津海関道・周馥（伍廷芳も同席）との間で、四次にわたる予備交渉が行われた。そのうち、第一次（一八八六年一月一六日）[33]と第三次（同月二一日）[34]に行われた予備交渉は、国境貿易における関税問題が中心であり、ここでは立ち入らない。

第二次の予備交渉は一八八六年一月一九日に行われた。[35]交渉は、①双方の領事設置問題、②通商地における両国民の待遇、③ベトナム在住華人に対する人頭税問題、④国境通行（護照・保護・武器携行など）、⑤関税の順序で行われ、そのうち最も紛糾したのが①の領事設置問題であった。交渉における具体的なやり取りを見ていこう。

ブルワエール（以下、ブ）〔清朝側草案[36]〕第一条のラオカイ以上[37]・ランソン以北にフランスは領事を設置できるという条項は、その通りに実施すべきである。中国が「各大城鎮」に領事を派遣・駐紮する件については、新約〔一八八五年天津条約——以下略〕の仏文テキストの意味に照らせば、このことは「フランスとの協議を経て」はじめて派遣できるのである。現在フランスは二カ所領事を設置することになっているが、中国側はすでに四カ所に領事を設置することを求めており、将来はおそらく四カ所にはとどまらないであろう。これでは不公平ではないか。

周馥（以下、周）新約で規定されている「各大城鎮」が含む範囲は大変広く、将来中国が何カ所領事を設置するかは、国境画定後に商務状況を調査してから決定することであって、おそらくハノイ・ハイフォン・ラオカイ・ランソンの四カ所にはとどまらないであろうが、まだわからない。

ブ　領事を設置して自国の商民を保護する件については、将来フランスの官員と協議するということにしておいてもよいだろう。ただ中国はすでにイギリスに対し大理府に領事を設置することを許可し、またロシアに対しカシュガルなどに領事を設置することを許可している。どうしてフランスに対して広西・雲南の省都にフランス領事を設置することは許可できないのか。省都に領事が駐在すれば、〔その地の清朝側の〕総督・巡撫と協議するのにも便利ではないか。

周　ベトナムの「各大城鎮」に中国が領事を派遣・駐在させるのは、新約に従って行うものである。雲南・広西の省都にフランスが領事を設置することは、新約に規定されておらず、議論する必要はない。その上、領事は商務のために設置するものであり、カシュガルなどの地に〔領事を〕設置するのは今後の商務のためであるが、雲南・広西の省都は通商地ではなく、どうして設置する必要があるのか。

……

ブ　ハノイ・ハイフォンに設置する領事は正領事としてもよいが、ラオカイ・ランソンに設置する領事は副領事とすべきである。

周　どこにどのような領事を用いるかは、商民の状況を見きわめて自主的に決定する。

……

ブ　領事を派遣する際に相互に提出する公文は、それぞれ従来の規則に従って処理すべきである。領事が着任した際の認可状〔文憑〕の受け取りについては、中国と西洋のやり方は異なっており、一律とすることはできない。フランス領事が中国に着任する時は、現行の中国各港の規則〔章程〕に従って処理されており、

周　中国が領事を派遣してベトナムに着任させる時は、現行のフランスの「公例」に従って処理する。ベトナムはもとより中国の「属藩」であり、領事を派遣してベトナムに赴任させるのは、領事を派遣してフランスに赴任させるのとは異なる。もしフランスの認可状を受け取らなければならないとなれば、新約内の「威望体面」の四字はどこにあるというのか。ましてやフランスが派遣して中国に来る者は認可状を受け取らないのに、中国がベトナムに派遣する場合は認可状を受け取らなければならないというのでは、不公平である。

ここで初めて天津条約後もベトナムは清朝の「属藩」であるとの主張が清朝側から言及される。この周馥の発言から、天津条約にいう「威望体面」によって、フランスの保護権の有無にかかわらず、ベトナムが清朝の「属藩」であり続けるとの清朝側の立場・解釈があらためて表明されたのである。こうした前提の上で、「属藩」であるベトナムに清朝が領事を派遣するのに、フランスから認可状を得る必要はないというのが清朝側の主張であった。結局、この時の交渉では妥協点は見出されていない。

次に、一月二三日に行われた第四次の予備交渉を見てみよう。この時の交渉は、①ベトナム華人の裁判権、②犯罪人引渡、③アヘン、④関税、⑤その他の順序で進められ、①の裁判権問題が最も紛糾した。

ブ　中仏両国人の中国側の「辺関〔国境の関所〕」における訴訟は、咸豊八〔一八五八〕年の〔清仏天津〕条約の第三五～三九条〔フランス領事による領事裁判規定〕(38)に基づいて処理するが、ベトナム北部〔側の国境〕では〔清朝領事による領事裁判は〕認められない。

周　中国の通商地ではフランス領事が裁判権を有している。中国領事もベトナムにおいて同様にすべきである。

ブ　ベトナムにおける華人同士の訴訟では、中国領事は調停・仲裁を行うことはできるが、もし解決できなかった場合、その裁判や犯人の逮捕・処分に関してはフランス官吏の処理に帰すべきである。

周　ベトナムはもとより中国の「属藩」であり、フランスが〔ベトナムを〕保護することは認めたとはいえ、華人がベトナムに行くのとフランスに行くのとは異なるものであり、華人自身の訴訟は中国側の処理に帰すべきである。

伍廷芳（以下、伍）　中国とベトナムの名分は決して消すことはできない。たとえば、私が召使い〔家人〕を多年にわたって使用し、私のお金をたくさん使ったならば、いま〔突然〕他人が父となったとしても、私との主僕の名分は依然として変わりなく、彼との「来往・礼節」も他人が干渉できるものではない。〔清朝とベトナムとの関係も〕かくのごときものである。

ブ　現在ベトナムにおける華人の訴訟はみなベトナム官吏の裁判に帰している。中仏新約では、中国はすでにフランスがベトナムを保護することを認めているのだから、ベトナム域内はフランスと異ならない。中国人の訴訟がフランス官吏に帰することが、どうしてベトナム官吏の裁判に帰することに比べてさらに体面がないことになろうか。

周　華人がベトナムにいるのはもともと勝手に出て行ったもので、通例に従いベトナム官吏によって送還されるべきである。もし彼の地で罪を犯しても、ベトナム官吏は裁判を行うことはできない。すでに済んだことは蒸し返しても仕方がなく、いま章程を定めて適切に処置すべきである。

ブ　ベトナム人はフランスの保護下にあり、ベトナムでは何人《なんぴと》の訴訟であろうとも、フランス官吏によって裁判は行われるべきである。[39]中国側の国境通商地における〔フランス人・ベトナム人と〕華人との訴訟は、上海での「会審」の方法を援用して、中仏両国の官員による「会訊〔共同訊問〕」としてはどうか。

周　ベトナム人が中国側の通商地において中仏両国官員の「会訊」を受ける一方で、華人がベトナムにおいてフランスのみの裁判を受けるということになれば、新約にいう「威望体面」とは何なのか。断じて認められない。

ブ　イギリス人は現在ベトナムにおいてフランスの裁判を受けることになっており、中国がそうしたとしても体面を失うことはない。

周　ベトナムと西洋各国とは同じではなく、華人がベトナムに行くのと、イギリス人がベトナムに行くのとは同じではない。

伍　あえてお尋ねするが、ベトナム人はフランスの保護に帰すことになったが、将来ベトナム人がフランスの官吏となることはできるのか。〔国会議員となり〕議会に出て議事に加わることはできるのか。

ブ　できない。

周　それならば、ベトナム人はフランス人と同様に扱うことはできず、華人・ベトナム人間の訴訟はすべて中国官吏の裁判に帰すべきであり、これは一定の道理があることである。

ブ　この件は本国の訓令があって譲歩することはできない。もし〔この件で〕妥結できなければ、この通商条約の締結自体が困難になる。

周　新約内の「威望体面」の四字とは、こうしたことを指していっているのである。中仏が和平を失ったのは、この四字のためであり三年間も騒乱を起こすことになった。閣下の説に従えば、さらに三年議論したとしても妥結することはできないだろう。

ヴィシエール　フランスの法律では外国人が自国の管轄内で裁判を行うことは許されない。

周　フランスのこれまでの法律には、ベトナムと中国との間の「威望体面」などという文言はないではないか。

ブ　双方の見解は非常に開きがある。両国全権による協議に持ち越すことにしよう。

周　また協議しよう。

結局、予備交渉では協議はまとまらず、清朝側の領事裁判権に関する問題は、李鴻章とコゴルダンの両全権による直接交渉に持ち越されることになった。

(2) 李鴻章・コゴルダン交渉

李鴻章・コゴルダン両全権による直接交渉も都合四回行われた。そのうち、第二次交渉を除く三回の交渉において領事設置問題が協議された。第一次交渉は最後の予備交渉から約一カ月後の一八八六年二月二二日に行われた[40]。交渉は、①通商地、②中国国内におけるフランス領事の設置、③商人領事、④ベトナム北部における清朝領事の設置、⑤通商地における待遇(公館・商民)、⑥ベトナム華人の人頭税、の順序で進められ、②④⑥の問題で激しい議論が交わされ、特に⑥に関する議論が最も紛糾した。そのうち、領事設置問題については次のような協議が行われた[41]。

コゴルダン(以下、コ)　中国領事のベトナム駐在についてはどのように処置するか。

李鴻章(以下、李)　中国はラオカイとランソンに領事を設置したい。

コ　ラオカイとランソンは「大城鎮」ではない。新約上にいう「大城鎮」はハノイとハイフォンを指している。もしフランスがラオカイとランソンに〔清朝の〕領事を設置することを許せば、中国もフランスが官員を派遣して雲南府〔昆明〕と桂林府〔広西省の省都〕に駐在させることを許可すべきである。

李　情況が異なる。ベトナムは「属邦」であり、中国は自由に人員を派遣して各地に行かせ駐在させることができる。雲南〔昆明〕と桂林は中国の内地である。ましてやランソンとラオカイは通商で必ず経由する要

コ　路であり、雲南・桂林は通商地ではないのだから、どうして一緒に論ずることができようか。ランソンとラオカイに領事を設置することは、もともとあなたの草案に書かれていることである。

李　ランソンとラオカイに領事を設置するというのは、もともと新約にはないことだ。

コ　「中国はハノイ・ハイフォン・ランソン・ラオカイなどの地に領事を設置することができる」と規定すべきである。新約中の「各大城鎮」という語は意味が広すぎる。

李　（通商地について規定した草案）第一条に基づいて「現今」の二字を入れるべきである。ベトナム北部における「大城鎮」はハノイ・ハイフォンの二カ所だけである。

コ　ベトナム北部における「大城鎮」はたいへん多い。ナムディン〔南定〕・バクニン〔北寧〕・ハイズオン〔海陽〕などの地はみな「大城鎮」である。

李　「新約第五条に基づいて、中国は現今ハノイ・ハイフォンの二カ所に領事官を設置できる」と規定してはどうか。

コ　「中国はハノイ・ハイフォンの二カ所に領事官を設置することができ、以後フランスとの協議を経ればベトナム北部の他の大城鎮に領事官を派遣し駐在させることができる」と規定すべきである。中国がベトナム北部に領事を派遣するのとフランスが「辺関」に領事を派遣するのは同じ方法とし、中国領事がフランスの認可状を受け取れば、フランス領事もまた中国の認可状を受け取らなければならず、ともに商人に兼任させることはできず、貿易も行うことはできない。この節は双務的に規定すべきである。

李　双務的に規定することはやめたほうがよい。「フランスのこれらの〔清朝の〕領事官に対する待遇や、同領事官が得るべき権利については、最恵国の領事官に対する待遇と異ならない」と規定しさえすればよい。

コ　この件はあなたに譲ろう。

コ　「その後の案件〔公事〕の処理は、ただフランス官吏とのみ行うことができる」という一文を入れたい。
李　ベトナムは中国の「属邦」であり、〔そのような一文を〕入れることはできない。
コ　フランスの定例では、「およそ外国の領事は某某官と処理しなければならない」と規定することになっており、これは中国が「関道〔海関を管轄する道員〕」を派遣して監督するというのと同じことである。
李　「処理する案件があれば、フランスの文武大員と協議し、もし中国領事が某所の土匪を探知すれば、ただちにフランス武官に通報し討伐に行かせる」と規定するか、あるいは「中仏間において交渉すべき案件があれば、フランスの官吏と協議して処理しなければならない」とするか、あるいは「通商・交渉問題があれば、フランス官吏と協議して処理しなければならない」と規定すべきである。
コ　領事官はただ通商問題を管轄するだけであり、「中国領事官はただ商務を管轄するのみ」と規定したほうがよい。
李　中国領事はもとより中国の商民を保護するものであり、領事は訴訟も管轄するもので、ただ商務を管轄するだけではない。ゆえに「交渉」の二字も入れるべきである。
コ　領事は訴訟を管轄することはできない。
李　この条文を入れることはできない。
コ　では「すべての案件の処理は、ただフランス官吏とのみ協議して行う」と規定してはどうか。
李　そんな文では役に立たない。やはり「フランスの派遣する保護の大員と協議して処理しなければならない」と規定してはどうか。
コ　そのように規定することはできる。
李　これもまた私がコゴルダン殿に利益を与えたことになりますな。……

続く第二次交渉は一八八六年二月二五日に行われ、この時は、①ベトナム華人の人頭税の軽減、②国境通行〔護照・保護・武器携行〕、③関税について協議され、前述したとおり、領事問題についての協議は行われなかった[42]。ついで、第三次交渉は三月五日に行われ、①国境画定、②通商地、③免税、④製造工業権、⑤開鉱、⑥鉄道、⑦ベトナム華人に対する裁判権、⑧税則の順序で交渉が進められた。①〜⑥と⑧はフランス側から提起され、⑦の裁判権問題のみ清朝側から提起されている。そして、この時協議が最も紛糾したのもベトナム華人に対する裁判権の問題であり、これまでのこの問題に関するやり取りの中で、「属邦」問題も絡み、最も激しい交渉となった[43]。

コ　ベトナムにおける華人の訴訟は、イギリス・ドイツ各国と同様に処理すべきだ。

李　ベトナムは中国の「属邦」でありイギリス・ドイツの「属国」ではないのだから、比較〔の対象として取り上げることは〕できない。

コ　華人がベトナムにいる時は、およそ訴訟があれば従来ベトナム官吏の裁判に帰してきた。いまフランス官吏の管轄に帰すことは、〔状況が〕良くなることではないか。

李　ベトナムにおける華人の訴訟はこれまでベトナム官吏の裁判に帰したことはない。ベトナム王はもとより恭順で、もし広東人がベトナムで被害を受けたら、帰国して〔中国の〕地方官に訴え出て、〔地方官から〕ベトナム王に調査を依頼することになっている。中国がいまベトナムに領事を設置しようとするなら、おのずから裁判権を持つべきである。

コ　朝鮮に在住する華民は中国官吏の管轄に帰しているのか。

李　もちろん中国官吏の管轄に帰している。ベトナムと朝鮮はともに中国の「属邦」であり、同様に処理すべきだ。ベトナムにおける華人同士の訴訟および華人・ベトナム人間の訴訟は、みな中国領事が裁判を行い、

コ　華人・フランス人間の訴訟については、被告側の国の官吏が裁判を行い、原告側の国の官吏が「聴訊〔立ち会い〕」を行うようにすべきだ。

李　中国のベトナム駐在の領事とシンガポールやサンフランシスコ駐在の領事とは同じであり、裁判権を持つことはできない。

コ　シンガポールやサンフランシスコはイギリスやアメリカの「版図」であり、イギリスやアメリカは「友邦」であって、「属国」とはまったく異なり、同列に論ずることはできない。ベトナムにおける華人の裁判は朝鮮での方法を援用すべきである。

李　現在ベトナムはフランスの保護下にあり、朝鮮とは異なる。中国の在ベトナム領事には最恵国待遇を与えるが、それ以上の規定は設けられない。

コ　訴訟の件は別の方法で考えるべきである。

李　中国はベトナムにおいて領事を設置するのは二カ所のみであり、ベトナム全域の訴訟を同時に管轄〔兼顧〕することは難しい。

コ　「ベトナムの中国領事が設置されている地方においては、その訴訟は中国の官吏が処理し、いまだ領事が設置されていない地においては、もし訴訟があれば、暫時フランスの官吏が代わりに処理する」と規定してはどうか。

李　西洋の国際法・国際慣例〔公法通例〕に違背するもので、受け入れることはできない。中国側の国境〔通商地〕で華人とフランス人あるいはベトナム人との間の訴訟があれば、両国官員の「会審」としてはどうか。

コ　華人とフランス人との訴訟は「会審」にしてもよい。「会審」についてははっきりしないところがあるが、イギリスとの煙台条約（一八七六年調印、一八八六年五月六日批准交換）では、一切の案件は被告側の国の官吏によって裁判を行い、原告側の国の官吏は「聴審〔裁判への立ち会い〕」を行うと規定して、処理権限〔事権〕が混乱しないようにしており、各開港場でも現在はほぼそのようにしている。ベトナム人が中国にやってきた場合はすべて中国官吏の保護に帰すべきであり、「辺関通商処所」においてベトナム人がフランス人と同様の待遇を求めても、決して認められない。それでは二つに分けて、ベトナムにおける華人・ベトナム人間の訴訟はフランス官吏による裁判に帰すとしてもよいが、中国側の域内においては中国官吏による裁判に帰さなければならないとし、ベトナムにおける華人同士の訴訟については中国官吏の裁判に帰すものとする、としてはどうか。

コ　ベトナムにおいては、華人同士の訴訟であろうと、華人・ベトナム人間の訴訟であろうと、すべてフランス官吏による裁判に帰さなければならない。

李　中国の各開港地では、フランス人同士の訴訟は中国官吏の裁判に帰さないのに、ベトナムにおける華人同士の訴訟はフランスの裁判に帰すというのは、大いに公道に反するものだ。

コ　そのようなことは議会が絶対に承認しない。

李　あなた方の議会のことは私には関わりないことだが、では「領事が設置されていないところでは、領事が設置されるまで暫時フランス官吏が代わりに処理する」と規定してはどうか。

コ　たとえ中国がベトナムに永遠に領事を設けなかったとしても、そのような条項を認めることはできない。西洋の通例では、他国の官吏が自国の管轄下で裁判を行うことは許されない。将来イギリス人・ドイツ人などがベトナムにやってきて訴訟を起こしても、フランス官吏の裁判に帰すことになる。

李　フランス国内ならば他国の官吏が裁判を行うことは許されないだろうが、ベトナムはフランスの保護国であり、いまだフランスの版図に入っていないのだから、(そうした論理を) 援用して処理することはできないし、中国とベトナムの関係はさらに異なるものがあり、イギリス人やドイツ人の例と比べることなどできない。

コ　この問題は何度話してもだめだ。

李　中国も譲ることはできない。

在ベトナム領事の裁判権問題は、両全権による交渉においても決着を見なかった。この議論の中で特に注目されるのは、李鴻章が「ベトナムにおける華人同士の訴訟および華人・ベトナム人間の訴訟は、みな中国領事が裁判を行い、華人・フランス人間の訴訟については、被告側の国の官吏が裁判を行い、原告側の国の官吏が『聴訊』を行うようにすべきだ」と述べたところだろう。これは、李鴻章自身によって最もストレートな表現で語られたベトナムにおける領事裁判権の要求であった。しかも、華人・ベトナム人間の訴訟はすべて清朝領事が裁判を行うことを求めており、これは当時朝鮮において実際に行われていた華人に対する裁判よりも踏み込んだものであった (第7章第一節を参照)。また、華人・フランス人間の訴訟については、被告主義に則り、華人が被告となった時は清朝側の官吏 (領事) が裁判を行うことが要求されていた。これは当時中国内の租界で行われていた混合事件の裁判方式に基づくものであった。

こうした李鴻章の主張は、ベトナムにおいて、「保護」権を承認したフランスとは対等、「属邦」たるベトナムよりは上位、という枠組みを作り出そうとしたものであった一八八五年の天津条約によって、ベトナムがフランスの保護国となることは承認したものの、清朝側にとってベトナムの清朝に対する「失礼」(つまり「対等」となること) は決して認められないということを表明したものであった。天津条約締結以降、ベトナムが進貢しないことは「失礼」とはしないという姿勢を清朝側は採っていたが、ベトナムが対等を唱えて清朝に対して条約の締結や常駐使節の派遣を行うことは「失礼」にあたると捉えていた(44)。つまり清朝側は、ベトナムがフランスの保護国となったとしても、清朝よりも下位にさえあれば清朝の「体面」は保たれると考えており、それゆえ、裁判管轄に関する具体的な取り決めを行う際も、ベトナムと対等となるような条項の挿入は認められないとの立場を採ったのであろう。

李鴻章の領事裁判権要求に対し、コゴルダンは「現在ベトナムはフランスの保護下にあり、朝鮮とは異なる。中国の在ベトナム領事には最恵国待遇を与えるが、それ以上の規定は設けられない」と答え、最恵国の領事を超えるような権限、つまり領事裁判権を清朝の領事に与えるようなことはできない、と反論している。清朝側がベトナムを「属邦」であると主張し続ける以上、ベトナムにおける清朝側の優位を裁判管轄権に代表される人身支配の方面で追求することはむしろ当然のことであり、ベトナムを保護国としたフランス側がそれを受け入れないのもまた自然なことであった。

こうした矛盾は、直接的には、一八八五年の天津条約においてフランスがベトナムにおける清朝の「威望体面」を認めたことに起因するものであり、清仏戦争終結後もベトナムをめぐる「属邦」問題は部分的にはなお継続していたのである。ベトナムが「藩属」であるという「成憲」を変えてはならないという一八八四年五月の李鴻章に対する上諭の存在が、この問題における李鴻章側の譲歩を難しくしていたとも言え、この点で妥協すれば、清朝内における李鴻章の位置を危うくする可能性もあった。

一方、裁判権問題について李鴻章は、①ベトナムにおける華人・ベトナム人間の訴訟はフランス官吏が審理し、中国におけるそれは中国官吏が裁判を行う、②ベトナムにおける華人同士の訴訟は中国官吏が裁判を行うというように、二分して処理することを提案している。これに対してコゴルダンは、「ベトナムにおいては、華人同士の訴訟であろうと、華人・ベトナム人間の訴訟であろうと、すべてフランス官吏による裁判に帰さなければならない」と反論している。ベトナムを保護国化したフランスとしては、その支配下にある地域で他国の官吏が裁判権を行使することは決して認められるものではなかった。これに対し李鴻章は、「中国の各開港地では、フランス人同士の訴訟は中国官吏の裁判に帰さないのに、ベトナムにおける華人同士の訴訟はフランスの裁判に帰すというのは、大いに公道に反する」と、片務的領事裁判権、そしてそれを支える不平等条約体制への異議を明確に表明していた。しかし、この李鴻章の発言は、中国における西洋側の領事裁判権の撤廃を求めたものではなく、フランスとの対等、ベトナムに対する優位という枠組みを保持（表現）するために、清朝もベトナムにおいて領事裁判権を行使できるよう要求したものであったことは、一八八〇年代における中国の領事裁判権認識として注意しておかなければならない。一八七〇年代末以降、清朝政府内では中国における西洋側の領事裁判権が不当なものであるとの認識が定着し始めていたが[45]、中国と西洋との刑法典の差異は容易には埋めがたく、領事裁判権を早急に撤廃しなければならないとの気運はいまだ高まっていなかった。よって、中国内の西洋側の領事裁判権を現状のままとした場合、ベトナムにおけるフランスとの対等、ベトナムに対する優位を求めようとするならば、清朝側もベトナムにおける領事裁判権の獲得を目指すというオプションを採ることになったのである。

　妥協点が見えない中、最後の交渉が三月一一日に行われた。この第四次交渉では、①訴訟・裁判、②犯罪人引渡、③関税、④アヘン、⑤塩・武器取引の順に協議が進められ、そのうち、③の関税問題が中心議題となったが、交渉の冒頭において、前回激論となった裁判権問題についてまず会話が交わされた[46]。

　李　フランスがベトナムを保護することになり、中国はすでに「上国」の権〔の一部、つまり保護権〕を失ったが、中国国内における裁判は中国の「自主」であり、譲歩することはできない。〔フランス側の草案にある〕「フランス保護民〔法国保護之人〕」の一句は削除すべきである。ベトナム人の中国国内における案件はすべて中国官吏の裁判に帰すべきである。

コ　フランス・ベトナム間の協定では、ベトナム人はベトナムであろうと外国であろうとすべてフランスの保護管轄を受け、フランス人と異なるところがないことになっており、中国内の通商地においてもフランス官吏の管轄に帰すべきで、中国側に譲歩することはできない。もしここで認めたとしても、議会が決して批准しないし、私は帰国したら訓令に違反したとして罷免されるだろう。

李鴻章の発言から、この時すでに清朝側はベトナムにおける領事裁判権の獲得を断念していたことがわかる。清朝側が譲歩した経緯は定かではないが、ベトナム人が中国においてフランス人と同等の権利を得ることについては、清朝の「自主」に関わる問題として譲歩できないとの主張は続けていた。これに対しコゴルダンも、フランス・ベトナム間の協定や本国からの訓令に従って、清朝側の要求を受け入れることはできないとの立場を重ねて表明した。裁判権に関する交渉記録はこれ以降見当たらず、その後どのような交渉が持たれたのか判然としないが、結局、裁判権問題については、次に見るコゴルダン条約第一六条の規定に落ち着くことになる。

(3) コゴルダン条約の領事規定と裁判規定

李鴻章とコゴルダン両全権による第四次交渉が行われた一カ月半後の一八八六年四月二六日、清仏両全権は「越南辺界通商章程」(コゴルダン条約)を締結した。そのうち、フランスの雲南・広西における領事設置(第一条)、清朝のベトナムにおける領事設置(第二条)、そしてベトナム華人の裁判(第一六条)については、次のように取り決められた。

第一条　両国は、新約〔天津条約〕第五条に従い、現今において指定する二カ所を、一つはラオカイ以上の某所、一つはランソン以北の某所と議定する。中国はここに税関を設置して通商を行い、フランスがこの二カ所において領事を設置することを認める。そのフランス領事の有すべき権利は、中国の最恵国の領事と同等とする。（条約調印時に両国の「勘界大臣〔国境画定交渉の全権代表〕」がランソン以北の開放すべき通商地を決定していなければ、今年中に中国とフランス駐華公使との協議により選定する。ラオカイ以上の開放すべき通商地については、両国の国境画定後に、再度交渉する。）[47]

第二条　中国はハノイ・ハイフォンの二カ所に領事を設置することができ、以後フランスとの協議〔商酌〕を経ればベトナム北部のその他の「大城鎮」に領事を派遣し駐在させることができる。フランスのこれらの領事に対する待遇とこれらの領事が有すべき権利は、フランスの最恵国の領事と同等とする。案件の処理はフランスの派遣する保護の大員と協議して行う。

第一六条　ベトナムに僑居する中国商民の殺人事件・課税・訴訟等のすべての案件は、みなフランスの最恵国国民と同等の待遇を与える。「辺界通商処所」においては、華人とフランス人・ベトナム人間の訴訟は、中仏官員による「会審」とする。フランス人およびフランス保護民が、通商地において大小の罪を犯した場合、一八五八年の中仏天津条約の第三八条・第三九条に照らして一律に処理する。

第二条では、李鴻章側が提案した「案件の処理はフランスの派遣する保護の大員と協議して行う」という文言が採用されている。第一六条では、ベトナム域内における華人の裁判はフランス側が最恵国国民の待遇で行うこととなり、清朝側の領事裁判権は認められなかった。しかし、国境通商地においては、華人とフランス人・ベトナム人間の訴訟は、清仏両国の官吏による混合裁判（会審）とすることが決められた。また、清朝内の通商地におけるフランス人とフランス保護民の刑事裁判については、一八五八年の清仏天津条約第三八条・第三九条の規定を援用するものとされた。一八五八年の清仏天津条約第三八条では、清仏両国民の間で闘争事件が発生した場合、被告主義に基づいて裁判を行うと規定しており、第三九条では、「フランス人の通商地における争論事件は、すべてフランス官吏が処理する。フランス人と外国人との争論事件にも中国の官吏は関与しない。フランス船が通商地にある時も中国は関与せず、フランス官吏と該船主が自ら処理する」と規定されていた。在華フランス人に対する裁判は論ずるまでもないが、ベトナム人を含む「フランス保護民」も中国内においてフランス人と同等の裁判を受けると規定されたことは、先に見た交渉内容と比べれば、清朝側が最終的に譲歩したことになる。

こうして締結された条約に対して、双方の政府の反応はいかなるものであったか。清朝側の全権としてこの条約に調印した李鴻章は、調印の前日（四月二五日）付の上奏において条約交渉の経過を朝廷に報告している。[48] その要点は次のようなものであった。

①コゴルダンは、「中国がベトナム北部の各大城鎮に領事を設置する件については、新約にしたがってフランスと協議［商酌］しなければならない。もし中国がフランスに対して雲南・広西の省都における領事の駐在を認めれば、中国がベトナム北部の城鎮に領事を設置することもまた協議のうえ実行しやすくなるだろう」と述べた。

②［これに対して］私は、「通商港に領事を設置するのは、もとより自国の商民に対処するためであって、雲南・広西の省都は内地に属するので領事を設置するのは都合が悪い」と反論した。

③コゴルダンはまた、国境通商地の領事を毎年数カ月省都に分駐させ、商務を調査することを求めたが、堅く拒否した。

④コゴルダンはあれこれ理屈をこね、中国がベトナム北部の城鎮に領事を派遣する件については、新約内の「商酌」の二字にこだわって騒ぎ立てて抗弁していた。

ちにこの条項を利用しようとした時も、我々はそれに反対したのである。(51)

そもそも、天津条約の草案において互恵的な領事設置規定を提起したのはフランス側であったが、清朝領事がフランスの「新領土」であるベトナムにおいて実際に業務を始めることは望んでいなかった。同じくコルディエによれば、一八八六年四月にフランスのトンキン・アンナン理事庁長官に就任したベール（Paul Bert）は、コゴルダン条約について「アヘン・塩・関税などの経済面においても、またトンキン駐在の領事とその国民〔華人〕に対する最恵国待遇などの政治面においても、トンキンを害することになるだろう(52)」と発言したという。このように新条約に対するフランス側の反応は芳しいものではなく、清朝側にすこぶる有利な内容と受け取られ、コゴルダンはまもなく駐清公使を解任され、代わってコンスタンが駐清公使となった。その後、コゴルダン条約はフランス本国において一八八八年一一月三一日に批准され、一八九六年一〇月になって大統領令によりようやく公布されることになる。ただ、一八八五年の天津条約とは異なり、インドシナ植民地においてはついに公布されることはなかった。(53)

三　在外領事拡大か、内地開放阻止か——一八八七年交換公文からの半世紀

(1) コンスタン条約と交換公文（一八八七年）

コゴルダンの「失敗」を受けて、コンスタンは清朝との条約交渉を再開する。彼はかつて国会議員や内務長官（一八八〇年五月～八一年一一月）を務め、一八八七年に清朝との新条約（コンスタン条約）を締結すると、すぐに初代インドシナ総督に任命されベトナムに赴任することになる人物であり、コゴルダンのような「青二才(54)」ではなか

った。コンスタンの交渉姿勢は、清朝には境界問題で満足させ、貿易面では譲歩させるというものであったという。[55]この時、清朝側で条約交渉を担当したのは、李鴻章ではなく総理衙門（全権は慶郡王奕劻と孫毓汶）であった。

コンスタンと総理衙門との交渉の結果、一八八七年六月二六日に「続議界務・商務専条」（コンスタン条約）が締結される。同条約は、コゴルダン条約では規定されなかった国境・通商の諸問題について合意したもので、広西省の龍州と雲南省の蒙自・蛮耗を国境通商地として開放すること（商務専条第二条）、松吉河・高平河の航行権をフランス・ベトナムの商船に与えること（商務専条第六条）などの規定が設けられた。しかし、コゴルダン条約第五条において具体的な設置場所等について協議することになっていた領事問題については、何も規定されなかった。代わって条約調印の三日前（一八八七年六月二三日）に、コンスタンと総理衙門（慶郡王奕劻・孫毓汶）との間で次のような交換公文が取り交わされた。[56]

①中国は、天津条約・コゴルダン条約に規定されたベトナム北部における領事の設置を当面行わない。
②中国がハノイ・ハイフォンに領事を設置するまでは、フランスは雲南・広西両省の省都に領事を設置しない。
③すでに中国がフランスに許可した龍州・蒙自に設置される領事と蛮耗に設置される領事の属員は、これらの都市が陸路通商場であることから、上海などの通商港が租界を設立していることをそのまま適用しない。

つまりこれは、清朝側が天津条約とコゴルダン条約によって獲得した在ベトナム領事の設置権を行使しない代わりに、フランス側は、雲南・広西の省都には領事を設置せず、また、今回締結する条約によって開放される龍州・蒙自・蛮耗には租界を設定しないことを確約したものであった。コンスタン条約をめぐる清仏交渉については、コゴルダン条約時のような問答記録が残っていないため、その詳細を知ることはできない。ただ、総理衙門・李鴻章間の往復書簡や電報などによって、両国間の交渉や清朝側の政策決定の過程を断片的に確認することはできる。[57]

これらの限られた史料によれば、天津条約・コゴルダン条約によって両国が獲得した領事設置権を双方ともに行使しないことを最初に提案したのはフランス側であった[58]。一八八六年九月下旬、天津に到着したコンスタンは李鴻章と数回会談し、コゴルダン条約がフランス議会で批准されなかったため再交渉を行うために来た旨を伝えると、李鴻章は「すでに調印したものであり、再交渉はできない」と返答したという[59]。天津を離れたコンスタンはそのまま北京に入り総理衙門との交渉を開始する。その後、雲南・ベトナム国境の現地での画定作業が終了した後、条約の再交渉が本格化した[60]。まず、コンスタン側から総理衙門に対して条約の改訂要求が出され、総理衙門は李鴻章とも協議しながら交渉にあたった。

清仏双方が領事設置権を行使しないという条項は、はじめフランス側から持ち出されたものであったが、コンスタンは領事設置の停止に関する条項を条約本文から削除するよう求めた。総理衙門からそれを伝え聞いた李鴻章は、領事設置条項を「削除すべきではない」と主張する[61]。そのねらいは、「現時点では即時に派遣することは難しい」との現状認識を持ちながらも[62]、清朝側が領事設置を暫時停止することを条約本文に明記することによって、ベトナム華人に対する人頭税の免除やベトナム国王の清朝への進貢再開をフランス側に認めさせることにあった[63]。ここでにわかに進貢の再開が取り沙汰されたのは、前年の一八八六年七月に清英間で締結されたビルマ・チベット協定において、イギリスに併合されたビルマから「一〇年に一度」清朝に対して官員を派遣するとの取り決めがなされたためであった[64]。

交渉は、一八八七年四月になり具体的な条文内容を詰める作業に入っていた。この時期も総理衙門は李鴻章と協議しながらコンスタンとの交渉を進めていたが、次に挙げるのは、総理衙門が李鴻章に送った検討案とそれに対する李鴻章のコメントである（【　】内が李鴻章によるコメント[65]）。

一、通商地については、龍州は許可できるが、南寧府は削除すべきである【南寧府は削除すべきである】。蒙自・蛮耗【蛮耗の二字は削除すべきである】も許可できる。フランスの要求を認めて友誼を深めたほうがよい。

一、領事については、二カ所許可できる。一つは龍州駐在、一つは蒙自駐在とし、これによって雲南・広西両省の商務を処理する。

一、雲南府〔昆明〕と〔広西の〕桂林府に領事を設置する件については、中国は無理をすれば許可することはできるが、現時点では開設させられない。中国がハノイとサイゴン〔西貢〕の二カ所に領事を設置すれば、雲南と広西の省都においてフランス領事を受け入れる〔接待〕ことを認めることができる。この条項は、交換公文〔文牘問答〕によって取り決め、条約本文には挿入しない。また、内陸の国境地域〔辺界〕に駐在する領事は、沿海地域〔海疆〕に駐在する領事に倣って租界を設置することはできない。

【「中国は無理をすれば許可することはできるが」から「開設させられない」までの文言は、これを許すのは早すぎる。検討のうえ改めたほうがよい。「受け入れる〔接待〕」という言葉も条約〔天津条約・コゴルダン条約〕に照らして検討のうえ改めたほうがよい。】

一、中国が領事の設置を延期する件については、融通することはできるが、〔コンスタン側の〕条文案の最後の一句である「後日両国が期日について協議してから設置する」との一文は、「ベトナム北部の軍務が終了してから設置する」と改めるべきである。この条項は、交換公文によって取り決め、条約本文に挿入するまでもない。

【（コメントなし）】

ここで、注目されるのは、当初総理衙門が指定していた清朝側の領事設置予定地にサイゴンが含まれていることである。清朝側の領事設置予定地は、一八八五年の天津条約ではベトナム北部の「大城鎮」、八六年のコゴルダン条約では「ハノイ・ハイフォン」とベトナム北部のその他の「大城鎮」とされていた。ではなぜここに突然ベトナム南部の「サイゴン」が入ったのか。一つ考えられるのは、この時の交渉に曾紀沢が加わっていたことである。コンスタン条約の締結前後、曾紀沢はコンスタンと頻繁に会談し、条約文や交換公文の文案に関する協議に何度も参加していた。(66) 駐英公使などとしてヨーロッパに八年駐在していた曾紀沢は、この前年の一八八六年五月に駐英公使の任を後任となった劉瑞芬に引き継ぎ、同年一一月に帰国、翌一二月には総理衙門大臣に就任していた。曾紀沢はヨーロッパ赴任直後から、サイゴンは「ヨーロッパとアジアの要衝であり、中国の居留民は三〇万人を超えている」と指摘し、サイゴンに領事を設置すべきことを総理衙門に具申していた。(67) しかし、実際の交換公文では、「サイゴン」は「ハイフォン」に改められている。これは、この交換公文が最終段階で曾紀沢の意向を無視して取り交わされたことと関わりがあるのかもしれない。(68)

その後、双方の領事設置問題については、清仏が互いに領事設置を見合わせることになり、それを前述のとおり交換公文によって確認し合うことになった。清朝側は、最終的に締結された「商務専条」において、中国内地における開鉱権や製造工業権などの懸案についてフランス側の要求を抑えることに成功し、また、総理衙門自身が「彼らが界務で譲歩したため、我らも商務で少し融通を利かせた」(69) と述べているとおり、国境画定交渉を有利にするために、通商面ではフランス側に譲歩していた。領事設置に関する清朝側の「譲歩」も、こうした内外の権益に対する全体的なバランスの中で決断されたものであった。(70)

一方、フランス側にとっては、前述したとおり、ベトナムに対する清朝の宗主権を否定する意味においても、清朝のベトナムにおける領事設置権を容認することは有効であった。ただ、条約上に清朝側の領事設置権が明記されることによって清朝の宗主権を否定することさえできれば、清朝の領事が実際にベトナムに派遣されることは、その植民地統治にとってもとより好ましいことではなく、インドシナ植民地の成立（一八八七年一一月）を目前に控えたこの時期には、そうした感覚はいっそう高まっていたはずである。一八八七年六月の交換公文を生んだフランス側の事情はこのあたりにあったと言えよう。

（2）その後の交渉（一八九五～一九〇九年）

一八八七年の交換公文に対する曾紀沢の「危惧」は、その後の半世紀近く続くことになる中仏交渉の経過を見れば、よく理解されよう（曾紀沢自身は一八九〇年四月に在職のまま病没している）。一九世紀末から二〇世紀初頭における在ベトナム領事設置問題の経過については、すでに袁丁による概説があるため[71]、ここでは主にそれに依拠しつつ、若干の補足も加えながら簡単にたどっておきたい。

日清戦争終結後の一八九五年秋、フランス側は、ベトナム華人が「行規（同業者間の規則）」を設けてフランス商人の活動を制限していると訴え、清仏間において交渉が行われた。この機に乗じて総理衙門は、再度ベトナムにおける清朝領事の設置を要求し、領事を設置しなければ海外の華人商人を取り締まることはできず、一八八六年の条約によりハノイとハイフォンに領事を設置することができるはずであり、この条約に沿ってフランスがハノイとハイフォンにおける清朝領事の設置を許可すれば、清仏両国の商務にも裨益する、と主張した[72]。しかし、フランス側は、領事設置問題については一八八七年の交換公文で解決済みとして取り合わなかった。

その後、在ベトナム領事の設置が議論されたのは、義和団戦争後のことである。一九〇三年、駐仏公使孫宝琦は着任報告の上奏の中で、フランス領のサイゴン・ハイフォン・ハノイ・マダガスカル島などに領事を設置するべきことに言及した[73]。一九〇五年になりフランス側は、清朝側が求める華人に対する徴税の免除はインドシナ総督によって決定されるものであり、フランスの本国政府は干渉できないと清朝側に説明し、孫宝琦はこれを受けて、部下の駐仏三等参賛であった厳璩（厳復の長子）と恩慶（当時の職名は候選主事）をベトナム各地に派遣し、現地の華人商人の実情を調査させた。[74] 厳璩はこの時インドシナ総督と会見し、華人に対する徴税の撤廃を求めたが、成果はなかった。厳璩は帰国後、商部に現地の状況を報告し、一八八五年と八六年の清仏条約に沿って華人の多いハイフォンとサイゴンに速やかに領事を設置するよう建議した。商部は厳璩の建議に賛同し、駐仏参賛から駐仏公使に昇進していた劉式訓に対し、領事の設置と人頭税の問題について緊急に対処するよう要請した。厳璩と商部の積極的な態度は劉式訓を動かしたが、外務部の態度が曖昧だったため、劉式訓は先に外務部の見解をただした。一九〇六年八月になり、外務部はようやく見解を示した。その要点は次の三点である。

①清仏条約によりすでに清朝側の領事設置権は認められているが、ハノイとハイフォンにおける領事の設置は、昆明と桂林におけるフランス領事の設置と交換条件となっている。

②ベトナム南部のサイゴンは、条約上には設置できるとの条項はないが、外務部がかつてフランス公使と協議した際に、雲南産アヘンのベトナム国境からの運搬を交換条件に繰り返し交渉したが、実現しなかった。

③サイゴンは商務が極めて盛んであり、そのうえ各国もみな領事を設置しているので、清朝が設置することのみ阻止することはできない。

そして外務部は、先にサイゴンに領事を設置し、ハノイとハイフォンにおける領事設置要求は暫時棚上げすることを提案した。[75] これに従い、劉式訓はフランス外相に対し在サイゴン領事の設置を要求したが、フランス側は調査の必要があるとして遷延した。

一九〇七年四月、前閩浙総督丁振鐸は上奏において、雲南・ベトナム間の鉄道が雲南まで延び、同国境地域の関係が重要になってきたことから、在ベトナム領事の設置はもはや放置できない問題となっているとして、早急に領事を設置するよう求めた。[76] 翌五月、朝廷は外務部に領事問題の処理を命じ、外務部はフランス外務省に新提案を行った。それは、ハノイに領事を設置しハイフォンを兼管させ、一八八六年条約の在ハイフォン領事の設置を在サイゴン領事の設置に改める、というものであった。(77) しかし、この提案はフランス側によって拒否される。同年一二月になり、両広総督張人駿が外務部に打電し、孫文らの革命党が清越国境においてしばしば武装蜂起を起こすことから、速やかにフランスと交渉を妥結させてベトナムに領事を設置するよう求めた。(78)

ほぼ同時期の一九〇七〜〇八年にかけて、農工商部侍郎の楊士琦が南洋各地を実地調査し、帰国後に提出した〇八年四月の上奏において、サイゴンとハノイに領事館を開設するよう求めた。また同年六月には、広西巡撫張鳴岐が上奏し、革命党はすでにハノイ・ハイフォンなどを拠点としており、フランス当局もこれを取り締まっていないので、速やかにそれらの地に領事を設置しなければならないと主張した。同時に張鳴岐は、雲南の省都（昆明）にはフランス領事はいまだ設置されていないが、フランスの在蒙自領事が常に省都に居住しており、実際にはすでに設置されているのと同じ状態であり、桂林は通商地ではないのでフランスの商務もない（よって領事を設置する必要はない）と、フランス側の要求の非理を訴えた。(79)

一九〇九年七月、在シンガポール総領事の左秉隆が農工商部宛てに報告書を提出し、ベトナム在住の革命党が清朝政府が設立した越南華僑商会を破壊しようとしており、もし速やかに領事を設置して維持・保護できなければ、華僑の商務に大打撃となると報告し、これを受けて農工商部は、領事設置交渉を促進するよう外務部に要請した。(80) また同年四月には、フランスとの「滇路」（雲南・ベトナム間の鉄道）問題交渉に際して、外務部は駐仏公使劉式訓に対し、「滇路」問題での「譲歩」と引き換えに領事の設置に同意するようフランス側に要求することを指示した。劉式訓は、交渉目標を領事設置問題に集中させ、華人に対する人頭税の問題を後回しにして交渉した。そして同年一二月、劉式訓はその結果を外務部に報告した。それによれば、フランス側は、①「滇路」賠償を完済すること、②昆明を通商地として開放することを条件に、ベトナムにおける清朝領事館の開設を許可すると伝えてきたという。(81)

その後、清朝政府が二〇万両の「滇路」賠償を支払った後、フランス駐華公使は外務部に対し、「ハノイにおける領事設置について速やかに協議したいのであれば、もはや先延ばしはしない。領事設置の件はフランス人に異議はない」と照会を発して伝えてきたという[82]。しかし、その後も交渉は進展せず一九一一年の辛亥革命に至る。

以上のように、日清戦争後から辛亥革命に至るまでの時期に行われた清仏交渉では、一八八六年の条約と八七年の交換公文を双方が根拠とし、果てしない議論の応酬が繰り返され、それは民国期に入っても続けられていくことになる。

(3) ベトナム領事問題の解消——「規定越南及中国辺省関係専約」(一九三〇年)

こうした果てしない議論の応酬に終止符を打つため、一九三〇年五月一六日になり中仏間においてベトナム問題に関する新条約「規定越南及中国辺省関係専約」(全一一条)が締結された(フランス駐華公使と国民政府外交部長王正廷[83]との間で南京において調印され、一九三五年七月二二日に発効した)。その条文は以下のとおりである。

第一条　一八八六年四月二五日の中仏陸路通商章程〔コゴルダン条約〕、一八八七年六月二六日の続議商務専条〔コンスタン条約〕、一八八七年六月二三日の続議商務専条に関する交換公文、一八九五年六月二〇日の商務専条附章は、一律に廃止しその効力を停止する。一八八五年六月九日の天津条約の第四条・第五条・第六条の規定もすべて廃止する。

第二条　広西省の龍州、雲南省の思茅・河口・蒙自は、引き続き中国およびベトナムの陸路国境通商地とする。

第三条　中国政府はベトナムのハノイあるいはハイフォンとサイゴンに領事を派遣駐在させることができる。フランス政府は引き続き前条所載の各地に領事を派遣駐在させることができる。領事館・副領事館の代表者および代理館務人員、その他の領事館服務員は、派遣国本国の人民をこれに充て、工商業を経営してはならない。[84]

双方が自らの主張の根拠としてきた条約・協定・交換公文を一律に廃止し、ベトナムにおける領事の設置については、ほぼ中国側の主張が認められている。フランス側が中国側の主張を容認した背景には、「蘭領東印度、フィリッピン、海峡植民地、香港等に於る支那領事館設置の実績を具さに研究して、危険なしといふ結論に達し得たといふ事情もあつた」という。[85] その後、一九三五年に条約が発効したのに伴い、同年に在サイゴン領事が設置され、翌三六年には在ハノイ領事が設置されたが、一八八五年の清仏戦争の終結から実に半世紀が経過していた。[86]

最後に、一九三〇年代にフランス領インドシナ植民地の華僑統治政策を研究したルヴァスールの記述を引用しておこう。ここからは、中国官民の領事設置要求に対するフランス側の冷やかな態度が見てとれるが、それ以上に、領事設置交渉になにゆえ半世紀も費やすことになったのか、その背景が見えてこよう。

漢字紙は領事の存在に大なる期待をかけてゐた。領事は、その同国人がうけてゐた虐遇――さうみえたのである――に終結をあたへるはずだった（註）。事実は、それは領事の職能に関する見当外れの誤解であった。彼等はフランスの民政に関与しえないのである。さればこそ、帮長の役割は領事の活動を一切妨げないし、また領事の権限を越すやうなことはないのである。支那領事は自己の国民の利益を毫も蔑ろにせず、かへってその利益を助長しつつ、国際的慣行にしたがひ、支那・印度支那間の友好関係に反するごとき馬鹿げた闘争的態度をとらなくてすむのである。ある新聞は領事がさうした態度をとることを望んでゐた。

（註）「支那移民二月報」一九三五年九月第七四号の匿名記事は次のごとく言ってゐる、「領事は自国の人民のために努力せねばならぬ。領事はフランス語と法律ばかりでなく、商業、工業その他のことも知らねばならぬ」。同張維翰（一九三五年七月

二十五日雲南議会における条約交渉員）の論説、「領事は何物をおそれず抗議すべきである」「南京中央執行委員会週報」一九三〇年四三号参照。(87)

おわりに

一八八五年の天津条約は、フランスのベトナム保護国化が確定した条約であると同時に、清朝の在ベトナム領事の設置を規定した最初の条約でもあった。そもそも、清朝はベトナムを「属邦」と見なしてきたため、「属邦」たるベトナムと条約を締結し領事を駐在させることは、本来考えられないことであった。そのため、仮にフランスのベトナム侵略の速度が遅く保護国化が遅れていたとすれば、清朝・ベトナム間においても清朝・朝鮮間と類似の「章程」が結ばれ、裁判権を有する「商務委員」が派遣されていた可能性さえあった。むろん清朝政府、特に李鴻章らの朝鮮に対する関心と、ベトナムに対するそれとの間には差異があり、この二つの属国支配のあり方を同一視することはできない。しかし、コゴルダン条約の交渉過程を見てもわかるとおり、清朝が「商民水陸貿易章程」を援用して朝鮮に対して行っていた「属国支配」の方法を、ベトナムに対しても適用しようとする選択肢（オプション）が存在したことは確かである。だが、実際にはそうした歴史過程を歩まなかった。その最大の理由は、やはりフランスのベトナム侵略が加速度的な速さで進展し、一八八〇年代前半に、清朝側が「章程」などを駆使した属国支配の手法を採用し始めた時には、すでにベトナムではそのような間隙を与えないほどにフランス勢力の拡大が進んでいたためであろう。そして、それを可能にしたのは、清・日本・ロシア・イギリス・アメリカなどの諸勢力が朝鮮半島においてある種の「緩衝」状態(88)を作り出したような契機がベトナムにはなく、清朝とフランスが正面から争い合う状況になっていたからである。

清朝と朝鮮は、その間においてのみ適用範囲を限定した「章程」を結び、その規定は西洋諸国や日本などの諸外国には均霑されないものとした[89]。よってここに、西洋諸国間では認め合わず、清朝自身も不当なものと見なし始めていた片務的な領事裁判権が規定されても、清朝にとっては矛盾とはならなかった。であるならば、フランスとの条約交渉において、朝鮮に対するものと同等の権利をベトナムに対して主張したことは、単純に同一視することはできない。清仏戦争後の清朝は、フランスの保護権を承認した以上、ベトナム政府と直接「章程」を締結することはできず、ベトナムとの関係のあり方、つまりベトナムに対する「上国」としての優位性は、フランスとの「条約」によって示す以外にもはや方法がなかったのである。その優位性を保持する恰好の対象となったのが裁判権問題であった。条約交渉の中で清朝側は、「属邦」において「上国」の民が他国の裁判管轄に服することは許されず、「属邦」の民が「上国」においてその裁判管轄に服さないこともまた認めがたい、との主張を展開したのである。しかしこれは、単に清朝がいまだ冊封・朝貢体制の枠内に囚われていたことのみを意味するものではない。なぜなら、裁判管轄権の有無によって自国と他国との位置を測ろうとすること自体、西洋近代的な主権概念を（部分的ではあっても）受容する行為として捉えられるからである。

つまり、伝統的な宗属関係に根拠を求めていたはずの清朝側の「属邦」に対する裁判権要求は、極めて西洋近代的な発想のもとになされたものだったと言えよう。もとが西洋近代的な発想から出たものである以上、自国の主権の及ぶ地域内において他国が裁判権を行使することなど容認し得ない西洋の主権国家との「条約」という形式において、その保護国における領事裁判権の行使を認めさせることは、不可能なことであった。

一八八七年の交換公文において、すでに獲得していた領事設置権を清朝側が凍結したのは、雲南・広西などの内地開放を回避する目的以外に、コゴルダン条約において清朝側が求めた「威望体面」が保持できる形式での領事派遣が認められなかったことも、その理由の一つであったかもしれない。そもそも李鴻章自身、清仏戦争後においても、「保護」と「属邦」を分離させることによって、フランスのベトナムに対する保護権を認める一方で、ベトナムは依然として清朝の「属邦」であるとする論理を、どこまで現実的なものとして考えていたのか。本章で確認したように、一八八六年のコゴルダン条約の交渉時には、この論法でベトナムにおける領事裁判権の獲得を目指し、それによって「威望体面」の維持を図ろうとした。しかし、予備交渉四回、本交渉四回の計八回に及ぶ条約交渉を経てその実現が困難であることがわかると、最後には、「属邦」を根拠とした領事裁判権の獲得には言及しなくなる。その後、一八八七年のコンスタンとの条約交渉時に、ベトナム国王による進貢の再開が一時企図されたことを除けば、清朝がそれ以降「属邦」論を再び主張したという記録は管見の限り見当たらない。一八八六年のコゴルダンとの条約交渉が、おそらくベトナムの宗主権をめぐる清仏間の抗争の最終局面であり、ベトナムにおける領事裁判権獲得の断念が清朝によるベトナム〝放棄〟の最終段階だったと言えるであろう。

一八七〇年代以降、清朝は「天朝棄民」から「自国民保護」へとその在外華人政策を徐々に転換させていく中で、曲折を経ながらも在外領事の設置・拡大を進めていく一方で、一八八〇年代には、それまで名分的な主従関係が基本であった清朝と周辺国との宗属関係が、西洋や日本からの圧力や刺激を受けて「属国」の実質化（宗主権の強化）へと転換し始めていた。西洋近代の主権概念や国際法に影響される形で清朝の属人支配と属国支配のあり方は次第に変容し、それが一八八〇年代に朝鮮とベトナムを舞台に重なり合ったことが、「属国」における領事裁判権の行使または要求という行動や主張をもたらすことになったと考えられる。

李鴻章にとって在外領事の設置・拡大は、本来その洋務政策の一環をなすものであって、極めて功利的な目的を有するものであった。その一方で、ベトナムが「属邦」であるという「成憲」の維持を命じられた李鴻章は、清仏戦争の終結後もそれを表立って覆すことはできなかった。それゆえ、「属邦」論の名分が立たない形式での領事派遣は急がず、それを交換条件に、雲南・広西においてフランス側が領事や租界を設置するのを阻止しようとしたのである。在外領事の設置は内地開放問題と密接に絡んでいた上に、ベトナムは中国と国境を接し、なおかつ在外華人が最も多く居住する地域でもあった。こうした国内外における利害調整が、結果として他の南洋地域に比べ、ベトナムにおける中国領事の設置を極端に遅らせる要因の一つとなったのである。

第10章　近代日中の〝交錯〟と〝分岐〟の軌跡
――領事裁判権をめぐって

はじめに

日中両国の「近代化」については、比較研究的な手法も採られながら、日本史側、中国史側、双方においてこれまで多くの研究・分析が行われてきた。特にその対象となったのが、日本の明治維新と中国の洋務運動との比較や、中国の変法運動に対する明治維新の影響などであった[1]。そうした研究では、中国側の洋務運動の成果の限界性や、明治維新の変法運動への影響の限定性が指摘されることが多かった。一方、近代外交への対応についても、日中両国の違いを分析した研究がなされ、特に日本と中国がともに西洋諸国と結んだ「不平等条約」については、日本のそれは「交渉条約」であって内容において相対的に従属性が低く、中国のそれは「敗戦条約」であって従属性が高かったとする加藤祐三による比較研究などがある[2]。また、近年「不平等条約」の「不平等」性そのものに対する懐疑も提起され、それを日中韓を中心とした「近代東アジア」の枠組みで捉え直そうという試みも始まっている[3]。

ただ、その「不平等条約」が解消に至るまでの過程であるいわゆる「条約改正史」については、〈日本―西洋〉、〈中国―西洋・日本〉という枠組みで、それぞれ別個のものとして研究が進められ[4]、日中両国の相互関係・相互作用の視点で双方の「条約改正史」について検討した研究も見当たらない。(5) もちろん日中両国が歩んだ「不平等条約」解消への道程は、時期や方法、国際環境などにおいて大きく異なっている。(6) だが、両者はそれぞれまったく無関係に存在していたわけではないことは、すでに一部の研究によって明らかにされている。たとえば佐々木揚は、領事裁判権の弊害や「治外法権」・関税自主権という概念への認識が深まったのは、一八八〇年前後に何如璋・黄遵憲をはじめとする清朝駐日公使館が、当時進展しつつあった日本の条約改正論議から知識と情報を得て、それを本国に伝えたことによると指摘している。(7)

しかし、こうした「条約改正」をめぐる日中の相互作用的な側面については、近代の日中関係が成立した日清修好条規の締結時期から中国の条約改正（修約）への初歩的な取り組みが始まった二〇世紀初頭までを視野に入れて、その変化を追った研究はこれまで行われてこなかった。また、「不平等条約」研究においても、その〈平等―不平等〉のあり方や〈片務性―双務性〉の意味について、当時の文脈も踏まえて十分に考察されているとは言いがたい。(8) それは、日清修好条規（一八七一年）や清韓通商条約（一八九九年）に関する叙述に端的に表れている。この二つの条約は、領事裁判権の相互承認も含めほとんどの条項が双務的に定められているが、これまでの研究では、規定が双務的であれば「平等」と見なし、それ以上の考察を放棄しており、領事裁判権の相互承認の意味や背景、さらにそれが近代中国史、ひいては近代アジア史においていかなる意味を持つのか、といった点については、まったく視野に入っていない。これらの課題について考察を深めていくことは、東アジアにおける国際関係の「近代化」の実態に迫ることにつながるはずである。言い換えれば、条約規定の表面的な〈平等―不平等〉を問うだけの「不平等条約」という枠組みでは、近代東アジアの国際関係の実態に迫ることはできないと言ってもよいであろう。

そこで本章は、これまでの「不平等条約」研究の枠組みから一旦離れ、「条約改正」の焦点の一つとなった領事裁判権について、日中両国がそれぞれいかなる態度を採り、またそれがいかなる瞬間に接触し、相互作用を起こしていたのかについて、一八七〇年代から二〇世紀初頭までのスパンでたどることにしたい。こうした作業を通して我々は、近代中国と近代日本の「条約改正」への道が、決して交わらぬ平行した別々の道をたどったわけではなく、ある種の〝交錯〟と〝分岐〟を繰り返していた近代アジア史の一幕を確認することができるはずである。(9)

一　〝分岐〟の時（一八七一年）――日本の「条約改正」への始動と日清修好条規の成立

日本と清朝は一八七一年に日清修好条規を締結して条約による「外交」関係を確立させたが、そこには双務的な領事裁判規定（第八条）が盛り込まれ、それに基づいて双方の領事が派遣され、九四年の日清開戦まで両国はそれぞれ相手国において領事裁判権を行使していた。(10)そして、日本側が修好条規締結の翌年にはすでにその改定を求め、清朝領事が派遣される直前には、修好条規に規定された裁判権の行使を清朝側に思いとどまらせようとする交渉が行われ、在日領事設置（一八七八年）後も交渉が繰り返されたが、清朝側は一切これに応じることはなかった。(11)

以上の経過を見ると、一八七一年の時点で、なにゆえ日本側は修好条規に双務的な領事裁判権の規定を設けることに同意し、まもなくその改定を求めることになったのかという疑問が生ずる。その辺りの事情を探るには、日本側の欧米との「条約改正」に向けた本格的な準備が始まり、日清修好条規が締結された一八七一年（明治四年）前後の動向を見ておかねばならない。

そもそも日本において、幕末に欧米諸国と結んだ諸条約を「改正」すべきとの動きが生じたのは、一八六七年末に起きた王政復古と攘夷の放棄を契機としている。(12)「攘夷政策を放棄しながら、なお脆弱な新政権を正統化するには、前政権の条約を誤りと断定し、その改正を主張せねばならなかった」からであるが、当時は「その弊害については漠たる認識しかなかった」[13]。つまり、条約改正は視野に入ったものの、何をどのように改正すべきかという認識はいまだ定まっていなかったのである。それが転換し始めたのは一八六九年春のことであった。明治新政府の採るべき方針を記した意見書の中で、岩倉具視は「夷人我邦ノ律ヲ犯セシモノ、亦我邦ニテ所置スル事ヲ許サザル等、尤国辱ノ甚ダシキ外侮ノ極ト謂フ可シ。断然之ヲ更メ、以テ国威ヲ立テザルベカラズ」と述べ、自国内で起きた外国人犯罪を処置できない領事裁判権は「国辱」の最たるものであるとの認識を明確に示したのである[14]。しかし、これによって法権回復が日本が目指す条約改正の揺るがぬ方針として確定したわけではなく、その後、領事裁判権をめぐる態度や方針は、幾多の曲折あるいは分裂の様相を見せることになる。

条約改正への取り組みが具体化したのは、一八七〇年一〇月に条約改正取調掛（まもなく改正掛と改称）が外務省内に設置されてからのことである[15]。改正掛ではまずこれまで各国と結んだ条約の比較検討から作業を始め、「各国条約異同沿革一覧」を作成した。そのうち「外人罰律」について記した部分では、領事裁判権を双務的に定めるよう主張する意見が差し紙によって付けられていたが、これは日露通好条約（下田条約、一八五五年）第八条の領事裁判権を双務的に定めた規定を意識したものであったと思われる[16]。領事裁判権を相互承認するという改正案は、先の岩倉具視の方針とは明らかに異なるものであったが、実はこの時外務省内では、在留外国人を日本の法権に服させるよう改正要求すべきか、「時勢国情」はいまだそれを実行に移せる状況にはないため、法権回復要求は行わず「旧貫」を「因襲」すべきか、意見が割れていた[17]。一八七一年二月、沢宣嘉外務卿はこの法権問題を「深慮熟議」する法律の専門家として、オランダ留学の経験がある津田真道（刑部中判事）を外務省に出仕させることにし、ほぼ同時に神田孝平（集議判官）も加わり、改正掛の強化が図られた[18]。

そして同年五月、日本の条約改正史上最初の改正草案となる「擬新定条約草本」が改正掛によって作成され政府弁官に提出された[19]。この「草本」では、裁判管轄については属人主義が貫徹され、刑事については被告主義に基づく双務的領事裁判を定め（第一〇条・第一一条）、民事については双務的立ち会い裁判を規定していた（第八条）。つまりこれは、日本における欧米の領事裁判権を撤廃することなく、日本も欧米諸国に対して領事裁判権の行使を要求することを意味した。

ではなぜ改正掛はこのような条文を盛り込んだのか。すでに指摘されているように、「草本」は旧幕府外国奉行の下僚から外務省に入っていた実務家が中心となって作成し、幕末以来の条約交渉と外国事務の経験を踏まえたものであり[20]、ここに見られる属人主義的な条文も、前述した日露条約の双務的な規定を援用したものであった。稲生典太郎は、改正掛の「議判」（課長級）に当たる津田真道や神田孝平、田辺太一らは「草本」を「閲了したのであって、文書作成の実務に従事したわけではない」とする[21]。しかし、特に津田については、法権問題を「深慮熟議」するために特に外務省出仕となっていたのであり、法権問題の核心たるこれらの条文が津田の意志を無視して決定されたとは考えにくい。

実は完成した「草本」を沢外務卿に上呈する際、改正掛は一通の伺書（辛未四月付）を添え、その作成の趣旨を説明している[22]。それによれば、これまでの「条約面上不都合ノ第一」は「内地在留ノ外民各自其国ノ法度ニ従ヒ可申トノ条々」であり、これによって「各国平行ノ交際」は阻害され、日本の「主権モ自然欠損」し、「各港居留民モ殆ト彼方領属ニ斉シク、コンシュル等モ我地方長官同権ノ者ト相成、百端不体裁」極まりないと、領事裁判権の弊害を言い立てている。しかしながら、現在の「時勢国情」を鑑みれば法権回復要求は望むべくもなく、条約改正要求自体が時期尚早であって、一八七二年とされた改定時期の延期を求めるべきだが、それでも今回少しでも改正を要求したいのであればこの「草本」に基づくべきである、というのが改正掛の「草本」提出の趣旨であった。つまり、「草本」に見られる属人主義的な領事裁判・立ち会い裁判の双務規定は、日露条約の前例もあり、形式的には条約上の「平行ノ交際」を実現し「国威」を立てようとする新政府首脳の意向にも応えるものとして設けられたいわば苦肉の策だったのである[23]。

では、この規定を欧米側が許容する可能性について改正掛はどのように考えていたのだろうか。仮にこの規定をそのまま施行した場合、当時欧米諸国は内地を開放していたのに対し、日本は未開放であったから、領事裁判の適用範囲から見ても、在外日本人のみはるかに有利な状況に置かれることになってしまう[24]。おそらく当時彼らはそこまでの認識は持ち合わせていなかったと思われるが、前述のとおり、領事裁判権の存在が領土主権に抵触するとの認識はすでに明確に持っており、このような改正案を欧米側に提示しても許容される見込みがないことは承知していたはずである。ただその一方で、前述のとおり日露条約の前例を踏まえた意見も存在しており、「草本」では苦肉の策としてひとまずそれを採用したが、属人主義的な法権のあり方については、新政府内はもちろん、外務省内においてもいまだ模索が続いていたといえよう。

改正掛が「草本」を提出した翌月（一八七一年六月）、日清間の本格的な条約締結交渉に備えた日本側の正式草案が作成された。いわゆる「津田草案」（津田真道起草）である。この草案では、領事裁判権については日本側の在華領事裁判のみ規定し、清朝側の在日領事裁判は事実上否定する内容になっていた。津田草案が一八六一年に清朝とプロイセンとの間で結ばれた条約（清独条約）と酷似するものだったことはすでに指摘されているとおりであるが、これを日本側が西洋と同等の権利を清朝から獲得しようとしたものだったとする藤村道生の所説に対し、森田吉彦はこれを否定し、当時の日本側にはそうした明確な意図は欠如していたと指摘するなど解釈が分かれている[25]。

その後の日清交渉で、日本側の草案は清朝側によって一蹴され、同年九月、清朝側の草案を基礎にした日清修好条規が締結された。そこでは、被告主義に基づく領事裁判権と混合訴訟における会審（共同裁判）が双務的に設定（第八条）されることになった。両国間の条約締結交渉は、必ずしも日本との条約締結を必要としない清朝側のペースで進められ、清朝側の草案を拒否できる余地は日本側にはほとんどなかったともいえるが、領事裁判権と会審の相互承認を定めた条項が、それ以前に日本側が作成していた「擬新定条約草本」と似通っていたことにも注目したい[26]。前述のとおり、「草本」に見られる法権に関する属人主義的な双務規定は、津田真道も同意した上で盛り込まれたものと考えられるが、伊達宗城を全権とする日本側の使節団にあって法律の専門家としてこれに加わった津田にとって、日清修好条規のこれらの規定は、この時点ではそれほど受け入れがたいものではなかったものと思われる[27]。一方、清朝側が領事裁判権を双務的に設定した経緯については第6章で論じたとおりだが、清末の「不平等条約」観について考察した佐々木揚は「中国側にとって、領事裁判権は撤廃すべき悪ではなく、むしろ獲得すべき目標であり、隣国にして中国人が多数居住する日本の条約締結要求はその実現の機会を提供した」と指摘している[28]。

日清修好条規が締結された翌月（一〇月）、明治政府の法律顧問としてアメリカ人の法律学者スミス（E. Peshine Smith）が来日した。日本側使節団の中核にあった柳原前光・津田真道・鄭永寧らは、同条規についてさっそくスミスに質問したというが、列強から日清の「攻守同盟」とも疑われた第二条に関する質問と回答以外、その内容は定かではない[29]。ただ、まもなく日本側が清朝に対して、領事裁判権を含む修好条規の改定要求を行った経緯を見れば、スミスら外国人顧問から双務的な領事裁判権規定についても否定的な助言がなされたことは想像に難くない。

一方、五月に外務省の改正掛によって作成された「擬新定条約草本」は、その後政府内での検討に付されていたが、七月に岩倉具視が外務卿に就任すると、領事裁判権の撤廃を含むより強硬な改正案を求める岩倉の意向を反映して一〇月末までに「草本」は廃棄されることになり、代わってスミスによって改正草案が作成された。これが岩倉使節団が携行した条約改正案となり、そこでは法権と税権の回復が明確に規定されていた[30]。

一八七一年は、外国との領事裁判権をどのように設定していくべきかという問題において、日中両国間の一つの分岐点となった。日本側では、領事裁判権をめぐってその撤廃と相互承認の間でいくつかの選択肢が存在したが、岩倉具視を中心とする新政府首脳によって「草本」が廃棄されると、領事裁判権の撤廃を求める明治政府の方針はほぼ固まった。日本側でこうした模索が行われているさなかに結ばれたのが日清修好条規であり、清朝側が求める双務的領事裁判権は、交渉当時はまだ日本側にとっても対外条約の選択肢の一つであったことから、これに同意したのであろう。仮に日本側の領事裁判権をめぐる模索と選択の動きがもう一年早く起きていたならば、清朝側が求めた双務的領事裁判権条項に対して交渉段階で日本側はもっと強く抵抗したに違いにない。

ここまでは一八七一年の動きを中心に見てきたが、この年にすべてが転換したわけではなかった。たとえば、一八七六年二月に左院の法制課が作成した日米条約草案（「改定条約按」）では、民事については双務的な領事裁判権（第五条）が盛り込まれるなどの動きも存在した。[31] これは、日本における法権の属人主義から属地主義への転換はより長いスパンで捉えなければならないことを示唆しているが、近年、サハリン（樺太）をめぐる日露関係を題材にこの点について掘り下げた論考が小風秀雅によって発表された。

小風は一八七五年に日露間で締結された樺太千島交換条約をその画期と見る。[32] 同条約第五款は、交換した樺太・千島における裁判管轄はそれぞれ属地的に処理するよう定めている。つまりこの規定は、樺太・千島という「限定された地域ではあったが、属地主義に基づく支配権の確立＝治外法権の撤廃が実現し、サハリン島における日本人の法的地位に大きな変化」を生じさせたものであり、「この条約により領事裁判権という属人主義的な原則を超えて、属地主義の原則が一部とはいえ採用された」ことは「画期的」なことであった。[33]

ただ同条約は、双方の従来からの居住民について規定するのみで、条約後に新たに渡来する人々（主に漁民）についての規定を欠いていた。そのため、一八八三～八五年の一時期ではあったが、両国民の犯罪者の処罰はその所属する国の法律に従って行うことを定めた一八五五年の日露通好条約第八条の規定を根拠に、ロシア領サハリンにおいて日本が領事裁判権を行使することになったのである。[34]

一八八三年三月、日本の在コルサコフ副領事の小林端一は、サハリン在住の日本の新漁民に関する伺いを井上馨外務卿に提出し、日露通好条約の規定に基づき、彼らを日本の領事裁判権の下に置くべきことを主張した。七月、大木喬任司法卿は同副領事による領事裁判権の行使を容認し、一八八二年時点で火酒類のロシア人への密売を取り締まるため同副領事に兼任させていた判事の権限を拡大し、領事裁判権の行使が始められることになった。

しかし、一八八五年四月になると、井上馨外務卿はこのサハリン地方での日本の領事裁判を停止するため、在コルサコフ副領事の判事兼任を解くように三条実美太政大臣に上申し、認められることになった。井上のこの処置は「条約改正交渉が大詰めにきていることを受けての決定」だと思われる[35]。つまり、ロシアに対して日本での領事裁判権の撤廃を要求すれば、当然サハリンでの日本の領事裁判権の行使も問題とされることが予想されたため、事前に裁判権の行使を停止しておこうとしたものであった[36]。

一八八〇年代半ばの一時期に日本がロシア領内で領事裁判権を行使していたことについて、小風秀雅は「属人主義から属地主義への転換という観点からみれば一種の後退であるといえようが、サハリン島における領事裁判権の行使は当時の外務省では国権を保全するものとして評価されていることからも分かるように、日本の法権がロシアという列強の国内において行使された希有な例であり、不平等条約体制下における東アジアの国際法的なガバナンスとしては極めて例外的な事例であった」と総括している[37]。

ただ、その一方で日本は、中国に対しては双務的に、朝鮮に対しては片務的に領事裁判権の行使を続けていたのであり、一八七五年の樺太千島交換条約の締結から八五年のサハリンでの領事裁判停止までの時期に、日本が「法権の属人主義から属地主義への転換」を果たしていたとすれば、それはあくまで欧米諸国との関係に限定されたものであったという留保は、当然必要となってくる。こうしたある種のダブルスタンダードは、現代から見てそう指摘できるというだけでなく、当時の日本政府内においても、これを問題視する見解は存在していた。それについては次節で詳しく見ることにしたい。

二　交わらぬ道（一八八六〜八八年）――日清修好条規の改定交渉と日清の領事裁判観

日清修好条規は調印の翌年（一八七二年）からすでに日本側によって改定が提起され、一八七三年の批准交換時、七七年の特約交渉、七九年のいわゆる「分島改約」交渉と、清朝側の領事裁判権に関する規定や運用について日清間で交渉が繰り返され、そのたびに清朝側に拒絶され続けていた。しかし、一八八〇年代後半に至り、日本側は再び清朝側の在日領事裁判の撤廃を目指して清朝側と交渉を試みることになった。これは井上馨外相が当時進めていた欧米との条約改正交渉と連動したもので、一八八六〜八八年にかけて北京を舞台にして日清間で修好条規の改定交渉が行われた。この交渉もすでに指摘されているとおり、やはり清朝側によって拒絶されて終わっている(38)。

筆者がここでこの何の成果も生まなかった外交交渉に注目するのは、この交渉を通して、一八八〇年代後半時点の清朝側の領事裁判権への態度や認識を確認することができるからである。ここではそれが最も顕著に表れている一八八七年三月三一日に行われた塩田三郎駐清公使と清朝側の総理衙門との交渉を見てみたい。

日本側の改定要求がこれまで拒絶され続けたのは、端的にいえば日本側が清朝の在日領事裁判のみ撤廃し、日本の在華領事裁判は継続しようとしたからであり、領事裁判権の相互承認によって両国関係の「対等」を表現することを重視していた清朝政府が、日本側の要求を取り合わなかったのはむしろ当然であった。

この難渋な交渉を成就させる使命を負っていた塩田三郎は、将来的には日本の在華領事裁判も撤廃する用意があることも含めて、この時の交渉に臨んでいた。しかし、清朝側の総理衙門大臣の一人であった曾紀沢は、塩田に対して大略次のように反論している。

①在華日本人より在日華人のほうが数倍多く、条約を改定しても両国間の得失は平均にならない。

②在華日本人を中国の法廷で裁くことになれば、その処分について紛争が起こる。
③在日華人は日本の管轄下に置かず、中国法で管理したほうがよい。
④互いに困難な事情があるので、現状を維持するのがよい。[39]

この発言をそのまま理解すれば、一八八七年時点においても清朝政府は自国内における領事裁判権の維持を望んでいたことになる。これは、一八七九年以降曾紀沢も含めた清朝政府の外政担当者が抱き始めていた領事裁判権の特異性に対する認識や[40]、一八八七年一月に曾紀沢自身が英文で発表した"China, the Sleep and the Awakening"(漢文訳「中国先睡後醒論」[41])において示した「条約改正」への志向性とも整合性がないことになる。

ただ、一八七九年頃の領事裁判権の特異性に対する認識にせよ、一八八七年に「中国先睡後醒論」で示した「条約改正」への志向性にせよ、史料中には領事裁判権そのものを不当なものとし、撤廃の対象とすべきとの主張は管見の限り見当たらない[42]。領事裁判権は国家主権に抵触するため撤廃すべきであるという認識を、たとえこの時彼らが持っていたとしても、清朝が欧米との「条約改正」を容易に果たせる現状にないことはよく自覚されていた。そのため曾紀沢らは、清朝側の在日領事裁判のみ先行して撤廃された状態が持続することによって日清間の対等関係が損なわれることを避け、さらに、数において在華日本人に勝る在日華人の「権益」擁護も考慮して、在日領事裁判権の維持を優先させたものと考えられる。つまり清朝側は、理念を離れ、国家間関係や在外邦人の権益擁護といった現実的な利害を踏まえた政策選択を行ったのである。

清朝側の同意を得られない井上馨外相は、焦燥感にかられ塩田三郎に訓令を発した(一八八七年四月一一日付)。その中で井上は、「日清条約ノ性質タル全ク両国間ニ綢繆スル異様ノ関係ニ起レル特殊ノ条約」であり、「抑日清ノ共有スル領事裁判権ハ当初衡平主義ニ起由スル両国間ノ約束」であったと指摘した上で、欧米諸国の法権が撤廃されたならば、日本に残る清朝の領事裁判権は「甚タ異様ノ体裁ヲ表シ一種卓越シタル法権」となってしまうとの危惧を示していた(43)。

もしこうした状況になれば、在日華人が加害者・被告で、欧米人が被害者・原告となる事件が起こった場合、欧米人は日本に出訴しても、日本政府は清国人を裁判所に呼出・引致することができないため、欧米人は自然、清朝の領事館に出訴することになり、そうなれば、清朝の官憲が日本に在住する欧米人の権利をも管理することになってしまう。井上馨はこうした事態をも恐れたのである。その上で井上は、日本が在日華人にも内地を開放することを条件に、清朝に在日領事裁判を撤廃させ、もし清朝も日本人に内地を開放するから日本も在華領事裁判を撤廃せよと清朝側が求めてきたら、清朝が日本の経験に学んで法律・司法・行政を西洋の文明主義によって改正しなければ応じられない、と返答するよう塩田三郎に指示した(44)。

こうした日本政府の姿勢からは、国内外を問わず法権の属地主義を貫徹しようとする原則論的な主張はほとんど見られない。しかし、当時の日本政府内においても、原則論に立つ意見が皆無だったわけではない。一八八八年一〇月五・六日に行われた「清国并ニ朝鮮国駐在領事裁判規則」案に対する元老院における審議の中で、一部の議官から日本の在華領事裁判制度を不当なものとする見解が示されていたのである(45)。

かつて津田真道とともに「擬新定条約草本」の作成に関わった神田孝平は、同規則案は「実ニ面白カラサル案ニシテ、満胸ニ不満足ヲ抱キテ止ヲ得ス賛成ス」と表明した上で、領事裁判は元来相手国を野蛮視する悪しき制度であって、日本はこれを模倣すべきではないと述べ、清朝は「西洋風ノ条約」を締結する意志がなかったので、現行のような条約となったが、このような東洋を野蛮視する制度を実施するのは間違っている、と発言している。

さらに議官の一人であった井田譲も神田に同調し、「本案ニ付別ニ異議ナケレトモ、慷慨胸ニ満ルヲ以テ之ヲ黙々ニ付スルヲ得ス」と表明した上で、領事裁判制度は元来西洋が東洋を野蛮視するもので正当化できるものではなく、日清修好条規の領事裁判規定は、もし日本人が清朝で逮捕された場合必ず死刑になってしまうので、それを避けるために設けられたものであったと説き、さらに、日本が西洋人から野蛮視されたことを考えれば、我々も中国に対して反省しなければならないと述べている。その上で、日清修好条規の領事裁判制度は清朝が自ら設けたもので、西洋が領事裁判を日本に押しつけたのと同じことであり、このような悪しき制度〔悪法〕はいち早く日本からなくすことを切に願う、と発言している。

すなわち、領事裁判制度は元来西洋が東洋を野蛮視するもので、日清修好条規の領事裁判規定は清朝側の希望によって設けられたものではあるが、こうした差別的制度を日本が清朝に対して行使し続けることは正当化できるものではない、というのが二人の見解の趣旨であった。

これに対して日清修好条規の締結に直接関与し、この元老院会議にも議官として出席していた津田真道は、

総テ法律ハ形ニアラス、事実ニ適切ナルヲ可トス。議論スレハ議論モ有ルヘキモ、実際此ノ如クナラサルヲ得ス。総テ法律ハ此ノ如ク止ムヘカラサル事ヨリ出ツレハ、決シテ誤ルコトナシ。餘リ立派過キタル法律ヲ作レハ、跡戻リシテ後悔スルコト少シトセス。

と発言し、条約は形式よりも現実に適合しているかどうかで判断すべきであると反論している。日本の在華領事裁判制度をも不当なものとする神田や井田のような見解が当時の日本政府の主流となりうる可能性は、実際には極めて低かったといえよう。ただこうした見方が、在野も含めて当時の日本国内においてどの程度の広がりを持って存在していたのかについては、今後さらに検討してみる必要があるだろう。

以上の経過を振り返ると、清朝側は、領事裁判権の特異性や日本が進めていた欧米との条約改正交渉についてはは承知していたものの、領事裁判権撤廃に必要な内地開放や法制・司法改革を実施することによって国内が混乱するよりも、欧米や日本の在華領事裁判を維持することを優先し、すでに日本で得ている領事裁判権はこれを可能な限

り維持しようとする姿勢であった。一方日本側は、欧米との条約改正交渉が大詰めを迎えるなか、日清修好条規の双務的領事裁判規定をどうしても見直す必要に迫られていたことから、日本の在華領事裁判権は維持し、清朝の在日領事裁判権のみ撤廃しようとする交渉が進められた。他方、政府内には清朝における領事裁判権の行使を不当なものと捉える見解も存在したが、そうした「立派過キタル」理想論が主流となることはなかった。この時点で、日清間の領事裁判権をめぐる認識と態度は、いまだ重なり合う接点を見出せずにいたのである。

三　双務的領事裁判権の再要求——日清通商航海条約締結交渉（一八九五〜九六年）

一八九四年七月末の日清開戦により日清修好条規は破棄され、一八七八年以来続いた清朝による在日領事裁判は停止された。その後、一八九五年四月の下関条約を経て、九六年七月二一日に修好条規・通商章程に代わる新条約として結ばれたのが日清通商航海条約であった（一〇月二〇日批准書交換）[46]。同条約では、両国の領事設置と領事裁判権については第三条に規定され、その前半部分では、日本側の在華領事の設置と在華日本人に対する裁判管轄権を日本側が享有することが明記された。そして、清朝側の在日領事については、それに続く後半部分において次のように規定されていた。

> 大清国皇帝陛下モ亦同シク日本国内ニ於テ他国ノ領事官カ現ニ駐在シ、若ハ将来駐在スヘキ場所ニ総領事・領事・副領事及代辦領事ヲ駐在セシムルコトヲ得。而シテ右領事官ハ日本国ニ在ル清国臣民及財産ニ対スル日本帝国裁判所ノ裁判管轄権ニ属スル事項ヲ除クノ外、通常領事官ニ付与ステ権利及特典ヲ享有スヘシ[47]。

日清戦争前に清朝が享有していた在日領事裁判権は、傍線部分のとおり明文でもって完全に否定され、これにより、日本側の在華領事のみ領事裁判権を有する片務的な関係へと転換することになった。こうした関係の転換は、「現ニ清国ト欧洲各国トノ間ニ存在スル諸条約章程ヲ以テ該日清両国間諸条約ノ基礎ト為スヘシ」[48]という下関条約第六条の規定に基づいたものである。後にこれは、日本が欧米同様の「不平等条約」を清朝に押しつけたものと理解され、当時の清朝側の交渉担当者もそう理解したが、日本側は必ずしもこれを「不公平」とは認識していなかった。また、清朝側は敗戦の結果を受けて、こうした条約関係の転換を無条件に受け入れた印象もあるが、実際には、条約交渉に際して在日領事裁判権の維持を繰り返し求めていた。本節では、日清通商航海条約の締結交渉を通して、この関係転換の舞台裏で、領事裁判権や条約上の「不公平」をめぐって日清両国間にいかなる認識や思惑の違いが存在したのかを探ってみたい。

日清通商航海条約の締結交渉は、一八九五年九月から翌九六年七月にかけて北京を舞台に断続的に行われた。日本側は駐清公使林董が全権となり、清朝側は当初李鴻章が全権大臣となって交渉にあたったが、その後李がロシア皇帝ニコライ二世の戴冠式に清朝代表として出席することになったため、一八九六年二月からは総理衙門大臣の一人であった張蔭桓（戸部左侍郎）が李に替わって全権大臣を務めた。

条約交渉は、まず日本側が条約草案を清朝側に提出して始められた。日本側の条約草案は下関条約第六条に従って「欧洲条約」に準拠して作成されたため、そのほとんどの条項が清朝側のみ義務を負う片務的なものであった[49]。これに対し清朝側が提示した修正案（対案）では、多くの条項が相互主義の原則に基づいて双務的な規定となるよう修正されていた[50]。

領事の設置や権限については、日本側草案では日本側のそれしか記載せず、清朝側の領事に関する文言は一切規定されていなかった（第四条）。日本側はその理由を、領事の設置は条約に基づかなくとも接受国が認可状を与えさえすれば可能であり、下関条約にいう現行の「欧洲条約」はすべて片務条約であって、「欧洲ニ於ケル清国臣民ニ特権免除等ニ関スル最恵国待遇ヲ附与スル条款アルヲ見」ないとして、特に清朝の在日領事については規定していないと説明した[51]。

清朝側は無論これに反発し、自らの修正案において、日本側草案第四条の条文に続いて、次の文言を追加するよう求めた。

大清国大皇帝酌看中国商務情形、設立総領事・領事・副領事及代理領事等官、亦可駐紮日本現准及日後准各国領事駐紮之区。両国各領事官彼此一律優待、地方官員均以相当礼貌款接、其応得分位職権及優例除免利益、俱照現時或日後相待最優之国相等之官一律享受[52]。

これは日本側の領事に関する条文とほぼ対をなす内容であった。清朝側が自国の領事の設置と権限に関する規定を追加する根拠としたのが、それまで清朝が西洋諸国と結んだ条約のうち、清露条約（北京条約、一八六〇年）、清米条約（バーリンゲーム条約、一八六八年）、清仏越南辺界通商章程（コゴルダン条約、一八八六年）、清独条約（一八八〇年）、清・ペルー条約（一八七四年）、清・ブラジル条約（一八八一年）には、領事の設置と権限に関する同様の条項が存在していたことであった[53]。

先ほど「ほぼ対をなす内容」と述べたが、日本の在華領事と清朝の在日領事に関する文言には一カ所異なる部分があった。それは、日本の在華領事については最恵国待遇を受けて享有すべき権限の中に「裁判管轄権」が含まれるのに対して、清朝の在日領事についてはあえてこれを外していることである。これは当時日本がすでに欧米の主要国との間で領事裁判権撤廃に関する条約改正を果たしていたことに清朝側が配慮したものと思われる。ただ、この条文には清朝の在日領事に最恵国待遇を与えるとの文言（傍線部）があり、これに従えば、日本で内地開放が実施され欧米の領事裁判が停止されるまでは、清朝領事もその均霑を受けて日本において領事裁判権を行使できることになる[54]。

清朝側のこの修正に対し、日本側はその後の交渉でも、清米条約、清・ペルー条約は「欧洲条約」ではなく、清露条約、清独条約、清仏条約は例外的なものであるとして、清朝側の領事規定の挿入自体を拒否し続けたが[55]、最終的には追加に同意している。しかし、清朝領事に最恵国待遇を付与するとの清朝側修正案の文言は、「通常領事官ニ付与スル権利及特典ヲ享有ス」と改め、さらにその清朝領事が享有すべき「権利及特典」には、「日本国ニ在ル清国臣民及財産ニ対スル日本帝国裁判所ノ裁判管轄権ニ属スル事項」は除外されるとの文言を追加するよう再修正を求めた。日本側は、清朝領事の設置と権限を明記することでは譲歩したが、清朝による在日領事裁判の復活につながる文言の挿入は徹底して排除したのである。

清朝側の修正案には、領事の権限を直接規定した先の条項以外にも、領事裁判権を内包する条項が存在した。日本側草案の第二九条と第三〇条では、在華日本人同士の刑事事件・民事訴訟、および在華日本人を被告とする中国人との混合刑事事件・民事訴訟はすべて日本の官吏が日本の法律に基づいて裁判を行うと規定されていたが、清朝側の修正案では、この二カ条を一カ条にまとめ、すべて「両面」（双務）の規定となるよう書き改められていた[56]。

日本案では、この条項は中国で発生した混合事件・訴訟は被告主義に従って裁かれることを規定したものだったが、清朝側の修正案では、日本案にあった「清国ニ在ル」との文言がすべて削除され、日本で発生した在日華人が関わる混合事件・訴訟にも適用される規定に作り替えられていた。つまり、これに従えば、在日華人を被告とする清朝の在日領事裁判が復活することになる。これに加えて、清朝側の修正案には、原告側官吏による「観審」を双務的に規定する文言も追加されていた。すなわちこれは、日清修好条規とその後の両国の合意（一八八二年）によって成立していた領事裁判と観審の相互承認という日清戦争以前の状態に復することを意味していた。清朝側のこうした姿勢は、交渉開始当初に清朝政府内に存在したという「この通商条約の機会に乗じて馬関（下関）条約（での誤り）を正して挽回しよう」[57]との論調に沿うものであったといえよう。

この清朝側の修正案に対し、日本本国の西園寺公望外相臨時代理は、

〔日本側〕原案中片務的ニ規定セシモノヲ大抵双務的ニ修改シ、且ツ多クノ場合ニ於テハ、帝国在留清国人ニ向テ最恵国待遇ヲ与フルコトニ修正シ、尤甚シキニ至テハ原案第三十条ヲ削リ、第二十九条ニ修正ヲ加ヘ、帝国内ニ於テ清国裁判管轄権ヲ執行セント試ミタルカ如キハ、実以テ言語道断ト申ス外無之。[58]

と述べ、断固拒否するよう北京の林董公使に指示している。

その後、渡欧が決まった李鴻章に代わって張蔭桓が清朝側の全権となって交渉が継続されたが、張蔭桓は「日本ニ在ル清国臣民モ亦清国領事ノ裁判管轄権ノ下ニアルコトヲ至当ナリト信ス」と、領事裁判権の付与を繰り返し求め続けた。[59]

清朝側が容易に日本に譲歩しなかった要因としては、日清修好条規に基づく日清戦争以前の両国の「対等」関係を、相互主義の原則を主張することによって復活させたいとする意図が働いていたためと思われる。また、〝強硬〟姿勢を繰り返して交渉の遅延を図り、その間にロシアとの提携も含めた国際情勢の変化が起こることを期待していたとも考えられる。対日交渉の全権を張蔭桓に譲って渡欧した李鴻章が、渡航先のロシアにおいていわゆる露清同盟密約を結び、それに張蔭桓も関与していたことはよく知られている。[60]それ以外にも、日清開戦時から日本への強硬姿勢を鮮明にし、その後の敗戦にも強い衝撃を受けていた光緒帝の意向も無視できないものがあった。[61]

その後、本国からの強い指示もあり、日本全権の林董は張蔭桓との交渉において、条約が不成立に終わっても日本側は何も困らず清朝側が困るだけであるとして、清朝側の領事裁判権行使につながる条項は一切認めない方針を

堅持した[62]。そのため張蔭桓は、在日領事裁判権の要求から在日華人に対する最恵国待遇の付与を規定するよう求める方針に徐々に転じていった[63]。しかし、日本側はこれに対しても、一切の最恵国待遇を含む条項を清朝側に認めるつもりはないと拒絶している[64]。

ここで、双方の主張を支えた論理について整理しておこう。清朝側が日本における領事裁判権や最恵国待遇を要求する理由としたのが、清朝は日本の在華領事裁判権を認め、在華日本人に対しても欧米各国人民と同等の権利を認めているのだから、日本も清朝の領事裁判権を認め、在日華人に最恵国待遇を与えて欧米各国と同等に処遇するのが「公平」であるというものであった[65]。一方、日本側が清朝側の要求を拒否する理由としたのが、日本はすでに外国人に対して種々の権利を認めている上、まもなく内地開放をも実施することになっているが、清朝では内地開放が行われる予定はなく、そのうえ外国人に対して旅行・住居・営業など種々の制限を設けており、こうした状況下で日本が清朝に最恵国待遇を与えれば、清朝のみ多大な利益を得ることになり「不公平」であるというものであった。すなわち、日本側は、両国がそれぞれ得る実利の多寡によって〈公平―不公平〉を論じたのに対し、清朝側は、条文上の釣り合いや双方の国内における第三国との待遇の差異によって〈公平―不公平〉を論じていたのである。こうした両国間のズレは、領事権限以外の交渉においても頻繁に見られた。

張蔭桓は交渉終盤においても、領事裁判権を要求する姿勢をちらつかせたが、この段階では、すでに領事裁判権を認めさせることは諦め、在日華人に対する最恵国待遇を認めさせるための交渉材料として言及していた感がある。しかし、これはただのフェイクという以上に、当時の清朝政府（特に張蔭桓）が、領事裁判権・最恵国待遇と在外華人保護とを明確に関連づけて捉えていたことをうかがわせる事例でもあった。

張蔭桓の在日華人に対する最恵国待遇要求に対し、林董は、清朝が「欧洲」と結んでいる条約の中には、一部の例外や適用地域を限定したもの以外に、在留華人に対する最恵国待遇を規定したものはないと反論した。張蔭桓はこれに対して、欧洲の主要国との条約は清朝が自国民の海外渡航を想定していない時に結んだものであり、現在はすでに海外渡航を解禁し通商も拡大しており、今後各国と条約を結ぶ際は、在留華人に対する最恵国待遇を要求する方針であると応じた。林は重ねて「仮令清国ニ於テ之ヲ希望スルモ、対手国ニ於テ同意セサルトキハ如何」と問うと、張蔭桓は「敢テ領事裁判権ヲ請求セサルコト故、同意セサル理由ナシ」と答えている。つまり、在外華人保護のための手段として領事裁判権と最恵国待遇を想定し、領事裁判権を認めないのであれば、最恵国待遇を認めるべきであると迫ったのである。しかし日本側は、清朝に対し最恵国待遇を付与する条文を挿入するのであれば本条約は締結しないとの態度を貫いた。[66]

交渉の最終段階（六月二七日）において、清朝側は第三条にある「除管轄在日本之中国人民及財産帰日本衙署審判外」との文言を削除するよう求めている。この文言がなくとも清朝側の領事裁判権を明記しさえしなければ、清朝の在日領事裁判権は設定されることはなく不要であるというのがその理由であった。しかし、日本側は「清国ハ曩キニ日本ニ於テ領事裁判権ヲ享有シ、欧米各国ハ今尚日本ニ於テ領事裁判権ヲ享有シツヽ、アル場合ナルカ故ニ、前述ノ規定ヲ設ケ以テ清国領事ニ裁判権ナキコトヲ明示スルコト極メテ肝要ナリ」としてこれを拒否し、「清朝委員ハ同意ヲ明言スルトモナク黙諾ノ姿」であったという。[67]

ここに至って張蔭桓らは、日本に対して大幅に譲歩してでも条約は締結せざるを得ないと光緒帝を説得し、裁可を得た。[68] 清朝側の在日領事裁判権のみ設定されないことについては、日本がすでに欧米諸国との条約改正に成功し、欧米の領事裁判権がまもなく撤廃されるため、欧米側が日本との条約からすでに除去している権限を、清朝が新条約に明記させることは困難であるとの見解が示された。[69]

しかし調印の直前になり、光緒帝自ら第三条の文言（「除管轄……審判外」）を問題にし、「是ハ甚ダ不好看ナリ〔体裁が悪い〕、何トカ然ル所以ノ理由ヲ此処ニ掲載スヘシ」との内諭を発した。皇帝の意向を受けた張蔭桓が、この文言（英文テキスト）の下に“according to the international law”という一句を挿入するよう求める一幕もあったが、結局そのまま調印に至っている。(70)

この条約交渉を通して、清朝側には、領事裁判権をはじめとする在日華人の利益保護を保障する諸権利を、相互主義によって獲得しようとする姿勢が一貫して見られたが、それは単に名分上の「対等」を表現しようとしただけではなかった。交渉時に張蔭桓は「先年迄ハ清国臣民ノ海外行ハ国禁ナリシカ故ニ右ノ如キ規定ヲ設クル必要ナカリシモ、国禁解除以来ハ在外清国臣民ニ対シ十分ノ保護ヲ設ケサルヘカラス」と発言しているが、(71)華人の海外渡航と通商の拡大という新たな時代の変化に対応すべく、条約によって獲得できる諸権利を活用して、在外華人保護を積極的に進めていこうとする姿勢が、当時の清朝の外政担当者には明確に見られたのである。そして、その在外華人を保護するための条約上の権利として領事裁判権または最恵国待遇を要求したのも、欧米や日本が中国で獲得していた条約上の権利を同様に得ようとしたものであり、清朝にとっては、国際法に即した極めて自然な要求として捉えられたのであった。

ただ、領事裁判権の行使によって在外華人の権益を保護しようとする姿勢は、日清修好条規締結前に曾国藩が示した方針(72)と軌を一にするものであったことにも留意しておく必要がある。一八七一年の曾国藩と一八九六年の張蔭桓との間には、在日領事裁判権の獲得を目指す姿勢は一致し、在華領事裁判権の撤廃へと動き出す時代状況になかった点も共通していた。だが、一八九六年の張蔭桓は、「在清国ノ日本臣民ハ元来地方官ノ管轄ニ属スヘキモノ」と認めながら、それが実現しない以上は、「日本ニ在ル清国臣民モ亦清国領事ノ裁判管轄権ノ下ニアルコトヲ至当ナリト信ス」と日本側に領事裁判権を要求していた点は、(73)曾国藩とは大きく異なっていた。

日清戦争によって日本と朝鮮において保持していた自らの領事裁判権をすべて失うなか、清朝側も、日本が欧米に対して進める領事裁判権の撤廃が〝時流〟であり〝進むべき道〟であるとの認識に、徐々に立ちつつあったのである。

おわりに

一八九九年七月、日本では内地雑居の開始（居留地の撤廃）と同時に、明治維新後に岩倉具視が「国辱」の最たるものとしてその撤廃を目指した領事裁判が遂に廃止された。一方、その二カ月後の同年九月、清朝は下関条約によって「完全無欠ノ独立自主ノ国」たることを認めていた韓国との間に清韓通商条約を結び、その第五条において領事裁判権の相互承認を規定した。しかし、同条第四項には「以後両国政府が法律と裁判制度を整え、現在は［互いに］服しがたいとしている部分がすでに除去されたと見なせば、両国の官員が相手国において自国民を裁判する権利を回収することができる」との条文も挿入されていた。第7章で見たとおり、こうした領事裁判権撤廃の予約規定が設けられたのは、清朝が結んだ条約では初めてのものだったが、韓国が結んだ条約にはすでに同様の規定が存在した。一八八二年の朝米修好条約（シューフェルト条約）第四条がそれであり、そのお膳立ては清朝の馬建忠らによって調えられたことも、前述したとおりである。そして、清韓通商条約第五条第四項の規定は、義和団戦争後の一九〇二年の清英条約（マッケイ条約、第一二条）や〇三年の清米条約（第一五条）・清日条約（日清追加通商航海条約、第一一条）に盛り込まれた領事裁判権撤廃の予約規定[74]の嚆矢となった。

二〇世紀に入り、日本における領事裁判撤廃の影響と、義和団戦争後の清朝における新政の開始によって、清朝政府も領事裁判権の撤廃を現実的な政策目標として捉え始める。一八九九年の清韓通商条約に初めて挿入された領事裁判権撤廃の予約条項は、一九〇三年に結ばれた日清追加通商航海条約によって日清間の〝約束〟ともなった。

日清修好条規が結ばれた一八七一年、日清両国は領事裁判権を相互承認するという点において〝交錯〟した。しかし、それとほぼ同時に欧米との条約改正に乗り出したことにより、日本は領事裁判権の相互承認を否定する方向へと歩み出し、両国の進む道は〝分岐〟した。それから三二年を経た一九〇三年、今度は領事裁判権を相互に承認しない方向で両国は再び〝交錯〟したかに見えた。しかしそれは、その後さらに四〇年にわたって中国の領事裁判権撤廃要求を日本が拒み続けるという、新たな交わらぬ道の始まりでもあったのである。(75)

終　章　近代アジア国際関係史への新たな視座

——華人保護と領事裁判権から見た「近代」的変容

はじめに

本書の場面設定は「アジア」であった。だがこれは、本書が扱った地域が、現在の研究者や読者から見て、地理的に「アジア」というにすぎない。本書で読み解いてきた言説の多くは、本国政府、つまり「官」の側からの視点が中心であったが、そうした「官」側の主観的な視点から見れば、南洋・ベトナム・朝鮮・日本などの地域は、客観的な地域概念としての「アジア」というよりも、むしろ中国から「周辺」「周縁」として捉えられていた地域、言い換えれば、中国（中華）を中心として放射線状に広がる「外縁」にあたる地域であった。そして、そこに〝流れ着いた〟中華の民（華民・華人）をいかに捉え、いかに扱うかが、「近代」という時代に際会し、彼らの存在を無視し得なくなった清朝において、にわかにクローズアップされることになった。

華民・華人が流れ着いた地に〝国家〟が存在するなら、中国（清朝）とそれぞれの国家との関係性の違いによって、彼らの扱い方も変わってくることになる。具体的には、中国から見て「属国」である朝鮮・ベトナム（＋シャム）、「対等」となった日本、そして、かつて「藩属」であった南洋地域を統治下に置き、清朝との間では「不平等」条約を結んでいた西洋諸国など、そこに存在する〝国家〟との関係性に合わせて、清朝はそこに住む華人に対する扱い方も変えていたのである。いや、変えていたというより、変えざるを得なかったと言ったほうが肯綮にあたっていよう。在外華人の取り扱いや活用が清朝の中で議論され始めた一八六〇年代後半から九〇年代前半にかけて、これを積極的に〝活用〟しようとする官僚の中には、華人が住む地域に存在する国家と清朝との関係性の差異を顧慮することなく、等し並みに清朝政府との強い関係を華人社会に持たせようとする者がいた。領事増設を通して南洋華人への積極的な関与を主張した両広総督張之洞などはその典型であろう。一般的な生命・財産の保護という枠を超えて、外国政府の司法管轄権や徴税権にまで介入するかのような彼の在外華人政策は、西洋諸国（特に植民地当局）だけでなく、そうした積極策によって西洋諸国との摩擦や西洋からの内地開放圧力が増しかねないと警戒する総理衙門や他の主要官僚からも敬遠された。

一方、「属国」と見なす朝鮮に住む華人には、ほぼ躊躇なく属人的な司法管轄権が行使され、「対等」である日本に住む華人には、対等関係の象徴として獲得し維持された領事裁判権が行使されていた。朝鮮や日本へのこうした対応を主導したのは北洋大臣李鴻章であった。朝鮮と同様に「属国」と主張されたベトナムについては、清仏戦争を契機にそこに住む華人の取り扱いがにわかに注目され、清朝は「属国」を理由に朝鮮と同様の属人的な司法管轄権（領事裁判権）の行使を、ベトナムの保護権を得たフランスに求めた。だがこれは、清仏戦争の結果、ベトナムにおける排他的な統治権を獲得したと確信するフランスにとって、到底容認できるものではなかった。このフランスとの交渉を主導したのも李鴻章であったが、当初彼が想定していた領事裁判権の獲得を前提としたベトナム華人の取り扱いも、条約交渉を経て〝変更〟を余儀なくされた。当初「対等」であった日本についても、日清戦争の敗北によってその関係性に変更が生じた結果、保有していた領事裁判権を失うことになり、在日華人の取り扱いも変更せざるを得なくなる。そして、同じく日清戦争によってその「独立」を認めることになった朝鮮については、

「属国」ではなくなったものの、「対等」関係となったことを根拠に、次は領事裁判権の相互承認を要求し、それを認めさせることで、在韓華人に対する清朝の属人的な司法管轄権は、日清戦争以前と同様に維持されることになったのである。

近代中国における在外領事の設置と在外領事裁判の実態について考察した本書の内容を通観し、それを近代中国の対外関係の変容過程と重ね合わせた時、以上のように総括することも可能であろう。

在外領事制度を導入した中国は海外の華人社会といかなる関係を築こうとし、それが近代中国の対外関係の変容にいかなる影響を与えたのか。こうした課題に答えることも本書の目的の一つであった。南北アメリカ州の華人社会を事例に、本国政府による調査活動や在外公館の存在が現地華人社会にいかなる作用を及ぼしたのかを考察した園田節子は、「官商関係」を軸に次のようにまとめている。

　清朝在外公館が成立した後の南北アメリカの華民コミュニティでは、商が新たに来た本国の官を権威として迎え入れ、その官から商がコミュニティの指導的立場を承認された。ただしこれは、官が商に一方的におこなうものではなく、商の側からきわめて積極的に面会や接待などのアクセスがあって、進行するものでもあった(1)。

本書は「官」側の視点に比重を置き、また華人社会そのものの実態解明を課題としていないため、南洋や東アジアの事例として必ずしも同様の分析が可能なわけではない。ただ、本書における分析や先行研究の成果を見る限り、日本や朝鮮については、領事や商務委員が設置されて以降はほぼ同様の特徴を見出すことができる。ただ南洋については、特に清仏戦争以前の時期は、「藩属」「属邦」と見なしていたシャムやベトナムに、主権国家が他の主権国家とその領域に派遣することが前提となっていた公使や領事を設置することは、ほとんど考慮されていなかったし、西洋諸国の統治下に置かれた地域については、その本国政府や植民地当局のほとんどが清朝領事の開設や増設に抵抗したため、中国の「官」が在外公館を通して現地の華人社会と関係を取り結ぶ場面は、南北アメリカ州のようには進まなかったと言えよう。

もちろん、本国の地域社会を基点として南洋地域にネットワークを持っていた華人組織を通して、本国の地方官憲から「功牌」を授与されたり「買官」したりすることは一八七〇年代以降広く見られたが、「官」が〝常駐〟することによって植民地社会の中で得られる本国政府（官）の「権威」への期待は、華人代表者らによる度重なる領事設置の請願活動となって現れていた。本国政府への領事設置による「保護」要請の裏には、こうした華人社会側の意図が隠されており、一八七〇年代以降、「官」側もそれを次第に察知し始めたことが、本国において領事設置論議が盛んになる要因の一つであった。そして、そうした華人社会側の〝要請〟を明確な形でつかみ取ることを企図し、実際にそれを〝確認〟したのが、一八八六～八八年に清朝政府が行った南洋華人調査であった。それ以前にはおぼろ気だった在外華人の有益性や華人社会からの〝要請〟の実像が、広域かつ詳細に実施された調査によって証明され、張之洞の上奏やそれを掲載した『申報』などのメディアを通してそれが広く清朝の官民に伝えられたことは、一八九〇年代に薛福成らの活動を通して南洋における領事増設が加速する重要な前提条件となった。

このように南洋においても、在外公館（領事）を通して「官」と華人社会とが直接結びつく契機が次第に整いつつあった。しかし、華人管理を含む植民地行政に不安を抱えていたフランスやオランダなどの本国政府や植民地当局は、領事設置によって統治下の華人社会が本国中国の「権威」を獲得することに強い警戒感を抱き、オランダ領東インドについては一九一一年まで、フランスの保護領となったベトナムでは一九三〇年代まで、中国領事の設置が実現することはなく、南洋地域における在外公館を通した「官」と華人社会との結びつきは、二〇世紀初頭においても限定的なものにとどまらざるを得なかった。こうした点が、他地域とは異なる南洋地域における「官」と華人社会との関係性の推移の特質であったと言えよう。

以上は、本書の内容を俯瞰して得られた結論である。以下、本書が重視してきたトピックに即して全体の内容を振り返った上で、まとめと展望を述べたい。

一　清末の領事拡大論議と不平等条約体制

清朝政府が海外移民を事実上容認したのは、一八六〇年の北京条約においてであった[2]。これは、イギリスをはじめとする西洋側の華人労働力に対する需要が高まっていたことが直接的な要因であり、これをもって清朝が棄民政策を転換したとは言いがたい[3]。一八六〇年代後半以降、富裕な在外華人の経済力を本国が進める洋務政策の資金源として注目したり、航運に従事する南洋華人の技能を清朝の海軍建設に活用しようとする意見も見られるようになるが[4]、この時期においては、清朝が政府として華人保護政策に転換したとか、在外華人を清朝に引きつける努力を開始したとはまだ言えず、ましてや華人問題を通して列強に対して中国の主権と独立を主張するに至っていた[5]とは言えなかった。

それが変化してくるのは一八七〇年代半ば以降のことであり（第1章）、清仏戦争後に実施された南洋華人調査（第2章・第3章）を経て、南洋の華人社会全体に対する具体的な施策が示されるようになるのは八〇年代後半のことであった。それが第4章・第5章で見た張之洞・総理衙門・薛福成らの議論であり、特に薛福成においては、華人問題が中国の主権や独立の問題と明確な形でリンクしていた。この一八八〇年代後半から九〇年代前半までの時期において、清朝の外政官僚の外交認識や主権認識に変化があったことは間違いなく、南洋領事設置問題をめぐる動きもこうした変化と無縁のものではなかった。

一九世紀後半における在外領事設置問題、特に南洋領事の設置に関する問題については、①北京中央における対外問題の処理機関である総理衙門、②領事の設置が問題となっていた地域の宗主国に駐在する在外公使、③多くの南洋華人の出身地である広東省・福建省を管轄する両広総督や閩浙総督、④地方大官の中で対外問題の処理も管掌していた北洋大臣らが、相互に連絡を取り合い、建議や議論を行うことによって政策が決定されていた。一八八七年、南洋華人調査の結果も踏まえ、両広総督張之洞は大規模な南洋領事増設計画を打ち出したが、総理衙門による反対に加え、その他の関係官僚もこの問題に対しては、概して消極論、慎重論が支配的であった。

総理衙門の反対意見によって一旦沙汰やみとなった南洋領事増設論議は、まもなく一八九〇年に丁汝昌率いる北洋艦隊が南洋各地を巡航したことをきっかけに提出された駐英公使薛福成による南洋領事拡大上奏によって再びクローズアップされる。だが、この薛福成の上奏に対しては、総理衙門にこれを考慮するよう命じる硃批が出されたものの、必ずしも審議の結果を上奏（「議奏」）するよう命じられてはいなかった。そのため、この上奏によって清朝政府が直ちに大規模な領事増設に乗り出したわけではない。しかし一方で、かつて張之洞の増設案に対して総理衙門が行ったような明確な反対論はこれ以降現れなくなったことも事実であった。

薛福成が提起した海外全般にわたる領事増設案は、総理衙門の賛同を得られず実施に移されることはなかったが、薛福成は駐英公使として、自らの管轄地域内での領事増設を個別に実現しようと試みた。在シンガポール領事の総領事への格上げや在香港領事、在ラングーン領事の設置の取り組みがそれである。しかし、それらの領事拡大策も、中国の内地開放や英露対立への対応をめぐる認識の違いから、総理衙門の掣肘を受け容易に進展しないなか、日清戦争とその敗北という事態になり、清朝は領事を拡大していくための国内的な余裕と対外的な力量という条件をともに失うことになったのである。

以上のような清末の領事設置問題からは、一九世紀後半における西洋・非西洋間の領事設置のあり方とその国際法との間の矛盾した関係をも垣間見ることができる。オランダやスペインなどの西洋諸国が清朝による領事設置の要求を拒否する際に用いた根拠の一つが、清朝が領事の設置を規定した条約や協定をそれらの国と結んでいなかったことであった。ただ、一九世紀後半～二〇世紀初頭にかけて、他国に対して領事の設置を許可している地に、別の国が領事の設置を求めた場合、これを許可するのが国際慣行上の通例となりつつあった。また、一八七〇年代以降、近代外交における互恵互利原則も外政官僚を中心に清朝内で次第に浸透していった。この時期に清朝政府内において近代外交上の知識や概念が受容・定着していった背景には、ハートやマカートニーなど清朝政府に雇われながら一定の政治勢力ともなっていた西洋人の存在があった。序章でも取り上げたハートが総理衙門に提出し在外公使にも配付された一八七六年の報告書では、互恵原則によって対外的な外交課題を解決するよう提言されていた(6)。一方、駐欧公使館に勤務していたマカートニーは、ロシアとのイリ交渉に臨む曾紀沢に対し、互恵原則を堅持して交渉するよう力説する中で、「中国が各国と結んだ条約は、互恵平等原則［施報公平之例］がまったく重視されていない。たとえば、イギリスが中国内に領事を設置することは認めているが、中国がイギリス領に領事を設置するという条文はない」と語ったという(7)。つまり、清末の領事設置問題は中国の対外交渉において互恵原則が受容・定着していく中で取り上げられてきたという側面も存在したのである。

互恵原則を学び始めていた清朝の外政官僚にとって、西洋側が清朝内に領事を設置しているのに、清朝のみがそれらの国の植民地に自国の領事を設置できないことは納得しがたいことであった。そのため、張之洞らは、「公法」や「各国通例」を持ち出すことによって、領事の設置を実現しようとしたのである。だが、領事設置権が条約にのみ依拠するものなのか、あるいは「公法」においても保証されている権利なのかについては、当時の西洋国際法においても必ずしも明確ではなく、それが清朝の在外領事の拡大をより困難にしていた。こうした状況は、必ずしも西洋側の外交官の言説のみが国際法の〝常識〟として清朝側に押しつけられていたわけではなく、近代国際法が西洋・非西洋間において極めて恣意的に解釈されていた一面を示している。

清朝の官僚が当初領事裁判権を有するような領事の派遣を企図していたにもかかわらず、それが西洋諸国への派遣が現実化してくる段階においてその不可能性が認識されてくることも、また、西洋側に領事の設置を要求しても、清朝が互恵的に設置を許可されないことも、結局は、一九世紀における西洋・非西洋間の外交関係のあり方に起因していた。つまり、西洋諸国が非西洋諸国に対して、対等な国際慣行の適用を容易には認めなかったことがこれらの問題の根底にあった。当時清朝をはじめとするアジア各国は、国際法上の権利を完全には享受できない「不完全主権国」と見なされており、西洋諸国間の国際慣行がそのまま適用される地位にはなかった。

これは、外交史上の「不平等条約」の問題であった。「中国人が万国公法の観念を初めて知った時点で、彼らの周囲には万国公法と抵触する現実が所与として存在し」ていたという佐藤慎一の指摘[8]は、こうした状態を指している。近代日本が不平等条約の改正を果たすために、外交や法制をはじめとする国内制度の西洋化に邁進したのも、西洋主権国家間における対等な国際慣行の適用を得ることがその第一義の目的であった。同時代の日本が採ったような外交・法制の全面的な近代化・西洋化の動きは、日清戦争以前の清朝にはいまだ見られなかった。だが、一八八〇年代以降、種々の外交問題を通して、清朝も次第にその必要性を認識するようになる。本書で見てきた領事設置問題もその過程の一つであったといえよう。薛福成が、ただ「公法」を振りかざして領事の設置を求めるのではなく、現実の国際政治に即した方法で西洋諸国に領事の設置を認めさせる方策を考えようとしたことも、近代における中国外交の重要な変化の一つと見なせよう。

二　清朝領事とその設置過程の特質

ここで本書において確認した内容も踏まえ、清朝の在外領事とその設置過程の特徴についてまとめておきたい。

（1）清朝領事の性格と職務

清朝が設置した在外領事の職責は、海外における商務と僑務（在外華人に関する事務）を処理することにあるとされ、[9]その点、通商面での役割を重視する西洋諸国とは設置目的が異なっており、そのことは、初代駐英公使の郭嵩燾が述べているとおり、在外領事の派遣開始当初からすでに認識されていた（第1章第一節を参照）。僑務の具体的な内容は、同じく郭嵩燾が述べたとおり、在外華人に対する保護・統制・管理にあり、一九世紀後半における華人の大量出国という事態から見れば、それは必然的な成り行きでもあった。そのため、西洋諸国や日本が同時期に海外に設置していた領事が負っていた通商情報の獲得・報告などの職務はほとんど重視されていなかった。しかし、領事派遣が開始された当初においても、西洋の在華領事が有する領事裁判権などの権限が伴わない以上、在外華人に対する保護や統制などの効果はあまり期待せず、領事は商務の処理に専念させるべきとする王韜のような意見も存在していた。[10]

一九世紀末までに実際に海外に設置された清朝領事の職務をまとめると、およそ次の五点になる。

①現地華人の登記や船牌の発給
②遭難者や物故者の遺体の本国への送還
③華人虐待事件への対処（現地での調査、公使への報告、現地当局との交渉）

④帰国者への「護照」の発給
⑤国内で発生した飢饉や災害に対する募金活動
⑥文化事業（現地華人に対する中国文化の教育）

このほか、日清戦争以前の在日領事と清韓通商条約時期の在韓領事は、現地華人に対する裁判権を有し、実際に裁判を行っていた（第8章）。また、二〇世紀に入ると、海外で活動する康有為・梁啓超らの保皇派や孫文らの革命派への協力者に対する監視・報告も領事の任務となる一方、在外領事による商務報告も現れるようになり[11]、一九〇九年には「出使報告章程」が定められ、「使臣〔公使〕之報告」とともに、通商貿易について在外領事が農工商部には直接に、外務部には公使を通して報告することが定められた（「領事及商務委員之報告」）[12]。しかし、商務報告については、同時期の日本が海外に展開した領事報告制度に基づく通商情報網には遠く及ぶものではなかった[13]。そもそも『国際貿易への強い執着』、貿易志向型の国民経済観が殖産興業政策の時代から両大戦間期」、そして戦後まで「官民を問わず」一貫して見られた日本[14]とは異なり、中国では、伝統的な賤商観の影響もあり、二〇世紀初頭に至るまで、通商を立国富強の基盤としようとする経済観が、官民において主流となることはなかった。薛福成が唱えた領事を通した通商の拡大も、領事報告に基づく通商情報戦略を期したものではなく、領事を通して在外華商の身体・財産の保護を行うことによって、彼らの本国への送金や投資を促進しようとするものであった。

（2）清朝領事の人材・所管

清朝の在外領事となる人材については大きく二つに分類できる。一つは、本国から派遣された官僚の領事であり、「出使章程」の規定により通常公使が選任した。この場合、ほぼ公使館の参贊・随員・翻訳の中から選ばれ、こうした随員ももともとは公使との個人的な関係（縁故）によって選ばれていた（縁故による推挙とはいえ、客観的な能力を見込まれて選任される場合ももちろん多かった）。もう一つは、現地の有力な華人商人を領事として選任する場合であり、これは本国政府にとっては、現地の情況を熟知し、現地の華人を掌握しやすい人材として期待される一方、経費の節約にもつながった。華人側にとっては、科挙やその前提としての儒教教育を経ずに本国の官位を得ることができるチャンスでもあった。

清朝が設置した在外領事は、原則として在外公使（出使大臣）が管轄した。しかし、特に南洋地域に設置された領事については、地理的な近さなどを理由に、両広総督や閩浙総督など多くの在外華人の出身地の地方長官、あるいは南洋大臣・北洋大臣（対外関係や外国に関わる諸事業を管掌する地方大官）が、任命や管轄（在外公使との共同管轄を含む）を行うべきとする意見が時折提出された。

こうした清朝領事の活動が当時どのように評価されていたかを示す史料はあまりない。必ずしも現地の評価を代表しているとは言えないかもしれないが、シンガポールの華字新聞『叻報』が一八九七年二月二二日付の紙面で「華商自立」と題し、当時設置されたばかりの朝鮮駐在領事と絡めて述べた次の論評を見てみよう。

朝鮮の華商はすこぶる振作し、艱険労苦を避けず勤倹を以て自制しているので、商売はますます向上発展する勢いがある。お金〔銀銭〕のやり取りでは利益をほんの少ししか取らず、そのうえ誠実である。扱っている商品は大豆・鹹魚〔魚の塩物〕・明太魚《スケトウダラ》・金塊が中心である。こうして見てみると、華商は領事の保護がなくとも、何の弊害があるだろうか。もし不肖の領事がいれば、かえって商民を貪り喰う存在〔蠹〕になってしまうだろう。昔から言うではないか、「言《げん》忠信、行篤《こう》敬なれば、蛮貊の邦と雖ども行われん〔言葉に真心があり行いが慇ろであれば、野蛮な外国でさえ行われる〕」〔『論語』衛霊公〕と。華商は誠に古い教訓を得ているのである。

これが、在朝総領事唐紹儀の現状を直接告発したものなのか、あるいは当時の在シンガポール総領事の評判を反映したものなのかははっきりしない。もともと『叻報』は官員として初の在シンガポール領事となった左秉隆の肝入りで創刊された華字新聞であり、その『叻報』が清朝領事を批判する論評を掲載していることは注目に値しよう。また、ここで述べていることは、一八八〇年代後半から九〇年代初頭にかけて清朝政府内で行われた領事増設論争の中で、総理衙門など主に増設に反対する側の主張に見られた意見と同じであった点も見逃せない。清朝の在外領事に対する評価は同時代も含め、左秉隆（在シンガポール領事）や黄遵憲（在サンフランシスコ総領事・在シンガポール総領事）に対するもの以外はそれほど高くなく、その活動の限界性を指摘するものが目立った。[15] 近年、これを再評価する研究が現れているが、[16] 現地の史料なども駆使した実証的な研究はまだこれからといえよう。

（3）各国との領事関係の設定

各国との領事関係の設定は、それぞれの接受国によって受け入れの過程や態度が異なっていた。それは大きく①アメリカ、②イギリス、③日本、④スペイン・オランダ・フランスに分けられる。

アメリカとイギリスは、基本的には清朝に対して協調宥和的な外交路線を採っており、清朝領事の接受についても④の国々と比べれば抵抗は少なかった。イギリスは、本国外務省と植民地省・植民地当局との間で対応が異なり、植民地省・植民地当局側は清朝領事の設置をできるだけ拒否し、設置後もその活動をできるだけ制限しようとしたが、本国の外務省は対露関係などをにらんで清朝との協調を優先し、最終的には清朝領事の設置を受け入れていく。アメリカは、一八九八年にフィリピンをスペインから獲得するまでは、植民地における清朝領事の接受という問題を抱えておらず、本国における清朝領事の設置もほぼ抵抗なく受け入れた。

日本は、一八七一年の日清修好条規の規定に基づいて、七八年から清朝領事（理事官と呼称）を受け入れたが、両国は日清戦争の勃発まで双務的に領事裁判権を認め合うという極めて特殊な対等関係を築いており、領事の接受についても日本側は特に強く抵抗はしなかった。

④の国々は、それぞれ南洋地域に植民地を抱え、原住民に対する統治とともに現地の華人に対する管理・統制も植民地行政の重要な課題であったため、そこに清朝が領事を派遣して植民地当局の華人統治に対して抗議や要求を行うようになることは、可能な限り回避したいことであった。フィリピンを植民地とするスペインと東インド植民地を有するオランダは、本国の国力の低下が植民地支配の弛緩へとつながることを懸念しており、清朝が領事を通して植民地内の華人社会への影響力を強めることが、植民地支配の弛緩に拍車をかけるのではないかと警戒していた。ベトナムの南部を直轄支配し北部を保護領としたフランスは、条約においてベトナム北部における清朝領事の設置を認めたものの（一八八五年天津条約）、大量の華人人口を抱えかつ国境を接していたこともあり、その後も半世紀にわたって中国領事の設置を拒み続けた。

また、近代中国における諸外国との領事関係の設定の大きな特徴の一つに、それが中国側の内地開放問題と表裏の関係にあったことが挙げられる。初代駐英公使の郭嵩燾が、清朝初の在外領事となる在シンガポール領事の設置を要求した際には、イギリス政府は、清朝側の内地開放が進んでいないことを拒否の最大の理由としていた。また、外交交渉や政策決定の場では、しばしば中国国内における外国領事の受け入れや租界の設置と、清朝の在外領事の設置とが、いわばバーター的なものとして捉えられた。清仏間におけるベトナムと雲南をめぐる領事設置交渉（第9章）や、清英間における香港とカシュガルをめぐる領事設置交渉時の清朝側の判断（第5章）などは、その典型的な例であった。

三　東アジアの国家間関係の指標としての領事裁判権

領事裁判権は、実利を超えた国家間関係における「対等」あるいは「上下」を表す重要な指標としても捉えられていた。日清修好条規における領事裁判権の相互承認は、日清両国の「対等」関係を表す象徴的な規定の一つであった。領事裁判権の相互承認によって「対等」関係を表すことは、極めて奇妙で特殊な状態であったと理解されているが、アジアにおいて西洋諸国が行使する領事裁判権は「各国通例」「万国通例一定之理」であり、日清が「対等」である以上、それを相互に認め合うのは当然であるというのが清朝側の論理であった。そのため、調印後に日本側が再三改定を要求しても、清朝側がこれに応ずることはなく、日清戦争による日本側の勝利と清朝側の敗北という結果によらなければ、この領事裁判権の相互承認によって表出される「対等」関係が崩れることはなかった（第6章）。

また、清朝にとって領事裁判権は、国家間の「対等」関係の指標となったばかりでなく、一般的な不平等条約と同様に、国家間の「上下」関係を表す指標としても使われた。ただ、ここにいう「上下」関係は、欧米諸国とアジア諸国の間のいわゆる「不平等条約」体制における上下関係ではなく、清朝が「属国」であると主張する（あるいは主張し続けた）朝鮮やベトナムにおける領事裁判権の獲得、あるいはその要求の中に表れた。

朝鮮に対しては、一八八二年に結ばれた「商民水陸貿易章程」第二条において、清朝側のみ特権的に朝鮮在住華人に対する裁判管轄権を有することが規定された。そして、この章程に基づき、一八八三年から実際に商務委員が派遣され、九四年の日清開戦時まで清朝の官員である商務委員が在留華人に対する裁判権を行使し、会審も行われたのである。朝鮮への商務委員の派遣と裁判権の行使は、一八八〇年代における清朝による朝鮮への宗主権強化策の一環として捉えるのが一般的だが、当時の欧米人の中には、朝鮮政府の外国人顧問デニーが『清韓論』の中で示したように、宗主国が属国に対して「治外法権」を要求することは、極めて〝奇怪〟な行為だとする見方も存在した（第7章）。

朝鮮とならんで、清朝が重要な「属国」と位置づけていたのがベトナムである。ベトナムをめぐっては、一八七〇年代後半から清朝とフランスとの間の宗主権争いが激しさを増し、八三年には戦火を交えるに至り、八四～八五年には清仏戦争へと発展した。戦争とともに外交交渉がヨーロッパや中国において繰り返され、一八八五年四月の天津条約によって講和が成立した。天津条約において、清朝はフランスによるベトナムの保護国化を容認することを余儀なくされたことは周知のとおりである。しかし、その後の一時期、清朝側がベトナムを「属邦」であると主張し続けていた事実は、これまであまり知られていない。それは、天津条約の翌年（一八八六年）に、国境と通商に関する条約交渉が行われた時のことである（李鴻章・コゴルダン交渉）。

この交渉において清朝側（李鴻章）は、フランスがベトナムを保護国化しても、ベトナムが清朝の「属邦」であることに変わりはないとし、同じ属邦の朝鮮と同様に「ベトナムにおける華人同士の訴訟および華人とベトナム人との訴訟は、みな清朝領事が裁判を行う」ようにすべきであると要求したのに対し、フランス側（コゴルダン）は、清朝領事に最恵国待遇を与えることはできるが、「西洋の通例では、他国の官吏が自国の管轄下で裁判を行うことは許されない」として、清朝側の要求を拒否した。清朝側の主張の根拠は、一八八五年の天津条約において、フランスがベトナムにおける清朝の「威望体面」を傷つけないことを認めたこと（第二条）にあった。清朝にとっては、「属邦」であるベトナムにおいて華人が他国の裁判管轄を受けることは、「威望体面」を傷つける行為として受け止められたのである。このような対応は、清朝政府が領事裁判権を「属邦」との間の「上下」関係を表す重要な指標として捉えていたことを示していよう（第9章）。

近代の東アジアには、領事裁判権の相互承認を規定した条約が、日清修好条規のほかにもう一つ存在した。それは、一八九九年に清朝と韓国（大韓帝国）との間で締結された清韓通商条約である。朝鮮（韓国）に対する清朝の宗主権は、日清戦争の敗北によって消滅し、それに先立つ日清開戦による清朝商務委員の本国引き揚げによって、朝鮮における清朝による裁判権の行使も途絶えていた。清朝側の宗主権放棄と韓国を対等な「友邦」と見なす政策転換とによって生じた新たな清韓関係を条約化したのが清韓通商条約である。この条約はすべての条項において「対等」であることが追求された結果、租界設置権（第四条）と領事裁判権（第五条）を相互承認する条項を含むことになった。しかし、この条約には領事裁判権撤廃の予約規定（第五条第四項）が設けられた。新条約の双務的領事裁判権規定が、単に対等関係の達成を示すものであれば、このような付則的な条文を設ける必要はなく、このような条文が付されたことこそ、日清修好条規が締結された一八七一年当時の東アジアと一八九九年の東アジアとの差異、変化を表していた。

日清修好条規の締結当時、日本側は条約改正による領事裁判権の撤廃が視野に入りかけていたちょうど端境期にあり、締結とほぼ同時に双務的な領事裁判権規定を認めたことの「失敗」に気づき、慌ててその改定に乗り出した(17)。一方、在華西洋領事による裁判権の弊害は認知しながらも、領事裁判という制度そのものを問題視していなかった清朝政府は、日清修好条規に双務的な領事裁判権規定を積極的に挿入し、日本側の改定要求に対しても、これを拒否し続けた。

それから二八年後の一八九九年には、東アジアの国際関係も、領事裁判権をめぐる状況も激変していた。日清戦争の勃発によって日清修好条規は破棄され、清朝の敗北を受けて下関条約の翌年（一八九六年七月）に結ばれた日清通商航海条約では、日本側のみ領事裁判権を有する片務的な条項となり、日本における清朝の領事裁判が復活することはなかった。そして日本では、ちょうどこの一八九九年に、外国人居留地の廃止と内地雑居の開始に伴い欧米諸国による領事裁判権の行使が停止されたのである。これがアジアにおける欧米諸国の領事裁判権撤廃の嚆矢となったことは言うまでもない。清韓通商条約の第五条第四項は、このような時代的潮流のなか挿入されたものであったが、現実には、日本による韓国併合（一九一〇年）時まで、清朝領事による在韓租界内における華人に対する裁判権の行使は存続しつづけた。

日清修好条規と清韓通商条約における双務的領事裁判権規定という共通性に着目する時、現象的には、中国とその周辺国との間に「対等」な外交関係が樹立される際の過渡的なパターンと見なすことも可能かもしれないが、その内実はそれほど単純とは思われない。日清修好条規と清韓通商条約を比較検討するには、東アジアにおける国際関係の変化と領事裁判あるいは司法管轄に対する認識の変化とを十分に理解する必要があり、こうした総合的な考察は今後の課題としたい。

おわりに——まとめと展望

最後に、清末の在外領事の設置と在外領事裁判の問題について、東アジアにおける近代国際法の受容や「不平等条約」体制との関連において、まとめと展望を示しておきたい。

国際法の受容との関係では、一九世紀がちょうど自然法的国際法から実定法的国際法への過渡期にあったことを考慮に入れなければならない(18)。ホイートン著・マーティン訳の『万国公法』は、自然法的色彩がまだ濃厚だった一九世紀前半の国際法文献であったことから、清末の中国が受容した「万国公法」は自然法的国際法であり、過渡期にあって実定法的国際法へと移行しつつあった欧米の国際法との間に齟齬を来たしていた可能性も考えられる。その他、国際法の多様性については、中国がその時々で受容したInternational lawなるものの内容が異なっており、「国際法」を定数とするのではなく「変数」として捉えるべきとする川島真の提言も注目される[19]。本書で述べた「国際公例」に依拠して領事の設置を要求する清朝側と、領事設置を規定した条約がないことを根拠に清朝側の要求を拒む西洋側との矛盾・衝突もその一例と言えよう。

清末における西洋的な国家主権に対する認識の受容は、辛亥革命後の北京政府や国民政府、そして現在の中華人民共和国政府の外交認識の起点ともなるものであった。清末とそれ以降の時代との外交認識の連続と断絶の問題については様々な議論がある。しかし、華人保護や領事設置といった問題においては、一八六〇年代～九〇年代に行われた清朝政府内における議論と西洋諸国との交渉がその後のこの問題の起点となり、この時期に次第に収斂されていった清朝政府の国家主権に基づく外交認識が、その後の中国外交に取捨選択されながら継承されていったと考えられる。こうした課題に正確に答えるためには、時期的にもさらに長いスパンを取った上で、それぞれの段階における様々な外交案件の処理過程を詳細に分析していくことが不可欠である。本書では、そのうち、一八七〇年代から九〇年代までの時期について、政策の変遷過程を中心に考察を行い、それぞれの原因と結果、そしてそれらの相互影響のあり方についても、多面的な考察を試みた。

すでに多くの研究で明らかなように、アジアの「近代」は、西洋国際法体系が一方的にアジア諸国を包摂してきた過程ではない。第I部で取り上げた領事設置をめぐる清朝側と西洋側とのやり取りでも、それは確認できよう。広瀬和子がつとに指摘するとおり、西洋国際法体系のアジアへの〝浸透〟は、西洋とアジアとの相互認識を通して、近代国家の要件とは何かを問う形で、近代国際法自体の抽象化・一般化・組織化が行われてきた過程であり、西洋社会とアジア諸国との交渉は、一方的なものではなく相互作用的な現象であった[20]。また、植民地主義時代から帝国主義時代にかけては、「ヨーロッパ文明国」の非ヨーロッパ諸国に対する関係においては高度に政治的な側面を有しており、[21] 国際法・国家主権をめぐる西洋とアジア諸国との間の諸問題も、（当時の西洋人外交官や現代の研究者が主張するような）単なる法解釈上の衝突・摩擦・相剋としてのみ捉えることはできない。つまり、国際法の受容に絡む西洋とアジア諸国との外交を見る際には、その史料の読解と史実の確定の過程において、西洋側の国際法に対する〝恣意的〟な対応と中国側の「万国公法」に対する〝恣意的〟な解釈といった側面があることを見落してはなるまい。これらの諸相を、どこまで精緻かつ正確に整理・分析できるかが、中国における「万国公法」および国家主権認識の受容過程を明らかにする上で重要なポイントとなるはずである。

しかし、そうした「認識」を語るには、その背景にある当事者間の利害を正確に把握しておかなければならない。清朝末期、特に日清戦争以前において、在外領事の設置・拡大が模索された背景には、徳治や教化が強調される一方で、技術面・経済面での実力が本国にも知られるようになった在外華人に対し、属人的な支配権（徴税権や裁判権など）を及ぼそうとする功利的な動機も存在し、それは政策担当者によって忌憚なく主張された。

第Ⅰ部では、在外領事の設置をめぐる清朝政府内の議論や外国側との外交交渉を中心に考察してきたが、領事設置の動機となる利害を探るには、実際に設置された領事の活動を、実務レベルも含めて考察していく必要があり、その点が今後の課題となろう。しかし、清朝が欧米諸国やその植民地に設置した領事は、現代の尺度から見ても、常識的な範囲を超えるような領事業務を行っていたわけではない。そのため、むしろ注目すべきは、清朝が周辺の東アジア諸国に派遣していた領事（商務委員）の活動であり、欧米諸国とは異なるいわば清朝本位の条約関係が築かれていたことにより、それらの領事（商務委員）の活動は、一面において、清朝が当時理想とした領事活動のあり様を如実に示すものであった。第Ⅱ部では、日本・朝鮮・ベトナムを対象に、清朝の在外領事裁判の法的根拠となった条約（章程）規定の成立とその変遷過程を追い、実際に裁判権が行使された日本と朝鮮については、具体的な裁判事例も検討した。日清戦争以前の清朝政府にも、領事裁判権を撤廃すべきとの意見がなかったわけではない。

しかし、それが法制・司法改革と内地開放を引き替えとするものであることはつとに知られており、その実行は中国では多大な社会的混乱を惹起することが予期されたがゆえに、それを至上命題に据えることはあえてなされなかったのである。

一八六〇年代末以降、清朝の外政担当者は、欧米や日本との条約にできる限り相互主義・互恵原則に基づく条項を挿入しようと試みた。(22) 日清修好条規（一八七一年）、対ペルー条約（一八七四年）、対独条約（一八八〇年）、対ブラジル条約（一八八一年）はその清朝側の〝成果〟が部分的ながら（日清修好条規はほぼ全面的に）現れていた。中国国内での領事裁判権の撤廃が不可能であれば、相互主義による「対等」を実現するため、領事裁判権を相手国においても獲得しようとする方向に思考が向かうことになる。それが現実となって現れたのが、日清戦争後の日清通商航海条約（一八九六年）交渉時の清朝による双務的領事裁判権要求と、清韓通商条約（一八九九年）第五条であった。

日清通商航海条約交渉時の双務的領事裁判権要求については、ただ二国間における「対等」の表現としての相互主義を意図しただけでなく、日清戦争以前も含め、日本が中国において西洋諸国と同等の権利を獲得しようとしたのと同様の指向性を持った行動でもあった。欧米諸国に対してそうした要求が実現する可能性がないことは理解されていたが、日清戦争が勃発するまでそれが実現されていた日本に対しては、要求し得るものと考えられたのである（第10章）。また、この交渉からは、領事裁判権を相互に条約に盛り込むべきという、いわば「条件（形式）の平等」を重視する清朝側と、領事裁判権を相互に規定した場合、内地開放を予定している日本が予定していない清朝よりも不利になるとする、いわば「結果（利益）の平等」を求める日本側との認識の差異も確認することができる。むろんこれは互いに交渉上のレトリックでもあったろう。しかし、前述したとおり、清朝側は特に領事裁判権については これを国家間関係の重要な指標と見ており、そうした意味で「条件（形式）の平等」をより重視していたとの見方は成り立つかもしれない。

また清韓条約では、かつて「属国」であった韓国において、最恵国待遇や領事裁判権が認められていた諸外国よりも、清朝が低い権限しか持たない事態は、清朝側としてはどうしても避けなければならず、そのうえ両国関係の「対等」も示す必要があった。その結果、最恵国待遇・租界設置権・領事裁判権の相互承認という相互に主権を制限し合う〝特殊〟な条約が生まれることになった。こうした日清修好条規や清韓通商条約のあり方からも、西洋近代の条約関係の影響を受けながら、独自の変容を遂げる東アジアの「近代」の諸相を読み取ることができよう。

民国時期の国権回収運動以降、不平等条約撤廃の気運が高まるなか、中国の歴史学・歴史教育では欧米・日本による在華「治外法権」・領事裁判の弊害が強調されるようになり、現在も基本的にそうした評価に大きな変化はない。しかし、近現代および現在の中国人研究者の間では、中国が東アジア諸国において領事裁判権を行使していたことへの評価は一定しておらず、むしろその「有益性」を強調する見解のほうが多いようである。[23] こうした見解は、在華領事裁判の弊害を強調する議論と矛盾するように思われるが、中国側で問題とされるのは、制度的なものではなく、その運用が「公正」であるか否か、権利・義務関係において「平等」であるか「不平等」であるか、という点であるように思われる。つまり、日清修好条規と清韓通商条約の領事裁判規定も、権利において双務的であり、その上、「中国人の権利を維護し、不公正な処罰から免れさせると同時に、社会秩序を有効に維持[24]」することができれば、領事裁判という制度そのものは問題とはならないという見方があり、こうした議論は、第6章で見た清末当時の李鴻章らの見解とも通底するものがある。

近代東アジアにおける中国による領事裁判権行使の実態解明と、その歴史的意義の考察や法的構造面からの検討は、まだ緒に就いたばかりと言ってよい。東アジア諸国に共通して見られる問題として、領事裁判制度と表裏にある内地開放や内地雑居との関係もさらに分析が必要であり[25]、また、領事制度および領事裁判制度が、直接的には西洋諸国によってアジアにもたらされたものである以上、アジア諸国の近代国際法体系への編入過程の中で、この問題をいかに捉え直していくかという視点も欠かせない。

「近代」に際会したアジアの国々が、在外邦人の把握と保護のあり方をどのように捉え、それぞれの国情に合わせていかにしてそれを自国のシステムの中に制度化していったのかを解明できれば、西洋との接触やアジア諸国間の接触が複雑に絡み合ったアジアの「近代化」を複眼的に再検討する手がかりとなるはずである。そして、近代アジアの領事裁判についても、他地域を対象とした近年の研究成果(26)との対話により、そのア・プリオリな認識の再考にもつながるものと思われる。これらはいずれも今後の課題としたい。

註

序章　領事制度と近代中国

（1）以上、杉原薫『アジア間貿易の形成と構造』、濱下武志『朝貢システムと近代アジア』、杉山伸也・リンダ・グローブ編『近代アジアの流通ネットワーク』ほかを参照。

（2）中華世界の独自性、歴史的連続性に根拠を求めた清朝による中華帝国の「近代」的再編については、茂木敏夫の一連の研究がある。茂木敏夫『変容する近代東アジアの国際秩序』、同「中華帝国の「近代」的再編と日本」ほかを参照。

（3）Immanuel C. Y. Hsü, *China's Entrance into the Family of Nations : the Diplomatic Phase, 1858–1880.* 一方、箱田恵子『外交官の誕生――近代中国の対外態勢の変容と在外公館』は、清朝の様々な段階における対外交渉過程を精査し直すことによって、単純な「近代化」論ではない清朝の対外体制の変容過程を解明しようとしている。

（4）日本では、註(2)に挙げた茂木敏夫の研究などがそれに当たる。

（5）茂木敏夫「中国における近代国際法の受容――「朝貢と条約の並存」の諸相」。茂木は、「朝貢と条約」が「並存」する時代として、特に一八七〇～八〇年代に注目する。清末の対外関係における「朝貢と条約の並存」状態については、日本では坂野正高によってつとに指摘されている（坂野正高『近代中国政治外交史――ヴァスコ・ダ・ガマから五四運動まで』二〇四頁）。近代中国の対外関係をめぐる研究史については、川島真によって適切な整理がなされている（川島真『中国近代外交の形成』序論）。また、岡本隆司は、清末の対外体制や対外関係の変化を「夷務―洋務―外務」という変容過程で捉え直している（岡本隆司「清末の対外体制と対外関係」、同「中国近代史へのまなざし」岡本隆司・川島真編『中国近代外交の胎動』序章）。

（6）領事制度については主に次のものを参照した。原敬『外交官領事官制度』、信夫淳平『外政監督と外交機関』第五款「領事制度」、坂野正高『現代外交の分析――情報・政策決定・外交交渉』II―六「領事」、衛藤瀋吉・渡辺昭夫・公文俊平・平野健一郎『国際関係論』第三章第二節、横田喜三郎『領事関係の国際法』、角山榮編著『日本領事報告の研究』ほか。

（7）欧米諸国の在華領事の活動については、植田捷雄『在支列国権益概説』、同『支那に於ける租界の研究』、入江啓四郎『中国に於ける外国人の地位』を参照。

（8）アジアにおける西洋領事の存在とその権限は、西洋諸国の〝政府〟のみがアジア諸国に強要していたわけではなかった。イギリスの織物都市ブラックバーンの商業会議所は、一八九六年八月〜九七年九月の約九カ月間にわたり、中国各地を調査する使節団を派遣したが、その報告書の中には、「必ずしもイギリス商人の要求を代弁しない在中国イギリス領事に対する批判」が強く示されていた。彼らが期待する領事とは、「政治家、国際法の拡大者、自国の威信の保護者、法律家と同時に判事、自国貿易商人の保護者」であり、「これらのすべての役割を一身に体現する」存在であった（濱下武志『近代中国の国際的契機——朝貢貿易システムと近代アジア』二五一頁を参照）。このように、不平等条約体制下におけるアジア駐在の西洋領事が行使していた多大な権限が、本国国民からの要請によって維持・強化されていた側面も見逃してはならない。

（9）箱田恵子「清末領事派遣論——一八六〇、七〇年代を中心に」四三頁。同論考は箱田恵子『外交官の誕生』第二章に改訂再録されているが、引用部分の一部は同書（四五頁）では削られている。

（10）原書は Henry Wheaton, *Elements of International Law*（一八三六年初版）。その漢訳本『万国公法』の翻訳刊行および清朝政府の反応や影響については、田濤『国際法輸入与晩清中国』第二章に詳しい。田濤によれば、この版本（崇実館本）の刊行は同文館とは関係がなく、同文館に印刷所が開設されたのは一八七六年になってからのことだという（同、四三頁）。マーティンがフライヤー（John Fryer 漢名は傅蘭雅）と入れ替わり同文館の英文教習となったのは翌一八六五年のことである（同上）。近代中国における近代国際法（万国公法）の受容過程については、佐藤慎一『近代中国の知識人と文明』第一章、王鉄崖「中国与国際法——歴史与当代」、田濤『国際法輸入与晩清中国』、林学忠『従万国公法到公法外交——晩清国際法的伝入・詮釈与応用』を参照。特に佐藤慎一の研究は、現在でも日本の近代中国における万国公法の受容と適用」四七頁。

（11）安岡昭男「日本における万国公法の受容と適用」四七頁。

（12）『万国公法』巻三、一一〜一二頁。

（13）この頃翻訳刊行されたものには、『星軺指掌』のほか、『公法便覧』（丁韙良・汪鳳藻等訳、原書は T. Woolsey, *Introduction to the Study of International Law* 一八六四年初版）、『公法会通』（丁韙良・聯芳・慶常訳、原書は J. K. Bluntschli, *Das moderne Volerrecht der zivilisierten Staaten als Rechbuch dargestellt*）などがあり、いずれも同文館総教習となっていたマーティンらが翻訳に当たっている。これら清末における国際法・外交関係文献の翻訳についても、田濤『国際法輸入与晩清中国』第三章一に詳しい。

（14）『星軺指掌』（傅徳元点校本）「点校者前言」七頁。『星軺指掌』の章節とその順序もほぼ一八六六年版と一致する（同、六頁）。

（15）『星軺指掌』第三巻「論領事官」（第一二章〜第一四章）および続巻「摘訳美国領事則例」を参照。

（16）『星軺指掌』巻三、一〜二頁。

（17）『郭嵩燾日記』第三巻、一七頁、光緒二年二月十四日（一八七六年三月九日）条。ただ、それ以降『星軺指掌』に関する記述は現れず、郭嵩燾が同書をどの程度読んでいたかはわからない。

(18)『曾紀沢日記』中冊、七六九頁（光緒四年八月初十日〔一八七八年九月六日〕条）、八一八頁（同年十一月十七日〔一二月一〇日〕条）、八二〇頁（同月二十二日〔一五日〕・二十三日〔一六日〕条）。それからまもないイタリア到着前後の光緒四年十二月初三〜初六日（一八七八年一二月二六〜二九日）には、同じく漢訳国際法文献の『公法便覧』を熟読したという（『曾紀沢日記』中冊、八二三〜八二四頁）。

(19)『曾紀沢日記』中冊、八二〇頁、光緒四年十一月二十三日（一八七八年一二月一六日）条。ここで曾紀沢は、「『星軺指掌』の最後の二冊を読んだが、論ずるところはみな領事官の職務に関することで、余分な項目が多く、詳しくは読まず、とばし読みをしただけだった」と記している。ちなみに、この部分は『曾紀沢日記』の底本である『曾恵敏公手写日記』にのみ記され、清末に刊行されていた『曾侯日記』や、これを底本とした『出使英法日記』、『曾恵敏公遺集』所収の『曾恵敏公使西日記』では削除されている。清末の「出使日記」の特徴とその利用については、岡本隆司・箱田恵子・青山治世『出使日記の時代——清末の中国と外交』を、特に曾紀沢の「出使日記」については同書第三章の拙稿を参照。

(20)『星軺指掌』（傅徳元点校本）「点校者前言」三二一〜三三三頁。

(21) 山本草二『国際法（新版）』五七四頁を参照。

(22) 高橋作衛『平時国際法』（一九〇三年刊）六二六頁。

(23) 立作太郎講述『平時国際公法』（大正年間刊）三二三頁、盛沛東編『平時国際公法』（一九三二年刊）二一四頁。一九三三年刊行の李聖五『国際公法論』では、さらに踏み込んで、「およそ第三国が当該国においてすでに領事を設置していたり、領事を設置しようとしている区域においては、みな派遣することができる。このため、一国はその国がすでに他国に領事を設置することを許可している区域に領事が派遣されることを拒絶することはできない」（二五七頁）と述べている。

(24) 山本草二『国際法（新版）』三〇〜三三頁。

(25) ただドイツだけは、一八八〇年三月に清朝と結んだ条約（続修条約）第二条第二項において、「ドイツは、ドイツ各地の各国に領事官の駐在を認めているところに、中国も官員を派遣して駐在することを許し、各国の官員に対する最優待の礼をもって待遇する」と、清朝側の意図したとおりの条項を認めていた（『中外旧約章彙編』第一冊、三七三頁）。ドイツの植民地には多数の華人が居留する地域がなかったこともあり、駐清公使ブラント（Max August von Brandt）の対清方針に沿って、ドイツは清朝側に有利な条項の挿入を許容していた。

(26) このあたりの事情は、広瀬和子「国際社会の変動と国際法の一般化——一九世紀後半における東洋諸国の国際社会への加入過程の法社会学的分析」、藤田久一「東洋諸国への国際法の適用——一九世紀国際法の性格」に詳しい。また、宮地正人「国際会議と国際条約」も参照。

(27)『日本外交文書』第二九巻、三八三～三八四頁。句読点は筆者による。

(28) 日本の在外領事の設置状況については、角山榮編著『日本領事報告の研究』所収の古屋哲夫「形成期における領事制度と領事報告」、高嶋雅明「領事報告制度の発展と『領事報告』の刊行――『通商彙編』から『通商彙纂』まで」、資料編の三「領事・領事館一覧」(古屋哲夫作成)を参照。日本の「領事館設置はまず通商貿易拡大にともなう在留邦人の保護・監督と関連させて提起された(ただし、朝鮮における領事館設置の要求事由は居留地設定とその運営が第一義となっていた)」(同、八一、八三頁)。なお、日本の在外領事の設置地域は、数の上では一貫してヨーロッパが圧倒的に多かったが、そのうち八割程度は名誉領事であった。これは同地域での貿易情報の獲得が優先されたためである。ついで多いのが中国・朝鮮であり、中国における領事館設置は日露戦争後に飛躍的に増加している。それに比べて、東南アジア地域における領事館数は、一八九〇年で二カ所、一九一一年でも五カ所にとどまっており(以上、同、八二、八五頁の表を参照)、同地域の清朝領事館の数が、一八九〇年で一カ所、一九一一年で七カ所であったのと(表序-1参照)、さほど変わりはなかった。

(29) 本国政府が設置する領事とは別に、在外華人たちがより所としたのが、中国本土にも広く見られ、海外においてもその延長として設けられていった同郷・同業組織であったことは周知のとおりである。こうした「中間団体」としての華人組織と在外領事との関係については、本書においても領事裁判との関係で若干触れることにしたい(第Ⅱ部)。南北アメリカ州については、園田節子が「官商関係」を軸にすでに重厚な研究を発表しているが(園田節子『南北アメリカ華民と近代中国――一九世紀トランスナショナル・マイグレーション』)、その成果と本書との関係については終章で述べることにしたい。また、東南アジアにおける華人組織のネットワーク構造については、濱下武志『華僑・華人と中華網――移民・交易・送金ネットワークの構造と展開』を参照。

(30) 成田節男『華僑史』、劉継宣・東世澂『中華民族拓殖南洋史』。

(31) Yen Ching-hwang (顔清湟), *Coolies and Mandarins : China's Protection of Overseas Chinese during the Late Ch'ing Period (1851–1911)*, 荘国土『中国封建政府的華僑政策』、余定邦・喩常森等『近代中国与東南亜関係史』第五篇、袁丁『晩清僑務与中外交渉』、荘国土・陳華岳等『菲律賓華人通史』第六章。

(32) 陳育崧「新嘉坡中国領事設置史」、同「清末駐新領事与華民護衛司」、許雲樵「星馬設領始末攷」。

(33) 李慶平「清末保僑政策与駐外領事之設置」。

(34) 黄剛『中美使領関係建制史 一七八六―一九九四』。

(35) 林孝勝「清朝駐星領事与海峡殖民地政府間的糾紛(一八七七―九四)」、黄漢青「清国横浜領事の着任と華人社会」、同「清朝駐日使臣的派遣和領事裁判権的行使」。

(36) 陳体強『中国外交行政』第六章、王立誠『中国近代外交制度史』第七章・第一四章。陳体強は、清末・民国期の中国の在外領事

の機能を、①監督（領事館職員の監督）、②保僑（華僑保護）、③護商（自国商人の利益保護と通商の促進）、④管僑（在外邦人の管理）、⑤雑項（現地当局との交渉、ビザ・パスポートの発給、各種証明書の発行、情報・宣伝活動）の五点に分類し、それぞれ詳細に解説している（陳体強『中国外交行政』二〇二～二二三頁）。これは、執筆された民国当時の在外領事の特徴についてまとめたものであり、清末時期については必ずしもフォローされていない。清末の在外領事の特徴については、本書の終章第二節でまとめることにしたい。また、清末における各地の歴代在外領事の姓名・官名・在任期間などを網羅したものに『清季中外使領年表』がある。

(37) 馮天瑜・何暁明『張之洞評伝』第四章、丁鳳麟『薛福成評伝』第六章ほか。

(38) 余定邦・喩常森等『近代中国与東南亜関係史』第二二章。

(39) 箱田恵子「清末領事派遣論」、蔡佩蓉『清季駐新加坡領事之探討（一八七七―一九一一）』。また、二〇一二年に公刊された箱田恵子『外交官の誕生』には、補論として、二〇世紀初頭のオランダ領東インドにおける清朝領事増設問題を扱った「領事館の増設とその意味――陸徵祥によるオランダとの領事館設立交渉を中心に」が収められている。

(40) 園田節子「在外華人の保護と教化からみた出使アメリカ・スペイン・ペルー大臣の活動、一八七九―一八九六」第三章。園田はその後、南北アメリカ州の華人社会の形成過程を、清朝の在外公館（公使館・領事館）の活動とも関連づけて論じた『南北アメリカ華民と近代中国』を著している。

(41) 張暁威「商而優則仕――南洋富商張弼士出任檳榔嶼首任副領事之探討」、同「晩清駐檳榔嶼副領事的創設与首任副領事的派任」、同「近代中国駐外領事与海外華人社会領袖角色的逓換――以駐檳榔嶼副領事謝栄光（1895-1907）為例」。

(42) そのほか、今世紀に入ってから、特に中国大陸において、領事設置問題に関する多くの論考が発表されているが、それらについては本論において適宜取り上げることにしたい。

(43) 佐藤慎一『近代中国の知識人と文明』八六頁。

(44) 茂木敏夫「中国における近代国際法の受容」二九～三〇頁。茂木自身は次のように表現している。「こうした華人保護の政策転換は、この時期、対外危機に直面するなかで清朝が進めた、辺疆を積極的に直接統治に組み込み、領土支配を確立していった再編〔台湾省・新疆省の設置等による「領域」的再編〕において、それが徳治・教化の理念によって正当化されていたのと同じ性格のものであった。この時期の辺疆統治の再編が領域を離れてヒトにも適用された、中華世界の『近代』的再編の一環として、この時期の華人保護の議論は理解すべきだろう」（同上）。また、茂木敏夫・岡本隆司「中華帝国の近代的再編――在外華人保護論の台頭をめぐって」（岡本隆司・川島真編『中国近代外交の胎動』第六章）では、南洋をめぐる秩序の変容を踏まえて、次のように論じている。「東南アジアがヨーロッパ諸国による植民地体制・自由貿易体制に組み込まれたことによって、中華帝国がこの地域に布いた、華人に対する〝朝貢理念による消極的な掌握、その結果としての事実上の保護〟が機能しなくなった。在外華人をそのまま放置できるならばともかく、彼らがもたらす利益からしても、また王朝の体面からしても、それは不可能であった。そのために今度は、外国・植民地に公使・領事を設置したうえで、……植民地宗主国との外交交渉を通じて、またヨーロッパ諸国の秩序原理である国際法によって、つまりヨーロッパ諸国の自国民保護と同様の手段と論理で、積極的な保護に乗り出していかざるをえなくなる。このような積極的な保護は、従来の〝結果としての事実上の保護〟よりもコストが高くついたが、しかし一方で、国際法が共有されている世界では、国際法に訴えることで、かつては手が届かずに、捨て置くしかなかった遠方の華人の保護をも可能にした。……普遍的で際限がないと表現された皇帝の恩恵、中華帝国の伝統的な支配理念は、皮肉にも外交制度の整備と国際法にのっとる外交交渉という西洋の方法で、実現された」（同、一五一～一五二頁）。

(45) その代表的なものに、東アジア近代史学会の二カ年にわたるシンポジウムの成果をまとめた『東アジア近代史』第二号（一九九九年）所収「特集 東アジアにおける万国公法の受容と適用」、同第三号（二〇〇〇年）所収「特集 アジアにおける近代国際法」があり、日本史・中国史・朝鮮史・トルコ史の研究者や法学部系の政治学者の論考も収められている。

(46) 溝口雄三「ある反「洋務」――劉錫鴻の場合」。

(47) なお、『申報』、『循環日報』、*North China Herald* など当時の中文や英文の新聞メディアにも、領事設置や領事裁判権に関する記事や論説が（特に一八七〇年代以降）盛んに掲載されるようになり、清朝官僚の政策決定や対外交渉にも少なからぬ影響を与えていたと思われる。本書においても、行論に直接関係する記事や論説については言及したが、その系統的な考察は行っていない。今後の課題としたい。

(48) 中国の領事裁判権の撤廃に関する近年の研究には、王建朗『中国廃除不平等条約的歴程』、李育民『中国廃約史』、唐啓華『被〝廃除不平等条約〟遮蔽的北洋修約史（1912~1928）』などがある。日本の条約改正については膨大な研究蓄積があるが、東アジアを視野に入れたものに、稲生典太郎『東アジアにおける不平等条約体制と近代日本』や、近年では、五百旗頭薫『条約改正史――法権回復への展望とナショナリズム』がある。

(49) フランケ『支那治外法権史』九九～一〇一頁。フランケが引用した部分は、蔣廷黻「中国与近代世界的大変局」八～九頁による。在華領事裁判権に関する西洋側の古典的な研究としては、H. B. Morse, *The International Relations of the Chinese Empire*, Vol. 1 がある。また、郭衛東『転折――以早期中英関係和「南京条約」為考察中心』第一一章においても、近代中国における領事裁判権の意味について、アヘン戦争前後を中心に論じられている。そのほか、馬場明「中国における治外法権撤廃問題」も参照。

(50) 飯島明子「タイにおける領事裁判権をめぐって――保護民問題の所在」。日本における領事裁判制度についても、近年再検討の動きが進んでおり、森田朋子は、条約によって生じた紛争解決システムである領事裁判制度は、柔軟な対応によって、異文化を尊重する制度として効率的に機能した一面もあったと論じ、「領事裁判制度をめぐる外交交渉は、どれだけ説得力のある論理を展開できるかという点にあり、それぞれの文化を背景としている」との見方を示している（森田朋子『開国と治外法権――領事裁判制度の運用とマリア・ルス号事件』一〇、一二頁）。

（51）桑原隲蔵『桑原隲蔵全集』第五巻（蒲壽庚の事蹟・考史遊記）、入江啓四郎『中国に於ける外国人の地位』第一章、仁井田陞「中華思想と属人法主義および属地法主義」を参照。

（52）アヘン戦争以前の在華西洋人に対する裁判については、三浦徹明「「中国におけるイギリス裁判所」の設置問題とアヘン戦争」、同「清代中国における領土主権の思想と行動――とくに司法権問題をめぐって」、艾徳華（R. Randle Edwards）「清朝対外国人的司法管轄」ほかを参照。入江啓四郎『中国に於ける外国人の地位』第一章も参照。ただ一方で、清朝側の属地主義については、フランケのように「儒教的倫理において全人類を拘束する真理をもつてゐることを空想し、そして、それ故にまた外夷を彼の支配下に強制せんと欲したのは読書階級の高慢のみであつた」とする見方もある（フランケ『支那治外法権史』九九頁）。

（53）仁井田陞は、近代中国における欧米諸国の領事裁判権や会審制度の問題は、「中国旧来の属人法主義および属地法主義の問題との関係において説くべき」であることをつとに指摘しているが（仁井田陞「中華思想と属人法主義および属地法主義」四一四頁）、それを明快に説いた研究はいまだ現れていない。

（54）箱田恵子『外交官の誕生』第二章を参照。

（55）日本の東アジアにおける領事裁判権の行使についても同様の検討が必要となるが、これについては今後の研究の進展を待ちたい。日本の中国・朝鮮における領事裁判については、中網栄美子「明治期日本の中国・朝鮮に於ける領事裁判に関する基礎的研究」、曹大臣『近代日本在華領事制度――以華中為中心』を参照。

（56）王韜「除額外権利」（『弢園文録外編』巻三、標点本、八九～九〇頁）。

（57）鈴木智夫は、内地開放や「伝教章程」等に関する清朝政府と西洋諸国側との交渉や清朝政府内の政策論を通して、清朝側の領事裁判権認識の変化を検討している（同『洋務運動の研究――一九世紀後半の中国における工業化と外交の革新についての考察』五一一～五一四頁）。一八六〇年代末から七〇年代後半における清朝内の法権に関する議論について検討した鈴木の所論は、総理衙門が一八七七年一〇月に上奏して裁可された「総署奏擬纂通商則例以資信守摺」（『清季外交史料』巻一一、二六～三〇頁）を読み解くことが中心となっているが、この上奏の中でも若干言及されている海関総税務司ハート（Sir Robert Hart）の報告書（「節略」）が、この時期における清朝の外政担当者らの領事裁判権認識の深化に重要な役割を果たしていたと思われる。この報告書は一八七六年一月に総理衙門に提出され、まもなく派遣が始まった在外公使にも配付された（英文版は Sir Robert Hart, *"These from the Land of Sinim": Essays on the Chinese Question*, pp. 185–247 に、中文版「整頓通商各口徴抽事宜遵議節略」は *Documents Illustrative of the*

Origin, Development, and Activities of the Chinese Customs Service, Vol. VI, pp. 402-454 にそれぞれ収録。赫徳『這些従秦国来——中国問題論集』一五二～一九〇頁も参照)。この中でハートは、領事裁判権をめぐる清朝側・西洋側双方の不満や主張を整理・分析し、西洋人が清朝の地方官の管理に帰さないことが清朝の政治体制にとっていかに有害であるかを説き、また、西洋側にとっても、治外法権がある限り、彼らが求める清朝の内地開放も達成できないと論じている。本書第6章註(43)も参照。

(58) 本書で用いる「南洋」とは特に断らない限りその意味において用いるため、以下括弧を付さずに使用する。中国の伝統的な東南アジア観・南洋観については、浜下武志『朝貢システムと近代アジア』II「中国と東南アジア」、茂木敏夫「中国の海認識」を参照。

(59) 茂木敏夫「近代中国のアジア観——光緒初期、洋務知識人の見た「南洋」」一一〇頁。

(60) 山本信人「国民国家の相対化に向けて 東南アジア華人の可変性と越境性」二八四頁。

(61)『皇朝経世文続編』巻一一九、一頁。

(62) 張之洞「札司道講求洋務」光緒十二年六月二十日（一八八六年七月二一日）、『張文襄公全集』巻九三「公牘」八、二二頁。

(63) 一九世紀末当時、清朝政府内では、「南洋諸島」に居住し労働に従事している華人は、「三百餘万」に達すると推計されていた（薛福成『出使英法義比四国日記』〔『庸盦全集』所収〕光緒十六年六月二十六日〔一八九〇年八月一一日〕記、および「通籌南洋各島添設領事保護華民疏」、『庸盦海外文編』〔同上〕巻一、一三頁）。

なお、中国系の血統を有する海外居住・在留者については、近代以降、様々な呼称があり、史料上では「華民」「華人」「商民」「人民」「僑民」「僑居者」「僑寓臣民」「華僑」などと出てくる。現在広く通用している「華僑」が一般的に使用されるようになったのは二〇世紀初頭以降のことであり、本書で主に扱う一九世紀後半においては、「華民」「華人」「商民」などと記されることがほとんどであった。現在では、中国国籍の有無、民族特性の残存度、移民の何世であるかなどによって、「華僑」「華人」「華裔」と区別されることが多い。しかし、これも研究者によって分類方法に差異があり、いまだ普遍的な呼称の定義は存在しないと言ってよい。ましてや一九世紀後半の中国には、いまだ国籍法は存在せず（一九〇九年制定）、この時代に海外に居住する中国系の人々を国籍によってその呼称を使い分けることは不可能である。よって本書では、現在の読者にも違和感の少ないものとして、海外に在留する中国系の人々を便宜的に「在外華人」、南洋地域に住む華人を「南洋華人」と呼称することとする。なお、「華僑」「華人」「華民」などの用語の定義については、園田節子『南北アメリカ華民と近代中国』一三～一五頁も参照。園田は「包括的で、当時の状況をより正確に表すことができ、かつ誤解を招かない最適の用語」（同、一三～一四頁）として「華民」を用いている。

(64) 白石隆「華民護衛署の設立と会党——一九世紀シンガポール華僑社会の政治的変化」。

(65) ただ近年、そうした既存の南洋華人観を超え、アヘン戦争前後から一九世紀後半にかけて清朝と東南アジアの間を国家の枠を超えて国家の枠を越えて往来する福建華人の姿を活写した村上衛『海の近代中国——福建人の活動とイギリス・清朝』も公刊されている。また、イギリス国籍を取得することによって、周辺の欧米植民地や中国本土においてイギリス当局による「保護」を得ようと試みる華人も存在した（篠崎香織「海峡植民地の華人とイギリス国籍——権利の正当な行使と濫用をめぐるせめぎ合いの諸相」を参照）。

(66) 一方、中国本国の変化だけでなく、南洋地域における西洋諸国の植民地支配のあり方が〝面〟的支配、あるいは排他的な支配に変容したことによって、華人らが「植民地政府から一方的に『外国人』と規定され、差別的な扱いをうける」ようになったことも、この時期に南洋華人からの保護要請が本国に届けられるようになった要因であったとの指摘もある（茂木敏夫・岡本隆司「中華帝国の近代的再編」岡本隆司・川島真編『中国近代外交の胎動』一五〇〜一五一頁）。

(67) たとえば、一八八七年一一月、イギリスとドイツで製造された四隻の巡洋艦が清朝に引き渡される際に同行したラング（William M. Lang 漢名は琅威理）は、途中寄港したシンガポールにおいて、「一〇年前の中国は今日の中国とは大いに異なる。もしさらに一〇年、二〇年を経れば、必ずや天下において各大国と雄を争うようになるであろう」と華人たちに語ったという（『叻報』一八八七年一一月一八日）。むろんラングは、清朝に雇われていたイギリス人軍事教官であり、その発言には誇張やリップサービスの側面もあったと思われる。また、『叻報』が清朝の在シンガポール領事左秉隆（第1章第二節を参照）の肝入りで創刊された華字新聞であったことも注意を要する（荘国土『中国封建政府的華僑政策』一六三頁）。ラングについては戚其章「琅威理与北洋海軍」を参照。

(68) たとえば、一八九〇年五月に北洋艦隊を率いてフィリピンを訪問した丁汝昌に対し、フィリピンの華人商人は二万元を献上して清朝に対し領事設置による保護を求めた。丁汝昌はこの寄付を辞退し、領事設置の請願については政府に伝達すると答えたという（『叻報』一八九〇年六月九日）。丁汝昌が、そうした南洋華人らの請願を受け容れ、帰国後に南洋領事の増設を李鴻章に建議し、それが総理衙門を通して駐英公使の薛福成に伝達される過程については、第5章において詳述する。

(69) 在外華人による「買官」（清朝政府による「売官鬻爵」）については、荘国土『中国封建政府的華僑政策』第八章第二節を参照。

(70) ペルー在住の華人がアメリカ政府を経由して請願したり、フィリピン在住の華人が香港の慈善互助組織である東華医院を経由して請願することもあった。公使館・領事館などの在外公館が設置されるようになると、それらを通しても請願が行われた。

(71) 荘国土「対晩清在南洋設立領事館的反思」八三〜八五頁。

(72) 箱田恵子「清末領事派遣論」五八、六二頁。

(73) 五百旗頭薫『条約改正史』はそうした枠組みを超えて、日清間の条約改定交渉も含めた日本の「条約改正」史の再構築を試みている。詳しくは第10章で述べたい。

(74) 最近、中国で刊行された侯中軍『近代中国的不平等条約——関於評判標準的討論』は、近代中国の不平等条約の種類や特徴について網羅的に考察し、現在の中国における近代条約研究の水準を示す有益な学術書であるが、日清修好条規や清韓通商条約に関する叙述では、〈平等—不平等〉や〈片務性—双務性〉の内実に迫るような考察は見られない（二三一、四四九〜四五〇頁）。

（75）森田朋子『開国と治外法権』、李銀子（이은자）「한국 개항기（1876〜1910）중국의 治外法権 적용 논리와 한국의 대응——韓中間 조약 체결 과정을 중심으로」、同「19世紀末 在朝鮮 未開口岸의 清商 密貿易과련 領事裁判案件 研究」、Pär Kristoffer Cassel, *Grounds of Judgment : Extraterritoriality and Imperial Power in Nineteenth-Century China and Japan.* ただ、カッセルの著作については、史料の誤読に起因する解釈の妥当性に対する疑問が指摘されている（箱田恵子「書評：Pär Kristoffer Casse, *Grounds of Judgment : Extraterritoriality and Imperal Power in Nineteenth-Century China and Japan*」）。

第1章　在外領事像の模索

（1）Yen, *Coolies and Mandarins*, 荘国土『中国封建政府的華僑政策』ほかを参照。

（2）箱田恵子『外交官の誕生』第二章を参照。

（3）Yen, *Coolies and Mandarins*, 荘国土『中国封建政府的華僑政策』、余定邦・喩常森等『近代中国与東南亜関係史』、袁丁『晩清僑務与中外交渉』、李慶平「清末保僑政策与駐外領事之設置」ほかを参照。

（4）『庸盦海外文編』（『庸盦全集』所収）巻三、一五〜一六頁。

（5）この薛福成の論説については、佐藤慎一がすでに詳細な分析を行っている（佐藤慎一『近代中国の知識人と文明』八六頁）。もちろん、在外領事設置問題が当時の清朝政府が抱える外交問題の全体の中で相対的に軽視されていたがために、この問題を重視する薛福成が、本国政府に対する積極的な提言とイギリス政府との交渉に尽力したという側面もあった。

（6）箱田恵子『外交官の誕生』第二章。

（7）園田節子「在外華人の保護と教化からみた出使アメリカ・スペイン・ペルー大臣の活動、一八七九—一八九六」第三章。

（8）「総理各国事務衙門遵議郭嵩燾等奏出使英国酌帯随員摺」光緒二年九月十七日（一八七六年一一月二日）（軍機処檔案・録副奏摺）、『清代中国与東南亜各国関係檔案史料彙編』第一冊、一〜三頁。

（9）「総理各国事務衙門奏」『光緒朝東華録』第一冊、総二九八〜三〇〇頁（光緒二年九月甲戌）。

（10）Kuo Ta-Jên to Derby, Feb. 24, 1877（漢文照会原本）, FO. 17/768. 三月三日、ダービーはこの件について植民地大臣に伝達した旨返答している（Derby to Kuo Sung-Tao, Mar. 3, 1877 , FO. 17/768）。

（11）Derby to Kuo Ta-Jên, Jul. 23, 1877, FO. 17/768.

（12）「使英郭嵩燾奏新嘉坡設立領事片」『清季外交史料』巻一一、一三〜一五頁。

（13）「総署奏議覆郭嵩燾奏請於新嘉坡設立領事片」『清季外交史料』巻一一、三〇〜三二頁。「南洋総領事」をめぐる議論については、箱田恵子『外交官の誕生』六一〜六二頁も参照。

(14)「総署奏新嘉坡設領事経費薪俸辦法摺」『清季外交史料』巻一四、二〇〜二二頁。

(15) Salisbury to Kuo Ta-Jên, Apr. 16, 1878, FO. 17/794.

(16) Kuo Ta-Jên to Salisbury, Nov. 2, 1878（漢文照会原本とその英訳文), Salisbury to Kuo Ta-Jên, Dec. 21, 1878, FO. 17/794.

(17) 余定邦・喩常森等『近代中国与東南亜関係史』四三一頁、任雲仙「清代海外領事制度論略」一〇六頁ほか。

(18) 安井三吉『帝国日本と華僑――日本・台湾・朝鮮』一四〜一五頁。

(19) 林孝勝「清朝駐星領事与海峡殖民地政府間的糾紛（一八七七—九四）」。

(20)「巴黎致総署総辦」己卯（光緒五年）五月十五日、『曾恵敏公遺集』「文集」巻三、六〜七頁。

(21)『郭嵩燾日記』第三巻、八一一頁（光緒五年二月二十三日条）。

(22)「郭嵩燾未刊書札」一〇〜一一頁。

(23) 以上、「倫敦致総署総辦」己卯七月十二日、『曾恵敏公遺集』「文集」巻三、七〜八頁。温宗彦については本書第3章註(4)も見よ。

(24)『薛福成日記』二八四頁（光緒五年九月初八日〔一八七九年一〇月二二日〕条）。

(25)「代李伯相復曾星使書」己卯（『庸盦文別集』標点本、一三八〜一三九頁）。この書簡は、当時李鴻章の幕僚であった薛福成によって代筆されたものである。

(26) 本章の初出論文（岡本隆司・川島真編『中国近代外交の胎動』第四章）で論じた曾紀沢と李鴻章の書簡の解釈に対して、箱田恵子氏から誤認があることを指摘いただいた（箱田恵子『外交官の誕生』六五〜六七、二九七頁）。本章はその指摘に従い引用史料の訳文と解釈を一部改めた。氏の御批正に謝意を表したい。

(27)「復王壬秋山長」光緒六年十二月二十二日（一八八一年一月二一日）（『李文忠公全集』「朋僚函稿」巻一九、四二〜四三頁）。

(28) 荘国土『中国封建政府的華僑政策』一八五〜一八六頁。

(29)「寄粤督張香帥」光緒十二年十月十四日（一八八六年一一月九日）申刻、『李文忠公全集』「電稿」巻七、四八〜四九頁。

(30) Edgar Wickberg, *The Chinese in Philippine Life 1850–1898*, p. 233.

(31)「滇粤辺界通商議約摺」光緒十二年三月二十二日（一八八六年四月二五日）、『李文忠公全集』「奏稿」巻五六、一一頁。

(32) Yen, *Coolies and Mandarins*, p. 178.

(33)「新加坡左領事稟」光緒八年九月十六日、『駐徳使館檔案鈔』第一冊、二七三〜二八二頁。

(34) 一八八一年に設置されたばかりで、駐ドイツ公使李鳳苞が兼任していた。

(35)『駐徳使館檔案鈔』第一冊、二八五〜二八八頁。

（36）Yen, *Coolies and Mandarins*, p. 182.

（37）Yen, *Coolies and Mandarins*, pp. 179–180.

（38）本章註(29)を見よ。

（39）Yen, *Coolies and Mandarins*, p. 168.

（40）一八八〇年代以降の李鴻章の「変法」とその挫折、そして「それと入れ替わる」ようにして急進的な理論と行動を起こしていく「サブ・リーダー」たちの登場についての展望は、岡本隆司「「洋務」、外交、李鴻章」を参照。

第2章　南洋華人調査の背景と西洋諸国との摩擦

（1）張蔭桓（一八三七〜一九〇〇）とその事績については、『清史稿』巻四四二、列伝二二九、何炳棣「張蔭桓事蹟」、坂野正高「張蔭桓著『三洲日記』（一八九六年刊）を読む――清末の一外交官の西洋社会観」、王蓮英『張蔭桓与晩清外交』ほかを参照。張蔭桓の在外華人政策については、范耀登「張蔭桓対早期華僑権益的保護」もある。また、張蔭桓の公使在任時期の「出使日記」として『三洲日記』八巻がある。『三洲日記』については、岡本隆司「駐米公使張蔭桓と対外関係――『三洲日記』からみた」（岡本隆司・箱田恵子・青山治世『出使日記の時代』第五章）を参照。

（2）王栄和と余瓗の来歴については第3章第一節で詳しく述べたい。

（3）一八七四年に清朝政府が実施したペルー・キューバ華人に関する実地調査（調査委員はそれぞれ容閎と陳蘭彬）については、これまで数多くの研究が積み重ねられてきた。近年のものとしては、園田節子『南北アメリカ華民と近代中国』第2章が最もまとまった成果である。一方、この南洋華人調査についてはこれまで専論はなく、華僑華人史や華僑政策史、張之洞研究などの中で部分的に取り上げられるにとどまってきた。その中で比較的詳細にこの調査委員について言及している先行研究には以下のものがある。劉継宣・東世澂『中華民族拓殖南洋史』、成田節男『華僑史』、Wickberg, *The Chinese in Philippine Life 1850–1898*, Yen, *Coolies and Mandarins*, 荘国土『中国封建政府的華僑政策』、呉剣雄『海外移民与華人社会』、林孝勝「清朝駐星領事与海峡殖民地政府間的糾紛（一八七七―九四）」、黄昆章『澳大利亜華僑華人史』、張秋生『澳大利亜華僑華史』第二章、荘国土・陳華岳等『菲律賓華人通史』第六章、張秉鐸『張之洞評伝』、馮天瑜『張之洞評伝』、馮天瑜・何暁明『張之洞評伝』、黎仁凱・鍾康模『張之洞与近代中国』、劉平『張之洞伝』、謝放『張之洞伝』。なかでも、ウイックバーグと顔清湟（Yen Ching-hwang）は、漢文史料のみならず、スペイン語の史料等も駆使して南洋華人調査の立案から派遣、その後の展開について詳しく検討している。しかし、両者ともこの調査について独立した論稿を立てず、在外華人政策の一環として触れているものであり、紙幅もさほど割かれていない。そのため、調査が実施された経緯やその意義について十分に検討されておらず、調査委員の派遣が清仏戦争後の海軍再編の流れの中から決定された経過も明らかにされていない。また、第二次派遣が実施されたことやこの時期に見られた南洋領事の所管に関する「混乱」についても言及されていない。本書第3章註(1)も参照。

(4) 北洋大臣李鴻章などもその一人で、一八七五年の海防論議の際に総理衙門に送った書簡の中で、在日領事の派遣について論じ、「官員を派遣しても、任地に一、二隻の（清朝の）軍艦が往来して取り締まりや保護を行わなければ、（派遣した領事の）声威が盛んにならず、（華人保護）活動も困難が多くなる」と述べ、軍艦の派遣が伴わなければ、領事を派遣しても効果がないと指摘している（「論遣官駐日本」光緒元年八月二十五日〔一八七五年九月二四日〕、『李文忠公全集』「訳署函稿」巻四、二四～二五頁）。その後、李鴻章の幕僚であった薛福成も西洋諸国に倣って在外華人保護に軍艦を使用すべきことを提起し（『籌洋芻議』〔『庸盦全集』所収〕「船政」、二九～三〇頁。『籌洋芻議』は一八七九年の著述である）、駐英公使就任後の一八九三年には上奏によって同様の軍艦派遣論を正式に提言している（「使英薛福成奏請酌派軍艦保護外洋華民片」光緒十九年七月初十日〔一八九三年八月二一日〕、『清季外交史料』巻八七、一七頁）。そのほか対外問題に携わる官僚の多くが同様の提言を行っていたが、こうした清末における「砲艦外交」の試みについては、別稿において論ずることにしたい。

(5) 一八八四年五月二五日、張樹声に代わって署両広総督となり、八月二二日、正式に両広総督に就任した。

(6) 「諭沿海居民出洋華人立功優奨示」光緒十年七月二十日、『張文襄公全集』「公牘」巻三四、一五～一六頁。

(7) 「総署致張之洞聞粤省出示煽惑新嘉坡華民希査覆電」光緒十年八月初八日（一八八四年九月二六日）、『清季外交史料』巻四七、一〇頁（『清代中国与東南亜各国関係檔案史料彙編』第一冊、二〇八頁、一三八号文書〔宮中檔案〕も同文）。シンガポールの英字新聞 *The Straits Times*, 23 Mar., 1888 にもこの諭示に関する記事があり、張之洞の諭示はシンガポールなどでも知られていたことがわかる。また、パークスは本国の外務省にも広東当局の諭示について報告し、諭示を取り消させ広東当局を非難することを清朝政府に求めるよう外務省から指示されていた（FO228/739, From Foreign Office, Sept. 27 1884, pp. 8–9）。

(8) 「照録寄張之洞電信」光緒十年八月初一日（一八八四年九月一九日）、『清代中国与東南亜各国関係檔案史料彙編』第一冊、二〇八頁、一三七号文書（宮中檔案）。この史料は、前註の「総署致張之洞聞粤省出示煽惑新嘉坡華民希査覆電」から見ても、総理衙門から張之洞に発せられた文書であることは間違いないであろう。よって史料から見る限り、張之洞にイギリス側の抗議が最初に伝えられたのは光緒十年八月初一日、つまり一八八四年九月一九日であったことがわかる。光緒十年八月初九日（一八八四年九月二七日）付の「英使巴夏礼為広東暁示華僑抗法事致総署函」（『中法戦争』〈中国近代史資料叢刊続編〉第二冊、三〇一～三〇二頁、七七三号文書）も、この件に関するパークスによる総理衙門宛ての抗議文であるが、二度目以降の抗議文と思われる。

(9) 「総署致張之洞聞粤省出示煽惑新嘉坡華民希査覆電」光緒十年八月初八日、『清季外交史料』巻四七、一〇頁（『清代中国与東南亜各国関係檔案史料彙編』第一冊、二〇八頁、一三八号文書〔宮中檔案〕）。

(10) 彭玉麟はまた、一八八四年六月に鄭観応を密使として東南アジアに派遣している。派遣の目的は「暗結暹羅、襲攻西貢」(シャムと結んでベトナム南部のフランス軍を挟撃する計略)の実現と前線の敵情視察であった。鄭はシンガポールやペナンにおいて現地の輪船招商局分局などを拠点に活動し、ペナンではイギリス籍の華人商人に故国のために協力するように求めたが拒否されたという。また、シャムでは、虐待を防ぐため領事を設置して保護してほしいと現地華人から訴えられ、その旨を帰国後、彭玉麟に代奏するよう要請することを約束している(「南遊日記」光緒十年閏五月初五日〔一八八四年六月二七日〕条、『鄭観応集』上冊、九五六頁)。茂木敏夫は、鄭観応の南洋華人への態度には、「郭嵩燾や馬建忠のそれから一歩踏み出して、華人を積極的に活用し、本国の政策のためにこれを糾合しようとする、より積極的な華人の位置づけがみられた」と述べている(茂木敏夫「近代中国のアジア観」一〇九頁)。

(11) 「彭玉麐洞致総署英属地新嘉坡粤無派員持示宣布電」光緒十年八月初九日、『清季外交史料』巻四七、一〇頁、および「致総署」光緒十年八月初九日酉刻発、『張文襄公全集』「電牘」巻一、四~五頁。

(12) 「使英曾紀沢致総署英外部以粤吏諭新嘉坡華人毀法船有侵英権請旨申飭電」光緒十年八月初十日、『清季外交史料』巻四七、一一頁。

(13) 『光緒朝東華録』一八〇四~一八〇五頁、光緒十年八月壬午条。その後一一月一七日になって、張之洞は総理衙門に反論の書簡を送り、フランスの馬尾襲撃の方が卑劣であったと主張している(「両広総督張之洞為暁諭華民抗法無可指責事致総署函」光緒十年九月三十日、『中法戦争』〈中国近代史資料叢刊続編〉第二冊、四四四~四四五頁、八八八号文書)。

(14) 清朝政府は清仏戦争の海防経費として、英領マラヤ華人から一〇万、シンガポール華人から二〇万(いずれも元か海峡ドルかは不明)を寄付されている(中井英基「中国近現代の官・商関係と華僑企業家――時期区分と企業家類型についての覚書(一)」九八頁)。

(15) その他、張之洞は在米華人の保護についても総理衙門や駐米公使と頻繁に連絡を取り合うなど(一八八五~八六年の間の関係書簡が『中美関係史料 光緒朝』に多く収められている)、積極的に在外華人問題の処理に取り組んでいるが、すでにその概要については先行研究に詳しいため、ここでは繰り返さない(張秉鐸『張之洞評伝』、馮天瑜『張之洞評伝』、馮天瑜・何暁明『張之洞評伝』、黎仁凱・鍾康模『張之洞与近代中国』ほか)。また、香港をめぐる諸問題の処理に資するため、香港駐在の清朝領事の設置にも取り組んでいる(「請催設香港領事摺」光緒十二年二月二十五日〔一八八六年三月三〇日〕、『張文襄公全集』「奏議」巻一五、一四~一七頁)。

(16) 清朝海軍の指揮系統が各省に分散していたことが清朝の海軍力を低下させているとして、海軍の中央一元化を図る動きが以前から存在した(一八六七年の丁日昌、七〇年の曾国藩、七四年の李鴻章・沈葆楨、八二年の何如璋の各上奏、同年の馬建忠の意見書、八三年の海防股の設置など）。清仏戦争では、この指揮系統の分散が清朝の「敗戦」の決定的な原因となったため、李鴻章や左宗棠の上奏に沿って一八八五年一〇月一二日に総理海軍事務衙門（以下、海軍衙門）の設立が決定された。長官にあたる総理海軍事務王大臣には醇親王奕譞（～一八九一年）、次官にあたる会辦海軍事務大臣には慶郡王奕劻（～九一年）と李鴻章（～九五年）、補佐官にあたる幇辦海軍事務大臣には善慶（～八八年）と曾紀沢（～九〇年）がそれぞれ就任した。海軍衙門の成立によって海防事務は統一した管轄下に置かれることになったが、各地方海軍の指揮系統については結局統一することはできず、海軍衙門設立時に優先して整備されることになった北洋海軍は、その後も「李鴻章の海軍」と言われ続けた（王家倹『李鴻章与北洋艦隊——近代中国創建海軍的失敗与教訓』三七一～三七七頁）。しかし、こうした「通説」には異論もある。細見和弘は、海軍衙門の設立によって、それまで李鴻章が独占してきた海防経費がその手から奪われ、それ以後李鴻章の権勢は衰退していったと見ている。また、それ以前の李鴻章の海防経費の使途についても、翁同龢が尚書に就任した戸部から厳しい「部駁」を受けていたことも紹介している（細見和弘「李鴻章と戸部——北洋艦隊の建設過程を中心に」）。

(17)「陸路各軍屡獲大勝、尚能張我軍威。如果水師得力、互相援応、何至処処牽制」（『大清徳宗景皇帝実録』巻二〇七、四頁）。

(18) 左宗棠は同年九月五日に任地の福建で病死しているが、死を前にしてこの上諭に応えた「遺疏」をしたためていた。左宗棠はこの最期の上奏の中で、「海防全政大臣」（あるいは「海部大臣」）を設立して海防事務一切の全権を統轄させ海防を強化するよう求めている（『清末海軍史料』五七～五八頁、この上奏が出された日付は不明）。

(19) 一八八五年七月一三日、両江総督兼南洋大臣であった曾国荃はこの上諭に対して、自らが管轄する南洋水師を拡張することなどを奏請したが、その経費を外債によって賄うとしたため、諭旨によってこの建議は保留とされた（『清末海軍史料』四二～四五頁）。しかし、曾国荃は再度外債による海軍拡張を訴えたため、西太后の怒りを買い、南洋水師の拡張は却下されている（許毅・隆武華「洋務運動与外債」二八七～二八八頁）。

(20)『大清徳宗景皇帝実録』巻二〇七、四～五頁。いわゆる「大治水師」上諭。この上諭に応えて各大官から意見書が朝廷に上奏されたが、西太后はこれを受けて九月三〇日に軍機大臣と総理衙門大臣らに対し、李鴻章とよく協議した上で意見を述べるようにとの「懿旨」を発している。総理衙門はこれに応えて各大官の意見を検討した意見書を上奏した（『清末海軍史料』五八～六六頁）。

(21)「籌議海防要策摺」、『張文襄公全集』「奏議」巻一一、一六～二四頁、および「試造浅水輪船摺」、同二九～三二頁。

(22) 海軍司令部・《近代中国海軍》編輯部編著『近代中国海軍』三八六～三九〇頁、馮天瑜『張之洞評伝』七六～七八頁。

(23) 王家倹『李鴻章与北洋艦隊』三七五頁。

(24) 細見和弘「李鴻章と戸部」。

(25)「勧令僑商捐貲購造護商兵船片」光緒十一年九月初四日（一八八五年一〇月一一日）、『張文襄公全集』「奏議」巻一三、一二～一

三頁、および『清代中国与東南亜各国関係檔案史料彙編』第一冊、一五～一六頁（軍機処檔案・録副奏摺）。この上奏が出された日付について、『清代中国与東南亜各国関係檔案史料彙編』第一冊の編者はその目次において「光緒十一年十月十一日」（一八八五年一一月一七日）と記しているが、この上奏に関する諭旨が同じ日に張蔭桓に対して出されていることから（『清季外交史料』巻六一、三五頁）、この日付はこの上奏に対する張之洞への諭旨が出された日付と考えられ、上奏自体が発出されたのは、『張文襄公全集』に記されている「光緒十一年九月初四日」と見るべきである。

(26)『張文襄公全集』「奏議」巻一三、一～一二頁。この上奏では、①四水師の分轄、②大型鋼鉄艦の購入、③経費の算出、④経費の確保（「洋薬税釐」の導入）、⑤軍艦購入の手付金、⑥軍艦の維持、⑦軍艦の修理、⑧指揮官の養成、⑨造船所、⑩砲台、⑪武器の製造、と張之洞の「大治水師」創建による海防策が述べられている。なかでも注目されるのは①四水師の分轄である。これは海軍の中央一元化の弊害を六点列挙し、統轄は北京の総理衙門が行うが、各水師に設ける海軍提督は各地方の総督・巡撫が管轄するものとした。これは当時北京中央が進めていた海軍の中央一元化の動きに逆行するものであった。

(27)同じ頃駐英公使曾紀沢がイギリスとの間でアヘン税釐併徴条約を締結していた。一八八七年から海関での輸入アヘンの税釐併徴が始まったが、その結果、輸入アヘン税釐は海関の重要な収入源となり、輸入アヘンからの税収が最高となった一八八八年には、海関税収総額の四割を占めるに至った（『中国近代海関税収和分配統計 一八六一―一九一〇』一七頁）。張之洞もアヘン税釐併徴条約の締結を知った上で、「洋薬税釐」を海軍建設費に充てることを企図したのであろう。なお、総理海軍事務王大臣醇親王奕譞の奏請によって一八八八年から「洋薬税釐」の収入の一部を海軍衙門の経費として使用することが決定されている（『近代中国海軍』六〇二頁）。曾紀沢によるアヘン税釐併徴条約の締結については、目黒克彦「曾紀沢の対英外交――「煙台条約続増専条」の締結を中心に」を参照。

(28)『張文襄公全集』「奏議」巻一三、一二頁。

(29)「護商兵船（輪）」という用語は、当時中国の港に駐泊していた西洋諸国の軍艦に対しても使われていた用例がある（一八八六年五月二三日［光緒十二年四月二十日］付総理衙門のアメリカ駐華公使デンビ（Charles Dendy）宛て照会、『美国政府解密檔案（中国関係）中美往来照会集（一八四六―一九三一）』第六冊、四三四～四三五頁）。

(30)「勧令僑商捐貲購造護商兵船片」光緒十一年九月初四日、『張文襄公全集』「奏議」巻一三、一二～一三頁、および『清代中国与東南亜各国関係檔案史料彙編』第一冊、一五～一六頁（軍機処檔案・録副奏摺）。

(31)儒教などの伝統的な中国文化を活用して在外華人を清朝本国に貢献しうる存在にしようとする志向は、在外領事が派遣され始めた頃から見られ、清朝が辛亥革命によって滅亡するまで続いた。たとえば、前章で取り上げた在シンガポール領事の左秉隆は、シンガポールに多くの義塾を開設し、「会賢社」という学芸結社を自らの給料を割いて創設した（陳育崧「中国派遣第一領事左秉隆先生駐新政績」、蔡佩蓉『清季駐新加坡領事之検討（一八七七～一九一一）』）。また、歴代の駐アメリカ・スペイン・ペルー公使たちもアメリカやキューバ在住の華人教化のために「中西学堂」等の儒教教育を行う学校を開設している（駐アメリカ・スペイン・ペルー公使による華人に対する教化活動については、園田節子『南北アメリカ華民と近代中国』第9章を参照）。清朝最末期にも、主に南洋華人の子弟を対象にした国立曁南学堂が南京に開設されている（一九〇七年、欧州からの帰途に東南アジアを経由した両江総督端方の建議による。端方の留学・華僑教育事業については、戴学稷「端方対清末留学教育和華僑教育的貢献」を参照）。

(32)『三洲日記』を参照。

(33)「旨寄張蔭桓着與張之洞預籌護商兵輪勸華僑捐貲購造事宜電」光緒十二年十月十一日、『清季外交史料』巻六一、三五頁。

(34)西洋諸国が条約によって中国の条約港における軍艦停泊権を有し、領事が軍艦の象徴する武力の示威を背景として、外交的な圧力を中国側に加えていたことは「砲艦外交」（gunboat diplomacy）として知られる。イギリスが南京条約によって開港された五港すべてに常時一隻ずつの軍艦を配置するようになったのは一八四六年のことである（坂野正高『近代中国政治外交史』一九六～一九七頁）。

(35)「上黎星使書」『東槎雑著』二～四頁。姚文棟（一八五三～一九二九）は上海県出身で、駐日公使黎庶昌の参賛を務めた後、駐独公使の随員をも務めた。一八九一年には、駐独公使の随員としての任期が切れて帰国する途中、インド・ビルマの諸都市を視察したが、その報告の内容は駐英公使薛福成を通して総理衙門と李鴻章に伝えられた（「咨総理衙門並北洋大臣李鈔送直隷候補道姚文棟禀陳滇邊及緬甸情形」光緒十八年十月二十八日（一八九二年一二月一六日）、『出使公牘』（『庸盦全集』所収）巻二、一五～二一頁）。姚文棟は、インドやビルマ在住の華人について簡単に報告した後、雲南―ビルマ国境地帯の情況を比較的詳細に報告している。なお、姚文棟のインド視察に合わせてインド在住の華人商人はカルカッタに清朝領事を設置するよう清朝政府に求めている（「批印度華商黄琨・熊昭盛等禀請設立加里吉打領事由」光緒十七年四月十三日（一八九一年五月二〇日）、『出使公牘』巻七、一八頁）。

(36)「会籌保護僑商事宜摺」光緒十二年二月二十五日（一八八六年三月三〇日）、『張文襄公全集』「奏議」一五、九頁、および『清代中国与東南亜各国関係檔案史料彙編』第一冊、二五頁（軍機処檔案・録副奏摺）。

(37)「派員周歴南洋各埠籌議保護摺」光緒十三年十月二十四日、『張文襄公全集』「奏議」巻二三、一四頁、および『清代中国与東南亜各国関係檔案史料彙編』第一冊、四七頁（軍機処檔案・録副奏摺）。

(38)「総署奏遵議南洋各埠擬先在小呂宋設立総領事摺」、『清季外交史料』巻七五、一九～二〇頁、および『清代中国与東南亜各国関係檔案史料彙編』第一冊、四九頁（軍機処檔案・録副奏摺）。

(39)「議辦外洋護商兵輪」、「総理各国事務衙門清檔」〇一―〇七―一一―一一―一。

(40)同上（「摘録知府趙爾巽条陳」）。

(41) 同上。
(42) 同上(「光緒十二年五月二十日発遞奏片一件　議覆趙爾巽条陳勧辦外洋護商兵輪由」)。
(43) 『清国行政法』第一巻下、三三頁、『中国近代官制詞典』二四頁など参照。
(44) 『三洲日記』巻一、一頁。光緒帝の実父である醇親王奕譞は、一八八四年の北京政変以後、西太后の信任を得て宮廷内において内政・外政について大きな発言力を有していた(大坪慶之「清仏戦争前夜における清朝中央の外交政策決定過程」、同「光緒帝の親政開始をめぐる清朝中央の政策決定過程」を参照)。
(45) 黎仁凱・鍾康模『張之洞与近代中国』第一章一。
(46) 馮天瑜『張之洞評伝』八四~八五頁。
(47) 何炳棣「張蔭桓事蹟」一九一頁。
(48) 『翁同龢日記』には、張蔭桓の渡米以前に、翁同龢が度々張蔭桓と会い、張が翁に贈り物を贈っていたことなどが記されている(光緒十年九月十八日条、同月廿六日条、光緒十一年十月十八日条)。
(49) 『三洲日記』巻一、一頁。
(50) 「会籌保護僑商事宜摺」、『張文襄公全集』「奏議」巻一五、一〇頁、および『清代中国与東南亜各国関係檔案史料彙編』二六頁(軍機処檔案・録副奏摺)。
(51) 『三洲日記』巻一、二頁。
(52) 同上。
(53) 同上。
(54) 「復張樵野」『曾忠襄公文集』「書札」巻一九、一九頁。
(55) 曾国荃は、南洋における領事設置には種々の困難が伴うとして消極的な姿勢を示し、張之洞の行動を批判的に見ていた(「復張樵野」『曾忠襄公文集』「書札」巻一九、一九頁)。この書簡については、第4章第三節でも詳しく見る。
(56) 鍾徳祥(一八三五~一九〇五)、字は西耘、号は愚公、広西省宣和県の人、光緒二年の進士。翰林院庶常館を経て編修を授けられ、一八九四年に江南道監察御史となるが、翌年罷免されている。詳しい経歴は『鍾徳祥集』「前言」を参照。
(57) 「翰林院代呈編修鍾徳祥辦団開礦以固疆圉摺」光緒十一年十二月十四日、『中法戦争』〈中国近代史資料叢刊続編〉第二冊、七七四~七七八頁、および『清代中国与東南亜各国関係檔案史料彙編』第一冊、一六~二一頁(軍機処檔案・録副奏摺)。
(58) 馮天瑜『張之洞評伝』九一頁。Wickberg, *The Chinese in Philippine Life 1850–1898*, Yen, *Coolies and Mandarins*, 荘国土『中国封建政府的華僑政策』などは鍾徳祥の意見書自体に触れていない。

(59)「清醇親王奕譞信函選」三七頁（「鍾疏多実践之言、団礦両事似宜請飭粤督切実議覆。小呂宋一節、是否可以入於前此交張督・張使会商事件之内、請公酌之。訳署似亦当与聞也。所称見一事即辦一事各語、的是確論。中国往往悞事、多因無事時不尽心、致有事時難収効。此摺似宜抄交粤督閲看」）。醇親王はフィリピン華人やフィリピンにおける領事設置について強い関心を抱いていたようで、出使後にスペイン政府と交渉した結果について張蔭桓は直接醇親王に書簡で報告している（「張蔭桓出使時陳述応於南洋群島等埠設領事以保護華僑及英政府作梗等情稟啓」〔残欠、日付未詳〕、「醇親王府檔案」一二四、本書第4章註(35)に全文収録したので、参照されたい）。また、醇親王は日本の台湾出兵後に起こった海防論議の際に提出された王凱泰と李宗羲の南洋領事設置論にも関心を示していた（光緒元年二月二十七日醇親王奕譞奏摺、『洋務運動』第一冊、一一六頁、箱田恵子『外交官の誕生』五九頁も参照）。

(60)『大清徳宗景皇帝実録』巻二二一、一四頁。この上諭は軍機大臣を経て張之洞に送付されている（「会籌保護僑商事宜摺」、『張文襄公全集』「奏議」巻一五、七頁、および『清代中国与東南亜各国関係檔案史料彙編』第一冊、二四頁〔軍機処檔案・録副奏摺〕）。

(61)「会籌保護僑商事宜摺」光緒十二年二月二十五日、『張文襄公全集』「奏議」巻一五、七～一四頁、および『清代中国与東南亜各国関係檔案史料彙編』第一冊、二四～二九頁（軍機処檔案・録副奏摺）。しかし、先にも述べたように、張之洞は「護商」艦隊創設構想を撤回したわけではなく、三月三〇日の共同上奏においても、翌八七年一二月八日の単独上奏においても、領事収入の余剰分を「護商」艦隊の建造費・維持費に充てるよう主張し続けている。ただ、上奏の重点は「護商」艦隊の創設から南洋領事の拡大に移ったといえよう。

(62)「奏派察看南洋各埠華民商務王栄和余瓗稟」『駐徳使館檔案鈔』六六六頁。

(63)「会籌保護僑商事宜摺」光緒十二年二月二十五日、『張文襄公全集』「奏議」巻一五、一三～一四頁。調査対象地にはベトナム南部のサイゴンが含まれていたが（同、一三頁）、ベトナム南部を直轄支配していたフランスが交渉相手国として挙げられていない。これは、清仏戦争当時対仏主戦派であった張之洞が、フランスのベトナム支配を認めがたかったことを反映しているのかもしれないが、委細は不明である。

(64)「致総署」光緒十二年四月十八日、『張文襄公全集』「電牘」巻五、二七頁。

(65)当時、許景澄はドイツ・オランダ・フランス・イタリア・オーストリア・ベルギー駐在の公使を兼任していた。

(66)「訳署致劉使許使」光緒十二年三月三十日亥刻到、『李鴻章全集』（二）電稿一、六六四頁。

(67)外交上の交渉については交渉当事国双方の外交史料等を詳細に検討しなければ実際の交渉の過程や内容を明らかにすることはできない。本書は清朝側の史料と若干の英文史料に依拠しているのみであるため、そこに記載されている交渉の過程や内容が実際に行われたものであるかどうかについてはなお検討を要する。

(68)フランスに対しては、駐仏公使を兼任していた許景澄（駐独公使）によって一八八六年五月五日付で調査委員の受け入れを求める照会がフランス外相宛てに出されているが（フランス外務省文書館所蔵の Affaires divers politiques, Chine (1815–1896) Chine, 6 (1886) に照会の原本が保存されている）、フランス側は特に異議を唱えることなく受け入れを許可している（「致総署」光緒十二年五月二十四日〔一八八六年六月二五日〕、『張文襄公全集』「電牘」巻五、三〇頁）。フランスとの交渉の内容は史料が見当たらないためその詳細はわからない。結局、調査委員は第一次派遣ではフランス領への訪問は行わず、第二次派遣時にサイゴン・ショロン・ハイフォン・ハノイ等のフランス領の各地を訪問し、現地のフランス当局からも妨害を受けることはなかったという（『三洲日記』巻六、四六～四八頁）。

（69）「使英劉瑞芬致総署各島華民捐貲不宜告知外部電」光緒十二年四月初三日、『清季外交史料』巻六六、一四頁、および「劉使寄訳署」光緒十二年四月初三日未刻到、『李鴻章全集』（一）電稿一、六六七頁。

（70）許景澄は五月四日にすでにオランダ外務省に調査委員の派遣を通知していた（「照録致和外部函」『駐徳使館檔案鈔』六五五～六五六頁）。

（71）「総署致劉瑞芬査島民為設領事計目前未可宣露電」光緒十二年四月初四日、『清季外交史料』巻六六、一四頁、および「訳署致劉使」光緒十二年四月初四日申刻到、『李鴻章全集』（一）電稿一、六六七頁。

（72）“Chinese Immigration”, 1888, Victoria, part I, pp. 3-4, The Secretary of State for the Colonies to the Governor of Victoria, 25 May, 1886, Sub-Enclosure ; 11 May,1886, FO17/1703.

（73）同上。

（74）林孝勝「清朝駐星領事与海峡殖民地政府間的糾紛（一八七七―九四）」二六頁。華民護衛司は、一八七七年にイギリスの海峡植民地当局が契約移民の保護と会党の取り締まりのために設置した華民護衛署（Chinese Protectorate）の長官で、ピカリングはその初代長官であった（在任一八七七～八八年）。

（75）“Memorandum of the China Protector regarding the Chinese commission of Enquiry”, CO140 (conf)（林孝勝「清朝駐星領事与海峡殖民地政府間的糾紛（一八七七―九四）」二六頁を参照）. イギリス政府は華人が清朝に対し寄付を行うこと自体は認めていた。問題となったのは清朝の領事が現地の華人に圧力をかけて組織的に寄付を強要しているのではないかということであった（同、二四頁）。

（76）林孝勝「清朝駐星領事与海峡殖民地政府間的糾紛（一八七七―九四）」二六頁。

（77）“Memorandum of the China Protector regarding the Chinese commission of Enquiry”, CO140 (conf)（林孝勝「清朝駐星領事与海峡殖民地政府間的糾紛（一八七七―九四）」二六頁を参照)。左秉隆は、初代在シンガポール領事の胡璇沢が一八八〇年に死去したことを受けて清朝から派遣された官員の在シンガポール領事であり、シンガポールにおいて華人の保護や教化に精力的に取り組んでいた（在任一八八一～九一年）。左秉隆の領事活動については、陳育崧「中国派遣第一領事左秉隆先生駐新政績」、蔡佩蓉『清季駐新加坡

領事之探討（一八七七—一九一一）」を参照。

(78) "Memorandum of the China Protector regarding the Chinese commission of Enquiry", CO140 (conf)（林孝勝「清朝駐星領事与海峡殖民地政府間的糾紛（一八七七—九四）」二六頁を参照）.

(79) 同上。

(80) 第三次グラッドストーン内閣（一八八六年二月一日〜七月二〇日）。グラッドストーン首相は、清朝の調査委員の訪問について、清朝からの使節を丁重に扱うよう関係機関に特に指示を出していた（"Chinese Immigration", 1888, Victoria, part I, p. 4, Enclosure No. 2 ; 9 Jul., 1886, FO17/1703）。

(81)「船牌」とは、在シンガポール領事が商船を所有している現地の華人商人に発給していた船舶登録証のことで、登録料として毎トン洋銀四分半を徴収していた。

(82) Letter of FO to CO, June 14, 1882, CO118/FO（林孝勝「清朝駐星領事与海峡殖民地政府間的糾紛（一八七七—九四）」二二頁を参照）.

(83)『駐徳使館檔案鈔』第二冊、六五五〜六五六頁。袁丁はこのオランダとの交渉について、特に国籍問題を中心に詳しく論じている（袁丁『晩清僑務与中外交渉』八五〜九一頁）。

(84)「照訳和外部覆函」光緒十二年四月二十九日（一八八六年六月一日）、『駐徳使館檔案鈔』第二冊、六五六〜六五七頁。『中法越南交渉檔』第六冊、三五四八〜三五四九頁にも同文が収録されている。

(85) 吉田信「オランダ植民地統治と法の支配——統治法１０９条による「ヨーロッパ人」と「原住民」の創出」を参照。また、オランダは、市民権を享受する「オランダ国民」の要件を規定するため一八五〇年に国籍法を制定していた。しかし、その際オランダ政府は、一八三八年に制定された民法典では認めていた「植民地」に定住する両親から生まれた子に対する国籍規定を否定する方針を採っていた（吉田信「オランダ国民の形成——一八五〇年国籍法の検討を通して」）。

(86) 袁丁『晩清僑務与中外交渉』八八頁。

(87) オランダ領東インド在住華人の帰属問題については、Yen, *Coolies and Mandarins*, pp. 185–203, 岩隈博ほか『蘭領印度に於ける華僑』第三章第五節、小林新作『支那民族の海外発展 華僑の研究』第一六章、黄警頑『華僑問題と世界』第九章、袁丁『晩清僑務与中外交渉』第三章ほかを参照。また、領事設置問題との関連については、箱田恵子『外交官の誕生』補論も参照。

(88) 第二次世界大戦後のマラヤ・シンガポールを中心とする東南アジア華人の国籍問題については、田中恭子『国家と移民——東南アジア華人世界の変容』第二章を参照。

(89) 一八八五〜八七年にかけて清朝政府内では西洋諸国や日本の実情を調査するため「遊歴官」を派遣することが検討されていたが、

この同時期の「遊歴官」派遣の検討が、南洋華人調査の名目を「遊歴」としてオランダと交渉するという案を想起させたのかもしれない。一八八〇年代末における「遊歴官」の派遣については、佐々木揚『清末中国における日本観と西洋観』第三章、王暁秋・楊紀国『晩清中国人走向世界的一次盛挙――一八八七年海外游歴使研究』に詳しい。

(90) 光緒十二年五月初一日付電報、『許文粛公遺集』「電報」二頁。『清季外交史料』巻六七、一六頁にも同文(「使法許景澄致総署和蘭外部不准華員訪査属島電」六月初二日)が収録されているが日付は誤りである。

(91) 「致総理衙門総辦函」光緒十二年五月、『許文粛公遺稿』「函牘」巻一、二四頁。

(92) 「致総署」光緒十二年五月二十四日発、『張文襄公全集』「電牘」巻五、三〇頁。「粤督張之洞致総署和蘭反対査島請電許使商洽電」光緒十二年五月二十五日、『清季外交史料』巻六七、一二～一三頁も同文であるが、一カ所出入りがある。丸括弧内は『清季外交史料』による。

(93) 「総署致許景澄査島事英法已允和蘭不応阻電」光緒十二年五月二十五日、『清季外交史料』巻六七、一二頁。

(94) 光緒十二年五月二十六日付電報、『許文粛公遺稿』「電報」二頁。

(95) 「照録致和外部函」光緒十二年六月初一日、『駐徳使館檔案鈔』第二冊、六五七～六五九頁。

(96) 華人の帰属問題については、同年八月二五日になって、許景澄がオランダ外務省に照会文を送って清朝側の主張を伝えている。許景澄はそのなかで、華人の男性と現地の婦人との間に生まれた子はヨーロッパの通例からいっても父方の籍つまり清朝に属するものであり、清朝とアメリカとの条約(バーリンゲーム条約、一八六八年)の第六条(「中国人在美国者、亦不得因有此条、即特作為美国人民」)から見ても、中国人が外国に居住しているからといって即時に外国籍になるわけではないとして、オランダ領東インド在住の華人は清朝に帰属すると主張した(「致和外部函稿」丙戌七月廿六日、『駐徳使館檔案鈔』第二冊、六六一～六六二頁)。これに対しオランダ外務省は、九月一九日、在住華人はオランダの法律を守りオランダ官吏の管轄に帰しオランダが分け隔てなく保護しているとして、これらの華人はオランダに帰属すると回答した(「照訳和外部覆函」光緒十二年十一月初四日、同、六六二～六六四頁)。オランダ外務省からの照会に接した許景澄は、華人がオランダの法律を守りオランダ官吏の管轄に帰しているとしても、それによって直ちに華人がオランダの民であると見なすことは各国の通例と異なるもので認められないと、オランダ外務省に対し反論した(「照録覆和外部函稿」、同、六六四～六六五頁)。こうした清朝側の主張にオランダ側は反論することができなかった。

(97) 「粤督張之洞致枢垣査島事請催許景澄速与和蘭商妥電」光緒十二年八月(六月の誤り)初七日、『清季外交史料』巻六七、二〇頁。

(98) 「総署来電」光緒十二年六月初八日酉刻到、『張文襄公全集』「電牘」巻五、三一頁。

(99) 「照録致和外部函」光緒十二年六月初九日、『駐徳使館檔案鈔』六五九頁。

(100) 「照録致和外部函」光緒十二年六月十六日、『駐徳使館檔案鈔』六六〇～六六一頁。このオランダの入境許可について、岩隈博ほか『蘭領印度に於ける華僑』は次のように記述している。「一八八七年、清朝は通商関係を調査する委員を派遣した。之に対し清朝はあらかじめヘーグの外交機関を通じて使節を派遣する許可を得た。蘭印政府は友好国の旅行者として委員会の委員を迎へた」（一一二頁）。

(101) 光緒十二年六月十六日電報、『許文粛公遺稿』「電報」二頁。

(102) 「又」光緒十二年六月十九日亥刻到、『張文襄公全集』「電牘」巻五、三一頁。

(103) 岩隈博ほか『蘭領印度に於ける華僑』一〇四～一一一頁を参照。

(104) 『三洲日記』巻一、三〇頁、光緒十二年四月十六日条。延齢は張蔭桓のアメリカ赴任に同行した公使の随員で、「礼部郎中候選知府二等軽車都尉」の官名を有していた（『三洲日記』巻一、三頁）。

(105) 『三洲日記』巻一、四五頁、光緒十二年五月十六日条。

(106) そのため、後述するように、通知を受けていないスペインの北京駐在公使は「（調査委員のフィリピン訪問を知らせる）公文がないのはどういうことか」と李鴻章に詰問したのであろう。

(107) 「致総署」光緒十二年七月初三日発、『張文襄公全集』「電奏」巻三、二二頁、および「粤督張之洞致総署小呂宋華人被害請電張蔭桓設法保護電（附旨）」光緒十二年七月初九日（一八八六年八月八日）、『清季外交史料』巻六八、六頁。

(108) 「致天津李中堂」光緒十二年十月十三日（一八八六年一一月八日）発、『張文襄公全集』「電牘」巻六、一七頁、および「粤督張来電」光緒十二年十月十四日（一八八六年一一月九日）未刻到、『李文忠公全集』「電稿」巻七、四八～四九頁。

(109) 「寄粤督張香帥」光緒十二年十月十一日（一八八六年一一月六日）未刻、『李文忠公全集』「電稿」巻七、四八頁。

(110) 同上。

(111) 一八六四年に締結されたスペインとの条約（和好貿易条約）の第四七条には、スペイン政府はフィリピン在住の華人商人に最恵国待遇を与えることが規定されていた（『中外旧約章彙編』第一冊、二二五頁）。

(112) 「致天津李中堂」光緒十二年十月十三日発、『張文襄公全集』「電牘」巻六、一七頁、および「粤督張来電」光緒十二年十月十四日未刻到、『李文忠公全集』「電稿」巻七、四八～四九頁。

(113) 『三洲日記』巻二、一八頁、光緒十二年九月初十日条。この間、調査委員からは報告を受けていた（同、巻一、六五頁、光緒十二年七月初四日〔一八八六年八月三日〕条、および同巻二、一八頁、光緒十二年九月初十日〔一八八六年一〇月七日〕条）。また、許景澄や曾紀沢からはしばしば南洋領事の設置に対する慎重意見を記した書簡を受け取っていた（同、巻一、四六頁、光緒十二年五月二十日条、および同、五四頁、同年六月初七日条ほか）。張蔭桓は、張之洞と共同で南洋華人調査の実施と南洋領事の増設を提議する上奏を提出したが、必ずしも両者が同じ意見であったわけではなく、当初から両者の意見は異なっていたようである。たとえば、南洋華人の問題について張之洞と協議するために広東入りした張蔭桓は、その前日に、張之洞が主張する南洋華人保護論は実現の可能性が低いことを李鴻章に伝えていた（「張欽使来電」光緒十一年十二月初三日〔一八八六年一月七日〕申刻到、『李鴻章全集』（二）電稿一、六〇三頁）。また、調査委員の派遣後に上奏された張之洞の在南洋領事増設建議についても、極めて否定的に見ていた（『三洲日記』巻五、八三～八四頁、光緒十四年三月二十五日〔一八八八年五月四日〕条）。そもそも、張之洞と張蔭桓が南洋華人問題について共同上奏を行ったのは、鍾徳祥の意見書に対する上諭によって指示されたからであり、もとより両者が〝意気投合〟してこの問題に取り組んでいたわけではなかったことは、注意しておく必要があろう。以上、張之洞の在南洋領事増設案に対する清朝政府の他の主要な対外交渉を担う官僚の態度や反応については、第4章において詳述する。

（114）『三洲日記』巻二、三七頁、光緒十二年十一月初五日条。

（115）しかし、それは必ずしも「中国と西洋の対立」という単純な二項対立の枠組みで論じられるものではないであろう。なぜなら、清朝側の在外華人や領事に対する認識にも様々なものがあったように、西洋側のそれにもある程度のばらつきが見られたからである。政治・経済等社会の様々な方面において、いわば「内外未分化」の状態にあった清末の中国では、中国と西洋の枠を超えヒトとモノとが複雑に絡み合っていた。それらを一つ一つ解きほぐしていくことが、清末中国の諸相を個別に把握するには不可避の作業であり、外交認識をめぐる問題もそうした作業を欠いては正確に把握することはできない。なお、清末における西洋的国家主権の受容過程については、アロー戦争後から二〇世紀初頭までの比較的長いスパンを取って、その中身を詳細に分析していく必要がある。一八六〇年代～七〇年代の条約論研究には、坂野正高「同治年間の条約論議」（同『近代中国外交史研究』所収）、Mary Clabaugh Wright, *The Last Stand of Chinese Conservatism: the T'ung-chih Restoration, 1862–1874*, Hsü, *China's Entrance into the Family of Nations* があり、これらの研究も踏まえ、一八六〇年代～七〇年代末までの清朝側の不平等条約認識の深まりについて、税権と法権の問題を中心に論じたのが、鈴木智夫「不平等条約と洋務派」（同『洋務運動の研究』第五編第一章）である。また、鈴木の研究成果によりながら、清末における領事裁判権を含めた国家主権認識全般の変遷過程について論じたものに、林学忠「日清戦争後の清朝の国家主権に対する認識と態度——『万国公法』をめぐる一考察」がある。そのほか、思想の変遷過程に軸を置いた王爾敏「晩清外交思想的形成」（同『晩清政治思想史論』所収）や、新中国の成立に至るまでの不平等条約改正史の前段階として清末の国家主権認識の問題についても整理した李育民『中国廃約史』第一編などがある。

第3章　南洋華人調査の実施

（1）Wickberg, *The Chinese in Philippine Life 1850–1898*, 余定邦・喩常森等『近代中国与東南亜関係史』第二二章（余定邦執筆）、荘国土『中国封建政府的華僑政策』。ウィックバーグは、調査委員の派遣過程を清朝側・スペイン側双方の史料を使用して詳細に検討しているが、問題がスペイン領フィリピンに限られている。余定邦は、オランダ領東インドにおける調査結果についても記述が及んでいるが、第二次派遣が実施された事実をつかんでいない。また、第一次派遣の調査結果を受けた張之洞による南洋領事増設計画とそれに対する総理衙門の慎重論についても検討を行っているが、そのような違いが生じた原因や背景については、ただ清朝政府内における政治的な対立や利害の対立を挙げ、積極論と消極論の対立という枠組みで検討しているのみである。荘国土は、「王と余の報告は清朝で最初の南洋華僑に対する詳細な報告であった」とその意義を評価するが（同『中国封建政府的華僑政策』二四五頁）、具体的な調査内容やその意義については検討を行っていない。

（2）余定邦・喩常森等『近代中国与東南亜関係史』四七五頁。この余定邦の論考は、南洋華人調査について第一次派遣後の張之洞の上奏や張蔭桓の『三洲日記』中の関連記事をほとんど原文のまま引用するのみで、その過程と調査結果について様々な資料によって跡づけることをせず、またその内容や意義についても検討を行っていない。

（3）余定邦・喩常森等『近代中国与東南亜関係史』四七五頁。

（4）なお、この調査委員の派遣以前にも、李鴻章の指示により一八七九〜八〇年にかけて、輪船招商局が張鴻禄をシンガポール・ジャワ島の各都市・シャムなどに派遣して調査を行っているが、これは主に招商局による航路や分局の開設と現地華商に対する投資促進に関する予備調査が中心であった。李鴻章は調査と同時に温宗彦を派遣して南洋各地で招商局株購入の募集を行い、一定の成果を上げたという（『招商局史（近代部分）』五〇〜五一、五九〜六一頁を参照）。また、一八七九年当時輪船招商局総辦であった唐廷枢は、在シンガポール領事の胡璇沢にも株購入の募集業務を担わせようとしていたという（汪敬虞『唐廷枢研究』一九八頁）。ただ、この招商局による調査とその調査結果が、上奏などを通して広く政府内外に共有されることはなかった。しかし、この招商局による南洋調査も、その六年後に実施された王栄和らによる南洋調査とあわせて、後の薛福成による重商主義政策の提言や清末（光緒）新政期の産業振興政策などにおいて南洋華人の通商上の有益性が指摘・活用される先駆けとなるものであったにもかかわらず、その具体的な活動内容についてはいまだ詳しく検討されておらず、今後の課題となろう。

（5）「会籌保護僑商事宜摺」光緒十二年二月二十五日（一八八六年三月三〇日）、『張文襄公全集』「奏議」巻一五、一二頁、および『清代中国与東南亜各国関係檔案史料彙編』第一冊、二四〜二九頁（軍機処檔案・録副奏摺）。以下、誤植等指摘すべき問題がある箇所を除いては、『清代中国与東南亜各国関係檔案史料彙編』からの出典は省略する。

（6）「記中国出洋委員問答」『申報』一八八六年一〇月二八日。この記事はシンガポールの華字新聞『叻報』からの転載であるが、一八八七年八月一八日以前の『叻報』は現存しておらず（シンガポール国立大学図書館）、『申報』の転載記事がかえって貴重な史料となっている。

（7）「致総署」光緒十二年七月初三日発、『張文襄公全集』「電奏」巻三、二二頁、および「粤督張之洞致総署小呂宋華人被害請電張蔭桓設法保護電（附旨）」光緒十二年七月初九日（一八八六年八月八日）、『清季外交史料』巻六八、六頁。

(8)「寄訳署」光緒十二年七月初八日（一八八六年八月七日）辰刻、『李文忠公全集』「電稿」巻七、三〇頁。

(9)「寄粤督並駐美張使」光緒十二年七月初九日（一八八六年八月八日）申刻、『李鴻章全集』（一）電稿一、六九五頁、および「李中堂来電」光緒十二年七月初九日亥刻到、『張文襄公全集』「電奏」巻三、二二頁。

(10)『三洲日記』巻五、四七頁、光緒十四年正月初九日（一八八八年二月二〇日）条。

(11)「会籌保護僑商事宜摺」光緒十二年二月二十五日、『張文襄公全集』「奏議」巻一五、一三頁。

(12)『日本国志』黄遵憲「自叙」（光緒十三年五月）。

(13)王栄和が代表に選ばれた経緯については、次のように推測する研究者もいる。「一八八四～一八八五年の清仏戦争の間、彼〔王栄和〕は北京からトンキンの国境までの電報線架設の任務を実行し、その時から中国政府は彼の外交能力を利用していた。そのため、上述の使節〔南洋華人調査〕問題が提議された時、すぐに彼がそれを率いるために選ばれたのである」（Wang Sing-wu, *The Organization of Chinese Emigration 1848–1888 with Special Reference to Chinese Emigration to Australia*, p. 288）。

(14)王栄和の経歴については、波多野善大『中国近代工業史の研究』二三二～二三四頁、Wang, *The Organization of Chinese Emigration 1848–1888 with Special Reference to Chinese Emigration to Australia*, p. 288,『華僑・華人事典』の「王栄和」の項（可児弘明執筆）が若干の紹介を行っている。

(15)「王余両委員抵新金山詳述」『申報』一八八七年六月二七日。

(16)『晩清海外筆記選』四九～五〇頁、所収。『檳榔嶼志略』は力鈞がペナン滞在中の三カ月の間に執筆し、福建に戻った後に刊行されたものという（『晩清海外筆記選』四九頁）。北京大学図書館には稿本『檳榔嶼志略残稿』（六冊）が所蔵されており、推敲の跡を読み取ることができる。

(17)『晩清海外筆記選』五〇頁。前註の稿本所収の「王栄和事略」の「一稿」には、この続きとして「南洋の不幸である。いや、ただ南洋の不幸というだけではとどまらない」と記されているが、「二稿」では削られ、王栄和の事績に関する記述が増えている。

(18)「会籌保護僑商事宜摺」光緒十二年二月二十五日、『張文襄公全集』「奏議」巻一五、一二頁。

(19)*The Straits Times*, 15 Nov., 1886には「イギリス臣民」（British born subject）として生まれたと紹介されている。

(20)「王余両委員抵新金山詳述」『申報』一八八七年六月二七日。

(21)Wang, *The Organization of Chinese Emigration 1848–1888 with Special Reference to Chinese Emigration to Australia*, p. 288. *The Straits Times*, 15 Nov., 1886には、ペナン無償学校（Penang Free School）で教育を受けたと記されている。ペナン無償学校は、一八一六年にハッチング（H. S. Hutchings）牧師によって全人種の子弟に教育門戸を開いて設立された学校である（『世界教育史大系8　イギリ

ス教育史2』一〇〇頁）。
(22)「王余両委員抵新金山詳述」『申報』一八八七年六月二七日。
(23) 呉方正「上海格致書院与「博覧会」的経験」一〇頁、一三頁。当時の上海道台は馮焌光である（在任一八七四〜七七年）。孫邦華「傅蘭雅与上海格致書院」一二五頁では、「上海江海関道翻訳」であったとする。
(24) 中国電報局は一八八〇年に李鴻章の命により設置され、天津に総局、済寧・蘇州・上海等七カ所に分局が設置された。一八八二年四月から盛宣懐を総辦とする官督商辦組織に切り替えられ、民間から八〇万元の出資を募集した（それ以前は淮軍経費より支弁）。その際、民間から出資に応じた鄭観応・経元善・王栄和・謝家福の四人が電報局の総董となった（波多野善大『中国近代工業史の研究』二二一〜二二四頁）。
(25) 両広電報局は、広州と広東省の海岸地帯の諸要地および広西省の龍州を連絡する電報線を管理する官設の電報局であった。
(26)「致天津盛道台」光緒十年八月二十五日（一八八四年一〇月一三日）未刻発（『張文襄公全集』「電牘」巻一、一〇頁）、「致天津盛道台」光緒十年八月二十九日（一八八四年一〇月一七日）戌刻発（同、一二頁）、「展設欽廉雷瓊電線片」光緒十一年五月二十五日（一八八五年七月七日）（『張文襄公全集』「奏議」巻一一、二八〜二九頁）。
(27)「会籌保護僑商事宜摺」光緒十二年二月二十五日、『張文襄公全集』「奏議」巻一五、一二頁、および「記中国出洋委員問答」『申報』一八八六年一〇月二八日。ただ、派遣先のオーストラリアでは、現地華人に対して「欽派査看南洋各埠華民商務提督銜記名総鎮」と名乗っているが（本書九六頁の図3-2を参照）、その根拠は定かではない。なお、「欽派」としているのは、張之洞らの上奏が裁可されたことを踏まえ、皇帝の命によって派遣されていることを表しているが、南洋華人も含め特に〝対外〟的に誇示したものであろう。
(28)「李鴻章片」光緒十二年六月初三日、「軍機処録副奏摺・洋務運動檔案」（中国第一歴史檔案館所蔵、〇三―一六八―〇五）四「郵電」巻九四三六―四六。
(29)「会籌保護僑商事宜摺」光緒十二年二月二十五日、『張文襄公全集』「奏議」巻一五、一二頁。
(30)『広東近現代人物詞典』二二二頁。
(31) 在長崎領事時代の余瓗については、町田三郎「初代長崎領事余瓗とその書翰」を参照。町田によれば、余瓗は陽明学を修めていたという。
(32) 当時の極東情勢は朝鮮半島を中心にロシアの南下、英仏の介入、清朝の朝鮮に対する宗主権の強化、日本の朝鮮「独立」運動への支援、壬午事変、甲申事変など緊迫した情況が続いていた。この間の余瓗の発言については『輶軒抗議』（光緒二十年）を参照。
(33)「会籌保護僑商事宜摺」光緒十二年二月二十五日、『張文襄公全集』「奏議」巻一五、一二頁。なお、王栄和と同様に、派遣先のオーストラリア華人に対しては「欽派査看南洋各埠華民商務総領事」と名乗っていた（本書九六頁の図3-2を参照）。図3-2が書かれたのは、一八八七年七月一日（光緒十三年五月十一日）のことであり、ここに「総領事」とあるのは、これより少し前の六月初めの時点で、最優先に設置される計画だった在マニラ総領事に余瓗を任命することを張之洞が決めていたためだと思われる（『三洲日記』巻四、一〇頁、光緒十三年閏四月十一日〔一八八六年六月二日〕条）。むろんこの時はまだ正式に任命されていなかったのだから、勇み足であったと言うべきで、実際には余瓗が「総領事」と名乗った時には、張之洞はすでに総領事候補を余瓗から王栄和に変更したことを、マドリードで在マニラ総領事の設置についてスペイン政府と交渉中だった張蔭桓に電報で伝えていた（同、二四頁、同月二十九日〔六月二〇日〕条）。そもそも領事の任免権は在外公使にあったが、一連の計画が張之洞によって始められたこともあり、在マニラ総領事の選任は当初、張之洞によって行われようとしていた（本書第4章、一二六頁を参照）。

(34)『広東近現代人物詞典』二二二頁。

(35)「会籌保護僑商事宜摺」光緒十二年二月二十五日、『張文襄公全集』「奏議」巻一五、一二頁。

(36)「記中国出洋委員問答」『申報』一八八六年一〇月二八日、および「王余両委員抵新金山詳述」『申報』一八八七年六月二七日。金国楨の字号は、「王余両委員抵新金山詳述」では「厚卿」となっている。

(37)「王余両委員抵新金山詳述」『申報』一八八七年六月二七日。

(38)「致総署」光緒十二年七月初三日発、『張文襄公全集』「電奏」巻三、二二頁、および「粤督張之洞致総署小呂宋華人被害請電張蔭桓設法保護電（附旨）」光緒十二年七月初九日（一八八六年八月八日）、『清季外交史料』巻六八、六頁。

(39)「寄訳署」光緒十二年七月初八日辰刻、『李文忠公全集』「電稿」巻七、三〇頁。

(40)「寄粤督並駐美張使」光緒十二年七月初九日申刻、『李鴻章全集』（一）電稿一、六九五頁、および「李中堂来電」光緒十二年七月初九日亥刻到、『張文襄公全集』「電奏」巻三、二二頁。

(41)同上。

(42)「寄訳署」光緒十二年七月十一日午刻、『李鴻章全集』（一）電稿一、六九六頁、および「直督李鴻章致総署抄張蔭桓称小呂宋設領事無専約電」光緒十二年七月十一日、『清季外交史料』巻六八、七頁。

(43)『三洲日記』巻四、九八頁、光緒十三年九月初八日（一八八七年一〇月二四日）条。

(44)ここで、一八八六年八月初旬当時の清朝海軍の保有艦船と活動状況を確認しておきたい。北洋水師（海軍）の保有主力艦は、定遠（排水量七三三五トン、鉄甲艦）、鎮遠（同上）、済遠（同二三〇〇トン、巡洋艦）、超勇（同一三五〇トン、巡洋艦）、揚威（同上）、威遠（同一三五八トン、練習艦）の六隻であり、六隻とも一八八六年七~八月にかけて、朝鮮の釜山・元山やウラジオストク、長崎に派遣されていた。これは、当時、朝鮮がロシアに対して非常時における保護を求める密約を結ぼうとしていたといういわゆる第二次朝露密約事件が発生し、対露関係が緊張していたことに清朝側が対応したものであった。また、長崎寄港中の八月一三日には、北洋海軍水兵と長崎県警巡査との衝突事件（いわゆる長崎事件）が起こり、日清間にも軍事的緊張が発生するが、この時には、軍艦派遣論議はすでに決着していた。南洋水師（海軍）の保有主力艦は、鏡清（排水量二二〇〇トン、巡洋艦）、開済（同上）、南瑞（同一九〇五トン、巡洋艦）、南琛（同上）、保民（同一四七七トン、巡洋艦）、威靖（同一〇〇〇トン、木造砲艦）、登瀛州（同一二五八トン、木造砲艦）の七隻であり、このうち、南瑞、南琛、開済、保民の四隻は、李鴻章が述べたとおり、朝鮮への派遣が計画され、八月二〇日に上海を出港して仁川に向かっている。威靖と登瀛州は、揚武よりも小さく、しかも木造艦であったため、「観瞻を壮んにする」軍艦としては対象外であったろう。残る鏡清は、前年一二月二三日に福州船政局において進水したばかりの巡洋艦で、船政大臣裴蔭森が同艦を試験航行のため南京へ向かわせることを上奏し、それが許可されたのは八月一一日のことであった（『光緒朝東華録』光緒十二年七月癸卯条、総二一三三頁）。当時の南洋水師は、海軍衙門および北洋水師に従属する位置にあり（機構上は海軍衙門に従属する位置にあったが、実質的には北洋水師が南洋水師よりも上位と見なされていた）、南洋大臣曾国荃による南洋水師拡張計画の挫折後は、次第に北洋に指揮権を奪われる傾向にあった（海軍司令部・《近代中国海軍》編輯部編著『近代中国海軍』三八二頁）。醇親王奕譞が観閲した同年五月の北洋水師の演習の際には、南洋水師から参加した南瑞、南琛、開済、保民の四隻も北洋水師の統轄下に置かれていた（同上）。ちなみに、福建水師（海軍）は、清仏戦争の際に主力艦がすべて破壊されていた。復興第一号となる龍威の建造が開始されたのは一八八七年のことであり、八六年当時、福建水師は海軍としての体をなしていなかった。

(45)　第一次派遣終了後に張之洞が上奏した調査報告による（「派員周歴南洋各埠籌議保護摺」光緒十三年十月二十四日〔一八八七年一二月八日〕、『張文襄公全集』「奏議」巻二三、九頁）。しかし、駐オランダ公使許景澄や駐アメリカ・スペイン・ペルー公使張蔭桓に対する王栄和・余瓗らの報告では、八月二五日に香港から出航したことになっている（「奏派察看南洋各埠華民商務王栄和余瓗稟」、『駐徳使館檔案鈔』第二冊、六六八頁、『三洲日記』巻二、一八頁、光緒十二年九月初十日〔一八八六年一〇月七日〕条）。

(46)　「会籌保護僑商事宜摺」光緒十二年二月二十五日、『張文襄公全集』「奏議」巻一五、一二〜一三頁。具体的には、フィリピンとその周辺のスールー等の三島、シンガポール、マラッカ、ペナン島、ラングーン、ペラ、メルボルン、シドニー、バタビア、スラバヤ、スマラン、サバ、シャム、サイゴン等を挙げている。

(47)　『三洲日記』巻四、一九頁。しかし、サバは第二次派遣時に訪問している。

(48)　「奏派査訪南洋各埠華人商務王栄和・余瓗」、『駐徳使館檔案鈔』第二冊、六八九頁。

(49)　『三洲日記』巻四、一九頁、光緒十三年閏四月二十四日（一八八七年六月一四日）条。同年五月に王栄和らはすでにシドニーに到着している。

(50) 同上。
(51) 「続査未歴各埠片」光緒十三年十月二十四日（一八八七年一二月八日）、『張文襄公全集』「奏議」巻二三、一五頁。
(52) 同、一六頁。
(53) 同、一五～一六頁。なぜ事後承諾を求めるような上奏となったのかは不明である。
(54) 「派員周歴南洋各埠籌議保護摺」光緒十三年十月二十四日、『張文襄公全集』「奏議」巻一五、一三頁。
(55) 「続査未歴各埠片」光緒十三年十月二十四日、『張文襄公全集』「奏議」巻二三、一五～一六頁。
(56) 「奏派察看南洋各埠華民商務王栄和・余瓗稟」、『駐徳使館檔案鈔』第二冊、六六九頁。
(57) 在外公使（出使大臣）と在外華人問題の関係について論じた論考に、園田節子「出使アメリカ大臣の「洋務」と「僑務」——南北アメリカへの「ひと」の移動と清国常駐使節の設置」がある。
(58) 『駐徳使館檔案鈔』所収の「許竹篔任内巻略」には、王栄和・余瓗が調査の途上から許景澄に宛てた報告書三通が収録されている（「奏派察看南洋各埠華民商務王栄和余瓗稟」、「奏派査訪南洋各埠華人商務王栄和余瓗謹稟」、「奏派査訪南洋各埠華人商務王栄和余瓗」、『駐徳使館檔案鈔』第二冊、六六五～七〇五頁）。そのうち二通には許景澄から王栄和らに宛てた返書が付されている。
(59) 「派員周歴南洋各埠籌議保護摺」光緒十三年十月二十四日、『張文襄公全集』「奏議」巻二三、九頁。張之洞は派遣前に王栄和らに対し調査の途上から随時報告するよう指示している（『駐徳使館檔案鈔』第二冊、六六七～六六八頁）。
(60) 「派員周歴南洋各埠籌議保護摺」光緒十三年十月二十四日、『張文襄公全集』「奏議」巻二三、八～一五頁。
(61) 『三洲日記』巻六、四八頁、光緒十三年六月十一日（一八八七年七月一五日）条。
(62) 調査委員の派遣を建議した張之洞と張蔭桓の共同上奏には、スールー等の付近の島も調査予定地として挙げられていたが、それらの地への訪問・調査は実施されなかったようである。ちなみに、調査委員がマニラを訪れた一八八六年はスペイン統治時代における最後の人口調査が行われた年であり、その結果は次のとおりである（成田節男『華僑史』三四六頁の表を参照）。成田は密入国者を加えれば一〇万人ほどいたと推測している（同上）。

	男	女	計
マニラとその付近	五一三八四	一九一	五一五七五
イロイロ	一一五四	三	一一五七
セブ	九八三	〇	九八三
その他の地方	一三二五五	〇	一三二五五
合　計	六六七七六	一九四	六六九七〇

そのほか、当時スペイン領だったフィリピンの華人については、Wickberg, *The Chinese in Philippine Life 1850–1898*, 荘国土・陳華岳等『菲律賓華人通史』、菅谷成子「スペイン領フィリピンにおける「中国人」——Sangley Mestizo および Indio のあいだ」ほかを参照。

（63）本章註(45)を見よ。

（64）*The Straits Times*, 8 Oct., 1886.

（65）「記中国出洋委員問答」『申報』一八八六年一〇月二八日。調査委員の訪問は、スペインに対しては事前に通知されなかった（本書第2章第二節(3)を参照）。

（66）「派員周歴南洋各埠籌議保護摺」光緒十三年十月二十四日、『張文襄公全集』「奏議」巻二三、九頁。

（67）Wickberg, *The Chinese in Philippine Life 1850–1898*, p. 219,「致天津李中堂」光緒十二年十月十三日〔一八八六年一一月八日〕、『張文襄公全集』「電牘」巻六、一七頁。当時のフィリピン総督はエミリオ・テッレロ（Emilio Terreroy Perinat 在任一八八五年四月〜八八年）であった。王栄和らはフィリピン総督宛ての陳情書をアメリカの張蔭桓へも送っているが、これを受け取った張蔭桓は「調査委員がにわかにスペイン当局に照会を出すことは、ますます〔スペイン側の〕疑念を招くものであり大変宜しくない」と、王栄和らの行動が軽率なものであり、今後のスペインとの在マニラ領事の設置や華人の保護に関する交渉に支障を来たす恐れがあるとの見解を示していた（『三洲日記』巻二、三七頁、光緒十二年十一月初一日〔一八八六年一一月二六日〕条）。

（68）駐スペイン公使はアメリカ、ペルーの駐在公使との兼任であり、通常アメリカに駐在していた。

（69）「記中国出洋委員問答」『申報』一八八六年一〇月二八日。

（70）「派員周歴南洋各埠籌議保護摺」光緒十三年十月二十四日、『張文襄公全集』「奏議」巻一五、一二頁。

（71）「総理各国事務衙門奏」『光緒朝東華録』第一冊、総二九八頁、光緒二年九月己巳（一八七六年一〇月二八日）条。

（72）*The Straits Times*, 8 Oct., 1886.

（73）「派員周歴南洋各埠籌議保護摺」光緒十三年十月二十四日、『張文襄公全集』「奏議」巻二三、一〇頁。

（74）移民労働者と雇用主を媒介していた周旋業者をいう。

（75）「派員周歴南洋各埠籌議保護摺」光緒十三年十月二十四日、『張文襄公全集』「奏議」巻二三、一〇頁。

（76）イギリスの海峡植民地総督はシンガポールを発つ王栄和らに汽船 Sea Belle を手配してペナンまで送り届けている（*The Straits Times*, 8 Oct., 1886, 15 Nov., 1886）。また、ペナンを離れるまで華民護衛司のピカリングが調査委員に同行していた（*The Straits Times*, 15 Nov., 1886.

（77）*The Straits Times*, 15 Nov., 1886.

(78) *Ibid.*
(79) 本書第2章第二節(1)参照。
(80)「派員周歴南洋各埠籌議保護摺」光緒十三年十月二十四日、『張文襄公全集』「奏議」巻二三、一〇頁。
(81) 現在のインドネシア・北スマトラ省の中心都市メダン周辺の地域で、かつてのデリ・スルタンの所領。一八七〇年頃から一帯でデリ・タバコとして知られる優良なタバコのプランテーションが開かれ急速に発展した。それに伴いヨーロッパ人・華人・ジャワ人が大量に移住し、特に華人とジャワ人はプランテーションの契約労働者として有名であった。デリ地方のタバコ産業と華工については、『華工出国史料彙編』第五輯、二五二～二五四頁、岩隈博ほか『蘭領印度に於ける華僑』二四八～二五一頁に詳しい。
(82)「奏派査訪南洋各埠華人商務王栄和余瓗」『駐徳使館檔案鈔』第二冊、六八九～六九〇頁。
(83) 同上。
(84)「奏派察看南洋各埠華民商務王栄和余瓗稟」『駐徳使館檔案鈔』第二冊、六七〇頁。
(85) 現地華人のリーダーはオランダ当局から役職を与えられ、華人社会の管理とオランダ当局との仲介を請け負っていた。そうした役職には上位からマヨール（Majoor 瑪腰）、カピタン（Kapitein 甲必丹）、ルイテナント（Luitenant 雷珍蘭）があった。井出季和太はこれらの役職について次のように説明している。「華僑が増加し事務が繁多になるに従ひ甲必丹の下に雷珍南が任命され、更にその下に区長に当る甲首或は域姑といふ役が出来た。又甲必丹の上に瑪腰が設けられ、各地華僑の有力顔役が任命された。此の瑪腰、甲必丹、雷珍南は少佐、大尉、中尉と軍隊式の名前を使用し、半官的役目を果したから「ヒネーセ、オフィシイーレン」と云つた。瑪腰の職は一切の華僑事務の専管で、凡そ華僑の重大事件は皆蘭人が瑪腰に通知し、瑪腰が甲必丹に通知する。華僑の訴訟事件は先づ之を甲必丹に提出して判決し、若し服せざるときは再び之を蘭人官吏に控訴する。その他人頭税の徴収や官吏に対する証明書の発給等は甲必丹が之を管理し、瑪腰が之を総轄してゐるが、瑪腰なき地では甲必丹が蘭人官吏の命令を受けて処理する」（井出季和太『華僑』二五九～二六〇頁）。また、オランダ統治下のバタビヤ華僑とカピタン制度については、斯波義信「オランダ統治期のバタヴィヤ華僑とカピタン庁文書：1772-1978――華僑社会史の究明に資する画期的な新資料」も参照。
(86)「奏派査訪南洋各埠華人商務王栄和余瓗」『駐徳使館檔案鈔』第二冊、六九〇頁。
(87) 以上、同、六九一～六九四頁。
(88) 同、六九六～六九八頁。「緞鳥藍処（Taburan estate）」というタバコ・プランテーションで働いていた文亜隆は、タバコの選別作業を正確に行わなかったとの理由でオランダ人農園主のピーパース（Piepers「緞琵琶」）から暴行を受け殺害された。事件発覚後、同僚たちは直ちに華人「雷珍蘭」に訴えて調査を求め、その上また、オランダ当局にも訴え出たが、犯人はすでに逃亡して逮捕できないとのことであった。王栄和らは、デリ駐在のオランダの官員と会談した際、この文亜隆殺害事件について質問し、オランダ側から、ピーパースは他の都市にすでに逃亡しているが、逮捕したときには取り調べをして法律に則って処罰する、との回答を得た（しかし、当時オランダ領東インドとイギリスの植民地との間の犯罪人引渡協定には不備があり、オランダ当局はイギリス当局に対し、ピーパースのような犯罪人の引き渡しを要求できない状況にあったという〔*The Straits Times*, 15 Mar., 1887〕）。しかし、デリを離れた後、王栄和らは、ピーパースが光緒十二年十二月中にペナン島で逮捕され、ペナン駐在のイギリス判事によって審理が行われたが、証拠不十分で一八八七年二月二三日にすでに釈放されたことを知らされたという（『駐徳使館檔案鈔』第二冊、七〇三頁）。ちなみに、漢文史料中の「緞鳥藍処」「緞琵琶」がそれぞれ Taburan estate と Piepers に当たることは、*The Straits Times*, 26 Jan., 1887によって確認できる。

(89) 同、七〇三頁。
(90) 同、六九九頁。
(91) 同上。
(92) *The Straits Times*, 15 Mar., 1887、および「奏派査訪南洋各埠華人商務王栄和余瓗謹禀」『駐徳使館檔案鈔』第二冊、六七四頁。
(93) 「奏派査訪南洋各埠華人商務王栄和余瓗謹禀」『駐徳使館檔案鈔』第二冊、六七五～六七六頁。
(94) 同、六七二頁、および *The Straits Times*,15 Jan., 1887.
(95) *The Straits Times*, 15 Jan., 1887.
(96) ジャワ島の華人「瑪腰」「甲必丹」「雷珍蘭」について、王栄和らは次のように述べている。「当地には瑪腰が一人、甲必丹が四人、雷珍蘭が六人いるが、みな当地で生まれ育った華人で富裕者の子弟であり、何かあればオランダ当局者の鼻息をうかがい、あえて華人のために争おうとはしないので、日に日に（華人に対する）迫害は悪化している」（「奏派査訪南洋各埠華人商務王栄和・余瓗謹禀」、『駐徳使館檔案鈔』第二冊、六七二～六七三頁）。「瑪腰」らの「『ヒネーセ・オフィスィーレン』は支那民族の代表者としてよりも寧ろ政府御用掛と見られてゐたから、華僑の反感を買ふ場合が多」かったという（岩隈博ほか『蘭領印度に於ける華僑』一一八頁）。
(97) 「奏派査訪南洋各埠華人商務王栄和余瓗謹禀」『駐徳使館檔案鈔』二、六七二頁。
(98) 同、六七三～六七四頁。
(99) 一八八七年一二月八日の張之洞の上奏では「波哥内埠」と記されている（「派員周歴南洋各埠籌議保護摺」光緒十三年十月二十四日、『張文襄公全集』「奏議」巻二三、一一頁、および「軍機処檔案・録副奏摺」、『清代中国与東南亜各国関係檔案史料彙編』第一冊、四五頁）。
(100) 「奏派査訪南洋各埠華人商務王栄和・余瓗謹禀」『駐徳使館檔案鈔』第二冊、六七五～六七六頁。当時のオランダ東インド総督はリース（Otto van Rees 在任一八八四年四月～八八年九月）であった。

（101）スマランに向かったのは王栄和と金国楨の一行のみ。余瓗は同月二日に荷物を預けるためにシンガポールへ引き返し、王栄和とは別行動をとっている（「奏派查訪南洋各埠華人商務王栄和余瓗謹稟」『駐徳使館檔案鈔』第二冊、六七六、六八五～六八六頁）。

（102）同、六七六～六七七頁。スマラン上陸時には現地の華人数千人が中国からの調査委員の来訪を歓迎したという（*The Straits Times*, 8 Mar., 1887）。

（103）「奏派查訪南洋各埠華人商務王栄和余瓗謹稟」『駐徳使館檔案鈔』第二冊、六七八頁。

（104）同、六七八～六七九頁。

（105）第5章で取り上げる駐英公使薛福成も、人口の過剰（「人満之患」）が中国の貧困の原因と見て、人口圧力の軽減のため海外移民を奨励していた（丁鳳麟『薛福成評伝』二四三頁）。

（106）『駐徳使館檔案鈔』六七九頁。

（107）こうした「瑪腰」「甲必丹」らの行為について王栄和は、「自国の人が自国の民を欺くことは道理のないことである」と憤りを露にしている（『駐徳使館檔案鈔』第二冊、六八〇頁）。

（108）『駐徳使館檔案鈔』第二冊、六八〇頁。

（109）王栄和らがいう「美折甘庫」とは、一六九〇年にバタビアに設立された華人の救済院（美色甘厝 Weeskamer）のことであると思われる。一七八〇年、オランダ東インド会社はこの救済院の経費を調達するため、華人の本国の親類宛ての送金に課税しようとした。しかし、これに反発した華人らは、課税のかわりに毎年華人の各戸から救済院の経費として寄付金を出すことを申し出て、これが認められた。また、遺言のない華人の遺産は救済院の経費に充てられることになっていた。救済院の経営や華人の遺産については、一八世紀末の時点では、オランダ人と華人が共同で管理することになっていた（以上、包楽史・呉鳳斌『18世紀末吧達維亜唐人社会』四～五、四一、二三二～二三七、二五〇～二五五頁）。しかし、王栄和らの報告を見る限り、一九世紀後半にはオランダ人との共同管理はすでに形骸化していたようである。

（110）スマトラ島北端部アチェにおける現地スルタン勢力のオランダ支配への抵抗運動に対するオランダ東インド政府による鎮圧戦争（一八七三～一九一二年）。この戦争で東インド政府は多額の戦費を費やしていた。

（111）以上、『駐徳使館檔案鈔』第二冊、六八四～六八五頁。ちなみに、『星軺指掌』第三巻第一三章に第九節「論領事官承辦遺産之例」という記事があり、清朝官僚の中でもこれを熟読していた者は、在外邦人の遺産を管理する権限を領事が有していることは知っていたであろう。王栄和がそれを知っていたかは不明だが、この彼の発言は、当時の西洋の通例から見ても、それほど逸脱した主張ではなかった。王栄和らによる調査以外にも、一八九〇年頃にバタビア華人の陳仕林らが李鴻章宛てに請願書を提出し、バタビア華人の惨状を伝えるとともに、領事設置による保護の実施を求めているが（「荷属葛羅巴蘇門答臘国政節略并費果孫移行葛羅巴照会」『駐徳使館檔案鈔』第二冊、一〇九七～一一二一頁、Yen, *Coolies and Mandarins*, p. 183も参照）、その中でも、この救済院（「美士甘（即ち公局なり）」と記す）による華人の遺産処理が問題となっていたことが述べられ、「もし中国がバタビア駐在の領事を持てば、〔領事の要求によって〕オランダの法律どおりに処理され、〔華人の〕遺産は遺族に帰属させられるようになる」と説かれていた（『駐徳使館檔案鈔』第二冊、一一一〇頁）。

(112)『三洲日記』光緒十三年閏四月二十四日（一八八七年六月一五日）条。「望梅」とは、魏の曹操が道に迷い水がなくて困った際に、曹操が前方に梅林があると言うと、士卒はつばきが出て一時渇きを癒すことができたという「望梅止渇」の故事に基づく。なお、張蔭桓の前任の駐アメリカ・スペイン・ペルー公使であった鄭藻如が奨励してペルーのリマに設立された華人組織である「通恵総局」は、清朝の在外公館と協力して華人の遺産処理にあたっていたという（園田節子『南北アメリカ華民と近代中国』二五六～二五八頁）。

(113)「奏派査訪南洋各埠華人商務王栄和余瓗謹稟」『駐徳使館檔案鈔』第二冊、六八五頁。

(114) *Northern Territory Times and Gazette*, 30 Apr., 1887; Wang, *The Organization of Chinese Emigration 1848–1888 with Special Reference to Chinese Emigration to Australia*, p. 289.

(115)一九世紀末のオーストラリア華人の情況やオーストラリア当局の華人政策、清朝のオーストラリア駐在領事の設置をめぐる経緯などについては、張秋生『澳大利亜華僑華人史』、黄昆章『澳大利亜華僑華人史』に詳しい。

(116)「王余両委員抵新金山詳述」『申報』一八八七年六月二七日。

(117) Dennis O'Hoy Collection. ベンディゴにあるゴールデン・ドラゴン博物館（Golden Dragon Museum）の調査員マッキノン（Leigh McKinnon）氏より提供を受けた。また、同氏は古泉達矢氏よりご紹介いただいた。両氏に謝意を表したい。

(118) Wang, *The Organization of Chinese Emigration 1848–1888 with Special Reference to Chinese Emigration to Australia*, p. 289.

(119) *The Life of Quong Tart: or How a Foreigner Succeeded in a British Community*, p. 35. 梅光達（一八五〇～一九〇三）は、広東省台山県の出身で、現地華人の代表としてシドニーにおける華人排斥問題の改善に尽力した。王栄和らの帰国後の報告により、梅光達は清朝政府から「五品軍功銜」と「藍翎」を賞与されている（*The Life of Quong Tart*, pp. 36–37）。梅光達については、*The Life of Quong Tart*, Robert Travers, *Australian Mandarin: the Life and Times of Quong Tart*, 梅逸民「梅光達——清末旅澳洲著名僑領」、黄静「澳洲傑出華人先駆梅光達」、梅偉強「梅光達的中国情結」を参照。

(120) *The Life of Quong Tart*, p. 35.

(121) "Chinese Immigration", 1888, Victoria, pp. 5–7; FO17/1703. "Chinese Immigration" はビクトリアの植民地当局が本国の議会の求めに応

じて一八八八年九月に作成して提出した中国移民に関する報告書である。

(122) "Chinese Immigration", 1888, Victoria, pp. 5–7 ; FO17/1703. この陳情書は、"Lowe Kong Meng, Cheok Hong Cheng, Louis Ajh Mouy, And 44 others" の連名で一八八七年六月三日付で王栄和らに提出されている。

(123) 黄昆章『澳大利亜華僑華人史』四三頁。

(124)「遊旌談薈」『叻報』一八八七年九月三日。

(125)『三洲日記』巻五、四七頁、光緒十四年正月初九日(一八八八年二月二〇日)条。イギリスのサバ支配と華人移民との関係については、野村亨「マレーシア多民族社会の中で――北ボルネオ(サバ州)の華人」、山本博之『脱植民地化とナショナリズム――英領北ボルネオにおける民族形成』第八章「北ボルネオの「愛国華僑」と中華商会」を参照。イギリスのデント商会が設立した北ボルネオ特許会社が支配・経営する英領北ボルネオ植民地が成立したのは一八八一年一一月のことで、北ボルネオ(サバ)総督は北ボルネオ特許会社によって任命された(同、二三五頁)。

(126)『三洲日記』巻五、四七頁、光緒十四年正月初九日条。当時サバでは、植民地開発のため華人移民の積極的な導入が図られ、移住者に一定の土地と補助金を給付する「授地新章」(同上)が告示されていた。調査委員がサンダカンを訪れてまもなく、香港とサンダカンとを結ぶ定期航路が開設されたことによって、華人移民の数は飛躍的に増加したという(野村亨「マレーシア多民族社会の中で」二三六～二四〇頁)。また、サバでの調査結果を受け取った張蔭桓は、「イギリス領では、シンガポール以外には〔現在のところ〕領事を設置することができないので、華人たちの困難な状況を知っても、保護する術がなく、誠に焦りが増すばかりである」と記している(『三洲日記』巻五、四七頁)。

(127) シャムにおける調査委員の活動と、張蔭桓と王栄和らとのやり取りについての記述は、『三洲日記』巻六、四三～四六頁、光緒十四年六月十一日(一八八八年七月一九日)条による。また、シャム側の史料も用いて王らのシャム訪問を描いたものに、小泉順子『歴史叙述とナショナリズム――タイ近代史批判序説』がある(一八四～一八五頁)。

(128) チュラロンコーンまでの歴代国王は、華人女性を妻妾とし華人指導者層との姻戚関係を深めていた。また、福建系と潮州系の華人は米穀類の集荷、商品の流通、徴税の請負などの経済活動により資産を築き、王族・貴族と姻戚関係を深めて支配階層になる者も多かった。劉乾興の三女がチュラロンコーンの妃となっている(黎道綱「大埔昭坤劉乾興事迹考」六五頁)。

(129) 劉乾興(一八二六～一八九四)は、侯爵(Phya Choturajsetti)を受封していた当時のシャムにおける華人官僚の最有力者であった。劉乾興は客家人で、父の代にシャムに移住し、対清貿易を通してモンクット(ラーマ四世)の王后の侍従となり、一八五九年に子爵に受封し、華人政務司・税務官となった。一八七九年に侯爵(Phya Choturajsetti)に昇格し、シャム華人の管理を統轄する華人政務司長、および対清貿易と輸出入税の徴収を統轄する左港務庁に就任し、シャム華人の領袖となる。劉乾興の事跡については、黎道綱「大埔昭坤劉乾興事迹考」を参照。また劉乾興は、一八八四年に来訪した鄭観応や八九年に来訪した田嵩岳とも会見している（鄭観応「南遊日記」光緒十年閏五月初五～初七・初十・十一日〔一八八四年六月二七～二九日・七月二日・三日〕条、同著・夏東元編『鄭観応集』上冊、上海人民出版社、一九八二年、九五六～九五八頁、田嵩岳「中外述遊」『小方壺斎輿地叢鈔』第九帙所収、三四三頁）。「南遊日記」では、劉乾興の原籍は「広東嘉応州」とされ（『鄭観応集』上冊、九五六頁）、田嵩岳の「中外述遊」では「暹外部副大臣大埔人」と記されている（田嵩岳「中外述遊」三四三頁）。

(130) テーワウォン親王（一八五八～一九二三）は、モンクットの第二四子で、チュラロンコーンの異母弟に当たり、一八八五年六月から一九二三年に死去するまで一貫して外務大臣を務めていた。

(131) 余定邦は「雲南」は「広東」であるべきとする（余定邦・喩常森等『近代中国与東南亜関係史』四七二頁）。

(132) 張之洞と張蔭桓の派遣建議の上奏では、シャムは元来「中国の所属」であるから「領事」ではなく「辦事委員」を派遣して華人の保護に当たらせるべきであるとしていた（「会籌保護僑商事宜摺」光緒十二年二月二十五日、『張文襄公全集』「奏議」巻一五、一三頁）。これは、「領事」の名称は条約関係にある西洋諸国との間にのみ使用するもので、伝統的な宗属関係にある国との間では使用すべきではないとの考え方に基づいたものであった。本書第4章、一一〇～一一一頁も参照。

(133) こうした提案は在長崎領事として一八八〇年代前半の朝鮮問題に深く関与していた余瓗の発案によるものかもしれない。また、シャムに対しても朝鮮と同様に宗主権強化による属国化によって「中華帝国」に囲い込もうとするこの王栄和・余瓗らの提案は、これより先にシャムを訪れていた鄭観応が、朝鮮・シャム・ビルマなどの周辺の独立諸国との紐帯を条約によって結び直し、中華世界に代えて「公会」を作って連帯し、ヨーロッパ諸国の侵略を防ごうと構想したのとは対照的である。鄭観応の「公会」構想については、金鳳珍『東アジアの「開明」知識人の思惟空間——鄭観応・福沢諭吉・兪吉濬の比較研究』第二章を参照。

(134) また、一八五四年にこの貢使が帰路に香港に立ち寄った際、イギリスの香港総督バウリング（Sir John Bowring）から、清朝への朝貢を停止すべきだと言われたという（袁丁『晩清僑務与中外交渉』五二頁）。

(135) 以上、余定邦・喩常森等『近代中国与東南亜関係史』第八章「清朝和曼谷王朝的関係」を参照。なお同書では、シャムが朝貢を停止した主要な原因は、「貢路」の危険のためではなく、一八五五年のバウリング条約以降、清朝がシャムの対外貿易の主要対象国ではなくなり、対清貿易がシャム政府の財政収入の主要な財源ではなくなったことと、西洋の学術や技術を導入したチュラロンコーンの改革により、シャムが清朝との朝貢関係の維持を望まなくなったことにあるとしている（同、二五八～二六一頁）。なお、清朝側はこれ以前にも、一八六二～六三、六九、七六～七七、八〇年に朝貢再開を求める書簡をシャム側に繰り返し送っているが、いずれも拒否されている（小泉順子『歴史叙述とナショナリズム』一七〇～一八二頁）。ただ、シャム政府内にも朝貢再開を求める意見が存在し、一八七七年に提出された朝貢再開を求める意見書の背景には、「進貢を拒否したら、〔清朝側が〕条約締結と領事の設置を要求してくるのではないかという恐れがあった」（同、一七九頁）という。すなわち、条約を締結して「中国が領事裁判権を獲得した場合に、シャム国内の多数の中国人がみな〝サブジェクト〟（条約国臣民）となり、そうなれば、さまざまな利益が中国人にいってしまうという事態が懸念され」ていたのである。シャム側の動向や対応については、小泉順子『歴史叙述とナショナリズム』第六章、同「一八八〇年代中葉におけるシャムの対仏・対清関係」を参照。

(136) 王栄和らがシャムを訪問する前年の一八八七年三月八日には、清朝の駐英公使劉瑞芬とイギリス外務省のクーリエ（Phillip H. Currie）との間で、シャム問題について議論が交わされ、クーリエが「シャムは中国との条約締結［立約］を望んでいる」と述べたのに対し、劉瑞芬は「シャムは中国の藩属なのに、久しく修貢していない。貢（朝貢）を言うのならよいが、なぜあえて約（条約）を口にしてこれ（朝貢）を壊そうとするのか」と返答したという（劉瑞芬『西軺紀略』二四頁、光緒十三年二月十四日条、『養雲山荘遺稿』所収）。

(137) 李鴻章などが朝鮮問題に多大な関心を払っていたのは、朝鮮をめぐる国際関係が清朝の安全保障にとって重大な問題として意識されていたからであったが、そのほか朝鮮に対しては、政治的・経済的な権益への関心も強かった（岡本隆司『属国と自主のあいだ――近代清韓関係と東アジアの命運』第四章・第八章を参照）。

(138) シャム華人については、『タイ国に於ける華僑』、ウィリアム・スキナー『東南アジアの華僑社会――タイにおける進出・適応の歴史』ほかを参照。清最末期～民国期にかけてのシャム華僑保護に関する中国の対シャム交渉については、川島真「中華民国北京政府外交部の対シャム交渉――シャム華僑保護問題をめぐって」を参照。

(139) 一九世紀におけるシャム華人の人口については信頼できる統計がないが、一八二一年には七〇万人、一八五四年には一五〇万人ほどであったと言われている（宮原武雄『南方経済資源総攬　第五巻　タイの経済資源』四一八頁）。

(140) 王栄和らは、人頭税は「閏年ごとに一人四バーツ、洋銀で二元四角徴収されていた」と記している（旧暦では一九年に七回、約三年に一回閏月を設けていた）。シャム華人は夫役と隷従使役の免除や自由移動の特権が供与される代わりに「三年ごとの人頭税」が課せられていた。一八二八～一九〇九年の間では年ごとに四バーツ二五サタンが徴収されていた（スキナー『東南アジアの華僑社会』八八頁）。しかし、華人に対する人頭税は、実際にはタイ人などの徭役負担（あるいは課役代）よりも軽かったともいう（飯島明子「タイにおける領事裁判権をめぐって」八九頁）。華人への人頭税は一九〇九年三月二六日の布告で廃止され、華人は原則として、シャム臣民と同様、毎年六バーツの支払いを義務づけられ、手首に紐を結ぶ義務も撤廃された（小泉順子「タイにおける国家改革と民衆」三四四頁）。シャムの国家改革と人頭税・不平等条約の関係については、小泉順子「タイにおける国家改革と民衆」三四一～三四四頁を参照。

(141) 華人がシャム駐在の西洋各国の領事にその国の市民権を登録すると、彼らはその国の領事の保護下に入り人頭税を免除された。

また、モンクット時代の末期になると、アメリカや特にポルトガルの領事が商売として公然と領事査証を売り出すようになっていた（スキナー『東南アジアの華僑社会』九七頁）。シャムの華人保護民と領事裁判権の関係については、飯島明子「タイにおける領事裁判権をめぐって」を参照。

(142) 一八八四年にシャムを訪れた鄭観応も、現地華人から領事設置による保護を求められている（『鄭観応集』上冊、九五六頁）。

(143) ベトナムにおける調査委員の活動についての記述も『三洲日記』巻六、四六〜四八頁、光緒十四年六月十一日（一八八八年七月一九日）条による。これより前の一八七〇〜七一（同治九〜一〇）年にも、当時広西省太平知府であった徐延旭が、広西巡撫蘇鳳文の命を受けてベトナムへの実地調査を行っている。徐延旭は広西梧州知府であった一八七七（光緒三）年に、その際の調査記録である『越南輯略』を刊行している。徐延旭のベトナム調査と『越南輯略』については、和田博徳「越南輯略について――中国人の東南アジア知識と清仏戦争」を参照。フランス領インドシナの華人については、中島宗一『仏領印度支那に於ける華僑』、ルヴァスール『仏印華僑の統治政策』ほかを参照。

(144) 『三洲日記』巻六、四六頁、光緒十四年六月十一日（一八八八年七月一九日）条。

(145) 張沛霖は一九世紀後期のサイゴン華人の有力者であったようで、清朝の官員がサイゴンを訪れるたびに来謁している。最も早いものでは、清朝が初めてヨーロッパに官員を派遣した一八六六年の斌椿使節団がサイゴンに立ち寄った際に斌椿と会見している（『乗槎筆記』同治五年二月十五日〔一八六六年三月三一日〕条。表記は「張霈霖」となっている）。その後、曾紀沢が駐英公使を退任して帰国する際にサイゴンを立ち寄ったときにも、張沛霖が来謁したといい（『曾紀沢日記』下冊、一五三九頁、光緒十二年十月十四日〔一八八六年一一月九日〕条。張沛霖の字号を「沃生」としている）、曾紀沢の後任の駐英公使劉瑞芬の出使日記にも、張沛霖に関する記述がある（劉瑞芬『西軺紀略』五三頁、光緒十三年四月十三日〔一八八八年五月二三日〕条、『養雲山荘遺稿』所収。表記は「張霈林」となっている）。

(146) 調査委員が訪問する前年の一八八七年一一月にフランス領インドシナ連邦が成立し、コーチシナが直轄植民地、中部のアンナンと北部のトンキンが保護領とされた。ここでいう「全権大臣」とはインドシナ総督のことと思われる。フランス領インドシナ連邦成立後も阮朝は存続していたが、余瓗が阮朝の官員等と接触したとの記録は残っていない。

(147) 一八八四年頃のベトナム華人の人口は、トンキン地方が二万五千、コーチシナ地方が四万と推計されていた（H・F・マックネヤ『華僑――その地位と保護に関する研究』四三頁）。

(148) ショロンは「華人の街」と呼ばれ、この地域の米の集荷地であった。

(149) 正幫長は年に一二〇〇元の俸給を得ていて、それは自分が所属する「幫」から支給されていたという。

(150) 本書第9章註(56)を見よ。

(151) 南洋のほぼ全域の主要都市を回り、各都市の多くの華人と「交流」したこの南洋調査委員の派遣は、南洋全域の華人と中国本土の政府とを結びつけた最初の事業であったと言えよう。
(152) 本章では、王栄和らが行ったとされる「会見」「交渉」については、王栄和らが駐ドイツ・オランダ公使許景澄に送った報告書(『駐徳使館檔案鈔』所収)や、王らからの報告書を受け取った駐アメリカ・スペイン・ペルー公使張蔭桓が、その内容について記述した出使日記(『三洲日記』)といった清朝側の史料と、若干の英文資料(FO や *The Straits Times*)に依拠しているのみである。そのため、そこに記載されている交渉の過程や内容が実際に行われたものであるかについては、なお検討を要する。
(153) "Memorandum of the Chinese Protector regarding the Chinese commission of Enquiry" CO140, 林孝勝「清朝駐星領事与海峡殖民地政府間的糾紛(一八七七―一八九四)」二六頁を参照。
(154) 一八八六年五月六日付の駐英公使劉瑞芬の総理衙門宛て電報(「使英劉瑞芬致総署各島華民捐貲不宜告知外部電」光緒十二年四月初三日、『清季外交史料』巻六六、一四頁)。
(155) 駐ドイツ・オランダ公使の任務を終えて帰国する途中にシンガポールに立ち寄った許景澄は、第二次派遣の途中で北ボルネオからシャムに渡る際にシンガポールに滞在していた余瓗と会見しているが(『許文粛公遺稿』「日記」二二頁、光緒十三年十二月初一日〔一八八八年一月一三日〕条)、その同じ日に、余瓗と同時であるかは定かではないが、「勧捐委員何崇簡」なる人物も許景澄のもとを訪れている(同上)。「勧捐委員」がいかなる背景を持った役職であったかはわからないが、清朝への寄付を求める専門の「委員」が南洋地域に派遣されていたようである。
(156) 「奏派査訪南洋各埠華人商務王栄和余瓗謹稟」『駐徳使館檔案鈔』第二冊、六八二〜六八四頁。
(157) 第一次調査終了後に調査結果を朝廷に報告した一八八七年一二月八日(光緒十三年十月二十四日)付の張之洞の上奏文「派員周歴南洋各埠籌議保護摺」(『張文襄公全集』「奏議」巻二三、八〜一五頁)は、翌一八八八年に刊行された『皇朝経世文続編』巻一〇五「洋務十五・商務三」や、義和団事件後に刊行された『皇朝経世文統編』巻五七「理財部二・商務」にも、張之洞「派員査明南洋華民商務情形擬設領事並籌計一切経費疏附片」として収録されている。また、一八八八年三月一四日に総理衙門による覆奏が出された後の三月二三日には、シンガポールの英字新聞 *The Straits Times* にも、The Eperiences of the Chinese Commissioners と題して、英訳され全文掲載されているほか(*The Straits Times*, 23 Mar., 1888)、イギリス本国の *The Times* も張之洞の上奏に基づいて、南洋華人調査の概要を報道している(*The Times*, 7 May, 1888)。

第4章　清朝政府の領事拡大論議

(1) Wickberg, *The Chinese in Philippine Life 1850–1898*, pp. 154–156, etc.

（2）Yen, *Coolies and Mandarins*, pp. 177–182.
（3）鄺秋龍「略論薛福成的設領思想——兼与張之洞相比較」。
（4）「会籌保護僑商事宜摺」光緒十二年二月二十五日、『張文襄公全集』「奏議」巻一五、七〜一四頁、および『清代中国与東南亜各国関係檔案史料彙編』第一冊、二四〜二九頁（軍機処檔案・録副奏摺）。
（5）この上奏と同日に提出された在香港領事の設置を求める張之洞の上奏においても、設置する領事は駐英公使とともに広東省にも「兼帰」させ、経費は広東省から支給することが提起されていた（「請催設香港領事摺」光緒十二年二月二十五日〔一八八六年三月三〇日〕、『張文襄公全集』「奏議」巻一五、一七頁）。政府機関にとって運営経費は最重要事項であり、経費給付権は実質的な指揮権にもつながるものであった。
（6）これは、山本進が指摘する、清朝本国の地方督撫が「公局」を創設したり「善堂」を活用するなどして、郷紳層から洋務資金を徴収していたシステム（山本進『清末財政史研究』第二章ほか）を、領事の設置や華人組織の活用といった形で、南洋地域にまで展開しようとしたものと見ることもできる。
（7）「護商」艦隊創設計画は、その後、現段階では実施すべきではないとの総理衙門の見解が示され、結局実現しなかった（本書第２章第一節を参照）。
（8）「総理各国事務衙門奏」『光緒朝東華録』第一冊、総二九六頁、光緒二年九月己巳（一八七六年一〇月二八日）条。
（9）本書序章第三節を参照。
（10）顔清湟は、張之洞が、設置する南洋領事を広東が「兼顧」することを主張した本当の動機は、彼が南洋華人の管理に直接関与し、それによって華人からの寄付の募集を有利に行おうとしたことにあったと指摘している（Yen, *Coolies and Mandarins*, p. 159）。
（11）シャムは一八五二年にすでに清朝への朝貢を停止していたが、清朝側は依然朝貢国と見なしていた。ビルマは第三次ビルマ戦争（一八八五〜八六年）の結果、一八八六年一月一日にイギリスに併合されてインドの一州となっており、この共同上奏の時点では「朝貢国緬甸」は事実上消滅していた。しかし、清朝政府がビルマに対するイギリスの支配権を承認した清英「緬甸条款」が締結されたのは同年七月二四日のことであり、この時点ではまだ清朝にとっての「朝貢国緬甸」は存在していた。また、ラオスは一八九三年にフランスの保護領となり（フランス・シャム条約）、一八九九年にフランス領インドシナに編入されている。
（12）「派員周歴南洋各埠籌議保護摺」光緒十三年十月二十四日、『張文襄公全集』「奏議」巻二三、八〜一五頁、および『清代中国与東南亜各国関係檔案史料彙編』第一冊、四三〜四八頁（軍機処檔案・録副奏摺）。
（13）Wickberg, *The Chinese in Philippine Life 1850–1898*, pp. 214–215.
（14）本書第２章註(31)を参照。

（15）同上。
（16）「総署奏遵議南洋各埠擬先小呂宋設立総領事摺」『清季外交史料』巻七五、一八～二一頁、および『清代中国与東南亜各国関係檔案史料彙編』第一冊、四八～五〇頁（軍機処檔案・録副奏摺）。
（17）当時駐オランダ公使は駐独公使との兼任であり、通常公使館のあるドイツに駐在していた。オランダに専任の公使が常駐するようになるのは、一九〇五年以降のことである。
（18）「護商」艦隊の創設によって南洋華人を保護するという張之洞の計画に対しては、朝廷は当初それを支持する姿勢を示していた（本書第2章第一節を参照）。
（19）「使英郭嵩燾奏新嘉坡設立領事片」『清季外交史料』巻一一、一四頁、および『清代中国与東南亜各国関係檔案史料彙編』第一冊、四頁（軍機処檔案・録副奏摺）。ただし、実際にこの郭嵩燾の上奏が提出されたのは、光緒三年七月初一日（一八七七年八月九日）である。
（20）光緒十三年十二月奕劻片（硃批奏摺、中国第一歴史檔案館所蔵）。西洋各国や日本に駐在している公使と西洋各国に駐在している参賛・領事・翻訳（通訳）・随員らは二割削減、日本駐在の参賛などの官はすでに削減されたことがあるので一割削減するとされた。
（21）陳文進「清季出使各国使領経費」二八二頁、申学鋒『晩清財政支出政策研究』一三一～一三二頁。
（22）在シンガポール領事館では、一八七八年の開設後、すぐに領事による華人商人の船舶に対する証明書（船牌）の発行が開始され、その収入（船牌嘅費）は光緒五（一八七九）年の一年間では約八六九両に及び、同年の支出額の約三五五両を大きく上回っていた（「総理各国事務衙門檔案」、『清代中国与東南亜各国関係檔案史料彙編』第一冊、二二二～二二五頁）。しかし、翌光緒六（一八八〇）年には約二二九両に落ち込み、八二年にはイギリスの海峡植民地当局の抗議によって「船牌」の発行は停止されてしまう（林孝勝「清朝駐星領事与海峡殖民地政府間的糾紛（一八七七―九四）」二〇～二二頁）。その後、収入は出港証明書の発行料収入（出口紙費）のみとなり、光緒十二年三月初四日～十三年正月初三日（一八八六年四月七日～八七年一月二六日）の一〇カ月間の収入は約四五五両、翌光緒十三年正月初四日～十二月末までは約四八〇両となっていた。光緒十二年の同期間の支出が七二一〇両（内訳は、領事官〔左秉隆〕の給与が四五〇〇両、領事随員〔左棠〕の給与が一四四〇両、領事館の家賃が一二七〇両）で、光緒十三年が七六九八両（内訳は、領事官の給与が五一五〇両、領事随員の給与が一六四八両、領事館の家賃が九〇〇両）＋雑用費（中国から誘拐された者の送還費）であった。在シンガポール領事館開設初期の経費問題については、余定邦「晩清政府派駐新加坡領事館建館初期的領事人選和経費問題」に詳しい。
（23）鈴木中正「清末の財政と官僚の性格」、山本進『明清時代の商人と国家』第八章を参照。

（24）顔清湟は、一八八四年の恭親王の失脚やイリ問題、ベトナム問題以来、対外「主戦派」として張之洞と「政治的盟友」関係にあったはずの当時の総理衙門の構成メンバーたちが、なぜ張之洞の南洋領事増設計画に反対したのかについては、政権を担当するようになった彼ら（特に首席王大臣であり政治的に「凡庸」であった慶郡王）が、大規模な領事の増設によって西洋列強との間に緊張関係が生ずることを忌避したことが主な原因であったと指摘している（Yen, *Coolies and Mandarins*, p. 167）。

（25）『三洲日記』光緒十四年三月二十五日（一八八八年五月四日）条。

（26）「張欽使来電」光緒十一年十二月初三日（一八八六年一月七日）、『李鴻章全集』（二）電稿一、六〇三頁。

（27）「復張樵野」『曾忠襄公文集』「書札」巻一九、一八～一九頁。

（28）『奉使日記』光緒十二年十一月七日条。『奉使日記』（上海図書館所蔵）は、張蔭桓が帰国後の一八九〇年に光緒帝の求めに応じて編集した上で進呈した出使日記である（『三洲日記』跋文を参照）。そのため、一八九六年に公刊された『三洲日記』とは基本的な構成は同じだが、『三洲日記』には収録されていない記事を多く含んでいる。この張之洞宛ての返書もその一つである。

（29）Wickberg, *The Chinese in Philippine Life 1850–1898*, p. 228, 王蓮英『張蔭桓与晩清外交』三三～四〇頁を参照。張蔭桓『三洲日記』光緒十三年閏四月十五日（一八八七年六月六日）条にはスペイン側の「商務総辦米阿斯」（未詳）との会見記録が、同二十六日（同一七日）条には、スペインの前フィリピン総督ホベリャール（Joaquin Jovellar y Soler 在任一八八三～八五年、漢語では「訶比耶」）との会見記録がそれぞれ載せられ、張蔭桓がスペイン側にどのように領事設置を求めたかを知ることができる。Wickberg, *The Chinese in Philippine Life 1850–1898* はスペイン側の史料も使われているが、これらの会見のスペイン側の記録については言及していない。

（30）一九世紀後半の領事関係の設定に関する国際通例と当時の清朝の置かれた立場については、本書序章第一節を参照。

（31）当時の官職は翰林院侍読学士。なお、李文田は、李鴻章の推挙を受け「使才」として在外公使の候補となっていたが、駐アメリカ・スペイン・ペルー公使への就任の打診を拒否し、代わりに崔国因が派遣されたという（沈雲龍「崔国因其人其事――「歴任我国駐美公使大使一覧表」的一点小補充」）。

（32）『三洲日記』光緒十三年五月初九日（一八八七年六月二九日）条。

（33）『三洲日記』光緒十三年五月初十日（一八八七年六月三〇日）条。

（34）『三洲日記』光緒十三年閏四月二十一日（一八八七年六月一二日）条。

（35）「張蔭桓出使時陳述応於南洋群島等埠設駐領事以保護華僑及英政府作梗等稟啓（残欠）」（中国第一歴史檔案館所蔵「醇親王府檔案」一二四）。同書簡はいまだ出版物に収録されていない史料のため、ここに原文を掲載しておく（句読点は筆者による）。なお、残簡は全部で四片あるが、うち二片は別の書簡と思われるためここには掲載しない。

〔一枚目〕年前之日盛衰倚伏之理在謀國者之善爲轉移否耳。蔭桓駐日兩月餘、與商小呂宋設官之事、外部慨諾、并允函致小呂宋総督幫助華官開辦。竊幸事機順手、乃照會久不復。其総辦商務司員、以條約無明文潛相梗議。且藉藩部爲宕、卸之地坐是大煩辨論。疊晤外部促以踐言、外部力任安排妥當、請寛時日。該國辦事向不守信、且毎事紓緩、從前照會往往經年始復、而其君臣總不願失歡中國。蔭桓亦不便遽加以譙諭、當飭參贊延齡守催。蔭桓於六月初五日出境、途經英倫晤劉芝田、始悟南洋羣島設官之難。

〔二枚目〕即新架坡一案尚有下文張本。而新金山等埠英已訂明不設官矣。香港設官雖有烟台條約、而英毎以藩部爲宕、與荷蘭之不願哈拉巴島設官同一機杼。附近諸島約可類推。蔭桓竊維南洋羣島近接閩越、華人逾百萬、若無領事以保護、則華人受虐可憫。而中外聲息隔閡、尤於邊事非宜。雖外洋領事權利無多、又復歳糜經費、然統籌損益、仍以設官爲便。蔭桓不揣駑鈍、仍願竟其議。現倩律師之曾使日國者與商、尚無一定把握。然該島違約濫征華人、税款幾及千萬。彼若堅持條約爲較、蔭桓亦援條約相索、固知

〔後欠〕

(36) 同上。

(37)『三洲日記』光緒十三年六月十六日（一八八七年八月五日）条にも同じ趣旨の記事が見られる。

(38)『三洲日記』光緒十三年五月初十日（一八八七年六月三〇日）条。

(39)「復張樵野」『曾忠襄公文集』「書札」巻一九、一八～一九頁。

(40)「滇粤辺界通商議約摺」光緒十二年三月二十二日（一八八六年四月二五日）、『李文忠公全集』「奏稿」巻五六、二一頁。詳しくは本書第9章第二節(3)を参照。

(41)『三洲日記』光緒十三年四月二十四日（一八八七年五月一六日）条。

(42)「寄粤督張香帥」光緒十二年十月十四日（一八八六年一一月九日）申刻、『李文忠公全集』「電稿」巻七、四九頁、『三洲日記』巻二、七六～七七頁、光緒十二年十二月初十日（一八八七年一月三日）条。在マニラ領事の選任と所管の問題も、前述した許景澄の在ベトナム領事の選任・所管問題とともに、別稿において論ずることにしたい。

(43)「論英定華工往澳例限」光緒十四年七月初六日（一八八八年八月一三日）、『李文忠公全集』「訳署函稿」巻一九、一九頁。

(44) Yen, *Coolies and Mandarins*, p. 168.

(45)『出使日記続刻』（『庸盦全集』所収）光緒十九年八月初三日条。

(46)『三洲日記』光緒十二年四月十一日（一八八六年五月一四日）・五月二十日（六月二一日）・五月二十一日（六月二二日）・七月初一日（七月三一日）条。南洋領事問題のみならず、在香港領事設置の問題についても意見が交わされていたようである（内容は不明）。

(47)『三洲日記』光緒十二年五月二十日（一八八六年六月二一日）条。

（48）本書第9章註(66)を見よ。

（49）Demetrius C. Boulger, *The Life of Sir Halliday Macartney K. C. M. G.: Commander of Li Hung Chang's Trained Force in the Taeping Rebellion, Founder of the First Chinese Arsenal, for Thirty Years Councillor and Secretary to the Chinese Legation in London*, pp. 443–444. 書簡は英文による。

（50）『三洲日記』光緒十二年六月初七日（一八八六年七月七日）条、同年八月二十八日（同年九月二四日）条。

（51）同、光緒十二年六月初七日（一八八六年七月七日）条。

（52）李甸（李勉）が在バタビア領事の設置を両江総督左宗棠に請願した件については、Yen, *Coolies and Mandarins*, pp. 177–182 を参照。

（53）本書第1章第二節を参照。

（54）『駐徳使館檔案鈔』第二冊、六八七～六八八頁。

（55）『中法越南交渉檔』第六冊、三四九七頁。

（56）『三洲日記』光緒十三年三月初六日（一八八七年三月三〇日）条、「使美日秘張蔭桓奏小呂宋議設領事電」『清季外交史料』巻七一、一〇頁。

（57）『出使美日秘崔日記』光緒十六年二月十八日（一八九〇年三月八日）条。崔の出使日記については、岡本隆司・箱田恵子・青山治世『出使日記の時代』補論3の拙稿を参照。

（58）「使美崔国因奏小呂宋議設領事日外部径直推辞宜另籌抵制摺」『清季外交史料』巻八四、二頁。この上奏は、一八九一年二月一四日（光緒十七年正月初七日）に「該衙門議奏せよ」との硃批を受けている。崔国因の一八九〇年一一月一五日に執筆したという「小呂宋設領事条陳」がこの上奏に当たると思われる（『出使美日秘崔日記』光緒十六年十月初四日条）。

（59）『出使美日秘崔日記』光緒十六年閏二月二十四日（一八九〇年四月一三日）条。

（60）『出使美日秘崔日記』光緒十六年九月初一日（一八九〇年一〇月一四日）条。

（61）「使美崔国因奏小呂宋議設領事日外部径直推辞宜另籌抵制摺」『清季外交史料』巻八四、二頁。

（62）同、三頁。

（63）同、七頁。

（64）一八九〇年に行われた北洋艦隊の南洋巡航については、陳育崧「甲午前夕——北洋水師訪問新加坡記」、荘国土「論清朝艦隊巡歴海外華埠」、余定邦「近代中国海軍四次到過新加坡」を参照。

（65）薛福成（一八三八～一八九四）は、字は叔耘、号は庸盦・湘三子、江蘇省無錫の人。一八五八年に秀才、六五年に曾国藩の幕、七二年に李鴻章の幕に入る。一八八九年五月に駐英公使を受命し、翌九〇年四月に着任。一八九四年五月に離任し、同年七月に帰国したが、北京に復命することなく同月上海で病没。薛福成の伝記には費成康『薛福成』、丁鳳麟『薛福成評伝』がある。また、彼の外交思想については、劉悦斌『薛福成外交思想研究』、箱田恵子「薛福成の外交思想――各種日記の比較を通じて」（岡本隆司・箱田恵子・青山治世『出使日記の時代』第六章）も参照。

（66）以上、『出使英法義比四国日記』（『庸盦全集』所収）光緒十六年八月十一日（一八九〇年九月二四日）記、「咨総理衙門並北洋大臣李　英外部答允添設各属部領事」（『出使公牘』〔『庸盦全集』所収――以下略〕巻一、三～五頁）。総理衙門の指示を薛福成が受領したのは一八九〇年八月二四日のことである（同、三頁）。総理衙門の一八九〇年六月三〇日（光緒十六年五月十四日）付の咨文であることは『出使英法義比四国日記』にのみ記されている。なお、同『日記』においてこの咨文が受領から一カ月も経過した日付に掲載された理由については、箱田恵子前掲「薛福成の外交思想」一九〇～一九一頁を参照。

（67）『出使英法義比四国日記』光緒十六年六月二十二～二十七日（一八九〇年八月七～一二日）記。この日記の刊本を見る限りでは、薛福成はここに挙げた六日間にわたってそれらの記録を確認したように見えるが、手稿日記では光緒十六年六月二十二日条にまとめて記されていたことが注記されている。「出使日記」として編集された『出使英法義比四国日記』は、そこに記されている内容が、必ずしもその日付と関係するわけではない。詳しくは箱田恵子前掲「薛福成の外交思想」を参照。

（68）『薛福成日記』五五八頁、光緒十六年六月二十二日（一八九〇年八月七日）記。

（69）初代駐英公使であった郭嵩燾の着任以来、清朝の駐英公使館で参賛を勤めたマカートニーについては、Boulger, *The Life of Sir Halliday Macartney K. C. M. G.* を参照。

（70）『出使英法義比四国日記』光緒十六年八月十六日記。イギリス外務省への照会文は、同、光緒十六年八月十三日（二六日）記、および『出使公牘』巻八、一～二頁に収録されているが、FO17/1104, Sieh Ta-jên to Salisbury, Sep. 25, 1890 所収の照会原本とは異同が多い。この照会は、先に英文テキストがマカートニーによって作られ、後からそれを漢文に翻訳して英文テキストとともにイギリス政府に提出されたものである。この領事設置問題も含め、当時の清朝駐英公使館の対英交渉におけるマカートニーの存在の大きさが見てとれる。マカートニーの個人の考えがどの程度清朝駐英公使館の対英（仏・露）交渉に反映していたのか。薛福成やそれ以前の郭嵩燾、曾紀沢らの交渉方針と、マカートニーのそれとの間に、いかほどの差異や食い違いがあったのか。これらは、この時代の清朝の対英交渉を探る上で、重要な課題の一つである。なお、この時期に薛福成が領事設置問題についてイギリス政府との交渉を始めたのは、イギリス側が清朝に対してカシュガル駐在のイギリス領事の設置を要請してきたことを受けてのことであった（箱田恵子前掲「薛福成の外交思想」一九一頁）。

（71）FO17/1104, Sieh Ta-jên to Salisbury, Nov. 25, 1890『出使英法義比四国日記』光緒十六年十月十九日（一八九〇年一一月三〇日）記。

（72）ただ、派遣が実施されたのは一九〇九年であった。在ラングーン領事の設置過程については、余定邦「清朝政府在仰光設置領事的過程」を参照。

(73) 費成康『薛福成』第一一章、王金香「薛福成保護華僑思想述略」、杜裕根「薛福成与晩清僑務政策」、丁鳳麟『薛福成評伝』第七章、鄔秋龍・徐建玉「薛福成設領貢献簡論」、鄔秋龍「略論薛福成的設領思想」、楊文・王軍「薛福成与晩清僑務」ほかを参照。

(74) 箱田恵子『外交官の誕生』第五章。

(75)『庸盦全集』「庸盦海外文編」巻一、一二～一八頁、『清季外交史料』巻八三、三三～三八頁、『清代中国与東南亜各国関係檔案史料彙編』第一冊、六二～六五頁。以下、本節の引用部分はすべてこの上奏文からのものである。

(76) ここでいう「政策転換」とは、清朝の領事設置政策の転換のことであるが、在外華人政策そのものの「政策転換」については、顔清湟は、薛福成の奏請によって海禁の旧例が廃止された一八九三年を画期としている。顔清湟は、清朝官界において在外華人経済の潜在力に対する認知が広まったことがその政策転換の要因であるとし、それは、海外に駐在する外交官僚からの定期報告や日記、または、王栄和らによる南洋華人調査の報告によってもたらされたものとしている。政策転換に最も影響を与えた人物としては、薛福成と黄遵憲を挙げ、なかでも黄遵憲は、在サンフランシスコ総領事や在シンガポール総領事の経験から、在外華人の帰国投資を阻害している原因は海禁の旧例にあるとして、その廃止を薛福成に提言し、それを受けた薛福成が海禁旧例の廃止を求める上奏（「請豁除旧禁招徠華民疏」）を一八九三年六月に提出した。薛福成の上奏は総理衙門の議奏を経て同年九月に裁可され、ここに清初以来華人の海外渡航を禁止していた海禁の旧例が正式に廃止される（Yen, *Coolies and Mandarins*, Chap. 6）。こうした一連の「政策転換」の経過について、顔清湟はかなり詳細な考察を行っており、一八九三年の海禁旧例の廃止をもってその画期としていることは妥当な評価であると言えよう。

(77) ①③⑤については、Yen, *Coolies and Mandarins*, Chap. 4, 荘国土『中国封建政府的華僑政策』第六章、余定邦・喩常森等『近代中国与東南亜関係史』第二〇章、余定邦「清朝政府在仰光設置領事的過程」、費成康『薛福成』第一一～一二章、丁鳳麟『薛福成評伝』第七～八章、王金香「薛福成保護華僑思想述略」などの研究があり、②については、余定邦「清朝外交官眼中的香港和中英関於香港設領的交渉」、郭双林「晩清香港設領問題初探」がある。

(78) 全国洋関税収の六割（六成洋税）の一五%（一成半）が出使経費に割り当てられていた。一八九三年の全国洋関税収からの出使経費への割当額は一三一万九〇〇〇両であった（岡本隆司『近代中国と海関』三〇〇頁）。清末の出使経費については、陳文進「清季出使各国使領経費」を参照。

(79) 一八八〇年代末に世界各地に派遣された清朝遊歴官の外国事情調査については、佐々木揚『清末中国における日本観と西洋観』第三章、王暁秋・楊紀国『晩清中国人走向世界的一次盛挙』を参照。

(80)『出使英法義比四国日記』（『庸盦全集』所収）光緒十六年十一月十八日（一八九〇年一二月二九日）記の同内容の記事には「両」

が入っている。
(81) 一八九〇年前後の華僑送金全体に関する詳しい統計はないが、二〇世紀初頭の廈門の貿易収支と華僑送金の統計によれば、貿易収支および金銀収支の入超が、華僑送金によって補われる状況にあったことは確かであったという(濱下武志『近代中国の国際的契機』五六~五七頁)。
(82) W. A. Martin, *Cycle of Cathay*, p. 160.
(83) 清露「北京続増条約」第八条(『中外旧約章彙編』第一冊、一九五七年、一五一頁)。
(84) 清米「続増条約」(バーリンゲーム条約)第三条(『中外旧約章彙編』第一冊、二六二頁)。
(85) 日清「修好条規」第八条(『中外旧約章彙編』第一冊、三一八頁)、清秘「通商条約」第四条(『中外旧約章彙編』第一冊、三四〇頁)、「会訂古巴華工条款」第六条(『中外旧約章彙編』第一冊、三五四頁)。
(86)『張文襄公全集』「奏議」巻二三、一二頁。「公法」は通常「万国公法」と同義で、International law の訳語である。民国期以降は「国際公法」「国際法」と呼ばれるようになる。
(87) 佐藤慎一「万国公法」五八五頁。
(88) 佐藤慎一は、前註の同じ文章の中で、清朝における近代国際法の受容と不平等条約への批判が生まれてくる過程を、次のように巧みに説明している。「一九世紀後半は、自然法的国際法学から実定法的国際法学への過渡期と言われるが、ホィートンの国際法観は自然法的色彩を濃厚に残しており、このことが朱子学的な理の観念と共鳴し、万国公法に世界を規律する道理というイメージを与えた。他方、中国や日本を外交的に拘束する条約は不平等条約であり、万国公法との乖離は明らかであったから、万国公法の受容と比例する形で、不平等条約に対する不満や批判が生まれることになる」(佐藤慎一「万国公法」五八五頁)。溝口雄三も、もともと中国人は「公法」を自然法的に理解する傾向にあり、それは一九世紀末の民権・共和派にも見られたことを指摘している(溝口雄三『方法としての中国』二四八~二四九頁)。
(89) 張蔭桓の後任として一八八九~九三年まで在任した。彼が行ったフィリピン華人の保護活動については、Wickberg, *The Chinese in Philippine Life 1850–1898*, pp. 228–231 を参照。
(90) 李慶平「清末保僑政策与駐外領事之設置」二二六頁。
(91) 清英「保工章程」第六条(『中外旧約章彙編』第二冊、二四〇頁)。
(92) Yen, *Coolies and Mandarins*, pp. 200–203. また、箱田恵子『外交官の誕生』補論も参照。
(93) Luong Nhi Ky, The Chinese in Vietnam : a Study of Vietnamese-Chinese Relations with Special Attention to the Period 1862–1961, pp. 122–126. 結局領事館が開設されたのは、サイゴンが一九三五年、ハノイが一九三六年であった。

（94）領事設置交渉のために薛福成によってイギリス外務省に派遣されたマカートニーは、イギリス側から「〔中国は〕領事官というものの職分を知らないので、もし権限を超越した行動に出るようなことがあれば、まったく両国にとって不利益となろう」と言われたという（『薛福成日記』五七七頁、光緒十六年八月十六日〔一八九〇年九月二九日〕記）。

（95）鈴木智夫『洋務運動の研究』五一一～五一四頁。

（96）箱田恵子『外交官の誕生』五五～五六頁。

（97）「代李伯相復曾星使書」己卯、薛福成『庸盦文別集』一三八～一三九頁、『籌洋芻議』（『庸盦全集』所収）中の「約章」を参照。

（98）「南洋諸島致富彊説」『庸盦海外文編』（『庸盦全集』所収）巻三、二六～二七頁、「許巴西墨西哥立約招工説」『庸盦文外編』（『庸盦全集』所収）巻一、三一～三三頁、『出使英法義比四国日記』光緒十七年正月十六日記。薛福成が論ずる「人満之患」については、丁鳳麟『薛福成評伝』四七八～四八〇頁も参照。

（99）"China, the Sleep and the Awakening", *The Asiatic Quarterly Review*, Jan., 1887. 漢文訳「中国先睡後醒論」は『新政真詮』初編、『皇朝蓄艾文編』巻一「通論一」所収。

（100）「呂海寰奏」『光緒朝東華録』第四冊、総四八一二頁、光緒二十七年十二月丁巳（一九〇二年二月三日）条。呂海寰の華僑保護活動については、北京の国家図書館所蔵の『呂海寰奏摺』や、北京大学図書館所蔵の『呂海寰雑抄奏稿』などを使った、劉超・王暁秋「晩清呂海寰出使荷蘭及保護華僑二三事」がある。

第5章　駐英公使薛福成の領事設置活動とその挫折

（1）中央アジア・チベットにおける英露対立については、入江啓四郎『支那辺疆と英露の角逐』を、朝鮮半島については、岡本隆司『属国と自主のあいだ』第九章を参照。日清戦争以前の朝鮮半島については、実際には英露ともに朝鮮に対する直接支配を望んでいたわけではなかったが、特にイギリス側はロシアの朝鮮進出を危惧していたという。

（2）佐藤慎一『近代中国の知識人と文明』第一章。

（3）『李鴻章全集』（二）電稿二。『出使公牘』（『庸盦全集』所収）などには、薛福成側の咨文・書簡・電報のみしか収められていないが、『李鴻章全集』（二）電稿二には、総理衙門が薛福成に発した多くの電報が収められており、先行研究で検討されることのなかった総理衙門側の見解を知ることができる。

（4）なお、薛福成側の一部の電報は『出使公牘』巻一〇「電報」にも収録されており、以下重複するものは典拠を併記する。

（5）一八九〇年後半から九一年前半当時の総理衙門大臣は、慶郡王奕劻・許庚身・福錕・徐用儀・廖寿恒・孫毓汶・続昌・張蔭桓の八人であった。

(6) 以上、本章註(3)に同じ。

(7) 本書第4章註(70)を参照。

(8) この問題は、北京においてイギリス駐清公使のウォルシャム(Sir John Walsham 在任一八八六年六月~九二年九月)が総理衙門に提起したことから始まっている。当時イギリスは、インド支配の安定とロシアとの中央アジアへの進出競争において優位に立つため、新疆のカシュガルにイギリスの領事または駐在官を置くことを望んでいた。一八八一年のペテルブルク条約の結果、カシュガルには八二年一〇月にロシア領事館が開設されていた。イギリスは、ヤクブ・ベク政権が崩壊した後、一時新疆での拠点を失っていたが、パミール帰属問題が起こってからは、自国民保護を口実に、カシュガルにおける官吏の常駐を清朝側に求めていた。結局、清朝側はイギリスのカシュガル駐在「遊歴官」の受け入れに同意し、ジョージ・マカートニー(Sir George Halliday MaCartney 一八六七~一九四五)がその任に就き、一八九一年九月から一九一八年まで新疆におけるほとんど唯一のイギリス代表として、清朝・ロシアとの交渉や自国民保護に従事した。ちなみに、ジョージ・マカートニーはハリディ・マカートニーの息子であり、イギリス政府の新疆政策とハリディ・マカートニーの役割については、十分留意する必要がある(以上、片岡一忠『清朝新疆統治研究』二一七頁、箱田恵子『外交官の誕生』一四七、三一八~三一九頁を参照)。

(9) 「論英派員駐喀什噶爾及商設香港領事書」光緒十六年八月十二日、『出使公牘』巻三、五~八頁。この書簡は九月一九日に受け取った総理衙門からの来電に答えたもので、総理衙門側からカシュガル問題について問い合わせがあったものと思われる(同、五頁)。

(10) 「倫敦致総署總辦論事三條」辛巳(光緒七年)七月初一日(一八八一年七月二六日)、『曾恵敏公遺集』「文集」巻四、一二~一三頁、「致総署函稿」光緒七年閏七月十一日(一八八一年九月四日)倫敦「曾紀沢未刊書牘」一五四~一五五頁。

(11) 「請催設香港領事摺」光緒十二年二月二十五日、『張文襄公全集』奏議巻一五、一四~一七頁。在香港領事の設置問題に関する専論には、郭双林「晩清香港設領問題初探」、余定邦「清朝外交官眼中的香港和中英関於香港設領的交渉」がある。また、一九世紀後半から二〇世紀後半にわたる香港における中国側の領事・代表機関設置の動きを概観したものに、Peter Wesley-Smith, "The Proposed Establishment of a 'China Office' in Hong Kong"; "Chinese Consular Representation in British Hong Kong" がある。

(12) 郭双林「晩清香港設領問題初探」一七六~一八〇頁。

(13) 「咨総理衙門 与英外部商辦添設領事」光緒十六年八月二十五日、『出使公牘』巻一、三~五頁。

(14) 「咨総理衙門 英外部審量添設領事」光緒十六年九月初七日、『出使公牘』巻一、七頁。

(15) 「論添設香港領事及英派員駐喀什噶爾書」光緒十六年九月初十日、『出使公牘』巻三、一一~一二頁。

(16) 「与英外部商設香港領事情形片」光緒十六年十月初十日、『出使奏疏』巻上、二七頁。

(17) 本書第4章註(71)を参照。

（18）同、二十日条。
（19）同上。
（20）「咨総理衙門並北洋大臣李　英外部答允添設各属部領事」光緒十六年十一月初一日、『出使公牘』巻一、一一～一二頁。またここでは、領事を増設しても経費はさほど多くはかからないことが強調されていた。
（21）「論添設南洋領事書」光緒十六年十一月初一日、『出使公牘』巻三、一四～一五頁。
（22）「再論添設香港領事及英派員駐喀什噶爾書」光緒十六年十一月二十一日、『出使公牘』巻三、一八～一九頁。
（23）『星軺指掌』第三巻「論領事官」第一二章「論領事官之責任」第四節「論簡派領事官及到任之例」にいう「准行執照」を略して言ったものである。
（24）「三論添設香港領事及英派員駐喀什噶爾書」光緒十六年十一月二十一日、『出使公牘』巻三、二〇～二一頁。
（25）『中外旧約章彙編』第一冊、三八三～三八四頁。
（26）「三論添設香港領事及英派員駐喀什噶爾書」光緒十六年十一月二十一日、『出使公牘』巻三、二〇頁。
（27）『中外旧約章彙編』第一冊、七八頁。
（28）同、三八四頁。
（29）「三論添設香港領事及英派員駐喀什噶爾書」光緒十六年十一月二十一日、『出使公牘』巻三、二〇頁。
（30）新疆におけるロシア商人の無関税問題は、一八八〇年代後半以降、新疆巡撫劉錦棠によってその不正常性が盛んに指摘され、総理衙門や駐露公使は、すでに新疆での貿易は盛んになっており、中国商人のみ課税されるのは不公平であるから税則を定めてロシア商人からも関税を徴収すべきである、とロシア側に要求していた。この時ロシア側は、ウルムチに総領事を設置することを清朝側に要求しており、結局両国は、領事問題と税則問題とを交換条件として、ともに取り下げることになった。一八九二年、中国商人からのみ徴税するのは不公平であり、当面ロシア商人から徴税できないのであれば、中国商人からの徴税も停止すべきであるとの新疆巡撫陶模の奏請を受け、清朝政府は同年一二月に新疆における中国商人からの流通税の徴収を停止した。日清戦争後、ロシアは三国干渉によって日本に対して遼東半島を清朝に返還させた「功績」をもって、在ウルムチ領事の設置を再度清朝政府に迫った。新疆当局や北京の中央政府はこれを機に再び税則を定めて無税状態の解消を図ろうとしたが、ロシア側の強硬な反対に遭い、結局ロシア側の在ウルムチ領事の設置のみ認められた（一八九六年設置）。二度目の条約改定時期であった一九〇一年にも、新疆当局は無税規定の廃止を求めたが、前年に起こった義和団事件のため、ロシアに対して廃止を要求することはできなかった。その上、四・五億両白銀におよぶ義和団賠償金支払いの影響を受け、同年新疆省では中国商人に対する課税が再開され、再び中国商人のみ徴税される状態に戻っていた。三度目の改定期限を迎えた一九一〇年一二月から翌一一年一一月にかけて、清露間では度重なる交渉が行われ、清朝側は再度無税状態の解消を目指したが、ロシア側は最後通牒によって武力行使も辞さない強硬な態度をとり、曾紀沢が挿入させた「暫」の字と「将来商務が盛んになれば、両国は税則を議定して免税規定を撤廃する」との一文をも削除し、無税状態をかえって恒久化しようとした。しかし、その後も交渉が難航しているうちに辛亥革命が勃発し、改定は行われず、一九一二年七月になってロシア側は中華民国政府に対し、一八八一年条約が自動延長されたことを通告した。その後、一九一七年のロシア革命によって帝政ロシアが崩壊し、新疆省（省長は楊増新）は新たに成立したソビエト政府と交渉して、一九二〇年五月に「イリ臨時通商協定」（伊寧会議定案）を結び、これにより、イリ国境を出入りするロシア商人の貨物はすべて新疆当局の関税規定に従って課税されることとなった。この協定は九月八日に北京政府の批准を受け、九月一日付で徴税が開始され、一九二二年からは新疆南部でも税関が設けられて徴税が始まった。こうして一八五一年以来続いていたロシア側の貿易免税特権は撤廃された。以上、厲声『新疆対蘇（俄）貿易史 1600–1990』第三章（特に一八九～一九七頁）・第五章（特に二四八～二五八頁）を参照。

(31) 薛福成が再びロンドンに戻ったのは同年五月四日のことであり、領事問題の議論も彼のロンドン帰還を待って、再び動き出すことになる。薛福成自身が、「［領事問題については］私がフランス・イタリア両国に赴いて数カ月留まっていた間は［他の問題と］同時に処理することができず、［その間に］ついに面倒なことになってしまった」（「四論添設香港領事及英派員駐喀什噶爾書」光緒十七年四月十二日、『出使公牘』巻三、五〇～五三頁）と述べているとおり、清末の在外公使が数カ国の公使を兼務していたことの弊害が、ここにも現れていた。ここに言う「面倒なこと」については後述する。

(32) しかし、この薛福成の上奏は、しばらくして『申報』や『万国公報』に掲載される（『申報』一八九一年四月一九・二〇日、『万国公報』第二九冊、一八九一年六月）。特にこの時期の『万国公報』は、在外公使の上奏を転載することはほとんどなく、この薛福成の領事増設の上奏がいかに注目されていたかがうかがわれる。また、この上奏は、後の経世文編の類にも繰り返し掲載され、中国の本国政府が在外華人の保護や領事の増設を推進していくための有力な論説として、広く知られることになる（『皇朝経世文三編』巻七八「洋務」一〇、『皇朝経世文新編』巻一五中「交渉」、『皇朝経済文新編』「外国交渉」巻二、『皇朝経世文新編続集』巻一五、『皇朝政典類纂』「外交」一一「通使」）。

(33) 「光緒十七年正月初二日逓北京」『出使公牘』巻十「電報」五頁、および「薛使致訳署」光緒十七年正月初四日申刻到、『李鴻章全集』(二) 電稿二、三三九～三四〇頁。

(34) 「瀕海要区添設領事疏」光緒十七年正月二十五日、『出使奏疏』巻上、三五～三六頁、および「使英薛福成奏瀕海要区添設領事揀員調充摺」『清季外交史料』巻八四、一〇～一一頁。この上奏は翌六日に発送されている（『出使英法義比四国日記』光緒十七年正月二十六日記）。

(35) 「使英薛福成奏瀕海要区添設領事揀員調充摺」『清季外交史料』巻八四、一一頁。

(36)「訳署寄薛使」光緒十七年三月二十四日辰刻到（『李鴻章全集』（二）電稿二、三五九～三六〇頁）。電文の末尾は「漾」であり、発信日は光緒十七年三月二十三日（一八九一年五月一日）である。

(37) 在香港領事とカシュガル駐在官の設置問題について、ウォルシャムと総理衙門との間で話し合いが行われたのは一八九一年四月三〇日のことであり、Interview at the Tsungli Yamen, 30 Apr., 1891, Record Book of Interviews with Chinese Authorities, etc., FO233/40 は、その際のイギリス側の記録である。それによれば、この時ウォルシャムに応対した総理衙門大臣は、慶郡王奕劻・孫毓汶・廖寿恒・徐用儀の四人であったという。

(38)「咨総理衙門 酌議添設領事経費及籌辦事宜」光緒十七年三月二十五日、『出使公牘』巻一、一三～一四頁。

(39) 在香港領事が設置された後、地理的に近い両広総督の管轄下に置くという案は、曾紀沢や張之洞の計画にもすでに見られたが（「倫敦致総署総辦論事三条」辛巳七月初一日、『曾恵敏公遺集』文集巻四、一二～一三頁、「請催設香港領事摺」光緒十二年二月二十五日『張文襄公全集』奏議巻一五、一七頁）、曾紀沢は「粤中大吏」のみに「節制」させるとしたのに対し、張之洞は両広総督（張之洞自身）と駐英公使（当時は劉瑞芬）に「兼帰」させるとするなど、若干の違いが見られる。

(40) 本国と在外公館との間で電報が使われるのは、緊急性があり、しかも長文でないものに限られた。長文の電報が避けられたのは、電報にかかる費用が当時高額であったためでもある。清末の在外公館の設立に合わせた電信を含む対外通信体制の確立については、千葉正史『近代交通体系と清帝国の変貌——電信・鉄道ネットワークの形成と中国国家統合の変容』第二章を参照。

(41)「訳署致薛使」光緒十七年三月二十九日午刻到、『李鴻章全集』（二）電稿二、三六一頁。電文の末尾は「勘」であり、発信日は光緒十七年三月二十八日（一八九一年五月六日）である。

(42) この経緯については未詳である。

(43)「四月初二日逓北京」『出使公牘』巻十「電報」五頁、および「薛使致訳署」光緒十七年四月初四日酉刻到『李鴻章全集』（二）電稿二、三六二頁。

(44) 郭双林「晩清香港設領問題初探」一九一～一九四頁を参照。

(45)「訳署致薛使」光緒十七年四月初五日戌刻到、『李鴻章全集』（二）電稿二、三六三頁。電文の末尾に発信日を表す文字がないため、『李鴻章全集』（二）電稿二の記載に拠ったが、おそらく発信日はこの前日（一一日）あたりと思われる。

(46)「薛使寄訳署」光緒十七年四月初八日酉刻到、『李鴻章全集』（二）電稿二、三六四～三六五頁。電文の末尾は「虞」であり、発信日は光緒十七年四月七日（一八九一年五月一四日）である。

(47)「四月初九日逓北京」『出使公牘』巻一〇「電報」五～六頁、および「薛使致訳署」光緒十七年四月十一日亥刻到、『李鴻章全集』（二）電稿二、三六五～三六六頁。

(48)「訳署致薛使」光緒十七年四月十三日酉刻到、『李鴻章全集』(二二)電稿二、三六六頁。電文の末尾に発信日を表す文字がないため、『李鴻章全集』(二二)電稿二の記載に拠ったが、おそらく発信日はこの前日(一九日)あたりと思われる。

(49)「薛使致訳署」光緒十七年四月十八日辰刻到、『李鴻章全集』(二二)電稿二、三六六頁。電文の末尾は「咸」であり、発信日は光緒十七年四月十五日(一八九一年五月二二日)である。

(50)『出使公牘』巻三、五〇～五三頁。『庸盦文別集』巻六所収の「論添設香港領事及英派員駐喀什噶爾書(致総理衙門)」辛卯もほぼ同文である(同、二〇八～二一一頁)。

(51)「論長江教案書」光緒十七年六月十八日、『出使公牘』巻四、三～四頁、「論外国領事宜中国給予准照書」光緒十七年六月十八日、同巻三、五～六頁。

(52)「薛使致訳署」光緒十七年七月初七日戌刻到、『李鴻章全集』(二二)電稿二、三八三頁。電文の末尾は「江」であり、発信日は光緒十七年七月初三日(一八九一年八月七日)である。

(53)「総署奏遵議添設香港領事改設新嘉坡総領事摺」『清季外交史料』巻八四、二八～三〇頁。

(54)「訳署寄薛使」光緒十七年七月二十三日巳刻到、『李鴻章全集』(二二)電稿二、三八八頁。電文の末尾は「養」であり、発信日は光緒十七年七月二十二日(一八九一年八月二六日)である。

(55)その後、一九〇七年になり、清朝政府は再度在香港領事の設置をイギリス側に求めたが、香港総督が頑強に反対したため、結局清朝は在香港領事を設置することはできなかった(郭双林「晩清香港設領問題初探」一九〇頁)。

(56)総理衙門の最大の懸念が経費問題にあったことが、当時すでに領事設置問題についてほとんど発言しなくなっていた李鴻章によって語られている(一八九一年七月二五日付の李鴻章の盛宣懐宛て電報「寄煙台盛道」光緒十七年六月二十日午刻、『李鴻章全集』(二二)電稿二、三七六～三七七頁)。

(57)『薛福成日記』六五一～六五二頁、光緒十七年八月壬辰朔(一八九一年九月三日)記。

(58)一八九一年五月当時の総理衙門大臣については、本章註(5)を見よ。

(59)「答袁戸部書」辛卯、『庸盦海外文編』(『庸盦全集』所収)巻三、五頁。

(60)『出使日記続刻』(『庸盦全集』所収)光緒十七年九月十二日(一八九一年一〇月一四日)記。

(61)同、光緒十七年十月二十日(一八九一年一一月二一日)記。

(62)袁昶が当時、南洋領事増設問題について薛福成と往復書簡で意見を交換していたことは、袁昶側の日記からも確認できる(袁昶『毗邪台山散人日記』光緒十六年十二月、光緒十七年十月〔『歴代日記叢鈔』第七二冊、四八九、六〇八頁〕)。薛福成の計画が挫折した後の一八九一年一一月に袁昶が受け取った薛の書簡には、「当路」者に対する不満が記されていたという(『毗邪台山散人日記』

光緒十七年十月の日記（『歴代日記叢鈔』第七二冊、六〇八頁）。
(63) 黄遵憲の在シンガポール総領事在任時期の活動については、Noriko Kamachi, *Reform in China : Huang Ysun-hsienand the Japanese Model*, 盛邦和「黄遵憲辦理華僑事務的功績」、蔡佩蓉『清季駐新加坡領事之探討（一八七七―一九一一）』、鄭海麟『黄遵憲伝――附黄遵楷伝』第八章などを参照。
(64)『出使奏疏』巻下、五～九頁、「使英薛福成奏請申明新章豁除旧禁以護商民摺」『清季外交史料』巻八七、一四～一七頁。
(65) 一八九三年にはペナンに副領事が設置され、現地華人の張弼士（振勳）が任命されている。
(66)「論仰光及加里吉打宜設領事書」光緒十七年十月二十一日、『出使公牘』巻四、一六～一七頁。
(67) 特に界務交渉については、箱田恵子『外交官の誕生』第五章に詳しい。
(68)「豫籌仰光領事揀員充補疏」光緒二十年三月十四日、『出使奏疏』巻下、四六～四八頁。同文が『清季外交史料』巻九一、五～六頁に収録されている。
(69)『中外旧約章彙編』第一冊、五七五～五八一頁。
(70)「豫籌仰光領事揀員充補疏」光緒二十年三月十四日、『出使奏疏』巻下、四六～四八頁。
(71) 在ラングーン領事の設置交渉については、余定邦「清朝政府在仰光設置領事的過程――兼論清廷所派領事与華僑的関係」などの研究があるが、清朝側の政策決定過程やイギリス側との交渉過程など、検討すべき点はまだ多い。これらについては今後の課題としたい。
(72)『出使公牘』巻三、五二～五三頁。
(73) そんな状況下においても、米西戦争の結果、フィリピンがスペインからアメリカに割譲されたことにより、一八八〇年初頭以来の懸案であった在マニラ総領事の設置が一八九八年に実現している。また、清朝最末期には、オランダとの間で東インド植民地における領事設置交渉が進められ、バタビア駐在の在ジャワ総領事のほか、バンドンやスラバヤにも清朝の領事が一九一一年に設置されている。オランダとの領事設置交渉については、箱田恵子「領事増設とその意味――陸徴祥によるオランダとの領事館設立交渉を中心に」（同『外交官の誕生』補論を参照）。
(74) 当時清朝の対外政策に重きをなしていた北洋大臣李鴻章は、薛福成が行った領事設置活動についてどのように見ていたのか。薛福成は元々李鴻章の幕僚であり、その駐英公使への就任にも李鴻章の推挙があった以上、李鴻章が薛福成の大きな後ろ盾となっていたことは疑いないであろうが、薛福成が行った領事設置活動について李鴻章が直接言及した史料は現在のところ見当たらない。しかし、李鴻章側の保存記録（『李鴻章全集』（二）電稿二）の中に薛福成と総理衙門との往復電報が残されていること自体、李鴻章が両者の論議の内容を把握していたことの紛れもない証拠である。

（75）「通籌南洋各島添設領事保護華民疏」光緒十六年十月初十日、『出使奏疏』巻上、一三頁。
（76）『庸盦海外文編』巻三、二六～二七頁。この論説は薛福成の稿本日記では光緒十八年二月初一日（一八九二年二月二八日）記に掲載されており、執筆時期もこの頃と思われる（『薛福成日記』六九七頁）。『庸盦海外文編』など薛の各種文集に掲載されている論説と稿本日記との関係については、箱田恵子「薛福成の外交思想」（岡本隆司・箱田恵子・青山治世『出使日記の時代』第6章）二〇四～二一二頁を参照。
（77）『庸盦海外文編』巻三、一五～一六頁。
（78）「論仰光及加里吉打宜設領事書」光緒十七年十月二十一日、『出使公牘』巻四、一六～一七頁。
（79）「通籌南洋各島添設領事保護華民疏」光緒十六年十月初十日、『出使奏疏』巻上、一二五頁。
（80）「豫籌仰光領事揀員充補疏」光緒二十年三月十四日、『出使奏疏』巻下、四六頁。
（81）FO 17/794, Salisbury to Kuo Ta-Jên, 16 Apr., 1878.

第6章　双務的領事裁判権をめぐる日清交渉

（1）清朝の在日領事は日清修好条規では「理事官」と表記され、在日領事館を清朝側は「理事府」と称した（その清朝側の意図については後述する）。日本側は、清朝の理事官や理事府を、通常「領事」「領事館」と呼び、欧米の在日領事と同様に扱った。清朝側の意図に関わらず、理事官や理事府は通常の領事や領事館として機能し、日本側にも扱われたため、以下、本章では基本的に「領事」「領事館」と表記し、必要に応じて「理事官」「理事府」と付記する。
（2）薛典曾『保護僑民論』二六頁。
（3）山本紀綱『長崎唐人屋敷』ほかを参照。唐人屋敷の実際の運営は、長崎地役人の頭である町年寄が行っていた。
（4）明治二年十月長崎県ヨリ外務省宛「日支間ニ於テハ訴訟事件ニ対シテハ在留国ノ法律ヲ適用スル様決定方申請ノ件」（『大日本外交文書』第二巻第三冊、二六三頁）。近世日本における外国人に関わる紛争や犯罪の処理に関する慣例については、荒野泰典「近世の日本において外国人犯罪者はどのように裁かれていたか？――明治時代における領事裁判権の歴史的前提の素描」第三節を、近世長崎については、特に安高啓明『近世長崎司法制度の研究』を参照。清朝側が送還された華人を日本側の通知に基づいて裁いていたかは定かではない。
（5）山本紀綱『長崎唐人屋敷』参考資料第二「密貿易（抜荷・密商）」を参照。幕府が外国人に対してこのような措置にとどめたのは、『異域民』の処罰はその主権者に委ねるという家康以来の原則に忠実だったから」だという（荒野泰典『近世日本と東アジア』八三頁）。

(6) 川島真『中国近代外交の形成』二一八頁、閻立『清末中国の対日政策と日本語認識――朝貢と条約のはざまで』九二頁を参照。なお、太平天国の乱に際して数千人の中国難民が長崎に渡来したという件については、その子細は不明である。
(7) 臼井勝美「横浜居留地の華人」八六一～八六二頁。
(8) 明治二年十月長崎県ヨリ外務省宛「日支間ニ於テハ訴訟事件ニ対シテハ在留国ノ法律ヲ適用スル様決定方申請ノ件」(『大日本外交文書』第二巻第三冊、二六三頁)。
(9) 『日本外交年表竝主要文書』上巻、五四頁。
(10) 明治二年二月五日長崎府ヨリ外国官宛「日清通商及日本人ノ渡航在留ニ関スル幕府長崎奉行ト深刻上海道台トノ間ノ往復書翰送付ノ件」附記六「明治元年十一月九日清国上海道台ヨリ長崎府知事宛」(『大日本外交文書』第二巻第一冊、二六一～二六二頁)。
(11) 同、附記七「明治元年十二月長崎府ヨリ在留支那人ニ対スル布告」(『大日本外交文書』第二巻第一冊、二六四～二六五頁)。「附属支那人」への適用を徹底させるため、同布告は長崎駐在の欧米各国領事にも通知された(同、二六五頁)。
(12) 蒲池典子「明治初年の長崎華僑」六頁。
(13) 同、六～七頁。
(14) 一八七四年一一月以降、長崎県外務局は会所の代表を「総管」に任命し、俸給も支払われるようになる(「支那従民諸願届(外務課事務簿)明治七年」長崎歴史文化博物館所蔵、蒲池典子「明治初年の長崎華僑」八頁も参照)。ただ、「総管」という役職自体は、会所設立当初から存在し、明治三年当時の八閩会所では、日本側当局へ書状を出す際、会所代表たる「総理」に鈕春杉と鄭仁瑞が連署する場合、鈕春杉が単独で「総理」と署名する場合、鄭仁瑞が単独で「総管」「副総理」と署名する場合、二名が「総理鈕春杉・総管鄭仁瑞」と連署する場合などが見られた(「清国人往復(外務課事務簿)明治三年」長崎歴史文化博物館所蔵)。八閩会所では、鄭仁瑞が鈕春杉に次ぐナンバー2の地位にあり、「総管」が主に日本当局向けに使用される役職名であったことが、史料からうかがわれる。
(15) 明治二年十月長崎県ヨリ外務省宛「日支間ニ於テハ訴訟事件ニ対シテハ在留国ノ法律ヲ適用スル様決定方申請ノ件」(『日本外交文書』第二巻第三冊、二六三～二六四頁)。
(16) 以上、臼井勝美「横浜居留地の華人」八六九～八七九頁を参照。
(17) 日清修好条規に関連する領事裁判権の問題に特に言及しているもののみ挙げておく。田保橋潔「日支新関係の成立――幕末維新期に於ける」、王璽『李鴻章与中日訂約(一八七一)』、浅古弘「日清修好条規に於ける観審の成立」、楊雨青「中日関於設立領事問題的早期交渉」、藤村道生『日清戦争前後のアジア政策』第三章「日清修好条規の成立――日清同格の達成」(初出一九六七年)、徐越庭「「日清修好条規」の成立」、鳴野雅之「清朝官人の対日認識――日清修好条規草案の検討から」、谷渕茂樹「日清修好条規の清朝側草案よりみた対日政策」、廖敏淑「互市から見た清朝の通商秩序」第五章、李啓彰「「近代日中外交の黎明」――日清修好条規の締結過程から見る」、森田吉彦「日清関係の転換と日清修好条規」（岡本隆司・川島真編『中国近代外交の胎動』第二章）、閻立『清末中国の対日政策と日本語認識』第三章・第四章。

(18) 同条規の裁判管轄権に関する交渉については、前註に挙げた浅古弘、藤村道生、谷渕茂樹、李啓彰、鳴野雅之、臼井勝美の各論考を主に参照した。特に浅古弘論文は、各種草案と調印された修好条規の裁判規定について詳細な分析を行っており、本章においてこれを繰り返す必要はないと思われる。ただ、行論上の必要もあり、またかつては利用が困難であった史料も利用しやすくなったことから、それらとともに新たな視点も加味して再検討してみたい。

(19) 主に鳴野雅之「清朝官人の対日認識」による整理を参照した。傍線は引用者による。

(20) 徐越庭「『日清修好条規』の成立」（一）、二〇一頁。

(21) 後に二次草案（③）を起草した応宝時と涂宗瀛は、柳原草案の第四款は「まるで憲論〔上司からの指示〕のようであり、彼の国にいる我が国の商民を代わって管理しようとするものであり、流弊を免れない」と批判していた（王璽『李鴻章与中日訂約（一八七一）』七五頁）。王璽は、第五款の規定を「日本側のみ裁判権があり、中国にはない」ものと捉えているが（同前、六四頁）、浅古弘は「領事裁判権を相互に承認しあうということを考えたのは柳原私案である」とし（浅古弘「日清修好条規に於ける観審の成立」五六三頁）、徐越庭も第五款を「領事裁判権の相互承認」の規定であると見なしている（徐越庭「『日清修好条規』の成立」（一）、二〇一頁）。この柳原草案第五款の条文が、極めて一方的かつ曖昧な記述であったがために、清朝側の草案では、より明確に双務性を強調する記述に改められたものと思われる。

(22) 李鴻章より総理衙門宛て書簡「咨会日本条約擬稿又会商条規備稿均已加籤並另擬章程十八条咨送由」同治九年十二月十八日付（『総理各国事務衙門檔案』〇一―二一―二四―〇一―二〇）。これについては、王璽『李鴻章与中日訂約（一八七一）』六六頁、谷渕茂樹「日清修好条規の清朝側草案よりみた対日政策」四九頁にも言及されている。

(23) 浅古弘「日清修好条規に於ける観審の成立」五六三頁。

(24) 清朝側（李鴻章）は、日清間の条約（条規）が西洋との条約に準拠できない理由を、清朝と西洋諸国との関係は「有来無往」であるのに対し、清朝と日本との関係はそうではないからである、と日本側にも説明していた（廖敏淑「互市から見た清朝の通商秩序」二一八頁）。

(25) 『中外旧約章彙編』第一冊、四二、九八頁。

(26) 谷渕茂樹「日清修好条規の清朝側草案よりみた対日政策」五三頁。ただ、当時清朝側が問題視していた「領事に商人や第三国の領事があてられること、および領事が貿易を行ったり第三国の領事を兼務することは厳に禁じられ」た（同上）。これについては、清朝側最終草案および調印された日清修好条規の第一六条に規定されている。

(27) 浅古弘は、いわゆる「会審」と「国王が外国人を国内裁判所の判事とする混合裁判所」とは区別すべきとしている（浅古弘「日清修好条規に於ける観審の成立」五五三～五五四頁）。

(28) 「曾国藩奏遵籌日本通商事宜片」同治十年正月、『籌辦夷務始末』同治朝、巻八〇、九～一二頁。

(29) 本章註(40)を見よ。

(30) 王璽『李鴻章与中日訂約（一八七一）』七五頁。

(31) 鈴木智夫は、曾国藩が「領事裁判権を双務的なものにさせたのは、中華帝国の体面や威信が損ねられることを防止するためでしかなかった」とするが（鈴木智夫『洋務運動の研究』五二〇頁）、曾国藩の先の上奏や彼の指示を受けて二次草案を起草した応宝時らの提言から判断すれば、清朝側が双務的な領事裁判権をより明確に規定しようとしたのは、通商の拡大に伴う邦人保護の徹底を期した、より積極的な動機に基づくものであったと見るべきであろう。

(32) 李鴻章の総理衙門宛て書簡「咨報具奏日本議約立訂条規章程一摺抄録原奏知照附税則二本咨呈由」同治十年八月二日付、「総理各国事務衙門檔案」〇一―二一―五一―一―一六。

(33) 「応敏齊来函」同治十年七月十五日付、『晩清洋務運動事類匯鈔』中冊所収「日本国議約全案・同治十年」、五四〇～五四二頁。『晩清洋務運動事類匯鈔』は、版心に「蔵修書屋」と刻印された紅格紙に手写された佚名輯「清末蔵修書屋抄本」（山東省図書館所蔵）を影印出版したものである。巻頭の「影印説明」には、清末期に「蔵修書屋」の室号を有していた劉晩栄が輯者である可能性が示されているが、確証は得られていないという（同、上冊、(三)頁）。

(34) 田保橋潔「日支新関係の成立」、藤村道生『日清戦争前後のアジア政策』第三章を参照。原文は「大隈文書」（早稲田大学所蔵）による。

(35) 藤村道生『日清戦争前後のアジア政策』八五頁。

(36) 同、八二～八五頁。

(37) 浅古弘「日清修好条規に於ける観審の成立」五五六頁。

(38) 藤村道生『日清戦争前後のアジア政策』八五頁。津田草案のような片務的な領事裁判規定となったことについて浅古弘は、「ちょうどその頃、外務省では欧米諸国との条約改正案の取調作業が並行的に進められており、起草者たちは条約改正の核心が領事裁判権の回収にあるとしていた。恐らく、日中間の新条約で、中国に日本での領事裁判権を認めることは、これから開始しようとしている欧米諸国との条約改正交渉の障害になるとの考えが、外務省にあったためと思われる」と推論している（浅古弘「日清修好条規に於ける観審の成立」五五六頁）。

(39) 以上、徐越庭「「日清修好条規」の成立」第二章第二節ほかを参照。

(40) 日本側は、修好条規締結前の一八七〇年に、上海道台涂宗瀛との合意に基づき、品川忠道（外務大録権通商大祐）を上海在留日本人の取り締まりと貿易監督のための出張所官員としてすでに派遣していたが、裁判権は付与されていなかった。一八七二年に日本側は品川を代領事に昇格させようとしたが、清朝側は修好条規の批准が済んでいないことを理由に認めなかった。日本の在清領事館が開設されたのは、批准交換後の一八七三年六月のことで、領事裁判権の行使も始められた。その後、日朝修好条規の締結により在朝鮮管理官にも裁判権が付与されると、在朝管理官と在清領事による領事裁判に関する制度や規則が、次第に整えられていった。以上、浅古弘「日清修好条規に於ける観審の成立」第三節を参照。

(41) 以下、原文は「李鴻章奏」同治十一年六月初一日付（「総理各国事務衙門檔案」〇一―二一―五二―一―一二）。訳文は田保橋潔「日支新関係の成立」四八頁も参照した。

(42) 柳原前光は、アメリカ在上海総領事と会見した際に、条約改定の目的を問われて、「在清ノ我カ領事ハ我カ商民ヲ其法下ニ管轄シ、清民ノ我国ニ在ル者モ我カ地方官ニテ其法下ニ裁理シ得ン事ヲ欲スルナリ。是猶欧民ノ清ニ在ル者ト清民ノ欧ニ在ル者ト其管轄ノ権利彼此得失アルカ如ク然リ」と明確に答えている（外務省記録「日清修好条規通商章程締結問題（明治元年―六年）」第三巻所収の「壬申使清日記」三月二〇日条、外務省外交史料館所蔵、二門五類一項、JACAR（アジア歴史資料センター）Ref. B06151019200・第三三画像目。浅古弘「日清修好条規に於ける観審の成立」五八一頁も参照）。

(43) 鈴木智夫『洋務運動の研究』五一一～五一四頁。李育民「晩清改進・収回領事裁判権的謀劃及努力」第一節も参照。ただ、一八六七～六八年に行われた条約研究の際に、総理衙門章京（書記官）の周家楣が提案したという、華人・外国人間の混合殺人事件が起きた際に準拠すべき特例法の制定構想については、この時期に総理衙門において領事裁判権の弊害が意識されていたことは間違いないものの、引用される史料は、一八七七（光緒三）年に、初代駐英公使郭嵩燾が条約港における特例法（通商則例）の作成を提議したことに対して反論した上奏である（「総署奏擬纂通商則例以資信守摺」光緒三年九月、『清季外交史料』巻一一、二六～三〇頁）。そのため、たとえ基本的な認識に変化はなくとも、使われる言葉や概念に一〇年の間に変化がなかったとは言い切れず、一八七七年の認識や発言でもって一八六七～六八年当時の総理衙門の法権に対する見解や対応をそのまま再現することは、やや問題があろう。

(44) 鈴木智夫『洋務運動の研究』五一四頁。しかし、こうした清朝側の主張の背景を、単に欧米諸国間の「通例」を把握するに至ったことにのみ求めるだけでは、十分とは言えない。なぜなら、これよりわずか三〇年ほど前のアヘン戦争の敗戦までは、清朝政府は決して属地主義的な司法管轄権を譲歩あるいは放棄してはいなかったからである（本書序章註(52)を見よ）。アヘン戦争以前の司法権に対する認識が、一八六〇年代末以降の法権回収の意識といかに関わっていたかは、今後の課題である。

（45）箱田恵子『外交官の誕生』第二章。
（46）陳欽とともに最終草案を作成した応宝時は、一八六八年のイギリスとの条約改定交渉の際には、条約案の起草に携わっていた。
（47）「述副島商論外交」同治十二年四月初七日、『李文忠公全集』「訳署函稿」巻一、四三～四六頁。
（48）同上。
（49）鈴木智夫『洋務運動の研究』五二三～五二四頁。典拠は「総署奏擬纂通商則例以資信守摺」光緒三年九月、『清季外交史料』巻一一、二九頁。
（50）徐越庭「「日清修好条規」の成立」（一）、二二三～二二五頁を参照。
（51）「論遣官駐日本」光緒元年八月二十五日（一八七五年九月二四日）、『李文忠公全集』「訳署函稿」巻四、二四～二五頁。引用文は臼井勝美「横浜居留地の華人」八八五頁を参照。
（52）臼井勝美「横浜居留地の華人」八八五頁。
（53）外務省記録「在留清国人民籍牌規則竝実施一件」（外務省外交史料館所蔵、三門九類五項）。同規則が設けられた直接的な動機は、同月に日本が台湾に出兵し、在留華人の取り締まりを厳格にする必要があったためであった。
（54）津田多賀子「明治一〇～一一年の双務主義の日清条約特約交渉」三頁。
（55）『日本外交文書』第九巻、一四九～一五〇号文書、四三九～四六二頁。浅古弘「日清修好条規に於ける観審の成立」五七八頁、津田多賀子「明治一〇～一一年の双務主義の日清条約特約交渉」三頁を参照。
（56）浅古弘「日清修好条規に於ける観審の成立」五七八頁。
（57）「議日本約章」光緒元年八月二十五日（一八七五年九月二四日）、『李文忠公全集』「訳署函稿」巻四、二三頁。楊雨青「中日関於設立領事問題的早期交渉」二五九頁も参照。
（58）「与日本森使問答節略」光緒二年九月二十三日（一八七六年一一月八日）附『李文忠公全集』「訳署函稿」巻六、三二～三三頁。
（59）鈴木智夫『洋務運動の研究』五一三頁。
（60）中文版は *Documents Illustrative of the Origin, Development, and Activities of the Chinese Customs Service*, Vol. VI, p. 441、英文版は Hart, *"These from the Land of Sinim"*, p. 230. 確かなことは未詳だが、ここに掲載されている中文版が当時総理衙門に提出された原文であったと思われる。序章註(57)も参照。
（61）津田多賀子「明治一〇～一一年の双務主義の日清条約特約交渉」を参照。
（62）一八九〇年には在函館領事が任命され、九二年に着任している。九〇年以前は、函館の華人は在横浜領事の所轄であった。
（63）外務省記録「本邦ニ申告領事館設置ニ付各港在留同国人犯罪其他取扱方関係雑件」（外務省外交史料館所蔵、四門一類一項一四号、

原ファイル名「清国領事官渡来ニ付我各港在留同国人犯罪其外取扱振雑件」）乾—三「清国領事官設置ニ付同国人取扱蟻往復」。浅古弘「日清修好条規に於ける観審の成立」五七八〜五七九頁を参照。
(64) しかし、黎庶昌は、今回の合意は「改約」ではなく「一時権宜ノ便法」であって、将来清朝側が条規の規定どおりに会審を行うよう要求した際は、今回の合意に固執して変更できないとは言わないよう念を押す書簡を送っている（浅古弘「日清修好条規に於ける観審の成立」五八四頁）。
(65) 浅古弘「日清修好条規に於ける観審の成立」五七八〜五八五頁。
(66) 同、五八二頁。
(67) 五百旗頭薫「隣国日本の近代化——日本の条約改正と日清関係」（岡本隆司・川島真編『中国近代外交の胎動』第三章）、津田多賀子「日清条約改正の断念と日清戦争」を参照。
(68) 日清開戦後の在日華人に対する待遇の変化については、岩壁義光「日清戦争と居留清国人——明治二七年「勅令第百三十七号」と横浜居留民」を参照。
(69) 廖敏淑「清代の通商秩序と互市——清初から両次アヘン戦争へ」（岡本隆司・川島真編『中国近代外交の胎動』第一章）四一頁。
(70) 同、三三頁。
(71) 本章註(28)を見よ。廖敏淑「互市から見た清朝の通商秩序」では二一九頁。
(72) 楊雨青「中日関於設立領事問題的早期交渉」二六二頁。
(73) 総理衙門側は、一八七五年に行われたスペインおよび各国公使団とのキューバ華工問題に関する交渉においても、キューバにおける双務的な領事裁判権の行使を要求しており（箱田恵子『外交官の誕生』五五〜五六頁）、当時の清朝政府が、領事裁判権を外交上の交渉材料としていたことがうかがえる。
(74) 領事裁判権についてのみ述べられたものではないが、日清修好条規の最終交渉に際して、「上は国体を碍する無く、下は商民に利有らしめる」ことを原則として交渉するよう、李鴻章は総理衙門から指示されていた（李鴻章「具奏日本議定章程一摺抄録原奏知照由」同治十年七月十九日（「総理各国事務衙門檔案」〇一—二一—五一—一—九）。

第7章　清朝の在朝鮮領事裁判規定の成立と変容

(1) 近年の日本の研究では、岡本隆司『属国と自主のあいだ』、同「韓国の独立と清朝の外交——独立と自主のあいだ」（岡本隆司・川島真編『中国近代外交の胎動』第七章）によって、一九世紀後半の清韓関係の変容過程についての実証研究の成果を知ることができる。

（2）商民水陸貿易章程の締結や運用については、秋月望「朝中間の三貿易章程の締結経緯」、曹力強「清代中韓関係研究」第二章第二節、酒井裕美「甲申政変以前における朝清商民水陸貿易章程の運用実態——関連諸章程と楊花津入港問題を中心に」などの研究がある。

（3）安井三吉『帝国日本と華僑』九三頁。

（4）李銀子（이은자）「한국 개항기（1876~1910）중국의 治外法権 적용 논리와 한국의 대응——韓中間 조약 체결 과정을 중심으로」、同「〝訴訟〟안건을 통해 본 청일전쟁 이후（1895~1899）韓中関係 연구」、同「清末 駐韓 商務署 組織과 그 位相」、同「日清戦争後駐韓中国公館の運営とその位相——総領事唐紹儀・公使徐寿朋の時期を中心に」、権赫秀「陳樹棠在朝鮮的商務領事活動与近代中朝関係（一八八三年一〇月～一八八五年一〇月）」（同『東亜世界的裂変与近代化』第一編所収）、石川亮太「開港期漢城における朝鮮人・華人間の商取引と紛争——「駐韓使館檔案」を通じて」、朴正鉉（박정현）「1882~1894 년 조선인과 중국인의 갈등 해결방식을 통해 본 한중관계」、柳岳武「近代中朝宗藩関係下的司法運作之考析」、周国瑞「晩清駐朝商務委員経費分析」。

（5）朝鮮・韓国の名称について、必ずしもある時点を設定して明確に区別できないが、本書では、大韓帝国への国号の変更が行われた一八九七年前後で区別しておく。

（6）『清光緒朝中日交渉史料』巻四、二二頁、『清季外交史料』巻二九、九頁。

（7）文明基「一八八〇年代の「章程体制」と漢城開桟——〈朝清商民水陸貿易章程〉（一八八二年）再検討のための序論」。

（8）『申報』一八八六年一月一〇日。

（9）仁川の華商租界設置は初代総辧商務委員の陳樹棠が働きかけたものであった。一八八三年一〇月、神戸華商公興号（広東系）の支配人黄曜東が、社員の鄭渭生・翼之兄弟を釜山に派遣して徳興号を開設し、貿易と雑貨の販売を始めたが（『清季中日韓関係史料』第三巻、一二五八頁）、その店が日本租界内にあったため日本領事から立ち退きを要求される。鄭兄弟はこれを受け入れず争いとなり、日本商人の妨害を受け、陳樹棠が釜山に赴いて交渉にあたった。陳樹棠はこれを機に、朝鮮政府に対し華商租界の設置を要求して実現させている（安井三吉『帝国日本と華僑』八七頁を参照）。

（10）「総署奏議覆朝鮮商務委員章程摺」光緒九年七月二十日奉旨、『清季外交史料』巻三四、一〇～一一頁。

（11）「辦理朝鮮商務章程摺」光緒九年六月二十一日（一八八三年七月二四日）、『李文忠公全集』「奏稿」巻四六、五五頁。

（12）同上。

（13）「総署奏議覆朝鮮商務委員章程摺」光緒九年七月二十日奉旨、『清季外交史料』巻三四、一〇～一一頁。

（14）O・N・デニー『清韓論』五五頁（原文は二二頁）。

（15）「総署奏議覆朝鮮商務委員章程摺」光緒九年七月二十日奉旨、『清季外交史料』巻三四、一〇頁。

（16）華人商人の朝鮮進出は一八八四年の甲申事変後一時減少したが、一八八六年からは再び増加に転じている。朝鮮在住華人数の推移については、楊昭全・孫玉梅『朝鮮華僑史』一三〇頁を参照。
（17）楊昭全・孫玉梅『朝鮮華僑史』一二四～一二九頁。
（18）『清韓論』五五頁（原文は二二頁）。
（19）『清季中外使領年表』八四頁は、光緒五年十一月（一八八〇年一月）に就任したとするが、駐米公使陳蘭彬からアメリカ政府に陳樹棠の総領事就任が通知されたのは光緒四年十月十四日（一八七八年一一月八日）のことである（『中美関係史料 光緒朝一』四三三頁）。
（20）「陳樹棠総辦朝鮮商務片」光緒九年六月二十一日（一八八三年七月二四日）、『李文忠公全集』「奏稿」巻四六、五九頁。
（21）岡本隆司『属国と自主のあいだ』一三二、四二七頁、同『馬建忠の中国近代』三〇三～三〇四頁を参照。
（22）具体的な活動については、権赫秀「陳樹棠在朝鮮的商務領事活動与近代中朝関係（一八八三年一〇月～一八八五年一〇月）」（同『東亜世界的裂変与近代化』第一編所収）に詳しい。
（23）対立関係にあるため当然だろうが、陳樹棠に対する日本政府や親日派の朝鮮人士の評判はよくなかった。井上馨外務卿は駐日公使徐承祖に対し、陳樹棠について「忠厚余り有るも、才智足らず」と評し、後述する陳の更迭を支持した（林明徳『袁世凱与朝鮮』一二三～一二四頁）。
（24）以上、権赫秀『東亜世界的裂変与近代化』一〇六頁を参照。
（25）「派員接辦朝鮮事務摺」光緒十一年九月二十一日（一八八五年一〇月二八日）、『李文忠公全集』「奏稿」巻五五、七頁。その後、一八八七年には、沈能虎が陳樹棠の輪船招商局会辦への就任を盛宣懐に要請し、盛はそれを李鴻章に取り次いでいるが、実現しなかったという（岡本隆司『馬建忠の中国近代』一九五、三〇三～三〇四頁）。岡本が引く盛宣懐の李鴻章書簡には、陳樹棠は招商局の「大股東」でかつて「幫辦」を務めていたとある（『盛宣懐実業函電稿』上冊、五七～五八頁）。盛宣懐がいう「幫辦」との関連は不明だが、招商局開設まもない一八七〇年代中頃に陳が香港分局の董事（局董）を務めていたことは確かなようである（黎志剛「輪船招商局経営問題 1872-1901」二六六～二六七頁）。
（26）「派員接辦朝鮮事務摺」光緒十一年九月二十一日（一八八五年一〇月二八日）、『李文忠公全集』「奏稿」巻五五、七頁。
（27）J・チェン『袁世凱と近代中国』二六～二七頁。
（28）事件の概要については林明徳『袁世凱与朝鮮』一七七頁に詳しい。
（29）『中外旧約章彙編』第一冊、四〇五頁。
（30）「朝鮮侍講魚允中節略」「津海関周道候選馬道覆魚允中節略」『清季中日韓関係史料』第三巻、九八三～九八六頁。「議朝鮮通商章程」光緒八年八月二十九日（一八八二年一〇月一〇日）『李文忠公全集』「訳署函稿」巻一三、四〇〜四一頁にも収録。

(31) 同条約の成立については奥平武彦『朝鮮開国交渉始末　附朝鮮の条約港と居留地』第三章、これを主導した清朝の馬建忠の役割については岡本隆司『属国と自主のあいだ』第二章を参照。

(32) 岡本隆司『属国と自主のあいだ』第二章。

(33)『清季中日韓関係史料』第二巻、六六五〜六六八頁。伊原沢周『近代朝鮮的開港——以中美日三国関係為中心』二一六〜二一七頁も参照。

(34)『中外旧約章彙編』第一冊、四一八〜四二二、四四四〜四四七頁。

(35) 安東県は現在の遼寧省丹東市に位置し、光緒二年（一八七六年）に県が置かれ、鳳凰直隷庁に属した。東辺道は東辺兵備道の略称で、その衙門は安東県にあり、光緒三年（一八七七年）に鳳凰庁に設置され、興京と鳳凰の二つの直隷庁を管轄した（『清史稿』巻五五、志三〇地理二奉天。『清史稿辞典』九六七頁「東辺兵備道」も参照）。

(36)「関卡」は同章程第四条によって、「中江附近九連城之前及び義州西城之外」に設置されることになっていた。

(37) 奉天省が正式に設置されたのは光緒三十三年（一九〇七年）のことである。

(38) 入江啓四郎『中国に於ける外国人の地位』四一一頁、註。

(39)「比」とは、官府が犯人を逮捕したり、租賦を徴収したり、人員を派遣したりするために、定期的に催促することをいう（『漢語大詞典』第五巻、二六〇頁）。

(40) 同章程では第一条と第五条において、図們江を挟んだ吉林側の要地に税務局と分局を設置することを定めている。会寧の対岸にあたる和龍峪には「税務局」（税局）が、慶源の対岸にあたる琿春の西歩江には「分局」がそれぞれ設置され、税務局には「督理商務之員」が置かれ、分局には別途吉林将軍によって「委員」が置かれることになった。

(41) 吉林省が正式に設置されたのは光緒三十三年（一九〇七年）のことである。

(42) 税務局（税局）の「督理商務之員」と分局の「委員」の双方を指すのかは不明である。

(43)『旧韓国外交文書』第九巻（清案2）、三二二頁。

(44) 安井三吉『帝国日本と華僑』八八〜九二頁、楊昭全・孫玉梅『朝鮮華僑史』一一〇〜一一二頁を参照。

(45)『朝鮮李朝実録中的中国史料』第一二冊、五三一四頁。李銀子「〝訴訟〟안건을 통해 본 청일전쟁 이후（1895〜1899）韓中関係 연구」も参照。

(46)『清季中日韓関係史料』第七巻、四三四〇頁。イギリス側が聴審権行使の根拠としたのは、朝英修好通商条約第八条の規定であった。

(47) 許寅輝『客韓筆記』長沙、光緒三十二年(『中華歴史人物別伝集(国家図書館分館蔵)』第三一冊、二二五～二四四頁に影印収録)。
(48) 『旧韓国外交関係附属文書』第五巻(統署日記3)、四六〇頁。
(49) 『清季中日韓関係史料』第七巻、四五一六～四五一七頁。日清戦争を挟む朝鮮駐在時期の唐紹儀の活動については、権赫秀「唐紹儀在近代朝鮮十六年活動考述」(同『東亜世界的裂変与近代化』第一編所収)を参照。
(50) 李銀子「"訴訟"안건을 통해 본 청일전쟁 이후(1895～1899)韓中関係 연구」を参照。
(51) 楊昭全・孫玉梅『朝鮮華僑史』一一二～一一三頁を参照。
(52) 安井三吉『帝国日本と華僑』九二頁。
(53) 「訳署来電」光緒二十二年六月初八日酉刻到、『李鴻章全集』(三)電稿三、六六三頁。
(54) 「覆訳署」光緒二十二年六月初九日辰刻、『李鴻章全集』(三)電稿三、六六四頁。
(55) 以上、曹力強「清代中韓関係研究」第三章、権錫奉「清日戦争 이후의 韓清関係研究(1894～1898)」(同『清末 対朝鮮政策史研究(続)』上巻所収)、安井三吉『帝国日本と華僑』第二章第四節を参照。また、この間の清韓関係の変化については、日清戦争前から唐紹儀の派遣までは小原晃「日清戦争後の中朝関係――総領事派遣をめぐって」を、日清戦争後から義和団事件前後までは岡本隆司「韓国の独立と清朝の外交」(岡本隆司・川島真編『中国近代外交の胎動』第七章)、陳尚勝「徐寿朋与近代中韓関係転型」を、総領事の派遣から日韓併合までは蔡建『晩清与大韓帝国的外交関係(一八九七―一九一〇)』をそれぞれ参照。
(56) 「駐紮朝鮮領事唐紹儀稟」光緒二十三年二月十一日、『清季中日韓関係史料』第八巻、四九八九頁(小原晃「日清戦争後の中朝関係」五二頁を参照。
(57) 茅海建「戊戌変法期間光緒帝対外観念的調適」(同『戊戌変法史事考』所収)。
(58) 岡本隆司「韓国の独立と清朝の外交」。
(59) 『中外旧約章彙編』第一冊、九一二頁。清韓通商条約の締結については、殷丁泰「1899년 韓・清通商条約 締結과 大韓帝国」、権錫奉「韓・清通商条約의 締結」(同『清末 対朝鮮政策史研究(続)』上巻所収)、曹力強「清代中韓関係研究」第三章第二節などの研究がある。
(60) 浅古弘「日清修好条規に於ける観審の成立」。
(61) 『中外旧約章彙編』第一冊、三四八頁(清英煙台条約第二条第三項)、三八〇～三八一頁(清米条約の補足条約第四条)。
(62) 浅古弘「日清修好条規に於ける観審の成立」五八五頁。
(63) 清米条約補足条約第四条には、これがアメリカで発生した事件・訴訟に適用されないとの文言は見られないが、アメリカ側が自国内での司法管轄権の一部を他国に譲歩することを承認するとは考えられない上、この条項に従って清朝の在米公館が観審を実施した、あるいは要求したという記録は確認されていない。この条約による観審権の獲得は、これまでもっぱら列強による中国半植民地化の一環として理解されている（卿汝楫『美国侵華史』第二巻、五三〇〜五三二頁ほか）。
(64)『清季中日韓関係史料』第八巻、四九八九頁。
(65) 黄遵憲「朝鮮策略」『金弘集遺稿』「修信使日記」所収、三一一頁。
(66) 李銀子「韓清通商条約시기（1900〜1905）중국의 在韓 치외법권 연구」。
(67) 李正熙「「日韓併合」と朝鮮華僑——地位の変容を中心に」五〇〜五二頁。
(68) 安井三吉『帝国日本と華僑』九三頁。
(69) 黄湛「略論「中韓通商条約」簽訂前後清与朝鮮的関係」一九頁。楊昭全・何彤梅『中国—朝鮮・韓国関係史』も同様の見方を示している（下冊、七一四頁）。
(70) 李育民はこれを「わずかな成果」があったと一定の評価を与えている（李育民『中国廃約史』一四二頁）。

第8章　日本・朝鮮における清朝領事裁判の実態と変容

(1) 薛典曾『保護僑民論』二六頁。
(2) 中国では、近代法制の本格的な整備に着手し始めた二〇世紀初頭まで、近代法制がいうところの刑事・民事の区分は存在しなかった。また同様に、それ以前には、紛争当事者の同意を要しない終結的判定としての判決は存在せず（滋賀秀三『清代中国の法と裁判』）、知州・知県の裁きに「両当事者が従う旨の誓約書（「遵依結状」「遵結」などという）を提出してはじめて」終結するというものであった（髙見澤磨「調停から見る中国近世・近代法史」二四〇〜二四二頁）。
(3) 同史料は二〇〇六年に長崎県立長崎図書館から同博物館に移管されたものである。
(4) 石川亮太「開港期漢城における朝鮮人・華人間の商取引と紛争」。
(5) 同、二二二頁。
(6) 陳体強『中国外交行政』一六六頁。
(7) 外務省記録「本邦ニ中告領事館設置ニ付各港在留同国人犯罪其他取扱方関係雑件」（外務省外交史料館所蔵、四門一類一項一四号、原ファイル名「清国領事官渡来ニ付我各港在留同国人犯罪其外取扱振雑件」）乾—三「清国領事官設置ニ付同国人取扱蟻往復」。浅古弘「日清修好条規に於ける観審の成立」五七八〜五七九頁を参照。
(8) 外務省記録「本邦ニ中告領事館設置ニ付各港在留同国人犯罪其他取扱方関係雑件」（外務省外交史料館所蔵、四門一類一項一四号）乾—三「清国領事官設置ニ付同国人取扱蟻往復」所収「清国人取扱之儀ニ付伺」。

（9）臼井勝美「横浜居留地の華人」八九二頁（典拠は『外務要録』条約法権七、明治十一年九月二十四日井上外務卿より神奈川県令宛て）。

（10）同、八九二〜八九三頁。

（11）安岡昭男「明治十九年長崎清国水兵争闘事件」（同『明治前期日清交渉史研究』）、王家倹「中日「長崎事件」之交渉（一八八六—一八九五）」、横山宏章「北洋艦隊水兵と長崎警察官の殺伐たる争闘」（同『長崎が出会った近代中国』）ほかを参照。

（12）長崎県外務課編「清国民事ノ部（明治十九年）」長崎歴史文化博物館所蔵（一四 四八九—三）、長崎県知事官房編「清国領事来文（明治二十三年〜同二十五年）」同（一四 五三〇—一）。「清国民事ノ部（明治十九年）」には、御用掛として観審を行った鉅鹿《おおが》赫太郎による「覆命書」（明治十八年十二月三日付）なども収録されている。

（13）清朝在横浜領事による領事裁判については、すでに以下の研究がある。臼井勝美「横浜居留地の華人」、黄漢青「清国横浜領事の着任と華人社会」、同「清朝駐日使臣的派遣和領事裁判権的行使」。

（14）『横浜市史』資料編十六、二三四頁。

（15）同、二八〇〜二八一頁。

（16）同、四〇五〜四〇六頁。

（17）東川徳治『中国法制大辞典』八八九頁。

（18）汪向栄「神戸理事府」一九四三年成稿（同『日本教習』所収）、陳来幸「鄭孝胥日記にみる中華会館創建期の神戸華僑社会」。

（19）外務省記録「大阪居留清国人章寿彝内地旅行中広島県下竹原ニ於テ書画ヲ揮毫シ潤筆料ヲ収得シタルハ条例違犯ニ付神戸居留同国領事へ交付求刑一件」（外務省外交史料館所蔵、四門一類八項五号）。ちなみに、章寿彝は、知人の頼俊直（頼山陽の末裔）を訪ねた際、そのまた知人に対して揮毫するよう依頼され、それに応えたものであったという。

（20）洲脇一郎「華僑社会の形成と神戸・大阪の近代——帮・会館・買弁」七一〜七三頁。

（21）外務省記録「大阪始審裁判所検事ヨリ清国領事へ同国人犯罪者ヲ引渡ス場合ニ於ケル手続き司法省ヨリ照会一件」（外務省外交史料館所蔵、四門一類八項九号）。

（22）一八八六〜八八年の日清条約改定交渉については、五百旗頭薫「隣国日本の近代化——日本の条約改正と日清関係」（岡本隆司・川島真編『中国近代外交の胎動』第三章）に詳しい。また本書第10章第二節も参照。

（23）清朝領事館開設以前の長崎の華人関係事件については、重藤威夫『長崎居留地と外国商人』、菱谷武平『長崎外国人居留地の研究』、山本紀綱『長崎唐人屋敷』第八章を参照。

（24）前掲「清国領事来文（明治二十三年〜同二十五年）」所収の光緒十八年八月三日付照覆、同年九月二十三日付照覆。

(25) 前掲「清国民事ノ部（明治十九年）」。

(26) 本件は、被告に返済の資力がなかったため、清朝領事（余瓗）から長崎県に対し「憐憫なるも取り計らい難し」との回答があり（光緒七年十一月七日付）、そのうえ原告が死亡したため、長崎警察署より原告相続人大鶴シゲに対し、被告は現在返済能力がなく、被告の身代が持ち直し次第出訴するよう、一時願い下げを要請している。

(27) この訴訟事例については、すべて川口ひとみ「長崎清国領事館における裁判文書『簿書鞅掌』の基礎的研究」を参照した。『簿書鞅掌』は長崎華商泰益号の文書群（泰益号文書）に残されていた遺産相続訴訟記録の写しであり、その全文が川口ひとみ同論文に付録として収録されている。また、川口ひとみ「海港都市長崎華商「泰昌号」の商業形態――『房租』、『簿書鞅掌』、『年納地租保火険底』文書を事例として」一七一～一七三頁も参照。

(28) 在日領事館開設以前、在留華人からの訴えは自治組織である福建・広東・三江の三会所（幇）を通して行われていたが、これらの自治組織は在日領事館が開設されると、それぞれ各領事館の顧問となっていた（植田捷雄「日本における中国人の法律的地位――幕末より今次大戦に至る」六頁）。

(29) 「〔民事「的」な〕事件の多くは、地縁・血縁・同業その他の人的ネットワークで解決されただろうが、それでも解決できないものは官の裁きを求めたし、また、民間の人的ネットワークと並行して、あるいはそれを用いずに官の裁きを求めたものもあった」（髙見澤磨「調停から見る中国近世・近代法史」二四二頁）。

(30) 長崎県外事課編「長崎市上野菊太郎清国人潁川（陳）種玉間訴訟ノ件　附外国人関係事件書類」明治十八～二十二年（長崎歴史文化博物館所蔵、一四　四七九―六）。

(31) 滋賀秀三『清代中国の法と裁判』、髙見澤磨「調停から見る中国近世・近代法史」を参照。

(32) 日本におけるイギリスの領事裁判での事例については、森田朋子『開国と治外法権』第I部第一章二、第III部第二章を参照。森田は、これについて「領事裁判制度は、治外法権を外国人に与えたのではなく、日本の法律を外国人に従わせるシステムを内包していた」と総括している（同、三二五頁）。

(33) 中国における西洋諸国の領事裁判が同様の傾向を示していたかについては、今後の検討を待ちたい。

(34) 李銀子「19世紀末　在朝鮮　未開口岸의　清商　密貿易과련　領事裁判案件　研究」。

(35) 同、二六二頁。

(36) 石川亮太「開港期漢城における朝鮮人・華人間の商取引と紛争」。

(37) 同、八～九、一七頁。

(38) 同、二一～二二頁。

(39) 同、八頁。

(40)『旧韓国外交文書』第八巻（清案1）、一五二〜一五五頁（二二二三、二二二六〜二二二八号）。

(41)『朝鮮李朝実録中的中国史料』五三一〇〜五三一一頁、光緒十九年八月三十日。

(42)『清季中日韓関係史料』第八巻、四九〇五頁。曹力強「中国政府対在韓華商的保護和管理（一八九四―一八九九年）」三二頁も参照。

(43) 張徳美『探索与抉択――晩清法律移植研究』第六章、夏錦文主編『衝突与転型――近現代中国的法律変革』第二章（韓徳明執筆。特に華洋訴訟における西洋法の移入については、八二〜八三頁の指摘を参照）。

(44) 張徳美『探索与抉択』二七三頁。

(45) 一九世紀イギリスの領土外管轄権の法的扱いについては、フランシス・テーラー・ピゴット「資料 治外法権――領事管轄権と東洋諸国における居留の法」(四)・(五) を参照。

第9章　在ベトナム領事の設置をめぐる対仏交渉

(1)『光緒条約』十一年乙酉・西一八八五年法約、七〜一一頁、『中外旧約章彙編』第一冊、四六六〜四六九頁。仏文テキストは、*China. The Maritime Customs, III, Miscellaneous Series, No. 30, Treaties, Conventions, etc., between China and Foreign States*, Vol. 1, pp. 901-907 を参照。

(2)『光緒条約』十二年丙戌・西一八八六年法約、一一〜一九頁、『中外旧約章彙編』第一冊、四七七〜四八二頁。仏文テキストは、*China. The Maritime Customs, op. cit.*, Vol. 1, pp. 913-924 を参照。

(3)『光緒条約』十三年丁亥・西一八八七年法約、九〜一五頁、『中外旧約章彙編』第一冊、五一二〜五一六頁。仏文テキストは、*China. The Maritime Customs, op. cit.*, Vol. 1, pp. 925-929 を参照。

(4) Henri Cordier, *Histoire des relations de la Chine avec les puissances occidentales*, tome 2, 中島宗一『仏領印度支那に於ける華僑』、ルヴァスール『仏印華僑の統治政策』、劉伯奎『中法越南交渉史』、龍章『越南与中法戦争』、王志強『李鴻章与越南問題（1881-1886）』ほか。

(5) 箱田恵子『外交官の誕生』四七〜四八頁。

(6) 同、五五〜五六頁。

(7) ベトナムをめぐる宗属問題については、これまで一八八五年の天津条約で事実上決着したと見て、それ以降もベトナムに関して宗属問題をめぐる議論が存在したことについては、ほとんど言及されてこなかった（植田捷雄『東洋外交史』上巻、八五頁、坂野正高『近代中国政治外交史』三六六頁）。しかし、前述のとおり、一八八六年のコゴルダン条約や八七年のコンスタン条約における清仏交渉まで視野に入れなければ、ベトナムをめぐる宗属問題の「着地点」がどこにあったのかを確認することはできない。つまり、一八八〇年代の初頭から後半までの過程を、清仏戦争をまたいで連続的に捉える視点が必要なのである。

（8）本項は植田捷雄『東洋外交史』上巻、第一編第三章第一節、坂野正高『近代中国政治外交史』第10章を主に参照した。

（9）「軍機処密寄署直隷総督李鴻章上諭」光緒十年四月初十日、『中法戦争』〈中国近代史資料叢刊〉第五冊、三三四〜三三五頁。

（10）李・フルニエ協定の成立過程、および「威望体面」という文言が登場した経緯や仏文・漢文テキスト間の齟齬については、岡本隆司「清仏戦争への道——李・フルニエ協定の成立と和平の挫折」を参照。

（11）コゴルダン（一八四九〜一九〇四）の略歴は次のとおりである。法学博士、文学学士、一八七四年訴訟局員、七七年給与局員、八〇年二月内閣文案起草係、同年一〇月訴訟局次長（公法担当）、八二年二月に外務省政治局に入り、八五年三月スエズ運河国際委員会秘書、同年八月清朝との通商条約締結特使、同年一〇月一五日フランス駐清公使、八六年四月二五日二等全権公使、同年五〜六月朝鮮との友好通商条約締結の全権代表（以上、Cordier, *Histoire des relations de la Chine*, p. 552 を参照）。

（12）龍章『越南与中法戦争』三六九頁。

（13）Telegraph No. 1210, Campbell to Hart, No. 422, Apr. 26, 1885, *Archives of China's Imperial Maritime Customs*, Vol. 3, 1992, pp. 1181–1182.

（14）『中外旧約章彙編』第一冊、一五一頁。

（15）Telegraph No. 1258, Hart to Campbell, No. 248, May 14, 1885, *Archives of China's Imperial Maritime Customs*, Vol. 3, 1992, p. 1190. 邦訳は岡本隆司「清仏戦争の終結——天津条約の締結過程」二六頁による。

（16）Telegraph No. 1195, Hart to Campbell, No. 234, Apr. 22, 1885, Telegraph No. 1201–1209, Campbell to Hart, No. 413–421, Apr. 25–26, 1885, *Archives of China's Imperial Maritime Customs*, Vol. 3, 1992, pp. 1178–1181. 一八八五年の天津条約交渉は、「コゴルダン—キャンベル—ハート—総理衙門」のルートで主に進められ、実際に調印した李鴻章・パトノートル間では若干の修正がなされただけであった。ハートの「業余外交」は、清仏戦争の停戦をめぐる清仏交渉と、マカオの帰属問題に関するリスボン議定書の締結交渉（一八八七年）が最も有名で、一八八〇年代に特徴的に見られた清朝外交の重要なチャンネルの一つであった。

（17）No. 252, de Freycinet, à Patenôtre, télégramme, 11 mai, 1885, *Affaires de Chine et du Tonkin*, p. 261.

（18）「寄訳署」光緒十一年四月初十日午刻、『李鴻章全集』（一）電稿一、五〇二頁。

（19）「寄訳署」光緒十一年四月十五日酉刻、『李鴻章全集』（一）電稿一、五〇六頁。

（20）坂野正高は「間接に中国はベトナムに対する宗主権を放棄したことを承認したことになる」と解説しているが（坂野正高『近代中国政治外交史』三六六頁）、後述するように、一八八六年の条約交渉時にも、清朝側はあくまでフランスの「保護権」を承認したにすぎない、と主張している。

(21) フランスのベトナムに対する保護権を規定したこの第二条（主に清朝側が挿入を求めた「威望体面」の扱い）が天津条約交渉の最大の争点であった。詳細は岡本隆司「清仏戦争の終結」を参照。

(22) 中島宗一『仏領印度支那に於ける華僑』七一頁。

(23) コゴルダン条約の締結交渉を扱った研究は、管見の限りでは、同時代人であるコルディエによる著作（Cordier, *Histoire des relations de la Chine*）とそれを引用した若干の論考しか見当たらず、詳しい交渉過程を記した清朝側の史料が残されているにもかかわらず、それらを利用した研究はまったく行われていない。なお、フランス外務省の公刊史料である *Affaires de Chine et du Tonkin* や *Documents diplomatiques français* にはコゴルダン条約・コンスタン条約の交渉過程に関する史料は含まれていないが、フランス外務省文書館（Centre des Archives Diplomatiques, Ministère des Affaires étrangères）にはコゴルダンの中国駐在時の外交文書（Mémoires et Document (Asie) : Chine, 23 (1886–1888)）が保管されている。ただその中にも、清朝側に残されているような詳細な交渉記録は見当たらない。

(24) 中国赴任にあたり、「年齢的に困難があるであろう若い外交官」(Cordier, *Histoire des relations de la Chine*, p. 553) のコゴルダン（当時三六歳）に首相フレシネは一八八五年一〇月二一日付で次のような電報を送っている。「中国は貴下を青二才と見くびって、経験不足で何かにつけ動かしやすいと見なすだろう。たとえ細かい難題をふっかけてこようが、それは通商条約〔の締結〕を妨げる目的ではなく、利益を引き出すためにそうするのであるから、細かいところに万全を期して、忍耐強く、冷静毅然と対処されたし」（同上）。

(25)「総署致李鴻章論中法約款函」光緒十一年十一月初一日（一八八五年一二月六日）、『清季外交史料』巻六二、一頁。

(26) 同、六〜一三頁「附中法条約」。

(27) また、第一八条においては、フランス人およびその保護民が通商地（開港場・開市場）において工場を建設する権利も含まれていた。外国が中国の開港場・開市場における明確な製造工業権を初めて獲得したのは、周知のとおり、下関条約（第六条第四項）においてであったが、欧米諸国と清朝政府は日清戦争以前から製造工業権について交渉を繰り返していた（波多野善大『中国近代工業史の研究』第四章第一節を参照）。

(28)『清季外交史料』巻六二、一〜六頁「附擬改訂中法約款草案」。

(29) 同、二頁（第三款）。

(30) 漢名は卜法徳、一八四七年生まれで没年は未詳。フランスの外交官で Cordier, *Histoire des relations de la Chine*, p. 565 に略歴がある。

(31) 漢名は白藻泰、一八五二年生まれで没年は未詳。フランスの外交官で、一八七二年に来華後、在福州副領事（一八八二年〜）、同領事（一八八五年〜）、在広州領事（一八八六年四月〜八八年）、在天津領事（九一〜九二年）、在上海総領事（一八九六〜一九〇一年）を歴任した。Cordier, *Histoire des relations de la Chine*, p. 34 に略歴がある。

（32）漢名は微席葉、一八五八年生まれ一九三〇年没。フランスの外交官・漢学家で、一八八二年に来華、一八八六年当時は公使館付一等通訳官であった。Cordier, *Histoire des relations de la Chine*, p. 324 に略歴がある。

（33）「北洋大臣李鴻章向総署抄送中法越辺通商章程会談節略」光緒十一年十二月二十二日に添付されている「照録津海関周道等与法参賛卜法徳四次会議越南通商章程」『中法戦争』〈中国近代史資料叢刊続編〉第二冊、七八一〜七八六頁、『中法越南交渉檔』第五冊、三三三二〜三三三七頁。この四次の交渉記録の原史料は、中央研究院近代史研究所檔案館所蔵の「総理各国事務衙門檔案」（越南檔〇一—二四—一八—四）に収められている。

（34）『中法戦争』〈中国近代史資料叢刊続編〉第二冊、七九〇〜七九四頁、『中法越南交渉檔』第五冊、三三四一〜三三四五頁。

（35）同、七八六〜七九〇頁、『中法越南交渉檔』第五冊、三三三七〜三三四一頁。

（36）原文は「貴稿」となっており、清朝側も草案を提示して交渉に臨んでいたようだが、その原文は見あたらない。

（37）「ラオカイ以上」とは、紅河（ソンコイ川）のラオカイよりも上流の雲南省内の地域を指す。

（38）そのうち、第三八・三九条については、本節第三項を参照。

（39）前述した一八八四年のフランス・ベトナム間における第二次ユエ条約（批准は一八八六年二月二三日）によって、ベトナムにおけるすべての外国人はフランスの裁判管轄に属すると規定されている。

（40）『中法越南交渉檔』第六冊、三三八一〜三三八九頁。第一次と第二次の交渉記録は、一八八六年三月一日（光緒十二年正月二十六日）付の李鴻章の総理衙門宛て書簡に添付されていたものである。

（41）『中法越南交渉檔』第六冊、三三八四〜三三八五頁。

（42）同、三三八九〜三三九四頁。

（43）「総理各国事務衙門転到李鴻章函」光緒十二年二月十一日「附件一」、『中法戦争』〈中国近代史資料叢刊〉第七冊、五一〜五八頁。第三次・第四次の交渉記録は、一八八六年三月一二日（光緒十二年二月初七日）付の李鴻章の総理衙門宛ての書簡に添付されたものである（同、五一〜六五頁）。

（44）Telegraph No. 1289, Hart to Campbell, No. 260, May 23, 1885, *Archives of China's Imperial Maritime Customs*, Vol. 3, 1992, p. 1194. ただそれは、ベトナムを保護国としたフランスが認めるはずがなく、問題とはならないと考えられた。

（45）佐々木揚「清末の「不平等条約」観」二五〜二九頁。

（46）「総理各国事務衙門転到李鴻章函」光緒十二年二月十一日（一八八六年三月一六日）「附件二」、『中法戦争』〈中国近代史資料叢刊〉第七冊、五八～六五頁。

(47)（ ）内は第一条の付則にあたる。

(48)「欽差大臣直隷総督李鴻章奏摺」光緒十二年三月二十二日（一八八六年四月二五日）、『中法戦争』〈中国近代史資料叢刊〉第七冊、六九～七三頁、『中法越南交渉檔』第六冊、三六九一～三六九六頁。なお、この上奏は予備交渉を担当した周馥が代筆したものである（「代李文忠公擬滇粤辺界通商議約摺」光緒十二年三月二十二日（附約款）、『周愨慎公全集』「奏稿」巻五、二六～三八頁）。

(49)本書、四二頁を参照。

(50)ちなみに、ベトナム華人問題における当時の総理衙門の主な関心は、ベトナム華人に課されていた人頭税をいかにして廃止させるかにあった（「許使致訳署」光緒十二年四月十七日〔一八八六年五月二〇日〕巳刻到、『李文忠公全集』「電稿」巻七、二一頁）。

(51)Cordier, *Histoire des relations de la Chine*, pp. 565–566.

(52)*Ibid.*, p. 567.

(53)中島宗一『仏領印度支那に於ける華僑』七一～七二頁。天津条約は一八八六年四月四日にアンナン・トンキン地方で公布されている（同、七一頁）。

(54)本章註(24)を見よ。

(55)龍章『越南与中法戦争』三七六～三七八頁。

(56)「総理衙門致法国公使照会」「法国公使覆総理衙門照会」、『光緒条約』十三年丁亥・西一八八七年法約一六～一七頁、『中外旧約章彙編』第一冊、五一一～五一二頁。仏文テキストは、*China. The Maritime Customs*, Vol. 3, 1992, Vol. 1, pp. 930–932 を参照。この交換公文は総理衙門側から先に発せられ、コンスタン側がそれに応えた形式になっている。

(57)「総署奏中法界務商務続経議定摺」光緒十三年五月初三日（一八八七年六月二三日）、『清季外交史料』巻七一、一六～一九頁、「論法約減税」光緒十三年四月初一日（一八八七年四月二三日）所収の「擬分別准駁節略」、『李文忠公全集』「訳署函稿」巻一九、二～四頁、「寄周署運司馥」光緒十二年十一月十一日（一八八七年一月四日）巳刻、『李鴻章全集』（一）電稿一、七五八～七五九頁、「寄訳署」光緒十二年十二月十七日（一八八七年一月一〇日）酉刻、同上、七六三頁。

(58)「論法議改約」光緒十二年十二月十一日（一八八七年一月四日）、『李文忠公全集』「訳署函稿」巻一八、六二～六三頁。北京で総理衙門と交渉していたコンスタンのみならず、フランス本国でもフレシネが同様の提案を駐仏公使の許景澄に行っていたようである（同上）。

(59)「寄訳署」光緒十二年八月十二日（一八八六年九月二八日）辰刻、『李鴻章全集』（一）電稿一、七一三頁。

(60)「滇越辺界勘界節略」光緒十二年九月二十二日（一八八六年一〇月一九日）、『中外旧約章彙編』第一冊、四九八～五〇三頁。フラ

ンス側は、国境画定交渉よりも通商交渉を急いでおり、特に雲南省に通商都市を設定することを最優先していたという（「寄訳署」光緒十二年八月二十二日〔一八八六年一〇月八日〕戌刻、『李鴻章全集』（一）電稿一、七一七頁）。

(61)「寄周署運司馥」光緒十二年十一月十一日（一八八七年一月四日）巳刻、『李鴻章全集』（一）電稿一、七五八〜七五九頁。

(62)「論法議改約」光緒十二年十二月十一日（一八八七年一月四日）、『李文忠公全集』「訳署函稿」、巻一八、六二〜六三頁。

(63)同上、および「寄訳署」光緒十二年十二月十七日（一八八七年一月一〇日）酉刻、『李鴻章全集』（一）電稿一、七六三頁。李鴻章はフランス在天津領事リステルーベ（Paul Ristelhueber 漢名は林椿）と繰り返し面会し、フランス側の動向を探っていた。

(64)「論法議改約」光緒十二年十二月十一日（一八八七年一月四日）、『李文忠公全集』「訳署函稿」、巻一八、六三頁。一八八六年のビルマ・チベット協定については、箱田恵子『外交官の誕生』第四章を参照。

(65)「論法約減税」光緒十三年四月初一日（一八八七年四月二三日）所収の「擬分別准駁節略」、『李文忠公全集』「訳署函稿」、巻一九、二〜四頁。

(66)『曾紀沢日記』下冊、光緒十三年四月初六日（一八八七年四月二八日）、初十日（五月二日）、十四日（六日）、十七日（九日）、十八日（一〇日）、二十一日（一三日）、二十三日（一五日）、閏四月初六日（二八日）、初七日（二九日）、十五日（六月六日）、十八日（九日）、二十日（一一日）、二十四〜二十八日（一五〜一九日）、五月初六日（二六日）条。

(67)「巴黎致総署総辦」己卯五月十五日（一八七九年七月四日）、『曾恵敏公遺集』文集、巻三、六〜七頁。

(68)第4章第三節(3)でも触れたとおり、コンスタン条約から約二年後にハリディ・マカートニーに宛てた書簡の中で曾紀沢は、この交換公文による清朝側の「譲歩」は決して自らの本意ではなく、体調不良のためにたった一日総理衙門を休んでいた間に総理衙門の同僚たちによって決められてしまったものだったと述懐した上で、領事設置問題を「これからも総理衙門に提起し続けたい」と自らの強い意志も伝えていた（本書、一三〇頁を見よ）。ただ、この書簡には信憑性に疑問を抱かせる部分もある。前述した李鴻章の総理衙門宛ての書簡にもあるように、交換公文によって領事設置を相互に見合わせる「取引」自体は、条約締結の二カ月も前から決まっていたからである。その上、この書簡が清朝領事の拡大に積極的であったマカートニー側に残されていたものであることも注意しなければならない。しかし、書簡には領事問題以外にも多岐にわたって様々な外交問題が論じられており、清朝政府側の内部事情も含めたそれらの詳細な記述が、すべてマカートニーによる捏造であったとは考えにくい。よって、この書簡が間違いなく曾紀沢の手になるものという前提に立てば、その内容が他の史料が伝える事実と異なる点があった場合、曾紀沢が記憶違いをしていたか、あるいは自らを正当化する記述を故意に書いたかのどちらかであろう。この史料だけでは断定的なことは言えないが、曾紀沢と他の総理衙門大臣との間に、領事設置問題について意見に隔たりがあったことは確かなようである。

(69)「総署奏中法界務商務続経議定摺」『清季外交史料』巻七一、一九頁。

(70) 清朝側では、このコゴルダン条約とコンスタン条約の結果を勝利と考え、「李鴻章の如きは仏国を屈服せしめて満足なる成果を収め得たのは一に皇威の然らしむる所であると奏上して仏人の怒を買ふたけれども、各国人の批評も仏国の失敗と見るのが多数であった」という（窪田文三『支那外交通史』二九三頁）。
(71) 袁丁『晩清僑務与中外交渉』四八〜五二頁。
(72)『中法越南交渉檔』第七冊、四二二〇頁。
(73)「使法孫宝琦奏陳抵任後交渉事宜並考察情形摺」『清季外交史料』巻一七四、八〜九頁。
(74) その時の調査報告書として『越南游歴記』（厳璩・恩慶撰、光緒三十一年刊）がある。
(75) 以上、「外務部檔」僑務招工類、巻三〇四三。
(76)「軍機処檔」録副奏摺、巻一一三〇。その中で丁振鐸は、設置する領事は雲貴総督と直接連絡を取り合って問題を処理し、同時に駐仏公使にも報告するようにすることを提案している。
(77)「外務部檔」僑務招工類、巻三〇四三。
(78) 同、巻三〇四五。その中で張人駿は、「遠水は近火を救わず」と述べ、先に広東から官員を派遣してベトナムに駐在させ、「辺匪を専査し械餉を接済させる」ことを提案し、もし後に領事設置交渉が妥結すれば、外務部より正式に領事の選定するよう求めた。
(79)『光緒朝硃批奏摺』第一一二輯、七八〜八一頁。
(80)「外務部檔」僑務招工類、巻三〇四三。
(81) 同、巻三七六〇。
(82)「外部致李経羲河内設領一層法人並無異議電」宣統元年十二月十五日（一九一〇年一月二五日）河口檔、『清宣統朝外交史料』（『清季外交史料』近代中国史料叢刊三編、所収）巻一二、三八頁。
(83) これは、不平等条約の改正や国権回収運動に促された一九二〇年代後半以降の「修約外交」「革命外交」の潮流の中から得られた外交上の成果の一つであった。王正廷の「革命外交」路線は、実質的には「修約外交」だったが、表向きは「革命外交」として説明された（川島真『中国近代外交の形成』三三八頁）。
(84)『中外条約彙編』六一七〜六一八頁。
(85) 中島宗一『仏領印度支那に於ける華僑』八二頁。
(86) この間、中華民国成立後の領事設置交渉から領事館の開設、第二次世界大戦を経て領事館が再開されるまでの経過については、陳鴻瑜『中華民国与東南亜各国外交関係史（1912〜2000）』第五章第一節「交渉設領」を参照。
(87) ルヴァスール『仏印華僑の統治政策』一五七頁。

(88) 岡本隆司『属国と自主のあいだ』を参照。
(89)「商民水陸貿易章程」前文（『中外旧約章彙編』第一冊、四〇四～四〇五頁）、第七章第一節を参照。

第10章　近代日中の〝交錯〟と〝分岐〟の軌跡

(1) 代表的なものとして以下の研究がある。彭澤周『中国の近代化と明治維新』、芝原拓自『日本近代化の世界史的位置――その方法論的研究』、依田憙家『再増補 日中両国近代化の比較研究序説』。
(2) 加藤は比較表を作成して同様の成果を増補改訂を加えながら幾度か発表している。最新のものは加藤祐三・川北稔『世界の歴史二五 アジアと欧米世界』三七四、三八七頁を参照。
(3) 東アジア近代史学会二〇〇九年大会シンポジウム「東アジアの国際秩序と条約体制――近世から近代へ」（同年六月二〇日・東京大学）。『東アジア近代史』第一三号（二〇一〇年）掲載の同特集を参照。
(4) 五百旗頭薫『条約改正史』は、そうした枠組みを超え、日清間で行われた条約改定交渉も含めて日本の条約改正史の再構築を試みた数少ない成果である。
(5) 呂彩雲・陳賓『晩清中日両国修改不平等条約之比較』は、日中両国の「不平等条約」の改正過程を比較検討した数少ない研究書であるが、両国の「条約改正」の相互作用や連関性に対する視点や考察は見られない。
(6) 中国大陸や台湾における条約改正（修約）史・条約廃棄（廃約）史については、王建朗『中国廃除不平等条約的歴程』、李育民『中国廃約史』、唐啓華『被〝廃除不平等条約〟遮蔽的北洋修約史（1912～1928）』を参照。
(7) 佐々木揚「清末の「不平等条約」観」。ただ佐々木は、本書序章註(57)や第6章第三節（二〇二頁）で触れたハートの総理衙門宛て報告書など、一八七〇年代半ば以降の清朝政府内部における「治外法権」認識の深化については目を向けておらず、日本要因をいささか重視しすぎているように思われる。
(8) 本書序章、二六頁と註(74)を見よ。
(9) 本章が描こうとする「交錯と分岐」の軌跡は、領事裁判権への対応をめぐり、日中「両国が辿った道は分岐した」とする三谷博の所説（三谷博「一九世紀における東アジア国際秩序の転換――条約体制を「不平等」と括るのは適切か」七頁）から着想を得たものである。
(10) 本書第6章・第8章を参照。
(11) 五百旗頭薫『条約改正史』第五章三、本書第6章ほかを参照。
(12) 同、一〇頁。

(13)三谷博「一九世紀における東アジア国際秩序の転換」五頁。
(14)「会計外交等ノ条々意見」明治二年二月、『岩倉具視関係文書』第一巻、三二五頁。
(15)『条約改正関係大日本外交文書』第一巻、一七〜一九頁。
(16)外務省記録「各国条約異同沿革一覧 附条約改定稿本並異同辨」(二門五類一項、アジア歴史資料センター B06151019600)。稲生典太郎『条約改正論の歴史的展開』一六七〜一六八頁を参照。
(17)『条約改正関係大日本外交文書』第一巻、二二頁。
(18)同、二二〜二三頁。
(19)外務省記録「各国条約異同沿革一覧 附条約改定稿本並異同辨」(二門五類一項、アジア歴史資料センター B06151019700)所収。同「草本」については、その成立から廃棄に至る経緯を検討した稲生典太郎『条約改正論の歴史的展開』第八章と、全文を紹介した上でその内容を逐条検討した下村冨士男『明治初年条約改正史の研究』第三章を参照。ちなみに、「草本」には税権についての記載はなく、最恵国待遇については双務的な規定が盛り込まれていた。
(20)稲生典太郎『条約改正論の歴史的展開』第八章、第九章第一節。
(21)同、一八八〜一八九頁。
(22)「条約改定稿本並異同辨」所収(外務省記録「各国条約異同沿革一覧 附条約改定稿本並異同辨」二門五類一項・アジア歴史資料センター B06151019700)。稲生典太郎『条約改正論の歴史的展開』一七三〜一七四頁を参照。
(23)一方で、改正掛が「草本」に法権回復を盛り込まなかった理由を、当時彼らが受容していた近代国際法理論との関係で論じた見解もある。「『草本』の成立過程では、しばしば領事裁判権回復への意欲は見られるものの、遂に具体的にはこの線は打ち出されなかったのは、これら改正懸の人々の国際法の知識が、ホイートンやヒセリング乃至はウールジーなど、当時の権威者の通説、即ち非キリスト教国にはキリスト教国の領事裁判権が施行されるのは当然なりとする十九世紀前半までの旧理論に基礎づけられていたからではあるまいか」(稲生典太郎『条約改正論の歴史的展開』一七一頁)。
(24)下村冨士男『明治初年条約改正史の研究』九〇頁。
(25)藤村道生『日清戦争前後のアジア政策』八二〜八五頁、森田吉彦「日清修好条規締結交渉における日本の意図、1870〜1872年――藤村道生説へのいくつかの批判」。
(26)もちろん、原告・被告双方の地方官・領事が共同で裁判を行う会審と、被告側の所属する国の地方官・領事が裁判を行い、原告側がそこに同席する立ち会い裁判とは、性質を異にするものである。
(27)ただ、この時の津田真道らの判断を示す史料は、管見の限り見当たらない。

(28) 佐々木揚「清末の「不平等条約」観」二二頁。
(29) 第二条に関する質問と回答は、『大日本外交文書』第四巻、二五六～二五七頁を参照。
(30) 以上、稲生典太郎『条約改正論の歴史的展開』第八章第七・八節、第九章第一・二節を参照。
(31) 同、二一〇頁を参照。なぜこの時期に左院がかかる条約案を草したのか、その経緯についてはよくわかっていない（同、二一三頁）。
(32) 小風秀雅「法権と外交条約の相互関係──不平等条約体制下における日露間の領事裁判権問題と樺太千島交換条約の締結」。
(33) 同、一六五頁。
(34) 『日本外交文書』第一六巻、四三五～四四〇頁。小風秀雅「法権と外交条約の相互関係」一六七頁を参照。
(35) 小風秀雅「法権と外交条約の相互関係」一六七頁。
(36) 井上馨の三条宛て書簡には、「一旦両国間此権限ノ問題発起スルニ逮テ、我権ヲ持続スルコト万々無覚束、其期ニ及ンテ俄ニ我判事ヲ退罷センヨリ、寧ロ今日ニ於テ現任久世〔原〕副領事ハ判事補被差免候方可然存候」とあり（『日本外交文書』第一八巻、四九〇頁）、当時はまだサハリンでの日本の領事裁判権行使について、ロシア側から問題視されてはいなかったようである。
(37) 小風秀雅「法権と外交条約の相互関係」一六七～一六八頁。
(38) 同交渉の顚末については、五百旗頭薫『条約改正史』第五章三を参照。
(39) 『日本外交文書』第二〇巻、一三〇頁。
(40) 佐々木揚「清末の「不平等条約」観」二七頁。
(41) "China, the Sleep and the Awakening", *The Asiatic Quarterly Review*, Jan. 1887. 漢文訳「中国先睡後醒論」は『新政真詮』初編、『皇朝蓄艾文編』巻一「通論一」所収。
(42) ここで示された曾紀沢の条約改正への志向性に対して、上海の英字紙 *North China Herald* はこれを清朝側が領事裁判権の撤廃を求めたものと捉えていたが（李恩涵『曾紀沢的外交』二七七頁）、当の曾紀沢自身にそれほど明確な意図があったかは疑問である。
(43) 『日本外交文書』第二〇巻、一三一頁。
(44) 同、一三一～一三二頁。
(45) 『元老院会議筆記』後期第三三巻、三九～四〇、四三～四四頁（句読点は筆者による）。森田吉彦「津田真道と国際政治」二一～二二頁を参照。
(46) 同条約に関する専論に、堀口修「「日清通商航海条約」締結交渉について」がある。
(47) 『日本外交年表竝主要文書』上巻、一七七頁（傍線は引用者による）。漢文テキストは『中外旧約章彙編』第一冊、六六二～六六三頁（傍線部の漢文は「除管轄在日本之中国人民及財産帰日本衙署審判外」）。同条約は漢文・日本文・英文によってテキストが作られ、もし将来漢文・日本文の間で差異が生じた時は、英文テキストに準拠するとされた（第二八条）。

(48)『日本外交年表竝主要文書』上巻、一六七頁。

(49)『公文類聚』第一九編（明治二十八年）第一二巻外事二・通商・雑載「日清通商航海条約案並林公使へ御委任状案ヲ裁可セラル」（国立公文書館所蔵、アジア歴史資料センター A01200080200）。『日本外交文書』第二八巻第一冊の第一五四文書附属書二（二〇〇～二〇九頁）の「条約案」は、「あたかも最終段階での条約案の様にされているが、これは第一三条が書き改められる前のものであり、裁可をうけたものではない」という（堀口修「「日清通商航海条約」締結交渉について」三六頁）。

(50)『日本外交文書』第二八巻第一冊、二六九～二八三頁。

(51)同、二六四～二六五頁。ただ林董自身は、本省が用意したこの条約案に不満を抱いており、特に「清国臣民保護と清国領事駐在規定等がないという『条約案』の露骨な非相互主義」は、条約を成立させる上で日本にとっても「不利益」となると批判的であった。林はこうした持論を本国の陸奥宗光に率直に進言している（堀口修「「日清通商航海条約」締結交渉について」三八～三九頁）。

(52)『日本外交文書』第二八巻第一冊、二七四頁。傍線は引用者による。

(53)同、二七三～二七四頁。

(54)註(56)で述べる張之洞の進言は朝廷を介して全権の李鴻章に送られ、李はそれをもとに、中国の在日公使や華商らが日本で享受すべき権利に対して最恵国待遇を与えるよう日本側と交渉する方針を示していた（『清季中日韓関係史料』第七巻、四五六三頁）。

(55)『日本外交文書』第二九巻、四五二～四五三頁。

(56)『日本外交文書』第二八巻第一冊、二八一～二八二頁。日本の在華特権を在日の中国商民にも一律に適用し、両国の権利が平等〔平允〕となるように日本に要求すべきであると朝廷に進言したのは、両江総督の張之洞であった。張は第三〇条についても特に言及し、中国側の在日華人の管轄権は重大な問題であり、必ず日本側とこれを争うよう進言していた（『清季中日韓関係史料』第七巻、四五五一頁。「署南洋大臣張之洞来電」光緒二十一年十月初十日〔一八九五年一一月二六日〕到、『清光緒朝中日交渉史料』巻四八、二〇頁）。

(57)『清季外交史料』巻一二〇、四頁。

(58)『日本外交文書』第二八巻第一冊、二六三頁。

(59)『日本外交文書』第二九巻、四二七～四二八頁。

(60)日清戦争前後の清露関係や露清密約については、矢野仁一『日清役後支那外交史』第四章、佐々木揚「日清戦争後の清国の対露政策——一八九六年の露清同盟条約の成立をめぐって」を参照。

(61)『清季外交史料』巻一二〇、六頁（「光緒二十二年正月二十五日（一八九六年三月八日）奉旨」）。
(62)『日本外交文書』第二九巻、四二七〜四三三頁。
(63) 条約の不成立が清朝側にも不利であることは張蔭桓も承知しており、その点は光緒帝にも何度も説明されていた（『清季外交史料』巻一二〇、五〜六頁、および同巻一二一、一九頁）。その理由として張蔭桓は次の二点を挙げている。①新条約が締結されるまで在日華人を保護する法的根拠が失われたままとなる（日本側の在華官民・商工業等に対しては、清朝から最恵国待遇が与えられることが下関条約で規定されていた）、②日本軍に保障占領されている威海衛は、下関条約第八条の規定により、新たな通商航海条約が締結されない限り、賠償金の支払いが終わっても返還されない。
(64)『日本外交文書』第二九巻、四四七〜四五一頁。
(65) 一八九六年四月二三日付の張蔭桓の上奏でも、「領事の設立と商民の保護についても公平になるよう処理しなければならない」との方針が示されている（「欽差全権大臣戸部左侍郎張蔭桓奏遵日本商約分別刪減大概情形摺」光緒二十二年三月十一日、『清光緒朝中日交渉史料』巻四九、三頁）。『清季外交史料』巻一二〇、一七〜一九頁にも同文が収録されているが、日付は誤り。
(66) 張蔭桓はこの問題に最後までこだわり、条約調印に際し、清朝全権（張蔭桓）の求めに応じて日本全権（林董）が、在日華人の待遇について「貴国の商民・商船に対する処置については、〔日本〕国内における利益や安全〔平安〕が妨害されることはなく、我が政府は必ず公平〔公允〕を期して睦誼を明らかにする」と明記した照会を清朝側に発することで収拾が図られている（『日本外交文書』第二九巻、四九二〜四九五頁〔原文は漢文と英文〕。「欽差全権大臣戸部左侍郎張蔭桓奏日本通商条約遵旨画押摺」光緒二十二年六月十四日〔一八九六年七月二四日〕附件二「附約往来照会」『清光緒朝中日交渉史料』巻四九、二八〜二九頁）。一方、日本側も、上海紡績株式会社をはじめとする中国での工場建設を目指す財界から、条約の早期締結を求める声が高まり、政府はこれに押されて、清朝側への譲歩を増やしてでも条約を締結する方針に決していたという（堀口修「「日清通商航海条約」締結交渉について」五一頁）。
(67)『日本外交文書』第二九巻、四八六〜四八七頁。
(68)『清季外交史料』巻一二一、一八〜一九頁（「光緒二十二年六月初六日（一八九六年七月一六日）奉硃批依議」）。上奏の日付は同月初三日（同月一三日）である（『清光緒朝中日交渉史料』巻四九、一三頁）。
(69)『清季外交史料』巻一二一、一八〜一九頁。
(70)『日本外交文書』第二九巻、四八九頁。
(71)『日本外交文書』第二九巻、四八九頁。張蔭桓のいう「国禁解除」とは、一八九三年に駐英公使薛福成の奏請によって、帰国華僑の保護を目的として海禁の旧例が廃止されたことを指している。海禁旧例の廃止については、本書第4章註(76)、Yen, *Coolies and*

Mandarins, Chap. 6を参照。また、張蔭桓が在外華人保護の重要性を認識したのは、自らがアメリカ・スペイン・ペルー駐在公使（在任一八八六〜八九年）だった際に華人保護について各国と交渉した経験によるものであることを、林董との交渉時にも語っている（『日本外交文書』第二九巻、四五二頁）。

（72）『籌辦夷務始末』同治朝、巻八〇、九〜一二頁。本書第6章、一九三〜一九四頁を参照。

（73）『日本外交文書』第二九巻、四二七〜四二八頁。

（74）『中外条約彙編』第二冊、一〇九、一八八、一九四頁。

（75）中国側の領事裁判権の撤廃要求に日本が同意したのは、汪兆銘の南京国民政府に対してそれを認めた一九四三年のことである。中華民国成立後の中国の対日条約改正交渉については、唐啓華『被〝廃除不平等条約〟遮蔽的北洋修約史（1912〜1928）』第八章第四節、李育民『中国廃約史』第一三章第二節を参照。

終　章　近代アジア国際関係史への新たな視座

（1）園田節子『南北アメリカ華民と近代中国』三一九頁。

（2）清英「続増条約」（北京条約）第五条、『中外旧約章彙編』第一冊、一四五頁。

（3）白石隆「ジャワの華僑運動　一九〇〇〜一九一八年――「複合社会」の形成（一）」四七頁。

（4）広東巡撫蔣益澧の上奏（『籌辦夷務始末』同治朝、巻四三、一四〜一七頁）、江蘇布政使丁日昌の意見書（同、巻五五、一七〜二六頁）など。

（5）本章註(3)に同じ。

（6）英文はHart, "*These from the Land of Sinim*": *Essays on the Chinese Question*, pp.185-247に、中文は*Documents Illustrative of the Origin, Development, and Activities of the Chinese Customs Service*, Vol. VI, pp. 402-454にそれぞれ収録。本書序章註(57)も見よ。

（7）『曾紀沢日記』中冊、光緒六年三月初二日（一八八〇年四月一〇日）条。この一〇年後、マカートニーは駐英公使薛福成の下で、在外領事の増設をめぐる対英交渉で主導的な役割を担うことになる（本書第5章を参照）。

（8）佐藤慎一『近代中国の知識人と文明』四八頁。

（9）王立誠『中国近代外交制度史』一三一頁。

（10）王韜「設官泰西上」「設官泰西下」「設領事」（『弢園文録外編』巻二・巻三）。

（11）清朝最末期になると、在外領事が通商情報などを本国の農工商部に報告するようになる（王力「晩清駐外領事商務報告制度研究」を参照）。たとえば、一九〇六〜一〇年の在長崎領事による農工商部宛ての商務報告が残っている（「駐日本長崎正領事官王斯源等

為呈報長崎商務報告・商務情況事給農工商部的清冊」光緒三二年〜宣統二年、「農工商部檔案」四九〇─二〇─一、商務司二八五）。

(12)『奏定出使章程』下巻、二二〜二四頁。

(13) 角山榮『「通商国家」日本の情報戦略──領事報告をよむ』二〇四頁。

(14) 清水元「近代日本の海外通商情報戦略と東南アジア」二〇七頁。

(15) 同時代のものとしては、李鍾玨『新嘉坡風土記』の次の記事がよく取り上げられる典型例である。「シンガポールに駐在する各国の領事は、概して西洋の通例に従い裁判は行わない。華人は数が大変多く、事件が毎日起き、領事が処理すべき事柄も多いが、すべて［イギリス側の華民］護衛司に奪われ、掣肘されることが多い。そのため、船牌を発給する以外には、ただ義学を作り、聖諭を講じ、文会を開き、それらによって教化するだけである」。

(16) 序章で取り上げた蔡佩蓉や張暁威などの研究がそれである（序章註(39)(41)を参照）。

(17) 日本が領事裁判制度を否定するようになる事情について、第10章で見た三谷博とは異なる観点で、森田朋子はこう説明している。「日本が欧米の法制度に価値を認めたならば、そして万国公法を受け入れたならば、領事裁判制度は、文化相対主義における紛争解決システムから一転して、近代西欧国際秩序において下位であることの指標としかならなくなってしまう。たとえどんなに有効な手段であったとしても、日本の立場を変えたならばこの領事裁判制度は否定しなければならなくなってしまうのである」（森田朋子『開国と治外法権』三二五〜三二六頁）。

(18) 楊沢偉『宏観国際法史』一七六頁、佐藤慎一「万国公法」五八五頁（本書第4章註(88)を見よ）。

(19) 川島真「中国における万国公法の受容と適用──「朝貢と条約」をめぐる研究動向と問題提起」一九頁。たとえば、個々の外交官がどこ（国・大学）で国際法を修めたのか、そこではどのような理論が主流であったのか、政府がどのような国際法学者を顧問として雇っていたのか、交渉相手は誰かなどによって、場面ごとの「国際法」の内実も変わってくることになる。

(20) 広瀬和子「国際社会の変動と国際法の一般化」。

(21) 大畑篤四郎「東アジアにおける国際法（万国公法）の受容と適用」六頁。

(22) 坂野正高『近代中国外交史研究』第五章を参照。

(23) 薛典曾『保護僑民論』一〇五頁、黄漢青「清朝駐日使臣的派遣和領事裁判権的行使」一七二頁。

(24) 黄漢青「清朝駐日使臣的派遣和領事裁判権的行使」一七二頁。

(25) 稲生典太郎『条約改正論の歴史的展開』ほか参照。

(26) 森田朋子『開国と治外法権』、イゴリ・R・サヴェリエフ『移民と国家──極東ロシアにおける華人、朝鮮人、日本人移民』、荒野泰典「言説としての「不平等」条約説──明治時代における領事裁判権の歴史的前提の素描」ほか。

あとがき

いわゆる「一国史」の克服が叫ばれて久しい。だが、その手法や視角は様々であり、「多言語」史料の使用や「双方向」の分析視角をうたいながら、それが多くの研究者や読者を納得させるまでの成果を上げている研究は、実際にはさほど多くない。一方からだけの見方ではないことを担保するために、極めて形式的に「多言語」史料を使い、「双方向」を演出しているような研究も散見する。

ある歴史的な事象を追究する際に、それを現在の国家の枠組みを超えて捉えようとする研究は、前近代史の研究においてはすでに多くの成果を上げているように見える。だが、近代史研究においては、国ごとの事例を比較研究する段階にとどまっている場合が多く、たとえば、アジア諸国における西洋の諸制度の受容過程を見る際にも、各国における受容過程を個別に〝解明〟し、それらを並列的に比較するだけで、西洋の諸制度に接触したアジア諸国が、互いにどのように影響し合いながらそれらを受容したのかという相互作用的な歴史過程については、なお未解明なところが多い。こうした分析視角においては、中国史や日本史、あるいは外交史や法制史などと峻別した上で、それぞれの成果を突き合わせるだけでは、「近代アジア」史の実相に迫ったことにはならないだろう。

本書は領事制度や領事裁判権を事例として、そうした状況を少しでも克服しようと試みたが、いまだ前途遼遠の感は否めない。そもそも本書においても、主題はやはり「近代中国」である。近代の中国において在外領事制度が導入され定着していく過程を、海外における華人保護や裁判管轄の問題を軸に眺めることで、西洋伝来の制度を一方的に導入するだけに留まらない、中国の「近代」的変容の一側面を明らかにしたいというのが素志であった。ただ、そうした変容過程を中国のみを対象として眺めるだけでは、「近代中国」を理解することすらできないことは自明である。そこで、近代中国を主題としながらも、南洋・ベトナム・朝鮮（韓国）・日本と中国との関係や、それらの相互作用の中から、西洋から持ち込まれた諸制度の導入・定着・変容の過程を考察することで、中国の「近代」的変容のみならず、「近代アジア」のあり様についても、いま一度考えてみたいと思うようになった。本書はその現時点でのいわば中間報告である。

近代中国の在外領事という研究課題に初めて向き合ったのは、ちょうど十五年前、修士課程一年の夏のことであり、学部一年から博士課程三年まで一貫してご指導いただいた鈴木智夫先生に勧められたテーマであった。研究のいろはもわかっていない当時、清末の洋務運動研究の第一人者である先生が勧められるテーマであれば、きっと研究意義のあるものに違いないと信じた。そして、夏休みいっぱい調査し、秋にゼミ発表を行って、そのまま修士論文のテーマとなった。その間、筆者自身も在外領事の問題を考察することが、近代中国の対外関係の変容過程を考える上で、重要な事例を提供してくれるテーマであると自覚するようになった。それから十五年もかかってしまったが、博士論文を経て、今回ようやく書籍としてまとめることができた。

当初、二〇〇八年に提出した博士論文「清末中国における在外領事設置問題の研究――「南洋」領事の増設問題を中心に」（愛知学院大学）のみを基に書籍化するつもりだったが、本書の企画・編集を担当いただいた三木信吾氏の提案を受け、その頃採用された日本学術振興会特別研究員（PD）の研究テーマであった「近代東アジアにおける中国在外機関による裁判権行使の実証的研究」の内容も加えて一書とすることにした。本書では、前者が第I部と第9章の、後者が第9章を除く第II部のそれぞれの基礎となっている。本書を通読した時、ベトナムにおける領事設置をめぐる清仏交渉を扱った第9章の位置に違和感を覚える読者もおられるかもしれない。それは上述のとおり、この章がもともと「南洋」領事の設置問題を検討する中で取り上げたテーマだったからであり、その配置は本書の構成の中でも最も悩ましいところであった。この交渉では領事の設置そのものよりも、設置する領事に裁判権を付与するか否かが最大の争点となり、それが朝鮮とも絡む「属邦」問題と関連づけられたことから、結局、本書では第II部の一章として配した。第9章が第II部全体の理解に資するものであることを願う次第である。

なお、序章、第4章第三節、第7章、第8章、終章はすべて書き下ろしであり、それ以外の各章の初出は以下のとおりであるが、本書への収録に当たり大幅に加筆修正した。

第1章「在外領事像の模索――領事派遣開始前後の設置論」岡本隆司・川島真編『中国近代外交の胎動』（東京大学出版会、二〇〇九年）第四章

第2章第一節「清朝政府による「南洋」調査団派遣（一八八六～八八年）の背景――清末「南洋」領事設置問題との関連で」『文研会紀要』（愛知学院大学大学院）第一三号、二〇〇二年三月

第2章第二節「清朝政府による「南洋」華人の保護と西洋諸国との摩擦――一八八六年の「南洋」調査団の派遣交渉を中心に」『東アジア近代史』第六号、二〇〇三年三月

第3章「清朝政府による「南洋」調査（一八八六～八八年）――華人保護の実施と領事設置の予備調査」『文研会紀要』第一四号、二〇〇三年三月

第4章第一・二・四節「清末における「南洋」領事増設論議――清仏戦争後の議論を中心に」『歴史学研究』第八〇〇号、二〇〇五年四月

第5章「清朝駐英公使薛福成の領事設置活動――総理衙門との論議を中心に」金丸裕一編『近代中国と企業・文化・国家』（ゆまに書房、二〇〇九年）第一章

第6章「領事裁判権を行使する中国――日清修好条規の領事裁判権規定と清朝在日領事による領事裁判事例を中心に」『東アジア近代史』第一三号、二〇一〇年三月

第9章 「中国在ベトナム領事の設置をめぐる対仏交渉――清朝による領事裁判権要求と「属邦」論」『国際関係紀要』（亜細亜大学国際関係学部）第二三巻第一・二合併号、二〇一四年三月

第10章 「近代日中の「交錯」と「分岐」の軌跡――領事裁判権をめぐって」『東アジア近代史』第一五号、二〇一二年三月

大学に職を得て研究と教育に従事し、学術書を上梓できるようになったのは、ただただ好運であったというほかない。それは良き師と良き環境に恵まれたという意味での好運である。筆者は多くの師に恵まれた。中国近代史という学問の道へいざない、手ほどきいただいたのは鈴木智夫先生である。博士課程一年の時、在籍する博士課程の院生が筆者一人であったため、毎週一度の研究指導の時間に、マンツーマンで丁寧に一年間史料講読をしていただいたことは貴重な経験であった。そして、どのような立場にあろうとも、歴史を学び探究していくことが、人生をいかに豊かにし楽しいものにしてくれるかを、学生時代を通して教えてくださった。張作霖政権下の遼寧省に生まれ満洲国で育った水野明（李明）先生には、中国近現代史の生き証人として、歴史のリアリティを教わった。学部四年の時に先生とともに初めて中国を訪れ、頤和園に宿泊したことは忘れられない思い出である。岡本隆司先生からは、『三洲日記』の会読以来、幅広い知識や知見とともに、歴史研究に対する厳しく真摯な姿勢を学んだ。先生のお導きがなければ、現在の道はなかった。村田雄二郎先生は、ポスドク以降、東京での研究生活を始めた筆者に様々なチャンスを与えてくださり、研究の幅を広げるきっかけを作っていただいた。また、菊池一隆先生には、博士論文の提出に当たって大変ご尽力いただき、適切かつ力強いご指導をいただいた。先生方のご厚情とご学恩に心より感謝申し上げたい。

歴史上の様々な出来事がそうであるように、個人の歩みも偶然と選択の繰り返しである。先にあげた先生方との機縁のほかに、これまで数多くの方々のご指導とご鞭撻を受けることができた。

歴史学研究のあり方が大きく変わった一九八〇～九〇年代以来、斯学を先導してこられた佐々木揚先生、茂木敏夫先生、川島真先生からは、書籍・論文などのご研究はもちろん、時には直接教えを受ける機会を得ることができた。同分野・同世代の研究者として、常に一歩も二歩も先を進んでおられる箱田恵子氏は、『三洲日記』の会読に参加するきっかけを提供していただいたほか、筆者が研究を進めていく上で、自らの位置を知るための貴重な存在であり続けている。学部・大学院以来ご指導いただき、博士論文の審査にも当たっていただいた西川孝雄先生、竹内弘行先生には、今後も折に触れてご指導賜りたいと願っている。服部隆行氏をはじめ、久保正明、南谷真、上野聖薫、勝亦貴之、鈴木弘一、坂本健人、菅原政徳の諸氏のほか、古巣である愛知学院大学の先輩・同輩・後輩のみなさんには、修士課程以来、切磋琢磨できる場所を途切れることなく作っていただいたことに感謝している。

二〇〇五年九月から〇八年二月まで北京留学（中国政府奨学金）の機会を得た。北京での生活経験は、現在の筆者にとって公私にわたり何ものにも代えがたいものになっている。この間、中国人民大学清史研究所の黄興濤、潘向明、顔軍、曹雯の諸先生には、中国での研究状況など種々ご指導いただいたほか、留学生活を共にした八百谷晃義氏には、その後も諸事お世話になっている。合わせて感謝申し上げたい。

またこの十五年来、折に触れて懇切なアドバイスやご教導をいただいた安井三吉先生、三谷博先生、本野英一先生、手代木有児先生、飯島渉先生、金丸裕一先生、吉澤誠一郎先生、川尻文彦先生、伊藤信哉先生、村上衛氏、鈴木楠緒子氏、五百旗頭薫氏、廖敏淑氏、谷渕茂樹氏、藤原敬士氏、関智英氏、戴海斌氏、古泉達矢氏、小池求氏、土肥歩氏、そして村田ゼミ（東京大学大学院）のみなさんにも、深甚なる謝意を表したい。

そして、五年にわたって筆者を激励し、本書の完成まで導いてくださった名古屋大学出版会の三木信吾氏に厚くお礼を申し上げるとともに、編集・校正をご担当いただいた同会の長畑節子氏にもお礼申し上げたい。

なお、本書は日本学術振興会より平成二六年度科学研究費補助金（研究成果公開促進費・学術図書）を得て刊行の運びとなった。関係各位に感謝申し上げるとともに、拙著が日本のみならず、国家を超えた学術振興・学術交流の一助となれば、望外の喜びである。

最後に、やはり厳しさを増す昨今の中国や日中関係を取り巻く現状についても、言及せざるを得ない。本書は実証的な歴史研究を期している以上、歴史的な事象と現状との間に見られる類似性や関連性について、本論において不用意に敷衍したり、臆断したりすることはしなかった。ただ、本書でたびたび言及した領事設置や領事裁判権の獲得を目指す清朝の姿勢は、中国大陸における中国近代史研究の文脈では、喪失した国権の回収や在外華人の権利の伸張として位置づけられるものだが、その背後にある思考様式には、「中華復興」が進むにつれて、「中華」を受け入れない周辺国にとっては、むしろ「脅威」として受け取られる一面をも有していることを、読者は感じ取られたかもしれない。むろん現状分析が目的でない以上、本書における考察が、現在の中国や東アジア、そして日中関係を考える視点を提供しているかは確言しがたい。だが、今後の近代中国史や近代アジア史の研究が、これまで以上に現状との緊張関係の中で進められていくことは、おそらく避けがたいことであるし、筆者もそれを避けようとするものではない。実証的な歴史研究を基礎としつつ、現状との関わりをも真摯に考えていく出発点に本書がなることを期して、筆を擱くことにしたい。

二〇一四年八月

青山治世

《著者略歴》

青山《あおやま》 治世《はるとし》

1976 年　岐阜県大垣市に生まれる
2004 年　愛知学院大学大学院文学研究科博士課程後期満期退学
2008 年　博士（文学）取得（愛知学院大学）
　　　　日本学術振興会特別研究員（PD）を経て
現　在　亜細亜大学国際関係学部講師
著　書　『出使日記の時代——清末の中国と外交』（共著，名古屋大学出版会，2014 年）

近代中国の在外領事とアジア

2014 年 9 月 30 日　初版第 1 刷発行

定価はカバーに
表示しています

著　者　青　山　治　世

発行者　石　井　三　記

発行所　財団法人　名古屋大学出版会

〒 464-0814　名古屋市千種区不老町 1 名古屋大学構内
電話(052)781-5027/FAX(052)781-0697

印刷・製本 ㈱太洋社　　ISBN978-4-8158-0784-9

乱丁・落丁はお取替えいたします。

索　引

日本・日本人以外の漢字表記の事項・人名は，原則として日本語の漢字の音読み，または慣用の読みに従って排列した。

あ　行

か　行

さ　行

た　行

な　行

は　行

ま　行

や　行

ら　行

わ　行

A-Z

図表一覧

文献一覧

【日本語】（五十音順）
秋月望「朝中間の三貿易章程の締結経緯」『朝鮮学報』第 115 輯，1985 年 4 月
浅古弘「日清修好条規に於ける観審の成立」『東洋法史の探究』汲古書院，1987 年
荒野泰典『近世日本と東アジア』東京大学出版会，1988 年
———「近世の日本において外国人犯罪者はどのように裁かれていたか？——明治時代における領事裁判権の歴史的前提の素描」『史苑』立教大学史学会，第 69 巻合併号，2009 年 3 月
———「言説としての「不平等」条約説——明治時代における領事裁判権の歴史的前提の素描」貴志俊彦編著『近代アジアの自画像と他者——地域社会と「外国人」問題』京都大学学術出版会，2011 年
李正熙「「日韓併合」と朝鮮華僑——地位の変容を中心に」『華僑華人研究』第 5 号，2008 年
———『朝鮮華僑と近代東アジア』京都大学学術出版会，2012 年
飯島明子「タイにおける領事裁判権をめぐって——保護民問題の所在」『東南アジア研究』第 14 巻第 1 号，1976 年 6 月
五百旗頭薫『条約改正史——法権回復への展望とナショナリズム』有斐閣，2010 年
石井孝『日本開国史』吉川弘文館，1972 年
石川亮太「開港期漢城における朝鮮人・華人間の商取引と紛争——「駐韓使館檔案」を通じて」『年報 朝鮮学』第 10 号，2007 年
井出季和太『華僑』六興商会出版部，1942 年
稲生典太郎『条約改正論の歴史的展開』小峯書店，1976 年
———『東アジアにおける不平等条約体制と近代日本』岩田書院，1995 年
今井嘉幸『支那国際法論 第一巻 外国裁判権と外国行政地域』丸善，1915 年
入江啓四郎『支那辺疆と英露の角逐』ナウカ社，1935 年
———『中国に於ける外国人の地位』東京堂，1937 年
岩壁義光「日清戦争と居留清国人——明治二七年「勅令第百三十七号」と横浜居留民」『法政史学』第 36 号，1984 年 3 月
岩隈博ほか『蘭領印度に於ける華僑』〈南洋華僑叢書〉南満洲鉄道株式会社東亜経済調査局，1940 年
『岩倉具視関係文書』〈史籍協会叢書〉東京大学出版会，1983 年（復刻）
植田捷雄『在支列国権益概説』巌松堂書店，1939 年
———『支那に於ける租界の研究』巌松堂書店，1941 年
———「日本における中国人の法律的地位——幕末より今次大戦に至る」『アジア研究』第 1 巻第 3 号，1954 年
———『東洋外交史』上巻・下巻，東京大学出版会，1969 年・1974 年

臼井勝美「横浜居留地の華人」『横浜市史』第 3 巻下，1963 年
衛藤瀋吉・渡辺昭夫・公文俊平・平野健一郎『国際関係論』東京大学出版会，1982 年
閻立『清末中国の対日政策と日本語認識——朝貢と条約のはざまで』東方書店，2009 年
大坪慶之「清仏戦争前夜における清朝中央の外交政策決定過程」『東洋学報』第 90 巻第 3 号，2008 年 12 月
———「光緒帝の親政開始をめぐる清朝中央の政策決定過程」『歴史学研究』第 853 号，2009 年 5 月
大畑篤四郎「東アジアにおける国際法（万国公法）の受容と適用」『東アジア近代史』第 2 号，1999 年
岡本隆司『近代中国と海関』名古屋大学出版会，1999 年
———『属国と自主のあいだ——近代清韓関係と東アジアの命運』名古屋大学出版会，2004 年
———「「洋務」，外交，李鴻章」『現在中国研究』第 20 号，2007 年 3 月
———「清仏戦争への道——李・フルニエ協定の成立と和平の挫折」『京都府立大学学術報告・人文・社会』第 60 号，2008 年 12 月
———「清仏戦争の終結——天津条約の締結過程」『京都府立大学学術報告・人文』第 61 号，2009 年 12 月
———「清末の対外体制と対外関係」飯島渉・久保亨・村田雄二郎編『シリーズ 20 世紀中国史 1 中華世界と近代』東京大学出版会，2009 年
岡本隆司・川島真編『中国近代外交の胎動』東京大学出版会，2009 年
岡本隆司・箱田恵子・青山治世『出使日記の時代——清末の中国と外交』名古屋大学出版会，2014 年
奥平武彦『朝鮮開国交渉始末 附朝鮮の条約港と居留地』（刀江書院，1969 年，初版：1935 年）
小原晃「日清戦争後の中朝関係——総領事派遣をめぐって」『史潮』新 37 号，1995 年
「外務省記録」外務省外交史料館所蔵
片岡一忠『清朝新疆統治研究』雄山閣出版，1991 年
『華僑・華人事典』可児弘明・斯波義信・游仲勲編，弘文堂，2002 年
加藤祐三『黒船前後の世界』岩波書店，1985 年
加藤祐三・川北稔『世界の歴史 25 アジアと欧米世界』中央公論社，1998 年
蒲池典子「明治初年の長崎華僑」『お茶の水史学』第 20 号，1976 年
川口ひとみ「長崎清国領事館における裁判文書『簿書鞅掌』の基礎的研究」神戸学院大学人間文化学研究科，2008 年度修士論文
———「海港都市長崎華商「泰昌号」の商業形態——『房租』，『簿書鞅掌』，『年納地租保火険底』文書を事例として」『海港都市研究』神戸大学大学院人文学研究科，第 5 号，2010 年 3 月
川島真「中華民国北京政府外交部の対シャム交渉——シャム華僑保護問題をめぐって」『歴史学研究』第 692 号，1996 年 12 月
———「中国における万国公法の受容と適用——「朝貢と条約」をめぐる研究動向と問題提起」『東アジア近代史』第 2 号，1999 年
———『中国近代外交の形成』名古屋大学出版会，2004 年

貴堂嘉之『アメリカ合衆国と中国人移民——歴史のなかの「移民国家」アメリカ』名古屋大学出版会，2012 年
金鳳珍『東アジアの「開明」知識人の思惟空間——鄭観応・福沢諭吉・兪吉濬の比較研究』九州大学出版会，2004 年
窪田文三『支那外交通史』三省堂，1928 年
桑原隲蔵『桑原隲蔵全集』第 5 巻（蒲壽庚の事蹟・考史遊記），岩波書店，1968 年
『元老院会議筆記』後期第 33 巻，元老院会議筆記刊行会，1988 年
小泉順子「タイにおける国家改革と民衆」歴史学研究会編『講座世界史 3 民衆と国家』東京大学出版会，1995 年
———『歴史叙述とナショナリズム——タイ近代史批判序説』東京大学出版会，2006 年
———「一八八〇年代中葉におけるシャムの対仏・対清関係」『東洋史研究』第 70 巻第 1 号，2011 年 6 月
黄漢青「清国横浜領事の着任と華人社会」『中国研究月報』第 557 号，1994 年 7 月
黄警頑『華僑問題と世界』左山貞雄訳，大同書院，1941 年
小風秀雅「19 世紀世界システムのサブシステムとしての不平等条約」『東アジア近代史』第 13 号，2010 年
———「法権と外交条約の相互関係——不平等条約体制下における日露間の領事裁判権問題と樺太千島交換条約の締結」貴志俊彦編著『近代アジアの自画像と他者——地域社会と「外国人」問題』京都大学学術出版会，2011 年
小林新作『支那民族の海外発展 華僑の研究』海外社，1931 年
サヴェリエフ，イゴリ・R.『移民と国家——極東ロシアにおける華人，朝鮮人，日本人移民』御茶の水書房，2005 年
酒井裕美「甲申政変以前における朝清商民水陸貿易章程の運用実態——関連諸章程と楊花津入港問題を中心に」『朝鮮史研究会論文集』第 43 号，2005 年 10 月
佐々木揚「日清戦争後の清国の対露政策——1896 年の露清同盟条約の成立をめぐって」『東洋学報』第 59 巻第 1・2 号，1977 年 10 月
———『清末中国における日本観と西洋観』東京大学出版会，2000 年
———「清末の「不平等条約」観」『東アジア近代史』第 13 号，2010 年
佐藤慎一『近代中国の知識人と文明』東京大学出版会，1996 年
———「万国公法」加藤友康編『歴史学事典 第 7 巻 戦争と外交』弘文堂，1999 年
滋賀秀三『清代中国の法と裁判』創文社，1984 年
———『続・清代中国の法と裁判』創文社，2009 年
重藤威夫『長崎居留地と外国商人』風間書房，1967 年
「支那従民諸願届（外務課事務簿）明治七年」長崎県外務課編，長崎歴史文化博物館所蔵（14-363-2）
篠崎香織「海峡植民地の華人とイギリス国籍——権利の正当な行使と濫用をめぐるせめぎ合いの諸相」『華僑華人研究』第 5 号，2008 年
信夫淳平『外政監督と外交機関』日本評論社，1926 年
斯波義信「オランダ統治期のバタヴィヤ華僑とカピタン庁文書：1772-1978——華僑社会史の究明に資する画期的な新資料」『華僑華人研究』第 3 号，2006 年
芝原拓自『日本近代化の世界史的位置——その方法論的研究』岩波書店，1981 年

島田正郎『清末における近代的法典の編纂』創文社，1980 年
清水元「近代日本の海外通商情報戦略と東南アジア」末廣昭編『岩波講座「帝国」日本の学知 第 6 巻 地域研究としてのアジア』岩波書店，2006 年
下村冨士男『明治初年条約改正史の研究』吉川弘文館，1962 年
徐越庭「「日清修好条規」の成立」『法学雑誌』大阪市立大学，第 40 巻 2・3 号，1994 年
『条約改正関係大日本外交文書』第 1 巻，外務省編纂，1941 年
白石隆「ジャワの華僑運動 1900～1918 年――「複合社会」の形成（一）」『東南アジア――歴史と文化』第 2 号，1972 年
―――「華民護衛署の設立と会党――19 世紀シンガポール華僑社会の政治的変化」『アジア研究』第 22 巻第 2 号，1975 年 7 月
『清国行政法』臨時台湾旧慣調査会，1914 年
「清国人往復（外務課事務簿）明治三年」長崎県外務課編，長崎歴史文化博物館所蔵（14-249-2）
「清国民事ノ部（明治十九年）」長崎県外務課編，長崎歴史文化博物館所蔵（14-489-3）
「清国領事来文（明治二十三年～同二十五年）」長崎県知事官房編，長崎歴史文化博物館所蔵（14-530-1）
菅谷成子「スペイン領フィリピンにおける「中国人」――Sangley Mestizo および Indio のあいだ」『東南アジア研究』第 43 巻第 4 号，2006 年 3 月
スキナー，ウィリアム『東南アジアの華僑社会――タイにおける進出・適応の歴史』山本一訳，東洋書店，1988 年
杉原薫『アジア間貿易の形成と構造』ミネルヴァ書房，1996 年
杉山伸也・リンダ・グローブ編『近代アジアの流通ネットワーク』創文社，1999 年
鈴木中正「清末の財政と官僚の性格」『近代中国研究』第 2 輯，東京大学出版会，1958 年
鈴木智夫『洋務運動の研究――一九世紀後半の中国における工業化と外交の革新についての考察』汲古書院，1992 年
洲脇一郎「華僑社会の形成と神戸・大阪の近代――幇・会館・買弁」『ヒストリア』第 162 号，1998 年 11 月
『世界教育史大系 8 イギリス教育史 2』世界教育史研究会編，講談社，1974 年
園田節子「在外華人の保護と教化からみた出使アメリカ・スペイン・ペルー大臣の活動，1879-1896」東京大学大学院総合文化研究科，1998 年度修士論文
―――「出使アメリカ大臣の「洋務」と「僑務」――南北アメリカへの「ひと」の移動と清国常駐使節の設置」『年報 地域文化研究』第 3 号，2000 年
―――「1874 年中秘天津条約交渉の研究――環太平洋地域における多国間関係のはじまり」『相関社会科学』第 10 号，2000 年
―――『南北アメリカ華民と近代中国――19 世紀トランスナショナル・マイグレーション』東京大学出版会，2009 年
『タイ国に於ける華僑』〈南洋華僑叢書〉，南満洲鉄道株式会社東亜経済調査局，1939 年
『大日本外交文書』第 2 巻・第 4 巻，外務省調査部編纂，日本国際協会，1938 年
高橋作衛『平時国際法』日本法律学校，1903 年
髙見澤磨「調停から見る中国近世・近代法史」川口由彦編著『調停の近代』〈日本近代法史の探求 1〉，勁草書房，2011 年

髙見澤磨・鈴木賢『中国にとって法とは何か——統治の道具から市民の権利へ』〈叢書中国的問題群 3〉，岩波書店，2010 年
立作太郎講述『平時国際公法』中央大学，大正年間
田中恭子『国家と移民——東南アジア華人世界の変容』名古屋大学出版会，2002 年
谷渕茂樹「日清修好条規の清朝側草案よりみた対日政策」『史学研究』第 231 号，2001 年
田保橋潔「日支新関係の成立——幕末維新期に於ける」『史学雑誌』第 44 編第 2・3 号，1933 年
チェン，J『袁世凱と近代中国』守川正道訳，岩波書店，1980 年
千葉正史『近代交通体系と清帝国の変貌——電信・鉄道ネットワークの形成と中国国家統合の変容』日本経済評論社，2006 年
陳来幸「鄭孝胥日記にみる中華会館創建期の神戸華僑社会」『人文論集』神戸商科大学，第 32 巻第 2 号，1996 年
津田多賀子「日清条約交渉の断念と日清戦争」『歴史学研究』第 652 号，1993 年 11 月
———「明治一〇～一一年の双務主義の日清条約特約交渉」『歴史の理論と教育』第 82 号，1991 年
角山榮編著『日本領事報告の研究』同文舘出版，1986 年
角山榮『「通商国家」日本の情報戦略——領事報告をよむ』日本放送出版協会，1988 年
デニー，O. N.『清韓論』岡本隆司校訂・訳註，東北アジア文献研究会・成文社，2010 年
中網栄美子「明治期日本の中国・朝鮮に於ける領事裁判に関する基礎的研究」『早稲田大学大学院 法研論集』第 80 号，1997 年
中井英基「中国近現代の官・商関係と華僑企業家——時期区分と企業家類型についての覚書（一）」『歴史人類』第 26 号，1998 年 3 月
「長崎市上野菊太郎清国人穎川（陳）種玉間訴訟ノ件　附外国人関係事件書類」長崎県外事課編，明治 18～22 年，長崎歴史文化博物館所蔵（14-479-6）
中島宗一『仏領印度支那に於ける華僑』〈南洋華僑叢書〉，南満洲鉄道株式会社東亜経済調査局，1939 年
成田節男『華僑史』蛍雪書院，1941 年
鳴野雅之「清朝官人の対日認識——日清修好条規草案の検討から」『史流』北海道教育大学，第 38 号，1999 年
仁井田陞「中華思想と属人法主義および属地法主義」同『補訂 中国法制史研究 刑法』東京大学出版会，1980 年，所収
『日本外交年表竝主要文書』上巻，外務省編，原書房，1965 年
『日本外交文書』第 16 巻，外務省編纂，日本国際連合協会，1951 年
『日本外交文書』第 18 巻，外務省編纂，日本国際連合協会，1950 年
『日本外交文書』第 20 巻，外務省調査局編纂，国際聯合研究会，1949 年
『日本外交文書』第 28 巻・第 29 巻，外務省編纂，日本国際連合協会，1953・1954 年
『日本外交文書』第 36 巻，外務省編纂，日本国際連合協会，1957 年
野村亨「マレーシア多民族社会の中で——北ボルネオ（サバ州）の華人」可児弘明ほか編著『民族で読む中国』朝日新聞社，1998 年
箱田恵子「清末領事派遣論——一八六〇，七〇年代を中心に」『東洋史研究』第 60 巻第 4 号，2002 年 3 月

――― 『外交官の誕生――近代中国の対外態勢の変容と在外公館』名古屋大学出版会，2012 年
――― 「書評：Pär Kristoffer Casse, *Grounds of Judgment : Extraterritoriality and Imperal Power in Nineteenth-Century China and Japan*」『中国――社会と文化』第 28 号，2013 年 7 月
波多野善大『中国近代工業史の研究』東洋史研究会，1961 年
馬場明「中国における治外法権撤廃問題」『国史学』第 176 号，2002 年
濱下武志『近代中国の国際的契機――朝貢貿易システムと近代アジア』東京大学出版会，1990 年
――― 『朝貢システムと近代アジア』岩波書店，1997 年
――― 『華僑・華人と中華網――移民・交易・送金ネットワークの構造と展開』岩波書店，2013 年
原敬『外交官領事官制度』警醒社書店，1899 年（『原敬全集』上巻，原書房，1969 年，所収）
坂野正高『近代中国外交史研究』岩波書店，1970 年
――― 『現代外交の分析――情報・政策決定・外交交渉』東京大学出版会，1971 年
――― 『近代中国政治外交史――ヴァスコ・ダ・ガマから五四運動まで』東京大学出版会，1973 年
――― 「張蔭桓著『三洲日記』（一八九六年刊）を読む――清末の一外交官の西洋社会観」『国家学会雑誌』第 95 巻第 7・8 号，1982 年 7 月
――― 『中国近代化と馬建忠』東京大学出版会，1985 年
東川徳治『中国法制大辞典』燎原，1979 年，復刻（初版：1933 年）
ピゴット，フランシス・テーラー「資料　治外法権――領事管轄権と東洋諸国における居留の法」（四）・（五）岩村等訳，『大阪経済法科大学法学論集』第 30・31 号，1993 年 3 月・12 月
菱谷武平『長崎外国人居留地の研究』九州大学出版会，1988 年
広瀬和子「国際社会の変動と国際法の一般化――19 世紀後半における東洋諸国の国際社会への加入過程の法社会学的分析」寺沢一ほか編『国際法学の再構築』下，東京大学出版会，1978 年
藤田久一「東洋諸国への国際法の適用――一九世紀国際法の性格」関西大学法学部編『法と政治の理論と現実』有斐閣，1987 年
藤村道生『日清戦争前後のアジア政策』岩波書店，1995 年
フランケ，オットー『支那治外法権史』前原光雄訳，慶応出版社，1944 年
文明基「1880 年代の「章程体制」と漢城開桟――〈朝清商民水陸貿易章程〉（1882 年）再検討のための序論」『東北亜歴史ジャーナル（Journal of Northeast Asian History）』512，2008 年冬
彭澤周『中国の近代化と明治維新』同朋舎，1976 年
細見和弘「李鴻章と戸部――北洋艦隊の建設過程を中心に」『東洋史研究』第 56 巻第 4 号，1998 年 3 月
堀口修「「日清通商航海条約」締結交渉について」『中央史学』第 7 号，1984 年
町田三郎「初代長崎領事余瓗とその書翰」同『明治の漢学者たち』研文出版，1998 年

マックネヤ，H. F.『華僑――その地位と保護に関する研究』近藤修吾訳，大雅堂，1945年
三浦徹明「「中国におけるイギリス裁判所」の設置問題とアヘン戦争」『歴史学研究』第430号，1976年3月
―――「清代中国における領土主権の思想と行動――とくに司法権問題をめぐって」『史叢』第20号，1977年3月
溝口雄三『方法としての中国』東京大学出版会，1989年
三谷博『ペリー来航』吉川弘文館，2003年
―――「一九世紀における東アジア国際秩序の転換――条約体制を「不平等」と括るのは適切か」『東アジア近代史』第13号，2010年
宮地正人「国際会議と国際条約」歴史学研究会編『講座世界史4 資本主義は人をどう変えてきたか』東京大学出版会，1995年
宮原武雄『南方経済資源総攬 第五巻 タイの経済資源』東亜政経社，1943年
村上衛『海の近代中国――福建人の活動とイギリス・清朝』名古屋大学出版会，2013年
村上義和・橋本誠一編『近代外国人関係法令年表』明石書店，1997年
目黒克彦「曾紀沢の対英外交――「煙台条約続増専条」の締結を中心に」『愛知教育大学研究報告（人文・社会科学編）』第53号，2004年3月
茂木敏夫「近代中国のアジア観――光緒初期，洋務知識人の見た「南洋」」『中国哲学研究』〈東京大学中国哲学研究会〉第2号，1990年
―――「中華帝国の「近代」的再編と日本」『岩波講座近代日本と植民地4 植民地帝国日本』岩波書店，1992年
―――『変容する近代東アジアの国際秩序』山川出版社，1997年
―――「中国における近代国際法の受容――「朝貢と条約の並存」の諸相」『東アジア近代史』第3号，2000年
―――「中国の海認識」尾本惠市・濱下武志・村井吉敬・家島彦一編『海のアジア5 越境するネットワーク』岩波書店，2001年
本野英一『伝統中国商業秩序の崩壊――不平等条約体制と「英語を話す中国人」』名古屋大学出版会，2004年
森田朋子『開国と治外法権――領事裁判制度の運用とマリア・ルス号事件』吉川弘文館，2005年
森田吉彦「日清修好条規締結交渉における日本の意図，1870〜1872年――藤村道生説へのいくつかの批判」『現代中国研究』第11号，2002年9月
―――「津田真道と国際政治」『社会システム研究』第10号，2007年2月
安井三吉『帝国日本と華僑――日本・台湾・朝鮮』青木書店，2005年
安岡昭男『明治前期日清交渉史研究』巌南堂書店，1995年
―――「日本における万国公法の受容と適用」『東アジア近代史』第2号，1999年
安高啓明『近世長崎司法制度の研究』思文閣出版，2010年
矢野仁一『日清役後支那外交史』東方文化学院京都研究所，1937年
山本進『清末財政史研究』汲古書院，2002年
―――『明清時代の商人と国家』研文出版，2002年
山本草二『国際法（新版）』有斐閣，1994年

山本達郎編『ベトナム中国関係史——曲氏の抬頭から清仏戦争まで』山川出版社，1975年
山本信人「国民国家の相対化に向けて 東南アジア華人の可変性と越境性」濱下武志・辛島昇編『地域の世界史 1 地域史とは何か』山川出版社，1997 年
山本紀綱『長崎唐人屋敷』謙光社，1983 年
山本博之『脱植民地化とナショナリズム——英領北ボルネオにおける民族形成』東京大学出版会，2006 年
横田喜三郎『領事関係の国際法』有斐閣，1974 年
横浜市編『横浜市史』資料編十六，有隣堂，1977 年
横山宏章『長崎が出会った近代中国』海鳥社，2006 年
吉田信「オランダ国民の形成——1850 年国籍法の検討を通して」『神戸法学雑誌』第 50 巻第 3 号，2000 年 12 月
———「オランダ植民地統治と法の支配——統治法 109 条による「ヨーロッパ人」と「原住民」の創出」『東南アジア研究』第 40 巻第 2 号，2002 年 9 月
依田憙家『再増補 日中両国近代化の比較研究序説』龍溪書舎，1993 年
李銀子「日清戦争後駐韓中国公館の運営とその位相——総領事唐紹儀・公使徐寿朋の時期を中心に」『東北亜歴史ジャーナル（Journal of Northeast Asian History）』611，2009 年夏
李啓彰「「近代日中外交の黎明」——日清修好条規の締結過程から見る」東京大学大学院人文社会研究科，2008 年度博士論文
廖敏淑「互市から見た清朝の通商秩序」北海道大学大学院法学研究科，2006 年度博士論文
林学忠「日清戦争後の清朝の国家主権に対する認識と態度——『万国公法』をめぐる一考察」野口鐵郎編『中国史における教と国家』雄山閣出版，1994 年
ルヴァスール『仏印華僑の統治政策』成田節男訳，東洋書館，1944 年
『歴史学事典 第七巻 戦争と外交』加藤友康編，弘文堂，1999 年
和田博徳「越南輯略について——中国人の東南アジア知識と清仏戦争」『史学』三田史学会，第 44 巻第 4 号，1972 年

【中　文】（ピンイン順）
艾徳華（R. Randle Edwards）「清朝対外国人的司法管轄」李明徳訳，高道蘊・高鴻鈞・賀衛方編『美国学者論中国法律伝統（増訂版）』北京：清華大学出版社，2004 年
包楽史（Leonard Blussé）・呉鳳斌『18 世紀末吧達維亜唐人社会』〈吧城公館檔案研究〉廈門：廈門大学出版社，2002 年
蔡建『晩清与大韓帝国的外交関係（1897-1910）』上海：上海辞書出版社，2008 年
蔡佩蓉『清季駐新加坡領事之探討（1877-1911）』新加坡：新加坡国立大学中文系・八方文化企業公司，2002 年
曹大臣『近代日本在華領事制度——以華中為中心』北京：社会科学文献出版社，2009 年
曹力強「中国政府対在韓華商的保護和管理（1894-1899 年）」『史学集刊』1995 年第 4 期
———「清代中韓関係研究」東北師範大学学位論文，1995 年
『朝鮮李朝実録中的中国史料』呉晗輯，北京：中華書局，1980 年

陳鴻瑜『中華民国与東南亜各国外交関係史（1912～2000）』国立編訳館主編，台北：鼎文書局，2004 年
陳尚勝「徐寿朋与近代中韓関係転型」『歴史研究』2013 年第 3 期
陳体強『中国外交行政』重慶：商務印書館，1945 年
陳文進「清季出使各国使領経費」『中国近代経済史研究集刊』第 1 巻第 2 期，1933 年
陳育崧「新嘉坡中国領事設置史」『南洋雑誌』第 1 巻第 6 期，1947 年 4 月
———「清末駐新領事与華民護衛司」『南洋雑誌』第 1 巻第 7 期，1947 年 5 月
———「中国派遣第一領事左秉隆先生駐新政績」『南洋文摘』第 1 巻第 6 期，1960 年（原載『南洋学報』）
———「甲午前夕——北洋水師訪問新加坡記」『南洋文摘』第 7 巻第 12 期，1966 年 12 月
『乗槎筆記』斌椿撰（『西海紀游草・乗槎筆記・詩二種・初使泰西記・航海述奇・欧美環游記』鍾叔河主編，〈走向世界叢書〉，長沙：岳麓書社，1985 年，所収）
『籌辦夷務始末』同治朝，故宮博物院，1929～30 年
『出使英法日記』曾紀沢撰（『小方壷斎輿地叢鈔』王錫祺輯，光緒 17 年序，著易堂石印，第 11 帙所収）
『出使美日秘崔日記』崔国因撰，光緒 20 年
「醇親王府檔案」中国第一歴史檔案館所蔵
『大清徳宗景皇帝実録』（台北：新文豊出版公司影印）
戴東陽『晩清駐日使団与甲午戦前的中日関係 1876-1894』北京：社会科学文献出版社，2012 年
戴学稷「端方対清末留学教育和華僑教育的貢献」戴学稷・徐如『近代中国的抗争』呼和浩特：内蒙古大学出版社，1999 年
丁鳳麟『薛福成評伝』南京：南京大学出版社，1998 年
『東槎雑著』姚文棟撰，上海：姚氏，光緒 11 年
杜裕根「薛福成与晩清僑務政策」『学海』1993 年第 3 期
范耀登「張蔭桓対早期華僑権益的保護」『学術研究』（広州），2000 年第 5 期
費成康『薛福成』上海：上海人民出版社，1983 年
『奉使日記』張蔭桓撰，稿本，上海図書館所蔵
馮天瑜『張之洞評伝』鄭州：河南教育出版社，1985 年
馮天瑜・何暁明『張之洞評伝』南京：南京大学出版社，1991 年
『公法便覧』丁韙良・汪鳳藻等訳，北京：同文館，光緒 3 年
『公法会通』丁韙良・聯芳・慶常訳，北京：同文館，光緒 6 年
『光緒朝東華録』朱寿朋編，張静廬等校点，北京：中華書局，1958 年
『光緒朝硃批奏摺』中国第一歴史檔案館編，北京：中華書局，1996 年
『光緒条約』許同莘・汪毅・張承棨編，外交部印刷処，1915 年
『広東近現代人物詞典』広東省中山図書館・広東省珠海市政府政協編，広州：広東科技出版社，1992 年
郭双林「晩清香港設領問題初探」『近代史研究』1998 年第 6 期
『郭嵩燾日記』第 3 巻，長沙：湖南人民出版社，1982 年
『郭嵩燾先生年譜』郭廷以編定，尹仲容創稿，陸宝千補輯，台北：中央研究院近代史研究所，1971 年

「郭嵩燾未刊書札」『近代史資料』総第 88 号，1996 年 5 月
郭衛東『転折——以早期中英関係和「南京条約」為考察中心』石家荘：河北人民出版社，2003 年
海軍司令部・《近代中国海軍》編輯部編著『近代中国海軍』北京：海潮出版社，1994 年
『漢語大詞典』第 5 巻，北京：漢語大詞典出版社，1990 年
韓小林「洋務派対国際法的認識和運用」『中山大学学報（社会科学版）』2004 年第 3 期
何炳棣「張蔭桓事蹟」『清華大学学報（自然科学版）』第 13 巻第 1 期，1941 年
赫徳『這些従秦国来——中国問題論集』葉鳳美訳，天津：天津古籍出版社，2005 年
侯中軍『近代中国的不平等条約——関於評判標準的討論』上海：上海書店出版社，2012 年
『華工出国史料彙編』第 1 輯，第 5 輯，第 8・9・10 輯，陳翰笙主編，北京：中華書局，1984〜85 年
『皇朝経済文新編』宜今室主人輯，上海：宜今室，光緒 27 年
『皇朝経世文三編』陳良倚輯，上海：宝文書局，光緒 24 年
『皇朝経世文統編』邵三棠輯，上海：宝善斎，光緒 27 年
『皇朝経世文新編』麦仲華輯，上海：大同訳書局，光緒 24 年
『皇朝経世文新編続集』甘韓輯，商絳雪参書局，光緒 28 年
『皇朝経世文続編』葛士濬輯，図書集成局，光緒 14 年
『皇朝蓄艾文編』于宝軒輯，上海：上海官書局，光緒 29 年
『皇朝政典類纂』席裕福・沈師徐輯，上海：図書集成局，光緒 29 年
黄剛『中美使領関係建制史 一七八六—一九九四』台北：台湾商務印書館，1995 年
黄漢青「清朝駐日使臣的派遣和領事裁判権的行使」『河北学刊』第 23 巻第 6 期，2003 年 11 月
黄静「澳洲傑出華人先駆梅光達」『八桂僑刊』1994 年第 2 期
黄昆章『澳大利亜華僑華人史』広州：広東高等教育出版社，1998 年
黄湛「略論「中韓通商条約」簽訂前後清与朝鮮的関係」『中国辺疆史地研究』1997 年第 2 期
黄賢強『跨域史学——近代中国与南洋華人研究的新視野』廈門：廈門大学出版社，2008 年
蔣廷黻「中国与近代世界的大変局」『清華大学学報』1934 年第 4 期
『近代中国専名翻訳詞典』黄光域編，成都：四川人民出版社，2001 年
『近代中韓関係史資料彙編』第一冊，趙中孚・張存武・胡春恵主編，台北：国史館，1987 年
「軍機処録副奏摺・洋務運動檔案」中国第一歴史檔案館所蔵
『叻報』シンガポール国立大学所蔵（同図書館ホームページにて公開）
李恩涵『曾紀沢的外交』台北：中央研究院近代史研究所，1966 年
『李鴻章全集』顧廷龍・戴逸主編，合肥：安徽教育出版社，2008 年
『李鴻章全集』（一〜三）電稿一〜三，顧廷龍・葉亜廉主編，上海：上海人民出版社，1985〜87 年
李慶平「清末保僑政策与駐外領事之設置」台北：国立政治大学外交研究所研究生論文，1973 年

李聖五『国際公法論』巻上，上海：商務印書館，1933 年
『李文忠公全集』李鴻章撰・呉汝綸編，金陵：光緒 34 年（『李鴻章全集』海口：海南出版社，1997 年影印）
李学民・黄昆章『印尼華僑史（古代至 1949 年）』広州：広東高等教育出版社，2005 年
李育民『中国廃約史』北京：中華書局，2005 年
———「晩清改進・収回領事裁判権的謀劃及努力」『近代史研究』2009 年第 1 期
———『近代中国的条約制度』長沙：湖南人民出版社，2010 年
李鍾珏『新嘉坡風土記』長沙使院，光緒 21 年
黎道綱「大埔昭坤劉乾興事迹考」『華僑華人歴史研究』2004 年第 2 期
黎仁凱・鍾康模『張之洞与近代中国』石家荘：河北大学出版社，1999 年
黎志剛「輪船招商局経営問題 1872-1901」招商局史研究会編『招商局与近代中国研究』北京：中国社会科学出版社，2005 年
厲声『新疆対蘇（俄）貿易史 1600-1990』烏魯木斉：新疆人民出版社，1993 年
廖敏淑『清代中国的外政秩序——以公文書往來及渉外司法審判為中心』北京：中国大百科全書出版社，2012 年
『歴代日記叢鈔』李徳龍・俞冰主編，北京：学苑出版社，2006 年
劉伯奎『中法越南交渉史』台北：台湾学生書局，1980 年
劉超・王暁秋「晩清呂海寰出使荷蘭及保護華僑二三事」北京大学歴史学系編『北大史学』第 11 号，北京：北京大学出版社，2005 年
劉継宣・束世澂『中華民族拓殖南洋史』上海：国立編訳館，1934 年
劉平『張之洞伝』蘭州：蘭州大学出版社，2000 年
劉悦斌「薛福成対近代国際法的接受和運用」『河北師範大学学報（哲社版）』1998 年第 2 期
———『薛福成外交思想研究』北京：学苑出版社，2011 年
柳岳武「近代中朝宗藩関係下的司法運作之考析」王建朗・欒景河主編『近代中国——政治与外交』上巻，北京：社会科学文献出版社，2012 年
林明徳『袁世凱与朝鮮』台北：中央研究院近代史研究所，1980 年
林孝勝「清朝駐星領事与海峡殖民地政府間的糾紛（一八七七一九四）」『新加坡華族史論集』星洲：南洋大学畢業生協会，1972 年（同『新加坡華社与華商』新加坡：新加坡亜洲研究学会，1995 年再録）
林学忠『従万国公法到公法外交——晩清国際法的伝入・詮釈与応用』上海：上海古籍出版社，2009 年
林瓊柔「法国外交部檔案度蔵中国檔案之介紹（一）」『近代中国史研究通訊』第 17 期，台北：中央研究院近代史研究所，1994 年
林遠輝・張応龍『新加坡馬来西亜華僑史』広州：広東高等教育出版社，1991 年
龍章『越南与中法戦争』台北：台湾商務印書館，1996 年
呂彩雲・陳賓『晩清中日両国修改不平等条約之比較』北京：中国文史出版社，2011 年
『呂海寰雑抄奏稿』稿本，北京大学図書館所蔵（天津古籍出版社，1987 年影印）
『呂海寰奏摺』写本，（北京）国家図書館所蔵
馬一「晩清駐外領事以粤籍為主体的原因探析」『南洋問題研究』2012 年第 1 期
馬忠文「張蔭桓与戊戌維新」王暁秋・尚小明主編『戊戌維新与清末新政——晩清改革史

研究』北京：北京大学出版社，1998 年
茅海建『戊戌変法史事考』生活・読書・新知三聯書店，2005 年
梅偉強「梅光達的中国情結」『五邑大学学報（社会科学版）』2005 年第 1 期
梅逸民「梅光達――清末旅澳洲著名僑領」『五邑大学学報（社会科学版）』1993 年第 2 期
『美国政府解密檔案（中国関係）中美往来照会集（1846-1931）』広西師範大学出版社編，広西師範大学出版社，2006 年
『民国人物大辞典（増訂版）』徐友春主編，石家荘：河北人民出版社，2007 年
「農工商部檔案」中国第一歴史檔案館所蔵
戚其章「琅威理与北洋海軍」『近代史研究』1998 年第 6 期
――― 『国際法視角下的甲午戦争』北京：人民出版社，2001 年
卿汝楫『美国侵華史』第 2 巻，北京：人民出版社，1956 年
「清醇親王奕譞信函選」中国第一歴史檔案館・方裕謹編選，『歴史檔案』1982 年第 4 期
『清代中国与東南亜各国関係檔案史料彙編』第一冊，中国第一歴史檔案館編，北京：国際文化出版公司，1998 年
『清光緒朝中日交渉史料』故宮博物院編，1932 年（台北：文海出版社，1970 年影印）
『清季華工出国史料（一八六三～一九一〇）』中央研究院近代史研究所編，台北：中央研究院近代史研究所，1995 年
『清季外交史料』王彦威・王亮編，北京：外交史料編纂処，1933 年
『清季中日韓関係史料』中央研究院近代史研究所編，台北：中央研究院近代史研究所，1972 年
『清季中外使領年表』中国第一歴史檔案館・福建師範大学歴史系合編，北京：中華書局，1997 年（修訂重版）
「清季駐韓使館檔案」中央研究院近代史研究所所蔵
『清末海軍史料』張俠等合編，北京：海洋出版社，1982 年
『清史稿』趙爾巽等編，北京：中華書局，1976 年（点校本）
『清史稿辞典』孫文良・董守義主編，済南：山東教育出版社，2008 年
権赫秀『東亜世界的裂変与近代化』北京：中国社会科学出版社，2013 年
『人境廬詩草箋注』黄遵憲撰，銭仲聯箋注，上海：上海古籍出版社，1981 年
任雲仙「清代海外領事制度論略」『中州学刊』2002 年第 5 期
――― 『清末報刊評論与中国外交観念近代化』北京：人民出版社，2010 年
『日本国志』黄遵憲撰，広州：富文齋，光緒 23 年（王宝平主編〈晩清東遊日記彙編〉上海古籍出版社，2001 年影印）
『三洲日記』張蔭桓撰，北京：粤東新館，光緒 22 年
『申報』（上海書店，1983 年影印）
申学鋒『晩清財政支出政策研究』北京：中国人民大学出版社，2006 年
沈雲龍「崔国因其人其事――「歴任我国駐美公使大使一覧表」的一点小補充」『伝記文学』第 10 巻第 2 期，1967 年
盛邦和「黄遵憲辦理華僑事務的功績」呉沢主編『華僑史研究論集（一）』上海：華東師範大学出版社，1984 年
盛沛東編『平時国際公法』上海：大東書局，1932 年
孫邦華「傅蘭雅与上海格致書院」『近代史研究』1991 年第 6 期

『泰国的華僑』台北：中華学術院南洋研究所，1986 年
湯象龍編著『中国近代海関税収和分配統計 1861-1910』北京：中華書局，1992 年
唐啓華『被“廃除不平等条約”遮蔽的北洋修約史（1912～1928）』北京：社会科学文献出版社，2010 年
『弢園文録外編』王韜撰，光緒 9 年（排印標点本：中華書局，1959 年）
田濤『国際法輸入与晩清中国』済南：済南出版社，2001 年
『晩清海外筆記選』福建師範大学歴史系華僑史資料選輯組編，北京：海洋出版社，1983 年
『晩清洋務運動事類匯鈔』全国公共図書館古籍文献編委会編，北京：中華全国図書館文献縮微複製中心，1999 年
『万国公報』上海：墨海書局
『万国公法』丁韙良訳，北京：崇実館，同治 3 年
王璽『李鴻章与中日訂約（一八七一）』台北：中央研究院近代史研究所，1981 年
王爾敏『晩清政治思想史論』台北：学生書局，1969 年
王家倹「中日「長崎事件」之交渉（1886-1895）」『台湾師大歴史学報』第 5 期，1977 年
———『李鴻章与北洋艦隊——近代中国創建海軍的失敗与教訓』台北：国立編訳館，2000 年（校訂版：生活・読書・新知三聯書店，2008 年）
王建朗『中国廃除不平等条約的歴程』南昌：江西人民出版社，2000 年
王金香「薛福成保護華僑思想述略」栄鉄生主編『中国近代史論文集』鄭州：河南大学学報編輯部，1986 年
王力「晩清駐外領事商務報告制度研究」『社会科学戦線』2013 年第 4 期
汪敬虞『唐廷枢研究』北京：中国社会科学出版社，1983 年
王立誠『中国近代外交制度史』蘭州：甘粛人民出版社，1991 年
王蓮英『張蔭桓与晩清外交』北京：光明日報出版社，2011 年
王鉄崖「中国与国際法——歴史与当代」『中国国際法年刊』1991 年（鄧正来編『王鉄崖文選』北京：中国政法大学出版社，1993 年再録）
汪向栄『日本教習』北京：生活・読書・新知三聯書店，1988 年
王暁秋『近代中国与日本——互動与影響』北京：昆侖出版社，2005 年
王暁秋・楊紀国『晩清中国人走向世界的一次盛挙——一八八七年海外游歴使研究』大連：遼寧師範大学出版社，2004 年
王志強『李鴻章与越南問題（1881-1886）』広州：曁南大学出版社，2013 年
『翁同龢日記』翁同龢撰・陳義杰整理，第 4 冊，北京：中華書局，1992 年
鄔秋龍「略論薛福成的設領思想——兼与張之洞相比較」『学術月刊』2000 年第 11 期
鄔秋龍・徐建玉「薛福成設領貢献簡論」『無錫教育学院学報』第 20 巻第 3 期，2000 年 9 月
呉方正「上海格致書院与「博覧会」的経験」『中央研究院近代史研究所集刊』第 51 期，2006 年 3 月
呉剣雄『海外移民与華人社会』台北：允晨文化実業，1993 年
夏錦文主編『衝突与転型——近現代中国的法律変革』〈中国伝統法律文化研究〉北京：中国人民大学出版社，2012 年
『小方壷斎輿地叢鈔』王錫祺輯，上海：著易堂，光緒 17 年序
謝放『張之洞伝』広州：広東高等教育出版社，2004 年

『新政真詮』何啓・胡礼垣撰，格知新報館，光緒 27 年序
『星軺指掌』査爾斯・馬頓斯（C. Martens）撰，聯芳・慶常訳，北京：同文館，光緒 2 年（傅徳元点校，北京：中国政法大学出版社，2006 年）
熊月之『西学東漸与晩清社会（修訂版）』北京：中国人民大学出版社，2010 年（初版，北京：社会科学文献出版社，1994 年）
『許文粛公遺稿』許景澄撰，外交部印刷所，1918 年（〈近代中国史料叢刊〉文海出版社影印）
許文堂「十九世紀清越外交関係之演変」『中央研究院近代史研究所集刊』第 34 期，2000 年 12 月
許毅・隆武華「洋務運動与外債」許毅等『清代外債史論』北京：中国財政経済出版社，1996 年
許雲樵「星馬設領始末攷」『南洋文摘』第 1 巻第 5 期，1960 年（原載『星洲日報』）
薛典曾『保護僑民論』上海：商務印書館，1937 年
『薛福成日記』薛福成著，蔡少卿整理，長春：吉林文史出版社，2004 年
『越南游歴記』厳璩・恩慶撰，光緒 31 年
『洋務運動』〈中国近代史資料叢刊〉中国史学会主編，上海：上海人民出版社，1961 年
楊文・王軍「薛福成与晩清僑務」『湖南広播電視大学学報』第 1 期，2001 年 3 月
楊雨青「中日関於設立領事問題的早期交渉」『近代史研究』1992 年第 2 期
楊昭全・何彤梅『中国―朝鮮・韓国関係史』天津：天津人民出版社，2001 年
楊昭全・孫玉梅『朝鮮華僑史』北京：中国華僑出版公司，1991 年
楊沢偉『宏観国際法史』武漢：武漢大学出版社，2001 年
『養雲山荘遺稿』劉瑞芬撰，光緒 19 年
伊原沢周『近代朝鮮的開港――以中美日三国関係為中心』北京：社会科学文献出版社，2008 年
『庸盦全集』薛福成撰，涵芬楼，光緒 24 年（台北：華文書局，1971 年影印）
『庸盦文別集』薛福成撰，酔六堂，光緒 29 年（施宣円・郭志坤標点，上海：上海古籍出版社，1985 年）
『輶軒抗議』余乾耀撰，光緒 23 年自序（〈近代中国史料叢刊続編〉文海出版社影印）
余定邦「清朝政府在仰光設置領事的過程」『中山大学学報（哲学社会科学版）』1990 年第 1 期（同『中緬関係史』北京：光明日報出版社，2000 年，改訂再録）
―――「近代中国海軍四次到過新加坡」『東南亜研究』1991 年第 1・2 期
―――「清朝外交官眼中的香港和中英関於香港設領的交渉」『学術研究』1998 年第 3 期
―――「晩清政府派駐新加坡領事館建館初期的領事人選和経費問題」『東南亜』2000 年第 3～4 期
余定邦・喩常森等『近代中国与東南亜関係史』広州：中山大学出版社，1999 年
袁丁『晩清僑務与中外交渉』西安：西北大学出版社，1994 年（同『近代僑政研究』香港：天馬図書有限公司，2002 年，増補改訂）
『曾侯日記』曾紀沢撰，上海：申報館，光緒 7 年
『曾恵敏公手写日記』曾紀沢著，台北：台湾学生書局，1965 年（影印）
『曾恵敏公遺集』曾紀沢撰，江南製造総局，光緒 19 年（〈近代中国史料叢刊〉文海出版社影印）

『曾紀沢日記』曾紀沢著，長沙：岳麓書社，1998 年
「曾紀沢未刊書牘」『近代史資料』総第 75 号，1989 年 11 月
『曾忠襄公文集』曾国荃撰，光緒 29 年（〈近代中国史料叢刊〉文海出版社影印）
張秉鐸『張之洞評伝』台北：中華書局，1972 年
張徳美『探索与抉択——晩清法律移植研究』北京：清華大学出版社，2003 年
張建華「郭嵩燾与万国公法会」『近代史研究』2003 年第 1 期
張衛明「晩清公法外交述論」『国際政治研究』2007 年第 1 期
張暁威「商而優則仕——南洋富商張弼士出任檳榔嶼首任副領事之探討」『海華与東南亜研究』第 2 巻第 3 期，2002 年 7 月
———「晩清駐檳榔嶼副領事的創設与首任副領事的派任」『中国歴史学会史学集刊』第 36 期，2004 年 7 月
———「近代中国駐外領事与海外華人社会領袖角色的遞換——以駐檳榔嶼副領事謝栄光（1895-1907）為例」『歴史学報』台北：国立政治大学，第 22 期，2004 年 11 月
張秋生『澳大利亜華僑華人史』北京：外語教学与研究出版社，1998 年
『張文襄公全集』張之洞撰・王樹枏編，北京：文華斎，1928 年
『張蔭桓日記』張蔭桓撰，任青・馬忠文整理，上海：上海書店出版社，2004 年
張中秋『中日法律文化交流比較研究——以唐与清末中日文化的輸出与輸入為視点』北京：法律出版社，2009 年
『招商局史（近代部分）』王後銓主編，北京：人民交通出版社，1988 年
『鄭観応集』鄭観応著・夏東元編，上冊，上海：上海人民出版社，1982 年
鄭海麟『黄遵憲伝——附黄遵楷伝』北京：中華書局，2006 年
『中法越南交渉檔』中央研究院近代史研究所編，台北：精華印書館，1962 年
『中法戦争』〈中国近代史資料叢刊〉中国史学会主編，上海：上海人民出版社，1957 年
『中法戦争』〈中国近代史資料叢刊続編〉張振鵾主編，第 2 冊，北京：中華書局，1995 年
『中国海関与中法戦争』中国近代経済史資料叢刊編輯委員会編，〈中国近代経済史資料叢刊・帝国主義与中国海関〉第 4 編，北京：科学出版社，1957 年
『中華歴史人物別伝集（国家図書館分館蔵）』劉家平・蘇暁君主編，北京：線装書局，2003 年
『中国近代官制詞典』邱遠猷主編，北京：北京図書館出版社，1991 年
『中美関係史料 光緒朝』黄嘉謨主編，韋国恩・張珍林編輯，台北：中央研究院近代史研究所，1988 年
『中外旧約章彙編』王鉄崖編，第 1・2 冊，北京：生活・読書・新知三聯書店，1957・1959 年
『中外条約彙編』黄月波・于能模・鮑釐人編，上海：商務印書館，1936 年
『鍾徳祥集』雷達輯校，南寧：広西人民出版社，2010 年
周国瑞「晩清駐朝商務委員経費分析」『蘭台世界』2013 年 1 月下旬
『周愨慎公全集』周馥撰，秋浦：周氏，1922 年（『秋浦周尚書（玉山）全集』〈近代中国史料叢刊〉文海出版社影印）
『駐徳使館檔案鈔』台北：台湾学生書局，1966 年
朱傑勤「左秉隆与曾紀沢」『南洋雑誌』第 1 巻第 4 期，1947 年 2 月
荘国土『中国封建政府的華僑政策』廈門：廈門大学出版社，1989 年

――「論清朝艦隊巡歴海外華埠」『海交史研究』1990 年第 1 期
――「対晩清在南洋設立領事館的反思」『廈門大学学報（哲学社会科学版）』2006 年第 5 期
荘国土・陳華岳等『菲律賓華人通史』廈門：廈門大学出版社，2012 年
「総理各国事務衙門檔案」中央研究院近代史研究所檔案館所蔵
『奏定出使章程』上・下巻，東京都立中央図書館実藤恵秀文庫所蔵

【ハングル】
『旧韓国外交文書』高麗大学校亜細亜問題研究所旧韓国外交文書編纂委員会編，서울：高麗大学校出版部，1965～1971 年
『旧韓国外交関係附属文書』高麗大学校亜細亜問題研究所韓国近代史料編纂室編，서울：高麗大学校出版部，1972～74 年
権錫奉『清末 対朝鮮政策史研究（続）』서울：도서출판 한모임，2007 年
『奎章閣所蔵 外交資料 要約』서울：서울大学奎章閣，2002 年
金鍾星（김종성）「清의 対朝鮮 영사 파견에 관한 연구」『中国近現代史研究』第 46 輯，2010 年 6 月
『金弘集遺稿』서울：高麗大学校出版部，1976 年
朴正鉉（박정현）「1882～1894 년 조선인과 중국인의 갈등 해결방식을 통해 본 한중관계」『中国近現代史研究』第 45 輯，2010 年 3 月
殷丁泰「1899 년 韓・清通商条約 締結과 大韓帝国」『歴史学報』第 186 輯，2005 年
李銀子（이은자）「한국 개항기（1876～1910）중국의 治外法権 적용 논리와 한국의 대응――韓中間 조약 체결 과정을 중심으로」『東洋史学研究』第 92 輯，2005 年 9 月
――「韓清通商条約시기（1900～1905）중국의 在韓 치외법권」『明清史研究』第 26 輯，2006 年 10 月
――「‘訴訟’ 안건을 통해 본 청일전쟁 이후（1895～1899）韓中関係연구」『中国近現代史研究』第 38 輯，2008 年 6 月
――「清末 駐韓 商務署 組織과 그 位相」『明清史研究』第 30 輯，2008 年 10 月
――「19 世紀末 在朝鮮 未開口岸의 清商 密貿易과런 領事裁判案件 研究」『東洋史学研究』第 111 輯，2010 年 6 月

【欧　文】（アルファベット順）
Affaires de Chine et du Tonkin, 1884-1885, Documents diplomatiques, Paris, 1885.
Archives of China's Imperial Maritime Customs, Confidential Correspondence between Robert Hart and James Duncan Campbell 1874-1907, Vol. 3, compiled by Second Historical Archives of China & Institute of Modern History, Chinese Academy of Social Sciences, Beijing : Foreign Languages Press, 1992.
Asiatic Quarterly Review, Jan. 1887.
Boulger, Demetrius C., *The Life of Sir Halliday Macartney K. C. M. G.: Commander of Li Hung Chang's trained force in the Taeping Rebellion, founder of the first Chinese arsenal, for thirty years councillor and secretary to the Chinese Legation in London*, London : J. Lane the Bodley Head, 1908.

Cassel, Pär Kristoffer, *Grounds of Judgement : Extraterritoriality and Imperial Power in Nineteenth-Century China and Japan*, New York : Oxford University Press, 2012.

China. The Maritime Customs, III, Miscellaneous Series, No. 30, Treaties, Conventions, etc., between China and Foreign States, Vol. 1, Shanghai, 1917.

Chow Jen-hwa, *China and Japan : the History of Chinese Diplomatic Mission in Japan 1877–1911*, Singpore : Chapman Enterprises, 1975.

Cordier, Henri, *Histoire des relations de la Chine avec les puissances occidentales, tome 2*, Paris, 1902.

Documents diplomatiques français (1871–1914), 1ere serie（1871–1900）, Paris : Impr. nationale.

Documents Illustrative of the Origin, Development, and Activities of the Chinese Customs Service, Shanghai : Statistical Department of the Inspectorate General of Customs, 7volumes, 1937–38.

FO17（Great Britain, Foreign Office, Governmental Correspondence : China, 1815–1905）.

FO228（Great Britain, Foreign Office, Embassy and Consular Archives, China : Correspondence, Series I, 1834–1922）.

FO233（Great Britain, Foreign Office, Embassy and Consular Archives. China : Miscellanea）.

Hart, Sir Robert, *"These from the Land of Sinim": Essays on the Chinese Question*, London : Chapman & Hall, 1901.

Hsü, Immanuel C. Y.（徐中約）, *China's Entrance into the Family of Nations : the Diplomatic Phase, 1858–1880*, Cambridge : Harvard University Press, 1960.

Kamachi, Noriko（蒲池典子）, *Reform in China : Huang Tsun-hsien and the Japanese Model*, Cambridge and London : Harvard Universiy Press, 1981.

Luong Nhi Ky, The Chinese in Vietnam : a Study of Vietnamese-Chinese Relations with Special Attention to the Period 1862–1961, Thesis（Ph. D.）, University of Michigan, 1963.

Martin, W. A., *Cycle of Cathay*, New York : Fleming H. Revell, 1896.

Morse, H. B., *The International Relations of the Chinese Empire*, Vol. 1, Shanghai, 1910.

The Life of Quong Tart : or How a Foreigner Succeeded in a British Community, Sydney : W. M. Maclardy, "Ben Franklin" Printing Works, 1911.

The Straits Times, Singapore.

The Times, London.

Travers, Robert, *Australian Mandarin : the Life and Times of Quong Tart*, Netley : Kangaroo Press, 1981.

Wang, Sing-wu, *The Organization of Chinese Emigration 1848–1888 With Special Reference to Chinese Emigration to Australia*, San Francisco : Chinese Materials Center, 1978.

Wesley-Smith, Peter, "The Proposed Establishment of a 'China Office' in Hong Kong", *Journal of Oriental Studies*, Vol. 19, 1981.

———, "Chinese Consular Representation in British Hong Kong", *Pacific Affairs*, Vol. 71, No. 3, 1998.

Wickberg, Edgar, *The Chinese in Philippine Life 1850–1898*, New Haven : Yale University Press, 1965.

Wright, Mary Clabaugh, *The Last Stand of Chinese Conservatism : the T'ung-chih Restoration, 1862–1874*, Stanford : Stanford University Press, 1957.

Yen Ching-hwang (顔清湟), *The Overseas Chinese and the 1911 Revolution, with Special Reference to Singapore and Malaya*, Kuala Lumpur : Oxford University Press, 1976.

———, *Coolies and Mandarins : China's Protection of Overseas Chinese during the Late Ch'ing Period (1851–1911)*, Singapore : Singapore University Press, 1985.